财经中国

主　　编：何秀超　王瑶琪
执行主编：马海涛

中国财经出版传媒集团
中国财政经济出版社

图书在版编目（CIP）数据

财经中国 / 何秀超，王瑶琪主编. ——北京：中国财政经济出版社，2021.8

ISBN 978 – 7 – 5223 – 0650 – 6

Ⅰ. ①财… Ⅱ. ①何… ②王… Ⅲ. ①中国经济 Ⅳ. ①F12

中国版本图书馆 CIP 数据核字（2021）第 134524 号

责任编辑：孙 琛 叶 彤　　　　责任校对：胡永立
封面设计：华乐功　　　　　　　 责任印制：党 辉

财经中国
CAIJING ZHONGGUO

中国财政经济出版社 出版

URL：http://www.cfeph.cn
E – mail：cfeph@ cfeph.cn

（版权所有　翻印必究）

社址：北京市海淀区阜成路甲28号　邮政编码：100142
营销中心电话：010 – 88191522
天猫网店：中国财政经济出版社旗舰店
网址：https://zgczjjcbs.tmall.com
北京时捷印刷有限公司印刷　各地新华书店经销
成品尺寸：185mm×260mm　16 开　24.75 印张　497 000 字
2021 年 9 月第 1 版　2021 年 9 月北京第 1 次印刷
定价：98.00 元
ISBN 978 – 7 – 5223 – 0650 – 6
（图书出现印装问题，本社负责调换，电话：010 – 88190548）
本社质量投诉电话：010 – 88190744
打击盗版举报热线：010 – 88191661　QQ：2242791300

序　言

2021年是中国现代化建设进程中具有特殊重要性的一年，"十四五"开局，全面建设社会主义现代化国家新征程开启，中国共产党迎来建党100周年。100年，光辉岁月弹指一挥间；100年，中华大地沧桑巨变。在100年的成长发展历程中，中国共产党领导中国人民建立了新中国，中国经济发生"蝶变"，中华民族迎来了从站起来、富起来到强起来的伟大飞跃。中国从一个积贫积弱的国家，一跃成为当今世界第二大经济体，综合国力实现了历史性跨越，创造了举世瞩目的中国奇迹。

回顾中国共产党成立以来的历程，中国人民在中国共产党的领导下，先后经历了新民主主义革命、社会主义革命和建设、改革开放三次关乎中国前途命运的社会变革，进入中国特色社会主义新时代。新中国成立初期，面对严峻的国际环境，中国共产党为保障国家安全选择了优先发展重工业的经济发展战略，在短时间内完成对工商业的社会主义改造，加速了中国工业化的进程。党的十一届三中全会以来，党坚持推进改革开放，探索具有中国特色的社会主义发展道路，带领中国人民走向繁荣富强。党的十八大以来，中国经济发展进入新常态，中国共产党带领中国人民推进中国特色社会主义进入新时代，以习近平同志为核心的党中央正确把握世界发展大势，推动党和国家的事业发生历史性变革，取得历史性成就。

尤其是刚刚过去的2020年，世界面临百年未有之大变局，新冠肺炎疫情肆虐全球，中国在以习近平同志为核心的党中央坚强领导下，各地区各部门坚持稳中求进的工作总基调，统筹疫情防控和经济社会发展工作，扎实做好"六稳"工作、全面落实"六保"任务，经济运行稳定恢复，就业民生保障有力，经济社会发展主要目标任务完成情况好于预期。2020年，中国国内生产总值（GDP）实现历史性跨越，首次突破一百万亿元人民币大关，是全球唯一实现经济正增长的主要经济体。

中央财经大学为国而生，与国同行，是中华人民共和国中央人民政府直接创办的第一所高等财经院校。学校始建于1949年11月6日，创办之初由财政部主管，历经中央税务学校、中央财政学院、中央财经学院、中央财政金融学院等发展阶段，1996年更名为中央财经大学，2000年学校由财政部划转教育部直属管理，2005年成为国家"211工程"重点建设高校，2006年成为国家"985工程"优势学科创新平台首批建设高校，2012年成为教育部、财政部和北京市人民政府共建高校，2017年成为国家"世界一流学科建设高校"。

学校成立的初心就是为新生共和国培养急需的红色税收理财人才。新中国成立伊始，祖国对于税收人才的需要促成了这所学校的建立，此后学校虽几经易名，却始终保留"中央"二字，始终坚守财经院校的鲜明办学特色。历经72年的建设和发展，学校形成了以经济学、管理学和法学学科为主体，文学、理学、工学、教育学、艺术学等多学科协调发展的学科体系。学校秉持"忠诚、团结、求实、创新"的校训，传承"求真求是，追求卓越"的办学理念，为国家经济建设和社会发展培养了14万余名各级各类高素质人才，已经成为全国财经类院校的一面旗帜，被誉为"中国财经管理专家的摇篮"和"财经黄埔"。

中国现代化进程中党对经济发展的探索不仅为马克思主义中国化的理论创新发展提供实践基础，为世界发展中国家实现经济的跨越发展与现代化提供了"中国经验"，也为中国未来迈向经济强国提供了宝贵的"历史智慧"。为了庆祝中国共产党成立100周年，总结新中国成立72年来经济体制改革发展的成就和经验，我们组织中央财经大学相关学科单位共同努力，形成了这部《财经中国》。

本书以翔实的资料和统计数据记载了新中国成立以来中国共产党领导中国人民开展的财政经济改革历程，总结新中国成立以来财经改革的演化逻辑、发展轨迹，展望未来财经改革发展趋势。本书按照专题式的写法，围绕政府与市场关系、经济体制改革、财税体制改革、金融制度改革、会计制度改革、企业管理改革、国际经贸合作、财经法治改革、政府治理改革九个主题，在国际国内政治变迁、国民经济运行及经济体制改革的大背景下，系统回顾上述九个专题的理论发展、思想演变、制度变革，并对九个专题的一般性经验进行提炼总结。最后，展望未来，以期加快建立现代经济体系，为全面建成社会主义现代化强国、实现中华民族伟大复兴的中国梦提供更加科学、完善的制度保障。

本书的写作分工如下：第一章由马克思主义学院编写，第二章由经济学院编写，第三章由财政税务学院编写，第四章由金融学院编写，第五章由会计学院编写，第六章由商学院编写，第七章由国际经济与贸易学院编写，第八章由法学院编写，第九章由政府管理学院编写。全书由何秀超、王瑶琪担任主编，马海涛担任执行主编。

希望本书的出版，能对促进中国财经领域学术交流、繁荣中国财经理论与政策研究做出微薄的贡献，成为财政经济研究领域重要的历史记录和存史资政的文献资料。

中央财经大学编写组

2021 年 9 月

目 录

第一章 中国共产党领导中国经济发展 …… 1
- 第一节 中国共产党领导中国经济发展的伟大实践 …… 3
- 第二节 新中国经济制度变迁历程 …… 15
- 第三节 中国共产党经济发展理论的创新与发展 …… 25
- 第四节 历史启示与展望 …… 38
- 思考与讨论题 …… 40
- 推荐阅读文献 …… 40
- 主要参考文献 …… 41

第二章 有为政府与高效市场 …… 43
- 第一节 新中国现代化经济体系建设 …… 45
- 第二节 新中国政府与市场关系变迁历程 …… 48
- 第三节 新中国发展经济学理论的发展脉络 …… 52
- 第四节 新时代中国现代化经济体系建设的展望 …… 55
- 思考与讨论题 …… 59
- 推荐阅读文献 …… 59
- 主要参考文献 …… 60

第三章 国家治理能力提升与财税变革 …… 61
- 第一节 新中国财税发展实践 …… 63
- 第二节 新中国财税制度变迁历程 …… 77
- 第三节 新中国财税理论发展脉络 …… 87
- 第四节 新时代中国财税改革发展展望 …… 100
- 思考与讨论题 …… 106
- 推荐阅读文献 …… 106
- 主要参考文献 …… 107

第四章 新中国金融体系的变革与重塑 ... 109
- 第一节 新中国金融发展实践 ... 111
- 第二节 新中国金融改革制度变迁历程 ... 135
- 第三节 新中国金融理论发展脉络 ... 142
- 第四节 新时代中国金融改革发展展望 ... 153
- 思考与讨论题 ... 159
- 推荐阅读文献 ... 159
- 主要参考文献 ... 159

第五章 新中国会计发展实践与理论创新 ... 169
- 第一节 新中国会计发展实践 ... 171
- 第二节 新中国会计制度变迁历程 ... 174
- 第三节 新中国会计理论发展脉络 ... 181
- 第四节 新时代中国会计改革发展展望 ... 196
- 思考与讨论题 ... 201
- 推荐阅读文献 ... 202
- 主要参考文献 ... 202

第六章 用商业手段解决中国问题 ... 205
- 第一节 新中国企业管理发展实践 ... 207
- 第二节 新中国企业管理制度变迁历程 ... 217
- 第三节 新中国企业管理理论发展脉络 ... 226
- 第四节 新时代中国企业管理理论与实践发展展望 ... 235
- 思考与讨论题 ... 240
- 推荐阅读文献 ... 241
- 主要参考文献 ... 241

第七章 全球化与国际经贸合作 ... 243
- 第一节 新中国国际经济与贸易发展实践 ... 245
- 第二节 新中国国际贸易制度变迁历程 ... 260
- 第三节 新中国国际贸易理论发展脉络 ... 274
- 第四节 新时代中国国际贸易理论与实践发展展望 ... 281
- 思考与讨论题 ... 291
- 推荐阅读文献 ... 291

主要参考文献 ·· 292

第八章 新中国资本市场法治建设的发展与完善 ·················· 295
第一节 新中国资本市场法治建设沿革 ·························· 297
第二节 新中国资本市场法治理论及其发展 ······················ 307
第三节 现阶段中国资本市场法治建设的制度成果 ················ 315
第四节 新中国资本市场的现实成就和法治建设未来方向 ·········· 331
思考与讨论题 ·· 335
推荐阅读文献 ·· 335
主要参考文献 ·· 336

第九章 提升国家治理能力背景下的政府管理 ···················· 339
第一节 新中国绩效型政府管理的发展历程 ······················ 341
第二节 新中国绩效型政府管理的发展道路 ······················ 350
第三节 新中国绩效型政府管理理论发展脉络 ···················· 374
第四节 新时代中国绩效型政府管理的改革展望 ·················· 381
思考与讨论题 ·· 384
推荐阅读文献 ·· 384
主要参考文献 ·· 384

第一章

中国共产党领导中国经济发展

——从落后农业大国迈向世界经济强国

在第一次工业革命出现之前,世界经济是近乎停滞的"马尔萨斯"增长模式,而工业革命之后,世界进入了经济增长的新阶段。正如习近平同志指出:"中国曾经是世界上的经济强国,后来在世界工业革命如火如荼、人类社会发生深刻变革的时期,中国丧失了与世界同进步的历史机遇,落到了被动挨打的境地。"[1] 由于中国错过了工业革命的历史契机,因而在世界农业文明向工业文明转型的过程中落伍。1840—1949年的一百余年间,虽然中国工业发展也取得了一些成绩,但是不仅未能完成农业国向工业国的转变,而且与世界工业强国的差距进一步拉大。1921年中国共产党成立后,领导中国人民先后经历了新民主主义革命、社会主义革命和改革开放三次关乎中国前途命运的社会变革。新中国成立初期,面对严峻的国际环境,中国共产党为保障国家安全选择了优先发展重工业的经济发展战略,在短时间内完成对工商业的社会主义改造,加速了中国工业化的进程。党的十一届三中全会以来,党坚持推进改革开放,探索具有中国特色的社会主义发展道路,带领中国人民走向繁荣富强。党的十八大以来,中国经济发展进入新常态,中国共产党带领中国人民推进中国特色社会主义进入新时代,以习近平同志为核心的党中央正确把握世界发展大势,推动党和国家的事业发生历史性变革,取得历史性成就,中国开始了从"经济大国"迈向"经济强国"的飞跃。

---

[1] 《习近平谈治国理政》第一卷,外文出版社2018年版,第169页。

正如习近平总书记强调:"历史是最好的老师,它忠实记录下每一个国家走过的足迹,也给每一个国家未来的发展提供启示。"① 中国共产党领导中国经济发展的伟大实践不仅为马克思主义中国化的理论创新发展提供实践基础,为世界发展中国家实现经济的跨越发展与现代化提供了"中国经验",也为中国未来迈向经济强国提供了宝贵的"历史智慧"。

① 《习近平谈治国理政》第一卷,外文出版社2018年版,第266页。

第一节　中国共产党领导中国经济发展的伟大实践

一、优先发展重工业（1949—1978 年）

近代以来，"落后就要挨打"的惨痛教训使新中国成立后面临的迫切任务就是加快工业化的步伐，成为与中国人口、面积以及悠久文明相称的世界经济大国。早在党的七届二中全会上，毛泽东同志就提出"由农业国变成工业国"①。1949 年 9 月，中国人民政治协商会议通过的《中国人民政治协商会议共同纲领》中明确指出："应以有计划有步骤地恢复和发展重工业为重点，例如矿业、钢铁业、动力工业、机器制造业、电器工业和主要化学工业等，以创立国家工业化的基础。"② 苏联优先发展重工业的工业化模式在当时表现出的强大生命力，契合了新中国急于摆脱"落后挨打"局面和追求大国经济独立发展的迫切需求。以苏联为首的社会主义阵营给新中国建设的援助，更促使中国选择了学习苏联、走优先重工业发展道路。从 1953 年开始，中国在优先重工业发展道路上进行了 20 多年的艰辛探索。1949—1978 年，中国的重工业，尤其是军事工业，在计划经济体制下取得较快发展，为中国推进工业化、提升中国工业在国际上的地位奠定了重要基础，但中国工业发展与世界工业大国相比仍然有较大差距。

（一）新中国成立之初的工业基础与优先发展重工业的战略选择（1949—1957 年）

洋务运动之后，中国开启了近代工业化之路，也取得了一些成效，但是远未完成工业化，与世界各工业国差距较大。以新中国成立前经济发展较好的 1936 年为例，德国、英国、美国③工厂的净产值分别是中国的 50 倍、39 倍、126 倍④。1949 年，中国主要工业产品的产量不仅远低于美国，甚至低于印度（见表 1-1），近代工业化未能让中国成为世界强国，实现大国经济赶超成为中国共产党的历史使命。

新中国成立后，在中国共产党的领导下，中国进入了新的工业发展阶段。但是，一方面，国内物质资本和人力资源⑤稀缺，市场发育不充分，工业基础薄弱；另一方面，朝鲜战争爆发后，中国的国家安全和统一事业受到严重威胁，更增强了工业化的

---

① 《毛泽东选集》第四卷，人民出版社 1991 年版，第 1245 页。
② 《建党以来重要文献选编（1921—1949）》第二十六册，中央文献出版社 2011 年版，第 765 页。
③ 德国为 1936 年的数据，英国、美国为 1935 年的数据。
④ 巫宝三等：《抗日战争前中国的工业生产和就业》，载《经济研究》2000 年第 1 期，第 71—78 页。
⑤ 这里的人力资源主要指受过教育的人口。

表1-1　　　　1949年中国主要工业产品产量与美国、印度之比较

	中国	美国		印度	
	产量	产量	为中国产量倍数	产量	为中国产量倍数
原煤（亿吨）	0.32	4.36	13.63	0.32	1
原油（万吨）	12	24892	2074.33	25	2.08
发电量（亿度）	43	3451	80.26	49	1.14
钢（吨）	15.8	7074	447.72	137	8.67

资料来源：中华人民共和国国家经济贸易委员会：《中国工业五十年——新中国工业通鉴》第1部，中国经济出版社2000年版，第9页。

紧迫感。而苏联工业化模式在第二次世界大战中体现出的强大生命力，契合了新中国在冷战背景下，急于摆脱"落后挨打"局面和追求大国经济独立的需求。正如当时中共中央在《为动员一切力量把中国建设成为一个伟大的社会主义国家而斗争——关于党在过渡时期总路线的学习和宣传提纲》中指出的那样："因为中国过去重工业的基础极为薄弱，经济上不能独立，国防不能巩固，帝国主义国家都来欺侮我们，这种痛苦我们中国人民已经受够了"①。以苏联为首的社会主义阵营给新中国建设的援助，则进一步促使中国选择苏联式的工业化道路。当新中国于1952年底基本完成民主革命和国民经济的恢复任务后，如何加快工业化步伐、尽快改变中国经济落后面貌，成为中国共产党和人民政府的首要任务。由于重工业不仅是一个大国完整工业体系的重要基础，而且是国家安全的重要保障，因此，1953年中国正式选择了优先发展重工业的战略。

1953—1957年，新中国实行了第一个五年计划，就是要优先发展重工业，争取早日实现工业化。1953年中国在苏联援助下，开始了以"156项"（实际开工150项）为中心的"一五计划"建设。为完成社会主义工业化的积累，中国仿效苏联进行了"社会主义改造"，建立了单一公有制和高度集中的计划经济体制。虽然优先发展重工业与中国资本稀缺、劳动力丰富的要素"比较优势"不符，但中国共产党发挥了"集中力量办大事"的政治优势，调动大国有限的资源，在重点工业项目上进行突破。"一五"计划推动工业较快发展，奠定了中国工业化的基础。按照不变价格计算，"一五"时期中国工业生产的年均增长速度为19.8%②。重工业产值年均增长率达到22.8%。重工业中制造业的比重由1952年的41.9%，上升到1957年的47.4%。其中生产机器的机械工业比重由1952年的31.9%上升到1957年的37.7%③。与"苏联第一个五年计划全部工业平均每年递增19.3%"的速度大体持平。而其他社会主义国家"以1950年为

---

① 《建国以来重要文献选编》第四册，中央文献出版社1993年版，第705页。
② 根据国家统计局国民经济综合统计司的《新中国六十年统计资料汇编》（中国统计出版社2010年版）第12页的相关数据，按照复合增长率计算得出。
③ 董志凯，武力：《中华人民共和国经济史1953—1957》第2卷，社会科学文献出版社2011年版，第501页。

基数，到1955年的每年平均增长速度为：波兰16.2%、捷克10.5%、匈牙利15%、民主德国13.6%、罗马尼亚16.6%、保加利亚13.8%"①，均低于中国"一五"时期工业发展速度。同资本主义国家比较，"一五"时期，中国工业生产的增长速度也要快得多。以钢铁工业为例，中国达到年产500万吨钢用了5年，而美国用了12年、英国用了23年、法国用了26年（见表1-2）。中国重要工业产品在世界所处的位次也有了显著的提升（见表1-3），缩小了与世界工业大国的差距。

表1-2　　　　　　中国与世界其他国家钢产量增长速度对比

	持续时间	完成时间	增长数额
中国	1952—1957年	5年	由135万吨增长到498.7万吨
美国	1880—1892年	12年	由127万吨增长到500万吨
英国	1880—1903年	23年	由129万吨增长到503万吨
法国	1897—1923年	26年	由132万吨增长到530万吨

注：1957年中国钢产量后来核实为535万吨，参见《中国工业统计资料（1949—1984）》，中国统计出版社1985年版，第50页。

资料来源：中国社会科学院、中央档案馆：《1953—1957中华人民共和国经济档案资料选编》工业卷，中国物资出版社1998年版，第1057—1058页。

表1-3　　　　　　中国重要工业产品在世界所处的位次

	1952年	1955年	1957年
电力	18	11	12
煤炭	6	6	5
钢	15	12	9
水泥	10	9	8
棉织品	4	3	3或4

资料来源：中国社会科学院、中央档案馆：《1953—1957中华人民共和国经济档案资料选编》工业卷，中国物资出版社1998年版，第1058页。

（二）中国工业曲折发展（1958—1978年）

尽管1949—1957年中国经济恢复和发展速度较快，但是由于人口多、底子薄以及西方国家的经济封锁，中国工业发展水平与发达国家相比依然有较大差距。以毛泽东同志为主要代表的中国共产党人迫切希望能够加快中国经济发展。1957年11月，在庆祝十月革命40周年的莫斯科会议上，赫鲁晓夫宣布："通过和平竞争，苏联要在15年

---

① 中国社会科学院，中央档案馆：《1953—1957中华人民共和国经济档案资料选编》（工业卷），中国物资出版社1998年版，第1057页。

内赶上并超过美国"①。11月18日,毛泽东提出:"十五年后我们可能赶上或者超过英国。"② 1958年5月,中共八大二次会议将"鼓足干劲、力争上游、多快好省地建设社会主义"确定为党的社会主义建设总路线。毛泽东在会上提出:"如果五年内达到四千万吨钢,可能七年赶上英国,再加上八年就能赶上美国。"会后,全国各条战线迅速掀起"大跃进"高潮③。按照不变价格计算,1958年中国国内生产总值(GDP)增长速度高达21.3%,1959年在1958年的基础上进一步增长了8.8%④。但中国共产党探索符合基本国情的经济发展道路的努力被"大跃进"干扰。1957年11月,在莫斯科大会上毛泽东提出:"中国从政治上、人口上说是个大国,从经济上说现在还是个小国……十五年后,苏联可以超过美国。我也可以讲,十五年后我们可能赶上或者超过英国。"⑤ 1958年农业"以粮为纲",工业"以钢为纲"的"大跃进"席卷全国。在"大跃进"狂热气氛下,农村掀起了"一大二公"的人民公社化运动,"高指标、瞎指挥、浮夸风"和"共产风"为主要标志的"左"倾错误严重泛滥。"大跃进"期间中央向地方政府进行的大规模权力下放,也加剧了这种混乱。三年"大跃进"使得经济结构严重失衡,粮食供给紧张,经济陷入极度困难,国民经济被迫进入调整时期。加上自然灾害和苏联政府撕毁合同,中国经济在1959—1961年遭受破坏。

为了摆脱国民经济日益严重的困难,中共中央从1961年开始对国民经济进行调整,实施"调整、巩固、充实、提高"的"八字方针",采取了降低过高的重工业生产指标,对工业企业进行"关、停、并、转",压缩工业基本建设等一系列有效措施,国民经济逐步复苏。1963年9月,中共中央召开工作会议对经济形势做出分析,认为尽管国民经济出现了全面好转的局面,但仍存在不少问题。因此,会议决定,从1963年起再用三年时间继续进行调整、巩固、充实、提高工作。此后,中央决定再用三年时间(1963—1965年)继续调整,为"三五"计划打下基础。当时还设想按照"解决吃穿用,加强农业和基础工业,兼顾国防,突破尖端"的次序安排国民经济的计划⑥。但毛泽东根据国际形势的变化,提出"没有坐稳,没有站稳,是要跌跤子的。'两个拳头——农业,国防工业,一个屁股——基础工业',要摆好"⑦。在毛泽东的坚持下,"三五"计划,从指导思想到计划草案上都实现了向以战备为中心的全面转变。在战备的指导思想下,中国实施了巩固国家安全、平衡区域发展的"三线建设"战略。但1966年开始的"文化大革命",使经国民经济调整呈现出较好的经济运行态势遭到破

---

① 武力等:《中国共产党"三农"思想政策史(1921—2013)》,中国时代经济出版社2013年版,第288页。
② 这里主要是指钢产量。参见《毛泽东文集》第7卷,人民出版社1999年版,第325—326页。
③ 《陈云年谱(1905—1995)》中卷,中央文献出版社2000年版,第416页。
④ 国家统计局国民经济综合统计司:《新中国六十年统计资料汇编》,中国统计出版社2010年版,第11页。
⑤ 《毛泽东文集》第7卷,人民出版社1999年版,第325、326页。
⑥ 赵德馨主编:《中国经济通史》第10卷(上),湖南人民出版社2002年版,第272页。
⑦ 《建国以来重要文献选编》第18册,中央文献出版社1998年版,第524页。

坏①。同期，世界上一些发达国家与新兴经济体抓住新一轮科技革命的机遇，加快了经济发展。1960 年中国 GDP 是美国的 11%，日本的 134.8%，而 1978 年下降为美国的 6.4%，日本的 14.8%②。

1949—1978 年虽然中国经济经历了严重挫折，但依旧保持了较快的发展速度，在一穷二白的基础上，基本建立起独立的、比较完整的工业体系。正如习近平总书记所说："在不长的时间里，中国社会就发生了翻天覆地的变化……成为在世界上有重要影响的大国。"③。经过 20 多年的实践，中国工业取得长足进步，主要表现在：一方面，钢铁、电力、石油等基础型工业品有长足进步，缩小了与世界强国的差距。以钢铁工业为例，1950 年中国的钢铁产量仅为美国的 0.7%、日本的 12.6%，1978 年则达到美国的 25.6%、日本的 31.1%④。另一方面，汽车、航天等技术密集型的工业产品经历了"从无到有"，为日后工业赶超奠定了重要的基础。但是由于高度集中的计划经济体制未能克服经济效率的问题，经过 20 多年的发展，中国未能成为世界工业大国。中国工业增长速度甚至一度低于印度、巴西等发展中大国。从人均工业增加值的角度来看，1960 年印度是中国的 44.62%，巴西是中国的 168.07%；1978 年印度是中国的 72.04%，而巴西是中国的 827.03%⑤。中国技术密集型的工业产品与世界经济强国相比更是有较大差距。例如 1955 年中国汽车产量仅为 0.01 万辆，1978 年上升为 14.9 万辆，而美国、日本 1950 年分别为 800.3 万辆、3.2 万辆，1978 年分别为 1287.6 万辆、924 万辆⑥。

二、改革开放后的经济高速增长（1979—2011 年）

改革开放之后，中国逐步形成了"发展才是硬道理"的发展观，工业化成为推动经济发展的重要手段。这一时期又可以分为两个历史阶段：一个是 1979—1997 年，尽快改变中国经济落后面貌、缩小与发达国家间的差距成为以邓小平同志为主要代表的中国共产党人面临的迫切的任务⑦。在"解放思想、实事求是"思想路线指导下，中国共产党提出了"以经济建设为中心，坚持四项基本原则，坚持改革开放"⑧ 的基本路

---

① 郑有贵：《中华人民共和国经济史（1949—2012）》，当代中国出版社 2016 年版，第 68、69、75、93 页。
② 根据世界银行相关数据计算得出。参见"GDP（现价美元）"，世界银行网，https：//data.worldbank.org.cn/indicator/NY.GDP.MKTP.CD?view=chart，2019 年 10 月 25 日。
③ 习近平：《在纪念毛泽东同志诞辰 120 周年座谈会上的讲话》，人民出版社 2013 年版，第 8 页。
④ 国家统计局工业交通物资统计司：《中国工业经济统计资料（1949—1984）》，中国统计出版社 1985 年版，第 50、212 页。
⑤ 根据世界银行数据库相关数据计算。
⑥ 根据历年《中国工业经济统计资料》《国际经济和社会统计提要》相关数据整理。
⑦ 武力：《论中国共产党从强国到富民的伟大探索》，载《党的建设》2011 年第 4 期，第 32—35 页。
⑧ 《十三大以来重要文献选编》（上），人民出版社 1991 年版，第 15 页。

线，选择了渐进式改革开放的道路；另一个是从1998年开始，随着20世纪90年代中后期中国告别短缺经济，由消费需求带动工业快速发展的模式悄然转变，中国经济由卖方市场转向买方市场。由于内需不足，部分工业行业出现了较为严重的供过于求，1997年下半年爆发的亚洲金融危机也让中国经济受到一定冲击。在此背景下，中国政府采取措施推动工业发展，1998年以后中国进入了重化工业重启阶段，工业高速增长，中国成为世界第一工业大国。

（一）改革开放与经济发展水平国际地位的变化（1979—1997年）

1978年12月召开的中国共产党十一届三中全会拉开了中国改革开放的序幕，中国的社会主义建设和发展进入了一个新的历史时期。总的来说，经济改革主要是在过去经验教训的基础上，试图对公有制和计划经济体制进行修正和优化，其思路也主要是在"开放搞活"和"放权让利"的思路下，在恢复市场机制、恢复其他经济成分和引进外资的同时，搞好搞活公有制经济。其具体表现，就是逐步扩大市场调节的范围，扩大农民、国有企业和地方政府的自主权力，从而体现出"摸着石头过河"、从薄弱环节突破的特征[①]。在"解放思想、实事求是"思想路线指导下，中国共产党提出了"以经济建设为中心，坚持四项基本原则，坚持改革开放"[②]的基本路线，选择了渐进式改革开放的道路。中国的改革从农村开始，逐步形成了"企业改革"与"价格改革"两条主线。1992年中国共产党十四大召开，社会主义市场经济的步伐加快。在经济体制改革的同时，中国还加快了对外开放。随着中国逐渐融入国际市场，劳动力丰富的比较优势凸显，劳动密集型产品在国际竞争中处于有利地位，出口不断增加也极大地推动了中国工业的发展。

改革开放以后，中国工业进入了快速扩张，由于独特的成本优势与巨大的国内市场潜力，让中国经济告别短缺。据国内贸易部1997年下半年对613种主要商品供应情况的排队，供不应求的商品有10种，仅占1.6%，供求基本平衡的商品占66.6%，供过于求的商品占31.8%[③]。中国吸引了大量外商投资，有效弥补了资本不足，提升了技术与管理水平，为中国经济发展注入了新的活力。

1979—1997年在改革开放推进下中国保持了较高的增长速度，在社会主义国家中一枝独秀（见表1-4）。渐进改革使中国免受恶性通货膨胀冲击（见表1-5）；"四项基本原则"使中国避免了苏联解体东欧剧变式的政治动荡，为经济发展创造了良好的环境。

---

① 武力：《中国共产党领导经济改革三十年的阶段分析》，载《中共党史研究》2008年第4期，第76—84页。
② 《十三大以来重要文献选编》1986（上），人民出版社1991年版，第15页。
③ 武力：《中华人民共和国经济史》1986（下），中国时代经济出版社2010年版，第950页。

表1-4　　　　　主要社会主义国家经济增长率（1981—1990年）　　　　　单位：%

年份	1981	1982	1983	1984	1985	1986	1987	1988	1989	1990
中国	4.9	8.3	9.8	13.5	13.5	7.7	10.2	11.3	3.7	4.8
苏联	3.1	4.2	4.0	3.3	1.6	2.3	1.6	4.4	2.4	-4.0
南斯拉夫	1.4	0.5	-1.2	1.7	0.2	3.7	-1.0	-2.0	0.8	-4.7
波兰	-11.8	-5.4	5.7	5.7	3.4	4.9	1.9	4.9	0.3	-14.0

注：南斯拉夫为国民物质生产总值增长率，其他国家为国民收入增长率。

资料来源：《国际经济和社会统计提要》，中国统计出版社1986年版，第34页。

《国际经济和社会统计提要》，中国统计出版社1992年版，第63页。

表1-5　　　　　主要社会主义国家价格指数（1981—1991年）

年份	1981	1982	1983	1984	1985	1986	1987	1989	1990	1991
中国	102.4	104.3	105.9	108.9	118.5	125.6	134.8	188.1	192.1	197.7
苏联	101	105	105	104	104.6	107.0	111	111.8	117.6	
南斯拉夫	140.9	185.2	261.1	400.0	694.0	1312.0	2891.2	115148.0	783401.0	1399241.0
波兰	121.2	243.3	294.5	341.8	393.4	519.0	687.0	3260.7	22326.0	38082.3

注：①1980＝100。②由于部分数据缺失，苏联1987年数据来源于国家统计局国际统计信息中心，《世界主要国家和地区社会发展比较统计资料》，中国统计出版社1990年版，第69页。

资料来源：《国际经济和社会统计提要》，中国统计出版社1992年版，第286、287、336、337页。

《国际经济和社会统计提要》，中国统计出版社1986年版，第238、239页。

按照可比价格计算，工业生产总值1997年约比1979年增加了6.9倍，增速远高于第一产业的1.4倍，也高于GDP的4.5倍、第三产业的5.3倍①。从轻、重工业的比重来看，1979年，轻工业与重工业之比为43.7∶56.3，1997年为48.97∶51.03②，计划经济时期长期存在的工业结构失衡问题得到有效改善。1979—1997年，中国工业高速发展，有力地提升了中国工业的国际地位。与发展中大国相比，1979年，中国工业增加值是印度的2.1倍，与巴西大体持平；1997年，中国工业增加值是印度的3.9倍、巴西的2.3倍③。从工业主要产品产量来看，1990年，中国电视机产量居世界第一，1996年成为世界钢产量第一大国。工业的高速发展还推动了中国国际经济地位的提升。从GDP总量的角度来看，1979年，中国是美国的6.8%、日本的16.9%、德国的20.3%；1997年，中国是美国的11.2%、日本的21.8%、德国的43.3%④。

---

① 根据《中国统计年鉴（1998）》，中国统计出版社1998年版，第58页的相关数据计算得出。
② 根据《中国工业经济统计资料（1949—1984）》第95页，以及《中国工业经济统计年鉴（1998）》，中国统计出版社第8页的相关数据整理得出。
③ 根据世界银行相关数据计算。参见"工业增加值（现价美元）"，世界银行网，https：//data.worldbank.org.cn/indicator/NV.IND.TOTL.CD？view＝char，2019年10月25日。
④ 根据世界银行相关数据计算。参见"GDP（现价美元）"，世界银行网，https：//data.worldbank.org.cn/indicator/NY.GDP.MKTP.CD？view＝chart，2019年10月25日。

但是中国经济与世界发达国家相比仍然有较大的差距。1992年中国GDP总量仅为美国的6.5%，日本的11%。1992年中国人均GDP为362.8美元，仅为美国的1.4%，日本的1.2%，仍处于贫困国家行列。

（二）中国重化工业重启与"世界工厂"的形成（1998—2011年）

随着20世纪90年代中后期中国告别短缺经济，由消费需求带动工业快速发展的模式悄然转变，中国经济由卖方市场转向买方市场。由于内需不足，部分工业行业出现了较为严重的供过于求，1998年爆发的亚洲金融危机也让中国经济受到一定冲击。在此背景下，这一时期政府采取积极财政政策、推动城市化、刺激房地产发展等措施，最终重化工业重启带动了工业高速发展。

正如2002年党的十六大报告指出的那样："必须看到，中国正处于并将长期处于社会主义初级阶段，现在达到的小康还是低水平的、不全面的、发展很不平衡的小康，人民日益增长的物质文化需要同落后的社会生产之间的矛盾仍然是中国社会的主要矛盾。"①

当中国实现了小康社会目标和进入21世纪后，中国经济实现了由卖方市场向买方市场的转变。经济发展、消费升级和市场规律，推动了自2003年以来的又一波以投资和出口拉动为主要动力的10年经济高速发展，世界金融危机也没有阻挡这个势头。这10年被称为"重化工业化"时期，其突出特点是房地产和"铁路、公路、基本设施"建设的突飞猛进，显示出工业化在最后阶段的"填平补齐"规律，即最后向资本和资金密集型领域扩张，当然也开始走出国门，寻找国外的机会。②

1998—2011年，中国工业保持高速增长，2011年第二产业比1998年增长了2.9倍，同一时期第一产业增长了0.7倍，第三产业增长了2.8倍③。第二产业是国民经济的支柱性产业，拉动了中国经济的增长。从工业内部结构来看，1998年以后是重化工业重启阶段，1998年重工业占工业比重为50.7%，2000年达到60.2%④，2006年重工业则达到了工业比重的70%，尔后长期保持这一水平⑤。重工业在资产、主营业务收入、利润等方面也都表现出较强的增长态势（见表1-6）。1998年以后，中国有效克服了"买方市场"下的内需不足对工业发展的制约，成功抵御了两次世界经济危机的

---

① 《十六大以来重要文献选编》1986（上），中央文献出版社2005年版，第14页。
② 武力：《新中国70年：社会主义的创新与发展》，载《马克思主义与现实》2019年第5期，第1—6页。
③ 按照不变价格计算，根据《中国统计年鉴》（2012），中国统计出版社2012年版，第48页的相关数据计算得出。
④ 2000年与1998年工业统计口径有变化，2000年与1998年重工业占工业比重不可比，但2000年与2006年具有可比性。参见《中国工业经济统计年鉴》（2002），中国统计出版社2002年版，第28页。
⑤ 《中国工业经济统计年鉴》（2012），中国统计出版社2012年版，第21页。

冲击，保持了工业较快增长速度。从工业生产总值①来看（按照现价美元计算），中国1998年为美国的22.8%、日本的34.8%、英法德之和的35.2%，2007年中国超过日本，2008年超过英法德三国总和，2011年超过美国，成为世界第一工业大国。从工业内部结构来看，1998年以后工业快速发展又具有重工业重启的特征，1998年重工业占工业比重为50.2%，2000年达到60.2%②，2006年则为70%，尔后长期保持70%以上的水平③（见表1－6）。

表1－6　　　　中国重工业主要指标占工业比重（1998—2011年）　　　　单位：%

年份	重工业资产总计占工业比重	重工业主营业务收入占工业比重	重工业利润总额占工业比重
1998	67.03	58.46	60.58
2002	69.13	62.62	68.04
2004	71.52	68.11	76.25
2006	74.33	70.50	76.13
2008	76.10	71.76	72.29
2010	76.76	71.76	71.69
2011	76.96	72.17	71.99

注：1998年、2002年用产品销售收入替代主营业务收入。

资料来源：根据《中国统计年鉴（1999）》（中国统计出版社1999年版）第433、435页，《中国统计年鉴（2003）》（中国统计出版社2003年版）第469、471页，《中国统计年鉴（2006）》（中国统计出版社2006年版）第505页，《中国统计年鉴（2007）》（中国统计出版社2007年版）第501页，《中国统计年鉴（2009）》（中国统计出版社2009年版）第487页，《中国统计年鉴（2011）》（中国统计出版社2011年版）第499页，《中国统计年鉴（2012）》第501页的相关数据计算得出。

三、新时代迈向经济强国（2012年以来）

虽然从2002年开始，中国进行了新型工业化道路的探索，但是21世纪以来，为保持工业较高速度发展，中国工业发展模式依旧依靠大规模要素投入与物资消耗。2012年以来，中国经济发展进入新常态，工业发展的环境发生了新的变化。国内劳动力成本不断提升，资源、环境压力日益增大；在国际竞争中，中国工业在高端受到美国

---

① 国际工业增加值的比较所用数据来源于世界银行，其工业统计口径更广，其与ISIC第10—45项相对应，并包括制造业（ISIC第1537项）。其中包括采矿业、制造业、建筑业、电力、水和天然气行业中的增加值，大于中国工业的统计口径，相当于中国第二产业的口径。

② 2000年与1998年工业统计口径有变化，2000年与1998年重工业占工业比重不可比，但2000年与2006年具有可比性。

③ 综合历年《中国统计年鉴》《中国工业经济统计年鉴》及世界银行数据库相关数据计算。

"再工业化"、德国"工业 4.0"的挤压，而低端又受到印度、越南等的低成本挑战。粗放型工业发展方式越来越难以为继。因此，2012 年以后中国开始踏上从工业大国迈向工业强国的新征程。以习近平同志为核心的党中央科学把握国内外发展大势，顺应实践要求和人民愿望，取得了改革开放和社会主义现代化建设的历史性成就，推动党和国家事业发生历史性变革。在此基础上，形成了习近平新时代中国特色社会主义思想，解决了在中国进入新时代后如何实现"两个一百年"奋斗目标，建设社会主义现代化强国的思想、理论路径和战略问题，以及未来世界社会主义发展目标和方案，从而不仅将中国特色社会主义思想推进到一个新的高度，同时丰富和发展了人类社会发展理论①。

（一）经济新常态下从世界工业大国迈向工业强国的探索

1. 《中国制造 2025》与工业发展的战略部署。在激烈的国际竞争下，面对成本不断上升、自主创新不足等方面的挑战，2015 年 5 月，国务院印发了《中国制造 2025》，提出通过"三步走"实现制造强国的战略目标："第一步，到 2025 年迈入制造强国行列；第二步，到 2035 年中国制造业整体达到世界制造强国阵营中等水平；第三步，到新中国成立 100 年时，我国制造业大国地位更加巩固，综合实力进入世界制造强国前列"。《中国制造 2025》还选择十大优势和战略产业作为突破点②，力争到 2025 年达到国际领先地位或国际先进水平。

2. 供给侧结构性改革。虽然中国已经成为世界第一工业大国，但是工业结构不合理的问题仍然困扰着中国工业的发展。主要表现为钢铁、电解铝、水泥等传统工业领域存在较为严重的产能过剩，而数控机床、新材料、新能源等高端产业则发展不足。工业存在的结构性矛盾是中国迈向工业强国的重要障碍。正如习近平总书记指出："中国一些行业和产业产能严重过剩，同时大量关键装备、核心技术、高端产品还依赖进口，国内庞大的市场没有掌握在我们自己手中。"③ 一些地方政府出于 GDP、就业等方面的考虑，对一些本已失去竞争能力的工业企业进行输血，形成了一批"僵尸企业"，成为中国中低端"产能过剩"的重要原因。习近平总书记指出："用改革的办法推进结构调整，减少无效和低端供给，扩大有效和中高端供给，增强供给结构对需求变化的适应性和灵活性，提高全要素生产率。"④ 这一时期中国推进了"供给侧结构性改革"，一方面，推动新兴信息产业、新能源、高端装备制造等新兴产业率先突破。通过互联

---

① 武力：《新中国 70 年：社会主义的创新与发展》，载《马克思主义与现实》2019 年第 5 期，第 1—6 页。
② 十大重点领域是：新一代信息技术产业、高档数控机床和机器人、航空航天装备、海洋工程装备及高技术船舶、先进轨道交通装备、节能与新能源汽车、电力装备、农业装备、新材料、生物医药及高性能医疗器械。
③ 《习近平谈治国理政》（第二卷），外文出版社 2017 年版，第 253 页。
④ 《习近平谈治国理政》（第二卷），外文出版社 2017 年版，第 252 页。

网、大数据、人工智能和实体经济深度融合,加快形成一批新兴产业集群和龙头企业。① 另一方面,加大对传统产业的转型升级。2015 年 11 月,习近平总书记主持召开中央财经领导小组第十一次会议,研究经济结构性改革和城市工作。在讲话中,他首次提出"要着力加强供给侧结构性改革"②。党的十九大报告指出:"建设现代化经济体系,必须把发展经济的着力点放在实体经济上,把提高供给体系质量作为主攻方向,显著增强中国经济质量优势。"③ 工业是实体经济的主体,也是转变经济发展方式、调整优化产业结构的主战场④。供给侧结构性改革是建设现代化经济体系的主线⑤。"三去一降一补"(即去产能、去库存、去杠杆,降成本,补短板)五大任务从短期看是供给侧结构性改革的重点,"去产能"是重中之重。

3. 创新发展与大国工业升级。要完成工业质量与效率的赶超,就必须实现经济增长动力由要素投入、物资消耗为主向创新驱动转变。推进供给侧结构性改革,从根本上来看需要通过创新来引领。党的十八大报告提出:"实施创新驱动发展战略。科技创新是提高社会生产力和综合国力的战略支撑,必须摆在国家发展全局的核心位置"⑥。国务院出台了《关于深化体制机制改革加快实施创新驱动发展战略的若干意见》《深化科技体制改革实施方案》《国家创新驱动发展战略纲要》等政策措施,有效推动了中国创新发展。党的十八届五中全会把创新发展理念作为五大发展理念之首⑦。习近平总书记也特别强调把制造业搞上去⑧。党的十八大以来,"载人航天、深海探测、超级计算、卫星导航等战略高技术领域取得重大原创性成果,C919 大型客机飞上蓝天、首艘国产航母下水,高铁、核电、特高压输变电等高端装备大步走向世界"⑨,科技事业的发展和创新推动着中国向工业强国不断迈进。坚持科技创新与体制创新的"双轮驱动",破除阻碍科技创新的体制障碍。正如习近平总书记指出:"在供求关系日益复杂、产业结构优化升级的背景下,涌现出很多新技术、新产业、新产品,往往不是政府发现和培育出来的,而是'放'出来的,是市场竞争的结果。"⑩ 中国通过制定新的《促进科技成果转化法》明确了创新主体科技成果转化权利与义务,提高了科技人员成果转化的

---

① 党的十九大报告辅导读本编写组:《党的十九大报告辅导读本》,人民出版社 2017 年版,第 197 页。
② 《全面贯彻党的十八届五中全会精神落实发展理念推进经济结构性改革》,载《人民日报》2015 年 11 月 11 日。
③ 习近平:《决胜全面建成小康社会夺取新时代中国特色社会主义伟大胜利》,载《人民日报》2017 年 10 月 28 日。
④ 《着力提高中国工业发展质量效益努力从工业大国向工业强国转变》,载《人民日报》2012 年 5 月 30 日。
⑤ 季晓南:《国有企业改革理论的重大创新》,载《人民日报》2017 年 11 月 10 日。
⑥ 胡锦涛:《坚定不移沿着中国特色社会主义道路前进为全面建成小康社会而奋斗》,载《人民日报》2012 年 11 月 18 日。
⑦ 刘延东:《深入实施创新驱动发展战略》,载《人民日报》2015 年 11 月 11 日。
⑧ 《一定要把中国制造业搞上去》,载《人民日报》2019 年 9 月 19 日。
⑨ 李克强:《在国家科学技术奖励大会上的讲话》,载《人民日报》2018 年 1 月 9 日。
⑩ 《习近平关于科技创新论述摘编》,中央文献出版社 2016 年版,第 6 页。

奖励比例，强化了企业转化的主体地位①。为促进中小企业技术研发，中国政府将科技型中小企业的研发费用加计扣除比例由50%提高到75%，并且出台股权激励和技术入股所得实行递延纳税等优惠政策②。中国创新创业环境进一步得到改善。创新驱动发展战略还带动了中国传统制造业的转型升级，推动了工业的绿色发展。

（二）中国经济中高速增长与"世界工厂"地位的巩固

2012年以来，由于中国工业化进入中后期，工业增长速度放缓，但仍然保持中高速增长。根据不变价格计算，2017年，第二产业比2012年增加了38.9%③。2012年第二产业占GDP比重为45.3%，2018年第二产业下降为40.7%④。

表1-7 中国主要工业产品产量居世界位次

	2012年	2013年	2014年	2015年	2016年	2017年	2018年
粗钢	1	1	1	1	1	1	1
煤	1	1	1	1	1	1	1
原油	4	4	4	4	5	5	6
发电量	1	1	1	1	1	1	1
水泥	1	1	1	1	1	1	1
棉布	1	1	1	1	1	1	1

资料来源：根据《国际统计年鉴（2014）》（中国统计出版社2014年版）第4页、《国际统计年鉴（2015）》（中国统计出版社2015年版）第4页、《国际统计年鉴（2017）》（中国统计出版社2018年版）第4页、《国际统计年鉴（2018）》（中国统计出版社2019年版）第4页、《国际统计年鉴（2019）》（中国统计出版社2020年版）第4页的相关数据整理得出。

中国主要工业产品产量在国际上继续保持领先（见表1-7）。从工业增加值来看，2012年，中国工业增加值总量比美国、日本分别高24.9%、133.6%，2017年则高了38.8%、247.6%⑤。印度、巴西的差距进一步拉开，2012年中国人均工业增加值是印度的6.8倍，与巴西大体持平，2018年分别是印度、巴西的7.3倍、2.4倍⑥。不过，我们也要认识到中国工业产品的质量同世界工业强国相比仍然有一定差距，实现从经济大国向经济强国的转变任重道远。

---

① ② 宋梅，郝旭光，朱亚旭：《中国煤炭产业供给侧结构性改革效果分析》，载《中国煤炭》2018年第5期，第5—8、14页。

③ 《中国统计年鉴》(2018)，中国统计出版社2018年版，第64页。

④ 《中国统计年鉴》(2019)，中国统计出版社2019年版，第58页。

⑤ 根据世界银行数据计算得出，参见"工业增加值（现价美元）"，世界银行网，https://data.worldbank.org.cn/indicator/NV.IND.TOTL.CD?view=chart，2019年10月25日。

⑥ 根据世界银行相关数据计算得出。工业增加值数据参见"工业增加值（现价美元）"，世界银行网，https://data.worldbank.org.cn/indicator/NV.IND.TOTL.CD?view=chart，2019年10月25日；人口数据参见"人口，总数"，世界银行网，https://data.worldbank.org.cn/indicator/SP.POP.TOTL?view=chart，2019年10月25日。

第二节 新中国经济制度变迁历程

新中国成立以来，中国经济制度随着经济发展实践而不断变迁。本节主要梳理中国共产党如何推进中国经济制度变迁以推动经济发展。

一、传统社会主义经济制度选择

（一）集中的计划经济体制的形成和发展

新中国成立初期，中央在经济管理上就倾向于建立统一的、有计划的经济体制。在当时具有临时宪法作用的《共同纲领》规定：国家应在经营范围、原料供给、销售市场、劳动条件、技术设备、财政政策、金融政策等方面，调剂国有经济、合作经济、农民和手工业者个体经济、私人资本主义经济和国家资本主义经济，使各种社会经济成分在国有经济领导下，分工合作，各得其所，以促进整个社会经济的发展①。中央人民政府应争取早日制定恢复和发展全国公私经济各主要部门的总计划，规定中央和地方在经济建设上分工合作的范围，统一调剂中央经济部门和地方各经济部门的相互联系。当时全国经济建设投资由中财委集中分配，建设项目则分别由中央各部提出，报中财委审批。中央各部编制的专业计划，经中财委批准实施。计划局除审核各部专业计划与掌握投资外，还集中力量系统调查研究中国经济情况，作为审核计划的基础材料②。

"一五"期间，中国的经济恢复和建设基本上是在高度集中的计划体制下进行的。这时期，对国有企业和生产国家计划产品的一部分公私合营企业实行直接计划，由国家向这些企业下达指令性生产指标。指令性指标有12项，包括总产值、主要产品产量、新种类产品试制、重要的技术经济定额、成本降低率、成本降低额、职工总数、年底工人到达数、工资总额、平均工资、劳动生产率、利润。对多数公私合营企业和私人资本主义工业及一部分手工业实行间接计划，主要由国家采用各种经济政策、经济合同和经济措施，把它们的经济活动引导到国家计划的轨道③。

1953年召开的第一次全国物资分配会议将平衡与分配的物资分为三类，即国家统一分配物资、中央各主管部门统一分配物资和地方管理物资三大类。（1）国家统一分

---

① 《建国以来重要文献选编》（第一册），中央文献出版社1992年版，第7页。
② 赵晓雷：《中国工业化思想及发展战略研究》，上海财经大学出版社2010年版，第231页。
③ 赵晓雷：《中国工业化思想及发展战略研究》，上海财经大学出版社2010年版，第233、234页。

配物资。简称"统配物资"。这类物资属于关系国计民生最重要的通用物资,由国家计划委员会编制物资平衡计划和物资分配计划,报国务院批准后执行。1953年国家统一分配物资为112种,主要品种有:黑色金属类,如生铁、钢材;有色金属类,如铜、铝、铅、锌、锡;燃料电力类,如原煤、汽油、电力;轻纺产品类,如棉纱、棉布、麻袋;化工产品类,如烧碱、纯碱、橡胶;森工产品类,如木材;建筑材料类,如水泥;机电产品类,如蒸汽锅炉、电动机、变压器、车床、磨床等。随着国民经济的发展,工业产品的增多,国家统一分配物资的品种也不断增加。1957年增加为231种,比1953年增加119种,增加的品种主要有:煤油、重油、雷管、炸药、导火线、载重汽车、桥式起重机、鼓风机、锻压设备、石油钻机、地质钻机等。(2) 中央各主管部门统一分配物资。简称"部管物资"。这类物资是在国民经济中比较重要的物资,多数是专用性较强的物资或中间产品。这类物资的平衡计划和分配计划,由主管部门编制,部长批准,并报国家计划委员会备案后执行。1953年部管物资有115种,1957年增为301种,较1953年增加186种。(3) 地方管理物资。即统配、部管物资和商业部经营的一、二类商品以外的工业品生产资料,后来也称"三类物资"。随着公私合营的推进,市场力量式微,国家对物资的计划配置力量不断扩大。例如,商业部门在市场上销售的钢材由1954年的30%,剧减到1955年的18.2%,而到1956年进一步降至8.2%,到1957年则实行单一的计划分配和供应①。总之,"一五"时期,中国在对经济运行管理、工业企业管理、基本建设管理、财务管理、物资管理、价格管理等方面都建立了高度集中的管理体制,从而形成了高度集中的国民经济计划管理体制。这一体制是由当时的工业化发展道路和工业化发展战略所决定的,适应了"一五"时期集中资金和资源进行以重工业为中心的工业化建设的需要,对"一五"计划的顺利完成起到了重要的作用②。

(二) 单一公有制的形成和发展

经过1949—1952年的发展,社会主义性质的公有制经济比重不断上升。当时在工业方面,高级的形式是公私合营,即企业中有公股参与公私共同管理,公方处于领导地位,私人所有制是被承认的,但已经受到限制。中级的形式是加工订货,即原材料由国家供给,产品由国家收购,由私人进行生产,私人所有制也受到限制,不能到自由市场去购买原材料和销售产品了。低级的形式,一般是原材料主要由私人购买,由私人进行生产,国家收购其产品的大部分,私人还能保留一小部分自销③。通过与政府

---

① 赵德馨主编:《中国经济通史》(第十卷)(上册),湖南人民出版社2002年版,第667—668页。
② 赵晓雷:《中国工业化思想及发展战略研究》,上海财经大学出版社2010年版,第234、235页。
③ 中国社会科学院、中央档案馆编:《中华人民共和国经济档案资料选编》(工业卷),中国物价出版社1998年版,第270页。

合作，私营企业摆脱了新中国成立初期资金、原材料不足，销路不畅的难题。1953年是私营工业生产发展较大的一年，国家对私营工业加工、订货的投放也较多，如以产值计算，国家加工、订货、包销、收购的价值占10人以上的私营工业企业全部生产的70%，占500人以上的企业生产的比重最大，约89.2%；占100—499人的企业生产的77.6%；占50—99人的企业生产的67.2%；不足50人的大型企业约64.1%，比重最少的为10人以上的小型企业，约46.7%。这一时期，许多私营工业通过公私合营已经有了社会主义成分①。

  1955年下半年，在毛泽东同志的推动下，中国农村出现了农业社会主义改造高潮。农业社会主义改造高潮的出现，一方面，消灭了广大农村的私有经济，使私人资本主义工商业更加孤立，使其感到社会主义已是大势所趋；另一方面，也使党和政府产生了早日完成社会主义改造的急躁心情。同年10月，毛泽东同志邀请全国工商联执委召开座谈会，希望私营工商业者认清社会发展规律，接受社会主义改造，把自己的命运与国家的前途结合起来。不久，在全国工商联会议上，陈云副总理又对全行业公私合营和定息等问题做了进一步说明。随后会议通过了《告全国工商界书》，要求全国各地工商业者响应中共中央号召，积极接受社会主义改造。同年11月，党中央召开资本主义工商业改造问题座谈会和七届七中全会，会议确定了实行全行业公私合营的方针、政策和计划。根据会议部署，从1956年1月起，全国又掀起了资本主义工商业的社会主义改造高潮。1956年1月1日，北京市的私营工商业者首先向政府提出实行全行业公私合营的申请，要求政府批准。到1月10日，仅用了10天时间，北京市就实现了全市私营工商业的公私合营。紧接着，这种方式就在全国各个城市迅速推广。到1956年1月底，私营工商业集中的上海、天津、广州、武汉、西安、重庆、沈阳等大城市以及50多个中等城市相继实现了全行业公私合营。到1956年3月底，除西藏等少数民族地区外，全国基本上实现了全行业公私合营。到1956年底，全国私营工业户数的99%，私营商业户数的82.2%，分别纳入了公私合营或合作社②。

  在高度集中的公有制基础上，对于工业管理方面，还形成了各大中型企业由中央各部门直接管理的体制。从产值来看，中央直属企业在工业总产值中占49%。各主要部门中央直属企业在各部门总产值的比重情况是：钢铁部门占94%，有色金属部门占87%，电力部门占83.8%，煤炭部门占72%，化学部门占57%，机械部门占47.2%③。在农业方面，20世纪50年代开始中国农业集体化运动，到1956年几乎所有的农民都被卷入集体化的洪流中。

---

① 肖翔，董香书：《中国工业经济发展研究》，华中科技大学出版社2019年版，第47—48页。
② 武力主编：《中华人民共和国经济史》（上册），中国经济出版社1999年版，第294—295页。
③ 赵德馨主编：《中国经济通史》（第十卷）（上册），湖南人民出版社2002年版，第166页。

二、社会主义市场经济探索

改革开放40多年伟大历史进程取得了许多具有"中国特色"的实践与理论成果，为中国特色社会主义市场经济制度的建设创造了有利条件。中国的改革从农村开始，1984年开始向城市推进。这一时期市场化改革从范围上来看可以分为价格改革和企业改革两条主线。

（一）农村改革的率先突破

中国改革首先从计划经济薄弱环节农村开始探索。以小岗村为试点的家庭联产承包责任制取得成功之后，中央推动了全国范围内包产到户的实施。1980年，实行包产到户的农村基本核算单位仅占总数的5%，1982年达到80.9%，到1984年达到99.1%，同时，实行包干到户的农户也达到全国农户总数的96.5%[①]。农村联产承包责任制在实践上突破了人民公社体制束缚，广大农民的生产与分配不再以生产队为基础，而是以农户为主体，有效提高了农民的生产积极性。农业生产率的提高让大批农村劳动力从土地中解放出来，农村开始出现专业化经营，乡镇企业异军突起。农村改革的成功突破了传统计划经济体制，为城市改革创造了良好的环境。

（二）市场经济的不断发展

计划经济是传统社会主义政治经济学的重要组成部分。斯大林认为"只有在国民经济有计划发展的经济法则的基础上，社会主义的国民经济才能进行。"[②] 但在实践中，依靠计划手段难以实现资源的优化配置。

1979年陈云同志提出了"第一部分（计划经济部分，笔者注）是基本的主要的；第二部分（市场调节部分，笔者注）是从属的次要的，又是必需的。"[③] 中国政府开始允许国民经济中有一部分商品由市场调节，在旧有的计划经济体制上冲破了一个缺口。这一时期农产品逐步减少统购派购商品的品种范围，并逐步放开了小商品价格，一些电子产品、机械产品也开始进行浮动价格改革的探索。市场调节在资源配置中的作用逐步增大。

1984年中国共产党明确提出"有计划的商品经济"，1987年党的十三大提出"国家调节市场、市场引导企业"。这一时期一方面中国农产品、轻工业产品价格逐步放

---

① 基本核算单位包括生产队和生产大队、当时称"相对独立"，因为国家的农业生产计划对农户仍有一定的约束力。参见张晓山：《中国农村改革30年研究》，经济管理出版社2008年版，第46页。
② 斯大林：《苏联社会主义经济问题》，人民出版社1953年版，第6页。
③ 《陈云文选》第3卷，人民出版社1995年版，第245页。

开。另一方面，重工业产品形成了"双轨制"改革的思路。1984年5月国务院第一次正式明确企业超产部分允许自销，价格在国家牌价上下可以浮动20%（1985年1月中国政府取消了20%的限制）。一方面生产资料的"计划轨"保持了旧有经济体系资源配置的运行，另一方面"市场轨"的发展又给非国有经济的壮大创造了良好的外部环境。在实践中，"市场轨"不断侵蚀"计划轨"，扩大了市场在资源配置中的作用，突破了传统计划经济的认识。

1992年邓小平在南方谈话指出："计划多一点还是市场多一点，不是社会主义与资本主义的本质区别。"① 1992年党的十四大确定了"建立社会主义市场经济体制"的改革目标，中国加快了市场化进程。1992年8月国家物价局大面积缩小固定价格产品的范围。截至1996年，国家定价和国家指导价的比重分别降到14.0%、4.9%，市场调节价比重上升到81.1%②。市场逐步在资源配置中起到基础性作用。

20世纪90年代中后期，资金、土地等生产要素价格也进行了市场化的探索。例如，1998年金融机构对小企业的贷款利率上浮幅度由10%扩大到20%③。1998年开始房地产市场化改革启动，突破了"住房"不是商品的认识，房地产成为中国经济高增长的重要引擎。进入世界贸易组织（WTO）之后，中国市场化沿着构建开放型现代市场迈进，市场机制进一步完善。例如2005年起中国对人民币开始实行以市场供求为基础、参考一篮子货币进行调节、有管理的浮动汇率制度。

（三）所有制改革的持续推进

改革开放之初，中国城市面临着巨大的就业压力④，1979年2月国家工商局提出："批准一些有正式户口的闲散劳动力从事修理、服务和手工业等个体劳动，但不准雇工。"⑤ 城镇个体工商户从1978年的14万人发展到1981年的105.6万人⑥。1981年党中央、国务院指出："一定范围的劳动者个体经济是社会主义公有制经济的必要补充。"这个文件还规定，"对个体工商户，应当允许经营者请两个以内的帮手，有特殊技艺的可以带五个以内的学徒"⑦ 但在实践中私营企业很快突破了雇工的人数限制。1987年

---

① 《邓小平文选》第3卷，人民出版社1993年版，第373页。
② 成致平：《中国物价五十年》，中国物价出版社1998年版，第768页。
③ 易纲：《中国改革开放三十年的利率市场化进程》，载《金融研究》2009年第1期。
④ 截至1979年上半年，全国需要安排就业的人数高达2000多万人，参见黄孟复：《中国民营经济史纪事本末》，中华工商联合出版社2010年版，第175页。
⑤ 黄孟复：《中国民营经济史纪事本末》，中华工商联合出版社2010年版，第176页。
⑥ 刘小玄：《奠定中国市场经济的微观基础企业革命30年》，格致出版社、上海人民出版社2008年版，第145页。
⑦ 刘小玄：《奠定中国市场经济的微观基础企业革命30年》，格致出版社、上海人民出版社2008年版，第140页。

"中央一号"文件明确承认了私营经济利大于弊,是"社会主义经济的一种补充形式"[1]。非公有制经济的兴起在实践中已经突破了单一公有制理论。这一时期国有企业也进行了"放权让利"为主线的改革,为下一步市场化改革奠定了重要基础。

1993年,党的十四届三中全会明确了国有企业改革方向是建立"产权明晰、权责明确、政企分开、管理科学"[2]的现代企业制度。20世纪90年代中期,中国告别短缺经济之后,国有企业经营困难的问题日益凸显。中国政府一方面对纺织、煤炭、冶金、建材等一般竞争领域的国有企业进行战略性收缩;另一方面加快了国有企业改制步伐。国有企业改革的同时,非公有制经济在这一时期取得了迅速发展。在1992年党的十四大上进一步明确了"多种经济成分长期共同发展"[3],非公有制经济"配角"地位淡化。1997年党的十五大将"社会主义公有制为主体、多种所有制经济共同发展"[4]作为长期的基本的经济制度。1991年底,在城镇国有和集体所有制单位就业人员与其他所有制单位从业人员分别占从业人员总数的81.83%和18.17%;到2000年底分别占总数的41.47%和58.53%[5]。所有制结构与劳动者就业结构发生的剧烈变化进一步突破了传统政治经济学对公有制与按劳分配的认识。

党的十六大以后,中国所有制改革继续深入。2003年3月,中国设立国务院国有资产监督管理委员会,从此改变了国有企业"九龙治水"的困境。另一方面国有企业进一步推进了战略调整。中央企业80%以上的资产集中在石油石化、电力、国防、通信、运输、冶金、机械等行业[6]。经过改革国有企业实力不断增强,走出了一条不同于西方经济学所指导的全面私有化的企业改革道路。

党的十六大提出了"两个毫不动摇",进一步明确了非公有制经济的地位。为推动非公有制经济发展,中国出台了"非公经济36条",对非公有制企业进入重要领域和垄断行业作出了明确规定。非公有制企业这一时期发展较为迅速。有学者估算,第二、三产业中,公有制和非公有制企业资产的比重2004年分别占65∶35,2008年为52∶48;产出比重2004年为37∶63,2008年为30∶70;就业比重49.7∶50.3;2008年为24.2∶75.8[7]。

(四) 对外开放的逐步深入

改革开放之后,为更好地利用国际市场与国际资源,中国加强了与世界的交流与

---

[1] 张启华,张树军:《中国共产党思想理论发展史》下卷,人民出版社2011年版,第1284页。
[2] 《十四大以来重要文献选编》上,人民出版社1996年版,第520页。
[3] 《十四大以来重要文献选编》上,人民出版社1996年版,第19页。
[4] 《十五大以来重要文献选编》上,人民出版社2000年版,第18页。
[5] 武力、温锐:《新中国收入分配制度的演变及绩效分析》,载《当代中国史研究》2006年第7期。
[6] 白天亮:《风帆正举看国企》,载《人民日报》2007年12月19日。
[7] 杨新铭、杨春学:《对中国经济所有制结构现状的一种定量估算》,载《经济学动态》2012年第10期。

沟通，打破了旧有的"两个市场"理论。1979年国务院批准广东省和福建省在对外经济活动中率先实行特殊政策和灵活的管理办法。1980年国务院批准毗邻香港、台湾的深圳、珠海、汕头、厦门试办经济特区。1982年，党的十二大将对外开放作为基本路线的重要内容之一。1984年党的十二届三中全会正式把对外开放确定为"长期的基本国策"。1984年5月，中央决定进一步扩大对外开放的步伐，开放沿海的天津、上海、大连等14个港口工业城市①。1985年2月，中央又将珠江三角洲、长江三角洲以及闽南厦门、漳州、泉州三角地区的51个市、县开辟为沿海经济开放区。1987年，党的十三大明确提出："进一步扩大对外开放的广度和深度，不断发展对外经济技术交流与合作"②。对外开放的范围不断扩大，1988年中国政府设立了海南经济特区。1990年4月，中央同意上海市加快浦东地区的开发，在浦东实行经济技术开发区和某些经济特区的政策③。1992年邓小平南方谈话之后，中国对外开放从沿海开始向沿边、沿江、内地推进。

2001年中国加入世界贸易组织（WTO）之后，中国对外开放进入了新的历史阶段。为履行成员国的承诺与义务，就贸易投资自由化、便利化做出了一揽子承诺。为更好地参与世界竞争，"入世"之后，中国修订了2300多项法律法规，废止了一批不符合世界贸易组织的政府文件。在"入世"的推动下，中国进一步放开了外贸经营权④，推动了关税减让和关税配额。关税由入世前的14%下降到2005年的10%，其中工业品由13%下降到9.3%，农业品由19.9%下降到15.5%⑤。

三、新时代中国经济体制变革

党的十八大以来，以习近平同志为核心的党中央提出"四个全面"战略布局，在经济新常态下推进改革和发展。历史一再证明：每当经济和社会发展遇到阻碍和困难时，都是通过深化改革，实现制度创新来创造条件、促进发展的。同样地，转变发展方式、提高发展质量也要靠改革⑥。随着中国经济进入"新常态"，中国经济增长速度、结构与动力都发生了新的变化。在成本不断提升，资源、能源、环境压力不断增大，自主创新不足的背景下，中国积极推动了工业的转型升级。

---

① 张宇：《中国模式：改革开放三十年以来的中国经济》，中国经济出版社2008年版，第219页。
② 《十三大以来重要文献选编》上，人民出版社1991年版，第23页。
③ 张宇：《中国模式：改革开放三十年以来的中国经济》，中国经济出版社2008年版，第220页。
④ 2009年，民营企业进出口贸易达5100亿美元，占全国进出口贸易总额的23.1%。外资企业进出口贸易额达1.2万亿美元，占全国进出口贸易总额的55.2%。参见孙振宇：《中国入世十周年之际的回顾与展望》，载《国际经济评论》2011年第4期。
⑤ 隆国强：《构建开放型经济新体制——中国对外开放40年》，广东经济出版社2017年版，第12—13页。
⑥ 郭旭红，武力：《改革开放以来中国经济发展若干问题述论》，载《中共党史研究》2017年第6期，第5—12页。

（一）国有企业混合所有制改革

随着中国经济发展进入新常态，国有企业改革也进入新的阶段，即以混合所有制、资产管理体制由管企业向管资产转变为主要内容的阶段。事实上，混合所有制在此之前便已经提出，但一直没有全面付诸实施，而2013年11月党的十八届三中全会通过的《中共中央关于全面深化改革若干重大问题的决定》，将发展混合所有制经济作为新一轮国有企业改革的主要方向。2015年8月，党中央、国务院印发的《关于深化国有企业改革的指导意见》，对推进国有企业混合所有制改革提出具体意见，强调分类推进混合所有制改革，通过健全公司法人治理结构、推进公司制股份制改革等完善现代企业制度；同时，提出在国有企业的管理体制方面要向管资本转变，改组、组建国有资本投资、运营公司。这次改革将提高国有资本效率、增强国有企业活力作为中心目标。2015年11月，《国务院关于改革和完善国有资产管理体制的若干意见》进一步就国有资产管理体制改革进行了规定，提出"实现政企分开、政资分开、所有权与经营权分离，依法理顺政府与国有企业的出资关系"；在政府和企业关系上要求"科学界定国有资产出资人监管的边界，专司国有资产监管，不行使政府公共管理职能，不干预企业自主经营权"；在国有资产监管机构与国有资本投资、运营公司的关系上，要求国有资产监管机构按照"一企一策"的原则，明确其对国有资本投资、运营公司授权的内容、范围和方式，国有资本投资、运营公司对授权范围内的国有资本履行出资人职责，并依法自主开展国有资本运作；在国有资本投资、运营公司与所出资企业关系方面，规定国有资本投资、运营公司依据相关法律法规，对所出资企业行使股东权利，以出资额为限承担有限责任。2018年7月《国务院关于推进国有资本投资、运营公司改革试点的实施意见》，对国有资本投资、运营公司改革试点的具体操作提出了相关要求[①]。

党的十八大以后，所有制改革进入了新的阶段。国有企业改革一方面强调"分类改革"，国有企业被分为三类[②]，依据国有企业不同性质进行改革。另一方面对国有企业管理强调从管企业向管资本转变[③]。为推动非公有制经济发展，中国政府尝试消除各种隐性壁垒，进一步扩大非公有制经济准入的领域。这一时期中国还积极探索通过发展混合制经济，推动公有制企业与非公有制企业共同发展。截至2016年底，中央企业及其下属企业中混合所有制企业占比将近70%，省级国有企业及其下属企业中混合所有制企业占比达到47%。石油、电力、电信、军工等重点行业和领域均有个案式的混

---

① 曾宪奎：《新中国成立以来中国国有企业的发展历程与经验》，载《经济纵横》2019年第8期，第39—48页。
② 三类为：公益类、主业处于充分竞争行业和领域的商业类、主业处于重要行业和关键领域的商业类国有企业。
③ 黄群慧：《"新国企"是怎样炼成的》，载《中国经济学人》2018年第1期。

合制改革探索①。

（二）要素市场化改革

在中国经济体制转轨过程中生产要素价格的市场化改革曾经长期滞后于产品价格的市场化改革，其原因是政府为了推动经济高速增长而对要素市场及价格进行了调控，压低了劳动力、资本、土地资源等生产要素的价格和生产成本，提高了利润，为企业和资本创造了良好的盈利环境。要素价格抑制与低成本竞争是中国经济高速增长之谜的重要原因，但也造成了要素价格扭曲，导致了发展方式粗放和经济结构失衡的顽症长期得不到根治。生产要素的市场化改革，就是要逐步减少政府对生产要素市场的垄断干预和价格管制，让市场机制在资源配置中起决定性作用，促进生产要素从低质低效领域向高质高效领域流动，实现资源优化配置，提高全要素生产率，释放出改革红利②。

高质量发展需要深化要素市场改革，构建高标准的市场体系。因此，加快要素市场化改革，处理好政府和市场的关系。一是建立与高质量发展相适应的市场机制。利用市场机制提高资源配置效率效能，推动资源向优质企业集中，构建市场机制有效、微观主体有活力、宏观调控有度的市场经济运行机制。二是深化要素市场化改革，打破行政性垄断，完善公平竞争的市场环境，充分发挥市场决定价格的作用，提高资源配置效率。三是推进中国要素市场制度建设，推动经济发展的质量变革、效率变革、动力变革，构建高标准市场体系。大力推进社会信用体系建设，实施市场准入负面清单制度，实行公平竞争审查制度，制定高质量发展考核评判体系。四是拓建科技成果交易平台，培育数据要素交易市场。制定土地、技术市场交易管理制度，加强反垄断监管和反不正当竞争执法，完善失信行为的惩戒机制③。

就政府与市场的关系来说，改革的任务远没有完成，改革仍处于进行时。正如党的十八届三中全会通过的《关于全面深化改革若干重大问题的决定》所指出的那样："经济体制改革是全面深化改革的重点，核心问题是处理好政府和市场的关系，使市场在资源配置中起决定性作用和更好发挥政府作用。市场决定资源配置是市场经济的一般规律，健全社会主义市场经济体制必须遵循这条规律，着力解决市场体系不完善、政府干预过多和监管不到位问题。"④

---

① 黄群慧：《"新国企"是怎样炼成的》，载《中国经济学人》2018 年第 1 期。
② 徐长生：《要素价格市场化与供给侧结构性改革》，载《经济评论》2020 年第 6 期，第 3—10 页。
③ 任保平：《以深化改革破除制约高质量发展的体制机制障碍》，载《国家治理》2021 年第 1 期，第 28—34 页。
④ 《十八大以来重要文献选编》（上），中央文献出版社 2014 年版，第 513 页。

（三）加快建成对外开放型经济新体制

经过近40年改革开放，中国经济快速发展，国力迅速增强，在全球经济贸易体系中已经位居前列。2010年，中国GDP超过日本跃居世界第二[①]，中国的制造业增加值超过美国从而成为世界最大的制造大国。2009年中国的货物出口额首次超越德国成为世界第一，2013年中国成为世界货物贸易进出口额第一大国。同时中国也成为世界前三位的外商投资东道国和来源国。2013年以后，中国对外开放迈入了大国开放的新阶段[②]。

• 以自由贸易试验区为引领，构建开放型经济新体制。党的十八届三中全会通过的《中共中央关于全面深化改革若干重大问题的决定》指出："适应经济全球化新形势，必须推动对内对外开放相互促进、引进来和走出去更好结合，促进国际国内要素有序自由流动、资源高效配置、市场深度融合，加快培育参与和引领国际经济合作竞争新优势，以开放促改革。"[③] 围绕构建开放型经济新体制的目标，在多个领域推进扩大开放。

建立自由贸易试验区，为构建开放型经济新体制探路。2013年9月27日，国务院批准成立中国（上海）自由贸易试验区，2015年4月20日，国务院决定扩展其实施范围。2015年4月20日，国务院批准在广东、天津和福建成立3个自由贸易试验区。2017年3月31日，国务院批准在辽宁、浙江、河南、湖北、重庆、四川、陕西成立7个自由贸易试验区[④]。

• 推进"一带一路"建设。2013年秋季，习近平主席在访问哈萨克斯坦和印度尼西亚时，分别提出建设丝绸之路经济带和21世纪海上丝绸之路合作倡议，统称为"一带一路"合作倡议。这一倡议覆盖亚欧60多个国家，40多亿人口，市场潜力巨大。2015年3月28日，商务部、发改委、外交部联合发布了《推动共建丝绸之路经济带和21世纪海上丝绸之路的愿景与行动》，阐明了"一带一路"倡议的时代背景、共建原则、框架思路、合作重点、合作机制、中国政府为之做出的积极行动和中国各地的开放态势。"一带一路"合作倡议坚持发展导向，倡导开放包容、合作共赢，践行共商共建共享。"一带一路"合作倡议内容十分丰富，包括政策沟通、道路联通、贸易畅通、货币流通和民心相通。倡议提出不到4年，全球100多个国家和国际组织积极支持和参与"一带一路"建设，联合国大会、联合国安理会等重要决议也纳入"一带一路"建设内容。"一带一路"建设逐渐从理念转化为行动，从愿景转变为现实，境外经贸合作

[①] 国际货币基金组织评估，按购买力计算，中国在2014年超过美国。
[②] 隆国强：《构建开发型经济新体制》，广东经济出版社2017年版，第18页。
[③] 《中国共产党第十八届中央委员会第三次全体会议公报》，人民出版社2013年版，第11—12页。
[④] 隆国强：《构建开发型经济新体制》，广东经济出版社2017年版，第18页。

区、基础设施等早期收获项目开工建设,中欧班列开通,建设成果丰硕,进展之快超出预期。2017年5月14—15日在中国北京举行"一带一路"国际合作高峰论坛,机制建设被提上日程,包括两年一次的"一带一路"国际合作高峰论坛及后续联络机制,成立"一带一路"财经发展研究中心、"一带一路"建设促进中心,同多边开发银行共同设立多边开发融资合作中心,同国际货币基金组织合作建立能力建设中心,等等①。

• 积极参与全球经济治理体系变革。面对全球经济治理体系变革,中国作为一个新兴经贸大国,应积极参与。一是积极参与多边贸易体系新协定谈判,为贸易便利化协定的达成做出贡献。二是为全球经济治理体系变革提供新方案,贡献中国智慧。倡议并推动成立亚洲基础设施投资银行、金砖国家新开发银行。作为G20杭州峰会主办国,中国坚定反对贸易投资保护主义,大力倡导建设开放型世界经济,继续推动贸易和投资自由化便利化,推动G20杭州峰会制定了《二十国集团全球贸易增长战略》和全球首个多边投资规则框架《二十国集团全球投资指导原则》。三是提升中国在国际金融体系中的投票权。中国与国际社会一道推动国际金融机构份额和治理结构改革,扩大特别提款权的使用范围,强化全球金融安全网,提升国际货币体系的稳定性和韧性。2016年1月国际货币基金份额改革,中国份额占比将从3.996%升至6.394%,排名从第六位跃居第三位,仅次于美国和日本。2016年10月1日人民币正式加入特别提款权(SDR)。特别提款权的价值由美元、欧元、人民币、日元、英镑这五种货币所构成的一篮子货币的当期汇率确定,所占权重分别为41.73%、30.93%、10.92%、8.33%和8.09%。四是以周边为基础加快实施自由贸易区战略,打造面向全球的高标准自由贸易区网络②。

第三节 中国共产党经济发展理论的创新与发展

一、新中国成立后各时期的发展理念

(一)优先发展重工业战略(1949—1978年)

对于中国来说,人口多、底子薄和朝鲜战争所造成的国家安全压力,都使得中国共产党迫切地需要加快工业化的速度。因此,在中国完成经济恢复任务、进入大规模

---

①② 隆国强:《构建开放型经济新体制》,广东经济出版社2017年版,第18页。

财经中国

经济建设的第一年，即 1953 年 6 月，毛泽东同志审时度势，正式提出了以工业化为主体、社会主义改造为两翼的"党在过渡时期的总路线"。根据"总路线"的设想，中国大约要用 15 年的时间，基本上完成工业化和社会主义改造的任务，建设成为一个社会主义工业强国。1952 年 9 月，中财委提出编制第一个五年计划轮廓的方针，认为第一个五年计划建设应"以重工业为主，轻工业为辅"①。1954 年周恩来在《政府工作报告》中指出，第一个五年计划要集中力量发展重工业，即冶金工业、燃料工业、化学工业、动力工业、机械制造工业②。苏联优先发展重工业的工业化模式在当时表现出的强大生命力，契合了新中国急于摆脱落后挨打的地位和追求大国经济独立发展的迫切需求。以苏联为首的社会主义阵营给新中国建设的援助，更促使中国选择了学习苏联、走优先重工业发展道路。从 1953 年开始，中国在优先重工业发展道路上进行了 20 多年的艰辛探索③。

（二）"发展才是硬道理"的经济发展理念（1979—2002 年）

改革开放之初，中国生产力水平低下，人民生活水平亟须提高，经济发展的动力严重不足。我党逐步形成了"发展才是硬道理"的发展理念。十一届三中全会上中国共产党提出"把全党工作的着重点和全国人民的注意力转移到社会主义现代化建设上来"④，十一届六中全会上对社会主要矛盾的判断是"在社会主义改造基本完成以后，中国所要解决的主要矛盾，是人民日益增长的物质文化需要同落后的社会生产之间的矛盾"⑤。中国共产党在对当时社会主要矛盾做出科学判断的基础上，逐步形成了"发展才是硬道理"的发展理念。党的十二大上明确提出"翻两番"的战略目标："从一九八一年到本世纪末的二十年，中国经济建设总的奋斗目标是，在不断提高经济效益的前提下，力争使全国工农业的年总产值翻两番，即由一九八〇年的七千一百亿元增加到二〇〇〇年的二万八千亿元左右。"⑥ 党的十三大上进一步对发展步骤进行了划分，提出了"三步走"的发展战略。

邓小平总结十多年改革开放的历史经验基础上，在南方谈话中明确提出："对于我们这样发展中的大国来说，经济要发展得快一点，不可能总是那么平平静静、稳稳当当。要注意经济稳定、协调地发展，但稳定和协调也是相对的，不是绝对的。发展才是硬道理。"⑦ "发展才是硬道理"成为我党在生产力水平较低的条件下，推动经济发

---

① 中国社会科学院、中央档案馆：《中华人民共和国经济档案资料选编（1953—1957）》（综合卷），中国物价出版社 1998 年版，第 390 页。
② 《周恩来选集》（下卷），人民出版社 1984 年版，第 135 页。
③ 肖翔，武力：《中国工业赶超的历史进程与基本经验研究》，载《经济研究参考》2020 年第 2 期，第 24—33 页。
④⑤ 中共中央文献研究室：《三中全会以来重要文献选编》（上），人民出版社 1982 年版，第 4 页。
⑥ 中共中央文献研究室：《十二大以来重要文献选编》（上），人民出版社，第 14 页。
⑦ 邓小平：《邓小平文选》（第三卷），人民出版社 1993 年版，第 377 页。

展的重要发展理念。

1992年中国共产党明确了社会主义市场经济的改革方向,经济进入新的高速发展阶段。江泽民同志2001年明确提出"中国共产党要始终代表中国先进生产力的发展要求",江泽民同志还指出"发展是执政兴国第一要务"。作为发展中大国,推动中国经济发展将是中国共产党长期的艰巨任务。

(三)科学发展观的确立(2002—2012年)

进入21世纪以来,高速增长中收入差距拉大,生态环境破坏等问题也日益凸显,中国共产党开始了新的经济发展理念探索。在新的形势下,我党的发展理念开始从追求GDP增长,向多重目标逐渐转变。党的十六大以来,以胡锦涛同志为总书记的党中央提出了"科学发展观"这一重要战略思想,强调"树立和落实全面发展、协调发展和可持续发展的科学发展观,对于我们更好地坚持发展才是硬道理的战略思想具有重大意义"[1]。2007年胡锦涛同志系统阐述了科学发展观的基本理念。强调科学发展观"第一要义是发展,核心是以人为本,基本要求是全面协调可持续,根本方法是统筹兼顾"[2]。强调了"统筹城乡发展、区域发展、经济社会发展、人与自然和谐发展、国内发展和对外开放"[3] 五个统筹。

在科学发展观的指导下,2007年党的十七大明确提出"加快经济发展方式转变",并把它作为"关系国民经济全局紧迫而重大的战略任务"[4]。2010年国家"十二五"规划指出:"以加快转变经济发展方式为主线,是推动科学发展的必由之路,符合中国基本国情和发展阶段性新特征。"[5]

(四)新发展理念的形成与发展(2013年至今)

2000年以后中国经济发展方式呈现出高污染、高耗能的外延式特点。从供给层面来看,中国这一时期以物资消耗为主;从需求层面来看,投资需求、出口需求拉动是主要动力。这种保持经济增长速度的方式在经济新常态下难以维系。正如习近平总书记在党的十八届五中全会上所指出的那样:"综合判断,'十三五'时期中国发展仍处于可以大有作为的重要战略机遇期,但战略机遇期内涵发生深刻变化,中国发展既面临许多有利条件,也面临不少风险挑战。"[6]

---

[1] 中共中央文献研究室:《十六大以来重要文献选编》(上),中央文献出版社2005年版,第483页。
[2] 中共中央文献研究室:《十七大以来重要文献选编》(上),中央文献出版社2011年版,第70页。
[3] 中共中央文献研究室:《十七大以来重要文献选编》(上),中央文献出版社2011年版,第13页。
[4] 中共中央文献研究室:《十七大以来重要文献选编》(上),中央文献出版社2011年版,第17页。
[5] 中共中央文献研究室:《十七大以来重要文献选编》(中),中央文献出版社2011年版,第975页。
[6] 武力:《经济新常态下的新发展理念和内涵——学习十八届五中全会精神的几点体会》,载《中共党史研究》2015年第11期,第21—25页。

在上述经济新常态背景和全面建成小康社会目标下，党的十八届五中全会在科学发展观和党的十八大以来实践的基础上，提出了"创新、协调、绿色、开放、共享"五大新的发展理念，并在此理念指导下，形成了发展规划的建议以及保障措施。第一，将"创新"摆在核心位置。党的十八届五中全会提出："坚持创新发展，必须把创新摆在国家发展全局的核心位置，不断推进理论创新、制度创新、科技创新、文化创新等各方面创新，让创新贯穿党和国家一切工作，让创新在全社会蔚然成风。必须把发展基点放在创新上，形成促进创新的体制架构，塑造更多依靠创新驱动、更多发挥先发优势的引领型发展。"① 这是将"创新发展"提到了一个新的高度。第二，突出"协调发展"理念，解决产业之间、城乡之间、区域之间发展不平衡问题。党的十八届五中全会提出的"协调发展"理念是对科学发展观原有发展思想的进一步深化和发展。新发展理念不仅强调"促进经济社会协调发展"，还强调了"促进新型工业化、信息化、城镇化、农业现代化同步发展"，"在增强国家硬实力的同时注重提升国家软实力"②，这些都赋予了"协调"更广泛的含义。当前中国工业化已经进入中后期，未来的新型工业化需要与信息化、城镇化、农业现代化协调推进，共同实现。中国已经成为第二大经济体，国际影响力不断提升，但是中国外部环境仍然较为复杂，祖国统一大业仍未完成。发展新理念中的"协调"，包含了国家硬实力与软实力共同发展之意，更加注重中国在世界大国竞争中的地位。第三，生态文明建设离不开"绿色发展"。进入21世纪以来，党中央越来越注重生态文明建设，提出建设"两型"社会，并将生态文明列入"五位一体"建设之中。党的十八届五中全会在经济发展转入新的历史阶段后，将"绿色"作为发展的重要理念，强调"形成人与自然和谐发展现代化建设新格局"。第四，对外开放提出更高要求。坚持对外开放与坚持改革一样，是1978年以来中国经济和社会发展的两大动力和成功经验之一。根据中国经济发展阶段和国际地位的变化，面对新的国内外形势，党的十八届五中全会提出："坚持开放发展，必须顺应中国经济深度融入世界经济的趋势，奉行互利共赢的开放战略，发展更高层次的开放型经济，积极参与全球经济治理和公共产品供给，提高中国在全球经济治理中的制度性话语权，构建广泛的利益共同体。"③ 这个新要求不仅体现了中共中央把握世界大势的战略眼光、统筹内外两个大局的谋划能力，还是中国发展经济、走向世界的客观要求，是落实"一带一路"的保障。第五，强调必须坚持"共享发展"。党的十八届五中全会提出："坚持共享发展，必须坚持发展为了人民，发展依靠人民，发展成果由人民共享，做出更有效的制度安排，使全体人民在共建共享发展中有更多获得感，增强发展动力，增

---

① 《习近平关于科技创新论述摘编》，中央文献出版社2016年版，第9页。
② 《中共中央关于制定国民经济和社会发展第十三个五年规划的建议》，人民出版社2015年版，第8—9页。
③ 《中共中央关于制定国民经济和社会发展第十三个五年规划的建议》，人民出版社2015年版，第9页。

进人民团结，朝着共同富裕方向稳步前进。"①

二、中国共产党对于政府与市场关系认识的演变

（一）改革开放前：建立高度集中的计划经济

1949年中华人民共和国成立以后，"落后就要挨打"的惨痛历史教训和随后爆发的朝鲜战争，都使得中国共产党将保证国家安全放在了首位，而要做到这一点，就必须加快工业化步伐，尤其要加快发展非常薄弱的重工业。由于当时中国还是一个人口众多的以传统农业为主的国家，加上一百多年的战乱和西方封锁，工业化的资金只能主要来自农业的积累，而农业的落后与经营分散，使得剩余不仅很少（甚至没有解决温饱）而且非常分散，而优先快速发展重工业又很紧迫，于是中国就学习苏联，走上了社会主义工业化道路，即通过对个体农业、手工业和资本主义工商业的社会主义改造，建立起单一公有制和计划经济体制②。

在单一公有制和计划经济体制下的经济运行，并没有达到预期的加快发展和调动人民群众积极性的目的，因此，从1956年起中国共产党就开始探索改善社会主义经济管理体制，提出了不少好的思想，如陈云提出"三个主体和三个补充"，李富春提出的"两种计划方法"，周恩来提出的"稳步前进"，刘少奇提出的"利用市场"，毛泽东提出的"十大关系"和"消灭资本主义，还可以再搞资本主义"等。但是1957年"反右"运动以后，公有制、计划经济、按劳分配被视为是不能动摇的社会主义基石，因此改革就被局限在经营管理层面③。

（二）1978—2012年：突破计划经济，引入市场机制

以1978年底召开的党的十一届三中全会为标志，中国拉开了改革开放大幕。以邓小平同志为核心的第二代领导集体，解放思想、实事求是，提出了以经济建设为中心的基本路线，并通过引入市场力量，加快经济发展和提高人民收入。党的十四大以后，经济体制改革的步伐逐渐加快，党的十四届三中全会提出培育和发展市场体系，转变政府职能，改革政府机构，建立健全宏观经济调控体系。前者主要是推进价格改革、发展商品市场，以及重点培育和发展金融市场、劳动力市场、房地产市场、技术市场和信息市场等；后者主要明确政府管理经济的基本职能以及建立健全宏观经济调控体

---

① 武力：《经济新常态下的新发展理念和内涵——学习十八届五中全会精神的几点体会》，载《中共党史研究》2015年第11期，第21—25页。
②③ 武力，张林鹏：《改革开放40年政府、市场、社会关系的演变》，载《国家行政学院学报》2018年第5期，第30—38、188页。

系，包括积极推进财税体制改革、加快金融体制改革、深化投资体制改革、加快计划体制改革、发挥中央和地方两个积极性等。

党的十五大报告指出："按照建立社会主义市场经济体制的要求，大步推进了财政、税收、金融、外贸、外汇、计划、投资、价格、流通、住房和社会保障等体制改革，市场在资源配置中的基础性作用明显增强，宏观调控体系的框架初步建立。"① 在加快推进国有企业改革中明确规定："政府不能直接干预企业经营活动，企业也不能不受所有者约束，损害所有者权益。"② 党的十六届三中全会提出："更大程度地发挥市场在资源配置中的基础性作用，增强企业活力和竞争力，健全国家宏观调控，完善政府社会管理和公共服务职能，为全面建设小康社会提供强有力的体制保障。"③ 党的十七大报告提出："完善基本经济制度，健全现代市场体系。加快行政管理体制改革，建设服务型政府。"④ 并就探索"大部门"体制机构改革提出部署安排。

（三）新时代政府与市场关系认识的深化发展阶段

党的十八大以后，在市场经济体制确立、工业化进入后期、城市化水平超过50%、产业结构面临升级、收入差距过大的形势下，中国社会的主要矛盾已经转变为"人民日益增长的美好生活需要和不平衡不充分的发展之间的矛盾"，经济发展与社会建设的关系更加突出，中国共产党更加重视政府、市场关系和人民的定位问题，探索如何用好政府和市场这"两只手"，实现以人民为中心的发展。2012年11月召开党的十八大，针对改革开放30多年来政府职能转变与市场经济体制存在的问题，又一次提出通过改革促进政府经济职能转变，从而进一步促进中国经济发展方式转变和保证全面建设小康社会目标的实现。党的十八大报告指出："改革是加快转变经济发展方式的关键。经济体制改革的核心问题是处理好政府和市场的关系，必须更加尊重市场规律，更好发挥政府作用。"⑤ 要求"更大程度更广范围发挥市场在资源配置中的基础性作用"⑥。2013年3月，李克强担任新一届政府总理后，在很多场合多次提出"转变政府职能，就是要解决好政府与市场、政府与社会的关系问题，通过简政放权，进一步发挥市场在资源配置中的基础性作用，激发市场主体的创造活力，增强经济发展的内生动力；就是要把政府工作重点转到创造良好发展环境、提供优质公共服务、维护社会公平正

---

① 中共中央文献研究室编：《改革开放三十年重要文献选编》（上），中央文献出版社2008年版，第892页。
② 中共中央文献研究室编：《改革开放三十年重要文献选编》（上），中央文献出版社2008年版，第902页。
③ 中共中央文献研究室编：《改革开放三十年重要文献选编》（上），中央文献出版社2008年版，第1349页。
④ 中共中央文献研究室编：《改革开放三十年重要文献选编》（上），中央文献出版社2008年版，第1729页。
⑤ 中共中央文献研究室编：《十八大以来重要文献选编》（上），中央文献出版社2014年版，第16页。
⑥ 中共中央文献研究室编：《十八大以来重要文献选编》（上），中央文献出版社2014年版，第15页。

义上来"①。

2013年，习近平总书记在《关于〈中共中央关于全面深化改革若干重大问题的决定〉的说明》中指出："经济体制改革仍然是全面深化改革的重点，经济体制改革的核心问题仍然是处理好政府和市场关系。"②"中央认为对这个问题从理论上作出新的表述条件已经成熟，应该把市场在资源配置中的'基础性作用'修改为'决定性作用'。"③党的十八届三中全会正式提出"市场在资源配置中起决定性作用和更好发挥政府作用"。

这个阶段深化政府改革、加快经济职能转变，还体现在处理政府与行业协会的关系上。2015年7月，中共中央办公厅、国务院办公厅印发《行业协会商会与行政机关脱钩总体方案》，总体要求为：加快形成政社分开、权责明确、依法自治的现代社会组织体制，理清政府、市场、社会关系，积极稳妥推进行业协会商会与行政机关脱钩，厘清行政机关与行业协会商会的职能边界，加强综合监管和党建工作，促进行业协会商会成为依法设立、自主办会、服务为本、治理规范、行为自律的社会组织。这项改革措施在理清政府、市场、社会的经济关系方面意义重大，但是困难也不少，完善体制机制的路还很长。但是在实际经济运行中，政府与市场的关系不仅不清晰，而且是变动不居，因时、因事、因地甚至因人制宜的。在强调发挥市场机制在资源配置中的决定性作用时如何避免和纠正其"失灵"的地方；在强调更好发挥政府作用时，如何避免和纠正其"失灵"的地方，仍然没有解决，今后仍然需要我们进一步深入研究。④

三、中国共产党关于企业所有制理论的探索

（一）1949—1978年国有企业的发展与探索

1949年新中国的成立，使中国的经济建设进入了一个新阶段。旧中国"落后挨打"的百年耻辱与大国赶超工业化的追求，促使中国共产党选择了优先发展重工业的发展战略。而这种与中国资本稀缺、劳动力丰富的资源禀赋并不匹配的经济发展战略，迫使中国不得不通过政府进行资源配置，将有限的资源集中于重工业的发展，而与政

---

① 中共中央文献研究室编：《十八大以来重要文献选编》（上），中央文献出版社2014年版，第293页。武力、张林鹏：《改革开放40年政府、市场、社会关系的演变》，载《国家行政学院学报》2018年第5期，第30—38、188页。
② 中共中央文献研究室编：《十八大以来重要文献选编》（上），中央文献出版社2014年版，第498页。
③ 中共中央文献研究室编：《十八大以来重要文献选编》（上），中央文献出版社2014年版，第499页。
④ 武力、张林鹏：《改革开放40年政府、市场、社会关系的演变》，载《国家行政学院学报》2018年第5期，第30—38、188页。

府密切联系的国有企业成为推动工业化的微观基础。经过1953—1956年暴风骤雨般的"三大改造",中国建立了单一公有制和政府行政性计划管理为特征的计划经济。从1956年基本完成社会主义改造到1978年改革开放以前的20多年里,各级政府实际上也成为经济运行的唯一决策人和管理者。在20多年的运行中,国有企业推动了中国工业化,但也有其历史局限性,有待进一步的改革①。

国有企业为主体的国有经济一方面实现政府的工业化目标,是生产的具体执行者;另一方面又为政府提供资本积累,并且提供大量的社会公共物品承担部分政府职能。因此,确保国有经济在过渡时期的领导地位、大力发展国有经济就成为1949—1978年改革开放前这个历史阶段党和政府始终确定不疑的政策。虽然也意识到增加经济活力的重要性,但当时的思路主要集中在中央与地方的分权改革,而对政府与企业的关系没有实质性触动。由于国有经济的宏观经济环境和微观经营管理上始终存在着"一统就死,一放就乱"、缺乏有效约束、监督和激励机制,从1949年到1978年改革开放前,始终没有建立起一套既符合中国国情、又能够实现社会主义优越性的国有经济经营管理体制②。

(二) 改革开放以来党对国有企业的改革与探索

马克思曾设想未来社会重要特征是"用公共的生产资料进行劳动"③。斯大林认为,"这个社会(社会主义社会,笔者注)的基础就是公有制:国家的即全民的所有制以及合作社—集体农庄的所有制"④。中国改革开放前也建立了庞大的国有经济体系,国有经济在推动中国重工业优先发展的同时也带来了经济效率问题。改革开放以后中国共产党探索了一条中国特色的国有企业改革之路。

1. 以"放权让利"为主线的改革阶段(1978—1992年)。1978年党的十一届三中全会拉开了国有企业改革的大幕,国有企业的发展也进入了一个新的历史时期。1978年12月,邓小平在《解放思想,实事求是,团结一致向前看》中专门讲到企业改革的两个重点:一是权力过于集中问题,要扩大企业自主权;二是打破分配上的"大锅饭"问题,企业和职工可以因对国家的贡献不同而拉开收入分配上的差距。为完善公有制和计划经济体制以提高企业活力,放权让利、加强企业的责任制成为20世纪80年代国有企业改革的重点。

随着扩大企业自主权改革的深入,1984年5月,国务院发布了《关于进一步扩大

---

①② 武力,肖翔:《中国共产党关于国有企业发展与改革的探索》,载《湖南社会科学》2011年第2期,第43—50页。

③ 马克思:《资本论》第1卷,人民出版社2004年版,第96页。

④ 《斯大林文集》,人民出版社1985年版,第92页。

国有工业企业自主权的暂行规定》①，从生产经营计划、产品销售、产品价格、物资选购、资金使用、资产处置、机构设置、人事劳动管理、工资奖金、联合经营10方面给予企业更多的权利，进一步放宽了政府对企业的约束。1984年10月，党的十二届三中全会通过《中共中央关于经济体制改革的决定》，标志着中国经济体制改革由农村转向城市。《中共中央关于经济体制改革的决定》指出，"要使企业真正成为相对独立的经济实体，成为自主经营、自负盈亏的社会主义商品生产者和经营者，具有自我改造和自我发展的能力，成为具有一定权利和义务的法人。"1986年12月5日，国务院颁布了《关于深化企业改革、增强企业活力的若干规定》，提出深化改革要围绕企业经营机制这个中心进行。开始通过实行"包死基数、确保上缴、超收多留、欠收自补"为特点的"承包制"改善激励结构，提高企业的经营效益。经过推广，到1987年底，国有大中型工业企业中77.6%实行成本经营责任制②。通过"承包制"在一定程度上提高了企业的活力，1988年和1989年的财政收入增长率分别是7.2%和13.1%，超过了1986年和1987年的5.8%和3.6%的增长率③。

  2. 以建立现代企业制度为主的改革阶段（1993—2012年）。1992年，邓小平南方讲话中关于"计划和市场都是经济手段"④的论述，有效解决了关于市场经济并非资本主义专有属性这一问题，为确立社会主义市场经济体制的目标模式扫清了理论上的障碍。随之，党的十四大明确提出把建立社会主义市场经济作为经济体制改革的目标。这一理论的突破和进展，推动了社会经济运行机制的深刻变化，加速了社会经济主体的变化和微观经济基础的重新塑造——促进其向市场主体的方向发展，所有制经济结构的变革进一步深入⑤。1993年11月，党的十四届三中全会通过的《中共中央关于建立社会主义市场经济体制若干问题的决定》，提出了国有企业改革的目标是建立"产权清晰、权责明确、政企分开、管理科学"的现代企业制度，促使企业真正成为适应市场的法人实体和竞争主体。这就确立了以产权制度改革亦即企业制度创新为基础的全新改革思路⑥。

  2002年以后中国国有企业改革逐步深入。2002年11月，党的十六大明确提出要"建立中央政府和地方政府分别代表国家履行出资人职责，享有所有者权益，权利、义务和责任相统一，管资产和管人、管事相结合的国有资产管理体制"⑦，并要求"中央

---

① 国家经济体制改革委员会企业体制司、国务院企业管理指导委员会办公室：《中国企业改革十年》，改革出版社1990年版，第129页。
② 汪海波：《中国现代产业经济史》，山西经济出版社2010年版，第359页。
③ 刘小玄：《奠定中国市场经济的微观基础——企业革命30年》，上海人民出版社2008年版，第41页。
④ 《邓小平文选》（第三卷），人民出版社1993年版，第373页。
⑤ 常修泽等：《所有制改革与创新：中国所有制结构改革40年》，广东经济出版社2018年版，第55—56页。
⑥ 常修泽：《现代企业创新论——中国企业制度创新研究》，天津人民出版社1994年版。
⑦ 《十六大以来重要文献选编》（上），中央文献出版社2005年版，第777页。

政府和省、市（地）两级地方政府设立国有资产管理机构"①。2003年10月，党的十六届三中全会进一步指出，"政府公共管理职能和国有资产出资人职能分开。国有资产管理机构对授权监管的国有资本依法履行出资人职责，维护所有者权益，维护企业作为市场主体依法享有的各项权利"②，提出要"建立国有资本经营预算制度"。同时明确"建立健全国有金融资产、非经营性资产和自然资源资产等的监管制度"。2007年10月，党的十七大强调"完善各类国有资产管理体制和制度"。依此构想，横向上围绕"国有资产监督和管理系统与行政系统分开"，纵向上围绕"中央与地方权益分开"，着手改革国有资产管理体制。从实际进展情况看，中央和地方国有资产监督管理委员会分别成立，在政府机构设置上实现了公共管理职能和出资人职能的初步分离；同时建立了国有资本经营预算制度，落实了国有资本出资人收益权③。

（三）2012年以来的所有制结构改革（2012年—）

2012年11月，党的十八大在部署经济体制改革的任务时，指出要"推动国有资本更多投向关系国家安全和国民经济命脉的重要行业和关键领域，不断增强国有经济活力、控制力、影响力"。2013年11月，党的十八届三中全会通过的《中共中央关于全面深化改革若干重大问题的决定》再次强调要"发挥国有经济主导作用，不断增强国有经济活力、控制力、影响力"④，并提出了进一步深化国有企业改革的方向和任务。在"积极发展混合所有制经济"方面，指出"国有资本、集体资本、非公有资本等交叉持股、相互融合的混合所有制经济，是基本经济制度的重要实现形式"⑤，并"允许更多国有经济和其他所有制经济发展成为混合所有制经济。国有资本投资项目允许非国有资本参股。允许混合所有制经济实行企业员工持股，形成资本所有者和劳动者利益共同体"⑥。

在"完善国有资产管理体制"方面，提出"以管资本为主加强国有资产监管，改革国有资本授权经营体制，组建若干国有资本运营公司，支持有条件的国有企业改组为国有资本投资公司"⑦。在"推动国有企业完善现代企业制度"方面，提出要"准确界定不同国有企业功能。国有资本加大对公益性企业的投入，在提供公共服务方面作出更大贡献"⑧。混合所有、国资运营、国企分类的构想，都为新阶段国有企业改革提

---

① 《十六大以来重要文献选编》（上），中央文献出版社2005年版，第20页。
② 《十六大以来重要文献选编》（上），中央文献出版社2005年版，第467页。
③ 常修泽等：《所有制改革与创新：中国所有制结构改革40年》，广东经济出版社2018年版，第72页。
④ 《中共中央关于全面深化改革若干重大问题的决定》，人民出版社2013年版，第9页。
⑤ 《中共中央关于全面深化改革若干重大问题的决定》，人民出版社2013年版，第10页。
⑥ 《中共中央关于全面深化改革若干重大问题的决定》，人民出版社2013年版，第10—11页。
⑦ 《中共中央关于全面深化改革若干重大问题的决定》，人民出版社2013年版，第11页。
⑧ 《中共中央关于全面深化改革若干重大问题的决定》，人民出版社2013年版，第12页。

供了重要的探索性方向①。

四、中国共产党对外开放理论的认识与创新

（一）中国共产党对外开放理念的形成②

1978年12月党的十一届三中全会确立以经济建设为中心，实行改革开放，从此拉开了中国改革开放的大幕。

邓小平同志是中国改革开放的总设计师，邓小平同志对外开放理论是中国对外开放认识的集中体现。关于对外开放的必要性，邓小平同志多次指出："任何一个国家要发展，孤立起来，闭关自守是不可能的，不加强国际交往，不引进发达国家的先进经验、先进科学技术和资金，是不可能的。"③ "中国要谋求发展，摆脱贫穷和落后，就必须开放。开放不仅是发展国际间的交往，而且要吸收国际的经验。"④ 关于对外开放的可行性，邓小平同志从战略高度分析了国际大势，提出了"和平与发展"是当今时代主题的重要判断。关于对外开放的原则，邓小平同志明确指出，中国的对外开放是坚持社会主义的开放、是坚持主权独立基础上的开放，同时也是全方位的开放。关于对外开放的重点，邓小平同志多次就发展对外贸易，引进外资、技术、管理，建立经济特区和沿海开放布局等问题做出具体的指示。1984年党的十二届三中全会出台的《中共中央关于经济体制改革的决定》中明确提出："十一届三中全会以来，我们把对外开放作为长期的基本国策，作为加快社会主义现代化建设的战略措施。"⑤

1984年邓小平同志视察了深圳等经济特区，充分肯定了经济特区的业绩。他为深圳特区题词："深圳的发展和经验证明，我们建立经济特区的政策是正确的。"他还指出，深圳等经济特区"是个试验"⑥，"是个窗口，是技术的窗口，管理的窗口，知识的窗口，也是对外政策的窗口……特区成为开放的基地，不仅在经济方面、培养人才方面使我们得到好处，而且会扩大中国的对外影响"⑦。

在经济特区建设取得成功经验之后，邓小平同志提出，"除现在的特区之外，可以考虑再开放几个港口城市"。1984年4月，中央决定开放14个港口城市，在这些城市设立经济技术开发区，实行经济特区的部分政策。1985年，在长江三角洲、珠江三角

---

① 常修泽等：《所有制改革与创新：中国所有制结构改革40年》，广东经济出版社2018年版，第79页。
② 隆国强：《构建开放型经济新体制：中国对外开放40年》，广东经济出版社2017年版，第3页。
③ 《中国共产党第十四届中央委员会第五次全体会议文件》，人民出版社1995年版，第22页。
④ 《邓小平文选》（第三卷），人民出版社1993年版，第266页。
⑤ 《中共中央关于经济体制改革的决定》，人民出版社1984年版，第34页。
⑥ 《邓小平文选》（第三卷），人民出版社1993年版，第133页。
⑦ 《邓小平文选》（第三卷），人民出版社1993年版，第52页。

洲、闽东南地区开辟沿海经济开放区，之后又扩展到辽东半岛、山东半岛等地。1988年4月，中央决定建立海南经济特区。1990年，中央决定开发开放上海浦东地区。邓小平同志指出，"沿海地区要加快对外开放，使这个拥有两亿人口的广大地带较快地先发展起来，从而带动内地更好地发展，这是一个事关大局的问题"①。至此，中国沿海地区形成了较为完整的经济开放带。

（二）中国共产党对外开放思想的不断深入（1992—2012年）

1992年春天，邓小平同志发表南方谈话，开启了中国改革开放的新篇章。南方谈话回答了关于社会主义市场经济的很多重大理论问题，邓小平同志提出："改革开放胆子要更大一些，敢于试验，不能像小脚女人一样。看准了的，就大胆地试，大胆地闯。"② 南方谈话掀起了对外开放的新高潮。

2001年12月11日，中国经过长达15年的谈判，正式成为世界贸易组织（WTO）第143个成员③。中国加入世界贸易组织的协定书中，就贸易投资自由化、便利化做出了一揽子承诺。作为世界贸易组织成员，中国承诺遵守世界贸易组织的相关规则。"入世"谈判大大提升了国民的开放意识与规则意识，其影响是深远的④。由此，中国进入"规则化"对外开放的新阶段，把对接国际经贸规则作为扩大与深化对外开放的重要内容⑤。

随着中国对外开放的扩大和发展阶段的变化，在重视"引进来"的同时，"走出去"在中国对外开放战略中的地位逐渐提升。1992年，党的十四大报告中明确指出，要"积极扩大中国企业的对外投资和跨国经营"。1997年，在全国外资工作会议上，江泽民同志首次提出了"引进来"与"走出去"相结合："我们不仅要积极吸引外国企业到中国来投资办厂，也要积极引导和组织国内有实力的企业走出去，到国外投资办厂，利用当地的市场和资源。'引进来'和'走出去'，是我们对外开放方针的两个紧密联系、相互促进的方面，缺一不可。"⑥ 1997年亚洲金融危机后，国内第一次出现了产能过剩，1999年，国务院办公厅转发外经贸部、国家经贸委、财政部通过的《关于鼓励企业开展境外带料加工装配业务的意见》，提出支持中国企业以境外加工贸易的方式"走出去"，随后各有关部门制定了具体实施的配套文件。2000年初，江泽民同志在中央政治局讲话中，在全面总结中国对外开放经验的基础上，首次把"走出去"

---

① 《邓小平文选》（第三卷），人民出版社1993年版，第278页。
② 《邓小平文选》（第三卷），人民出版社1993年版，第372页。
③ 1986年中国开始恢复关贸总协定（GATT）缔约方，1995年世界贸易组织（WTO）取代GATT，中国的"复关"谈判转为"入世"谈判。
④ 隆国强：《新兴大国的对外开放新战略——加入WTO十周年的回顾与展望》，载王洛林主编《加入WTO十年后的中国》，中国发展出版社2012年版。
⑤ 隆国强：《构建开放型经济新体制：中国对外开放40年》，广东经济出版社2017年版，第12页。
⑥ 《江泽民论有中国特色社会主义》，中央文献出版社2002年版，第189—190页。

战略上升到"关系中国发展全局和前途的重大战略之举"的高度。2000年3月，全国人大九届三次会议上把"走出去"战略提高到国家战略层面。2001年，对外投资等"走出去"战略的内容写入了《中华人民共和国国民经济和社会发展第十个五年计划纲要》。2012年党的十八大提出，加快"走出去"的步伐，增强企业国际化经营能力，培育一批世界水平的跨国公司[①]。

总之，党的十一届三中全会以后，党中央通过总结中外经验教训和科学分析国内外形势，从中国人口多、底子薄的基本国情出发，开始把对外开放作为基本国策，把充分利用国际市场、充分利用外国资源作为中国发展的基本方针。

（三）中国共产党对外开放思想的深化（2013年—）

2013年以后，中国对外开放迈入了大国开放的新阶段。

第一，以自由贸易试验区为引领，构建开放型经济新体制。党的十八届三中全会通过的《中共中央关于全面深化改革若干重大问题的决定》指出："适应经济全球化新形势，必须推动对内对外开放相互促进、引进来和走出去更好结合，促进国际国内要素有序自由流动、资源高效配置、市场深度融合，加快培育参与和引领国际经济合作竞争新优势，以开放促改革。"[②] 围绕构建开放型经济新体制的目标，在多个领域推进扩大开放[③]。

第二，中国共产党通过"一带一路"建设推动新一轮对外开放的认识。2013年9月和10月，习近平主席在出访中亚和东南亚国家期间，先后提出共建"丝绸之路经济带"和"21世纪海上丝绸之路"，得到国际社会高度关注。2016年11月，联合国193个会员国协商一致通过决议，欢迎共建"一带一路"等经济合作倡议，呼吁国际社会为"一带一路"建设提供安全保障环境。2017年3月，联合国安理会一致通过了第2344号决议，呼吁国际社会通过"一带一路"建设加强区域经济合作。为推进共建"一带一路"倡议的实施，中国政府发布《推动共建丝绸之路经济带和21世纪海上丝绸之路的愿景与行动》，明确以政策沟通、设施联通、贸易畅通、资金融通、民心相通为主要内容。首届和第二届"一带一路"国际合作高峰论坛先后于2017年5月和2019年4月在北京成功召开。这是"一带一路"框架下最高规格的国际活动，也是由中国首倡、中国主办的层级最高、规模最大的多边外交活动，其成功举办标志着中国国际地位和国际影响力显著提升[④]。2021年习近平总书记强调："中国将继续促进贸易和投

---

① 隆国强：《构建开放型经济新体制：中国对外开放40年》，广东经济出版社2017年版，第15页。
② 《中共中央关于全面深化改革若干重大问题的决定》，人民出版社2013年版，第25—26页。
③ 隆国强：《构建开放型经济新体制：中国对外开放40年》，广东经济出版社2017年版，第18页。
④ 武力：《新中国70年：社会主义的创新与发展》，载《马克思主义与现实》2019年第5期，第1—6页。

资自由化便利化，维护全球产业链供应链顺畅稳定，推进高质量共建'一带一路'"①。在新的历史条件下中国共产党在"一带一路"建设中，对外开放理论不断深化发展。

第四节 历史启示与展望

经过新中国 70 多年的发展，中国已经进入了中等收入国家的行列。但第二次世界大战之后，超过 1 亿人口以上的国家，仅有日本成功进入高收入国家的行列；而巴西、印度尼西亚、墨西哥等大部分发展中大国都陷入"中等收入陷阱"。作为有着 14 亿多人口、经济发展很不平衡的发展中大国，要在 2049 年如期全面建成社会主义现代化国家，经济发展道路需要进一步探索。通过结合基本国情对中国发展道路的历史分析，中国未来应当在以下几个方面发挥社会主义大国优势，跨越"中等收入陷阱"，实现中华民族伟大复兴的"中国梦"。

一、发挥中国共产党领导中国经济建设的核心作用

中国的经济发展和赶超，需要坚持党的领导，坚持社会主义制度。中华人民共和国 70 多年经济发展的一个重要特征就是中国共产党领导核心作用的充分发挥，未来要实现中国经济的发展与赶超，依然要充分发挥党的独特优势。正如邓小平同志指出的："在中国这样的大国，要把几亿人口的思想和力量统一起来建设社会主义，没有一个由具有高度觉悟性、纪律性和自我牺牲精神的党员组成的能够真正代表和团结人民群众的党，没有这样一个党的统一领导，是不可能设想的，那就只会四分五裂，一事无成。"曾经的社会主义大国苏联因为弱化了共产党的领导作用，导致了经济下滑，最终国家分崩离析。改旗易帜后的俄罗斯在 20 世纪 90 年代一度出现三位数的恶性通货膨胀；经济则出现了长期负增长，2000 年俄罗斯 GDP 仅为 1992 年的 56.4%。未来中国将面临更为激烈的国际经济竞争。发达国家为了实现垄断利润，其核心技术难以通过引进的方式获得。对于关键性的领域，党应当总揽经济发展的全局，统筹全国资源，在重要领域进行突破，破解中国经济高质量发展的"瓶颈"。

二、后发国家经济建设要发挥好政府与市场的作用

中华人民共和国工业化起步之初就面临艰巨的赶超压力，中国实现工业化不能走

---

① 习近平：《让多边主义的火炬照亮人类前行之路——在世界经济论坛"达沃斯议程"对话会上的特别致辞》，人民出版社 2021 年版，第 10 页。

资本主义国家市场主导的工业化道路,政府应当在工业化过程中发挥重要的作用。回顾新中国 70 余年工业化的历程,我们认为后发大国中政府作用在以下几个方面值得注意。第一,工业化具有长期性的特点,中国共产党的长期执政地位有利于中国政府对工业化进行长期、整体规划,准确把握工业化的发展方向,推动了中国工业化的"弯道超车"。第二,中国政府可以发挥社会主义集中力量办大事的优势,在关键产业、核心技术等方面取得突破,实现工业化的赶超。第三,强大的政府可以抵御工业化中存在的经济风险。例如中国政府成功克服了 1998 年、2008 年世界上两次金融危机对中国工业的冲击。同时中国政府在工业化过程中还可以保证社会公平,避免发生像资本主义国家工业化过程中出现的尖锐阶级矛盾与社会问题。第四,更好发挥政府作用,不是对市场的替代。尤其在中国从工业大国向工业强国升级过程中,随着经济运行日益复杂,经济不确定性日益增大,政府应当在注重市场运行机制方面发挥自身优势,弥补市场失灵。与苏联为代表的传统社会主义工业化道路不同,改革开放之后,通过引入市场的力量,中国工业取得较快发展,最终成为"世界工厂"。

未来实现工业大国向工业强国的转变,更加离不开市场的作用。有几个方面值得注意:第一,从工业大国走向工业强国需要更有活力的微观主体。"公有制为主体,多种所有制共同发展"的基本经济制度,是工业长期发展的重要保证。未来在从工业大国向工业强国转变过程中,强大的国有企业与灵活的非国有企业如何通过混合制经济,实现融合发展,是未来工业大国向工业强国转变的重点。第二,改革开放经验表明,完善的市场机制是资源优化配置的重要手段。中国商品市场化基本完成,但要素市场化改革滞后,影响了中国当前工业发展方式从资本、劳动密集型向技术密集型升级。未来要推动要素市场化改革,倒逼工业企业转型升级。

三、处理好国有企业与其他所有制企业的关系

在计划经济时期,中国建立了大批国有企业,确保了优先重工业战略的推进。改革开放以来中国所有制结构发生了深刻的变化,非国有企业的兴起有效推动了中国工业的高速增长。习近平总书记指出,"公有制经济、非公有制经济应该是相辅相成、相得益彰,而不是相互排斥、相互抵消"。未来实现工业高质量的发展要发挥好国有企业与非国有企业的双重积极性。

第一,发挥好国有企业在工业赶超中的优势。国有企业目标不是简单追求经济利益最大化,而应包括落实国家意志、承担社会责任等方面内容。在中国迈向经济强国,打造"经济升级版"的过程中,国有企业应当凭借雄厚的资本与技术,在自主创新、"走出去"等重大领域发挥作用。

第二,注重发挥非国有企业在工业赶超中的作用,积极探索混合制经济改革。从

改革开放40多年的经验来看，非国有经济的效率与活力是工业高速发展的重要动力。要实现工业质量与效率的赶超，既要在关键技术领域取得突破，又要注意生产经营的效率提高。未来应当通过积极探索混合制经济，探索国有企业与非国有企业融合发展的新机制。

四、处理好独立自主与对外开放的关系

技术取得革命性突破是工业革命的重要特征，后发国家实现赶超的重要优势之一就是通过技术引进，以较小的学习成本实现技术的跨越式发展。新中国成立之后，中国通过大规模技术引进、模仿、吸收再创新，加速走完第一、第二次工业革命的道路，并在21世纪以后加速信息化与工业化融合发展，基本赶上了发达国家第三次工业革命的步伐。随着中国与西方工业强国差距逐渐缩小，中国技术引进、模仿与吸收的空间日益压缩，未来应当加强中国的自主创新能力，在新一轮工业革命中占领制高点。一方面，要充分认识注重基础研究、关键性领域自主研发的重要性。这些研发往往需要资金投入大、研发周期长，且具有不确定性，常常面临私人部门投资不足的问题。这就需要国家加大支持力度，包括建设支撑基础研究的平台（如国家重点实验室和研究基地），组建处于科学前沿的高水平研究团队，组织跨领域的大科学计划和大科学工程，力求在世界前沿科学、尖端技术领域取得重大突破。另一方面，随着中国经济的发展，与市场密切相关的工业领域，尤其要发挥企业作用。未来应当健全技术创新的市场导向机制，使企业真正成为技术创新、研发投入、科研组织和成果转化应用的主体。通过产学研的良性互动，促进科技成果向现实生产力转化，以增强企业在国际市场竞争中的核心竞争力。

思考与讨论题

1. 中国经济发展中党的独特优势是什么？
2. 中国共产党在哪些方面发展了马克思主义政治经济学？
3. 如何理解改革开放前后两个经济发展阶段的区别与联系？
4. 如何理解中国共产党经济发展观的历史演进？

推荐阅读文献

[1] 习近平：《决胜全面建成小康社会夺取新时代中国特色社会主义伟大胜利——在中国共产党第十九次全国代表大会上的报告》，载《人民日报》2017年10月28日。

［2］武力：《中华人民共和国经济史》，中国时代经济出版社2010年版。

［3］汪海波：《中国现代产业经济史》，山西经济出版社2010年版。

［4］郑有贵：《中华人民共和国经济史（1949—2012）》，当代中国出版社2016年版。

［5］国家统计局工业交通物资统计司：《中国工业经济统计资料（1949—1984）》，中国统计出版社1985年版。

［6］赵德馨：《中国经济通史》第10卷（上），湖南人民出版社2002年版。

［7］董志凯，武力：《中华人民共和国经济史：1953—1957》第2卷，社会科学文献出版社2011年版。

主要参考文献

［1］董志凯，武力：《中华人民共和国经济史：1953—1957》第2卷，社会科学文献出版社2011年版。

［2］《毛泽东选集》第4卷，人民出版社1991年版。

［3］《毛泽东文集》第7卷，人民出版社1999年版。

［4］《十二大以来重要文献选编》上，人民出版社。

［5］《十二大以来重要文献选编》中，人民出版社。

［6］《十三大以来重要文献选编》上，人民出版社1991年版。

［7］《十四大以来重要文献选编》上，人民出版社1996年版。

［8］《十五大以来重要文献选编》中，人民出版社2001年版。

［9］《十六大以来重要文献选编》上，中央文献出版社2005年版。

［10］《十七大以来重要文献选编》上，中央文献出版社2009年版。

［11］《十七大以来重要文献选编》中，中央文献出版社2011年版。

［12］《十八大以来重要文献选编》上，中央文献出版社2014年版。

［13］武力：《中华人民共和国经济史》，中国时代经济出版社2010年版。

［14］汪海波：《中国现代产业经济史》，山西经济出版社2010年版。

［15］郑有贵：《中华人民共和国经济史（1949—2012）》，当代中国出版社2016年版。

［16］赵德馨：《中国经济通史：第10卷》（上），湖南人民出版社2002年版。

［17］张柏春：《苏联技术向中国的转移（1949—1966）》，山东教育出版社2004年版。

［18］张宇燕：《跨越"大国赶超陷阱"》，载《世界经济与政治》2018年第1期。

［19］隆国强：《构建开放型经济新体制：中国对外开放40年》，广东经济出版社

2017年版。

［20］常修泽等：《所有制改革与创新：中国所有制结构改革40年》，广东经济出版社2018年版。

［21］张宇：《中国特色社会主义政治经济学》，中国人民大学出版社2016年版。

［22］张卓元等：《市场决定的历史突破》，广东经济出版社2017年版。

第二章

有为政府与高效市场

——发展经济学视角下中国特色社会主义现代化经济体系建设

建党百年之际,中国开启了全面建设社会主义现代化国家新征程。中国将进入新的发展阶段,在新发展理念引领下构建新发展格局,建设和完善中国特色社会主义现代化经济体系不仅是当前跨越关口的迫切要求,更是中国经济发展的长远战略目标。本章基于发展经济学的视角,以经济实践和经济学理论发展的脉络梳理为基础,从建设现代化经济体系的时代背景、建设什么样的现代化经济体系以及现代化经济体系的运行机制三方面开始分析,提出现代化经济体系的"三个维度",强调在建设有中国特色社会主义的现代化经济体系过程中,有为政府及其与高效市场的有机结合是关键所在。

第一节　新中国现代化经济体系建设

从革命根据地时期，到建立新中国，到改革开放，到今天，中国人从未停止过对经济发展的实践探索和理论思考。从经济实践的角度，新中国的经济是建立在贫穷落后的农业经济基础上的，在经历了多年的探索和挫折之后，1978 年的改革开放，开启了中国经济现代意义上的经济增长，从 1978 年到 2020 年，作为一个人口超过 14 亿的大国，人均 GDP 由 220 美元上升到 15535 美元①，从不足美国人均 GDP 的 5% 增长至 27%，成为"中高收入国家"②，中国经济占世界经济的比重从改革开放前不足 2% 提升至当前的 17%③（如图 2-1 所示）。改革开放以来，中国经济渐进式改革取得的这些成就，即使放在整个人类历史的进程看，都堪称"中国奇迹"。

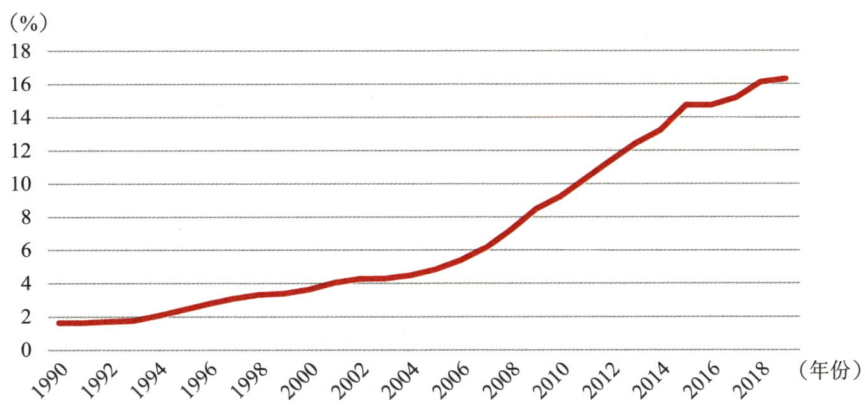

图 2-1　中国经济占世界经济比重（按现价美元计算）

资料来源：WDI 数据库。

当前的中国经济正面临前所未有的挑战。从经济增速的数据上看，自金融危机以来，中国虽然已经实现了从"高速增长"向"中高速增长"的转换④（如图 2-2 所示），经济增速由 2011 年的 9.5% 下降并稳定在 2019 年的 6.1%，但社会各界对中国经济"换挡期"及其未来增长前景的担忧却依然存在，其中结构的深化调整、新旧增长动力转换、国有企业改革等等都是热议的话题，特别是 2020 年以来，新冠疫情影响下

---

①　以上数字为购买力平价（PPP）计算的 2011 年不变价美元，数据来源为 WDI。
②　按照世界银行分类标准，中国自 2010 年开始成为"中高收入国家"。世界银行按照现价 GNI，按照收入高低，将世界所有国家分为"低收入国家""中低收入国家""中高收入国家"和"高收入国家"四类。
③　按名义 GDP 的现价美元计算。
④　从数据看，2003 年至 2007 年中国经济年均增长 11.6%，2008 年至 2017 年年均增长 8.2%，近年来稳定在 6.9% 的中高速阶段。

全球经济增长乏力和逆全球化的外部环境更给中国经济的"换挡期"增加了不确定性。

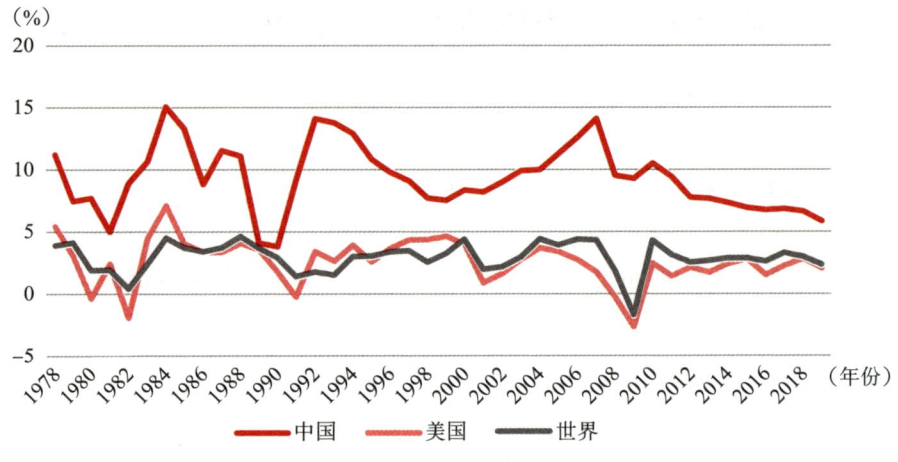

图 2-2 中国、美国与世界的经济增速

资料来源：WDI 数据库。

中国经济的"换挡期"虽然确实会存在各种各样的风险，但这同样也是中国经济发展的战略机遇期。从中国经济现在的发展阶段来看，中国在 2010 年时刚从中低收入国家（地区）跨入中高收入国家（地区）的行列，距离高收入国家（地区）还有很大一段距离。以 2017 年不变价美元的 PPP 计算，2019 年中国的人均 GDP 为 16092 美元，仅仅只占到美同期的 25.74%①。从历史阶段来看，对应这一比例，日本是 1958 年，韩国是 1987 年，中国台湾是 1976 年②。这些数据表明，中国未来 20 年依然可能还有很大的增长潜力。

然而，要将"增长的潜力"转换为"现实的增长"并不容易。国际经验表明，第二次世界大战后成功实现从中等收入国家（地区）向高收入国家（地区）过渡的只有 13 个③，许多拉美国家④数十年来都停留在中等收入阶段，经济发展长期处于停滞状

---

① 资料来源：WDI 数据库。
② 1958 年日本人均 GDP 相当于美国的 26.4%（前一年为 23.9%），1987 年韩国相当于美国的 26.3%（前一年为 23.7%），1976 年中国台湾地区人均 GDP 相当于美国的 27.7%（前一年 25.1%）。
③ 分别是葡萄牙、西班牙、希腊、波兰、斯洛伐克、爱沙尼亚、以色列、塞浦路斯、韩国、中国台湾、日本、新加坡和中国香港。根据 PWT9.0 测算，这里与 World Bank（2012）的 13 个名单略有不同，World Bank（2012）考察了 1960 年的 101 个中等收入国家和地区，其中只有 13 个国家和地区到 2008 年时增长为高收入国家和地区，世界银行的这 13 个国家和地区分别是：赤道几内亚、希腊、中国香港、爱尔兰、以色列、日本、毛里求斯、葡萄牙、波多黎各、韩国、新加坡、西班牙、中国台湾，但我们认为这 13 个国家和地区中赤道几内亚属于石油资源型国家，爱尔兰在 1950 年的人均 GDP 已经超过美国的 50% 的水平，按照世界银行的标准已经可以算作高收入国家，毛里求斯 2011 年的人均 GDP 和各项经济发展指标仍然相对较低，不应算作高收入国家。本文所说的 13 个成功实现从中等收入向高收入跨越的国家和地区是根据 PWT9.0 测算，并从中删除了人口在 100 万以下和能源资源型的国家，例如阿曼、特立尼达和多巴哥，一个是石油资源国，一个是天然气资源国。
④ 这里的"拉美国家"主要是指阿根廷、巴西、智利、哥伦比亚、墨西哥、秘鲁、乌拉圭和委内瑞拉。

态。在第二次世界大战之后，达到中国 2015 年人均 GDP 水平的发展中经济体共 48 个。但是，在达到这个收入水平之后能够实现持续经济增长的经济体则只有 13 个，其此后 20 年人均 GDP 的平均增长率为 6.0%，其中实现增长突破的东亚经济体在此后 20 年平均增长率为 6.9%；相反，绝大部分发展中国家（地区）在达到这一收入水平后经济出现了停滞，此后 8 年人均 GDP 的平均增长率仅为 1%。事实上，许多经济体都曾经非常迅速地达到中等收入的发展阶段，但是只有很少的国家（地区）能够跨越这个阶段，因为要实现这一跨越所必需的那些政策和制度变化，在技术、政治和社会方面更复杂、更加具有挑战性（World Bank, 2007）①。

中国经济发展和改革并没有套用任何现成理论，而是从自身实际情况出发，以对经济社会冲击较小的渐进转型方式启动，以"老人老办法、新人新办法"维持经济社会稳定，提高各种所有制经济的积极性和资源配置效率，在不断释放后发优势的过程中推动技术进步和产业升级，并与时俱进深化经济体制改革。在 20 世纪 80、90 年代，西方主流经济理论认为中国这种市场和计划并存的渐进转型方式是最糟糕的转型方式，造成的结果只会比原来的计划经济还差。然而，结果恰恰相反，中国经济转型取得巨大成功，不仅成功建立起社会主义市场经济体制，而且经济发展成就令世界惊叹。从经济理论的角度，在每个不同时期，中国的领导人、经济学者，以及国外的经济学者们都在不断地从"中国奇迹"的伟大经济实践中总结经验和教训，从未停止过"什么是中国特色社会主义的经济制度"的思考，也是在这个过程中，人们对经济学理论的认识也不断地得到提升和升华。

新时代下的中国经济正处在转变发展方式、优化经济结构、转换增长动力的攻关期，正如习近平总书记在党的十九大报告中所强调的，"从十九大到二十大，是'两个一百年'奋斗目标的历史交汇期。我们既要全面建成小康社会、实现第一个百年奋斗目标，又要乘势而上开启全面建设社会主义现代化国家新征程，向第二个百年奋斗目标进军，对于这一点我们应当有清醒的认识"。

40 年改革开放的历史经验告诉我们，发展是解决中国一切问题的基础和关键。发展必须是科学发展，必须坚定不移贯彻创新、协调、绿色、开放、共享的发展理念。必须坚持和完善中国社会主义基本经济制度和分配制度，毫不动摇巩固和发展公有制经济，毫不动摇鼓励、支持、引导非公有制经济发展，使市场在资源配置中起决定性作用，更好发挥政府作用，推动新型工业化、信息化、城镇化、农业现代化同步发展，主动参与和推动经济全球化进程，发展更高层次的开放型经济，牢牢抓住新一轮科技革命浪潮，发展数字经济为代表的新经济，增加科研机构基础型科研投入和引导企业应用型研发，不断壮大中国经济实力和综合国力。

---

① 摘引自 World Bank（2007）的报告《东亚与太平洋地区报告：危机 10 年后的状况》，第 3 页。

新时代背景下，贯彻新发展理念，建设现代化经济体系不仅是当前跨越关口的迫切要求，更是中国经济发展的长远战略目标。习近平总书记在党的十九大报告中，明确提出了"贯彻新发展理念，建设现代化经济体系"。而建设什么样的现代化经济体系和如何建设现代化经济体系，这是一篇大文章，需要中国的学者结合国际经济发展的经验和中国经济历史发展的客观实际，在新发展理念的指引下，展开系统和细致的科学研究。研究这两个问题，不仅对未来中国经济发展和深化改革具有重大实践意义，而且有助于为未来构建中国特色社会主义的现代化经济体系提供理论基础和实现路径，更是中国实践和中国智慧对世界经济发展的贡献，有助于世界上其他发展中国家的改革和发展，造福全人类。

第二节　新中国政府与市场关系变迁历程

一、计划经济确立与国家工业化的启动（1949—1977年）

新中国成立初期，中国经济内外交困，百废待兴。国内的生产力水平十分低下，有80%的人口从事农业生产，但是粮食依旧难以自给自足；工业发展水平更为落后。国外除面对抗美援朝外，还面临着西方的禁运封锁和对华资产财产的管制和冻结。党和国家采取措施平抑物价、稳定市场、促进经济的恢复和发展。

在计划经济确立初期，中国的经济部门设置和经济体制等诸多方面与苏联表现出了高度的一致性。1952年至1956年，完成了三大改造，建立起了以公有制为基础的国民经济体系。高度集中的计划经济的信息不充分、政府干预过度等问题限制了经济的发展，中国在1956年八大前后开始了经济体制方面的调整。在不断的调整之下，中国经济实现了较快的发展，"一五计划"超额完成，1957年工农业总产值1241亿元，比1952年增长67.8%。

经过20世纪60年代初期（1961—1965年）的快速调整，中国的经济发展重新走上正轨，但1966年爆发的"文化大革命"使刚从"大跃进"中恢复过来的中国经济，再次受到重大挫折，中国经济在探索中曲折前进。

这一时期，中国已经初步建成了较为完备的国民经济工业体系，确立了计划经济体制。同时，这段时期的公共卫生体系和医疗服务体系不断完善，并获得了显著的成果，有效地保证了国民的健康水平，人民生活质量得到了较大的改善，到1976年全国93%的人民公社都建立了合作医疗制度，国民的平均预期寿命从1949年的35岁提高至1982年的68岁，提高了将近一倍，同时婴儿出生死亡率从新中国成立初期的200‰降低至1978年的53‰。在1949—1978年，中国逐步建立相对完善的教育体系，显著提高教育水平与人才质量，文盲率从1949年的80%降低到1982年的22.81%。

二、计划经济为主、市场调节为辅（1978—1992年）

1982年党的十二大上提出"计划经济为主、市场调节为辅"的原则，从此揭开了中国经济体制改革的序幕。中国的经济体制改革首先从农村开始，从1978年到1984年，家庭联产承包责任制逐渐铺开，此外中央还明确了土地承包期的年限，并且相应地调整了《土地管理法》和《农村土地承包法》。在所有制改革方面，中央允许了个体、私营和"三资"企业的存在和发展。在改革政策下，大量乡镇企业涌现，成为中国经济发展的重要力量。此外，中央权力下放并推行财政大包干制度，这极大增强了地方推进改革的积极性。在对外开放方面，1979年初蛇口工业区设立，1980年深圳、珠海、汕头、厦门设立经济特区，外向型经济开始起步，来料加工等经济形式活跃。

1978年开始的经济体制改革，拉开了一幕政府逐步让位于市场的大戏，一步步地，在资源配置中起决定性作用的角色，将要从政府转变成市场；以中央政府作为经济主要驱动力的经济发展动力机制，逐渐增加了地方政府、企业和居民三位角色[①]。

1984年，党的十二届三中全会通过《中共中央关于经济体制改革的决定》，首次提出社会主义"有计划的商品经济"理论。这标志着经济体制改革的重心从农村向城市转移。文件提出了要实行政企职责分开，正确发挥政府管理经济的职能，通过扩大企业自主权，调动企业的积极性。1984年9月的《关于国有企业推行利改税第二步改革的报告》，使得国有企业不再上交利润，转为只缴纳税金，计划经济的政企不分家转变成了政府与纳税人之间的关系。

同时，乡镇企业继续发展，1985年，党中央发布了《中共中央关于制订国民经济和社会发展第七个五年计划的建议》，并指出要积极地鼓励农民兴办乡镇企业；1986年实施的"星火计划"进一步促进了乡镇企业的发展。在对外开放方面，这一阶段进一步扩大了对外开放的程度。1984年，大连等14个沿海港口城市进一步对外开放。在财政方面，中央权力继续下放并进一步推行"财政包干"体制。在这个阶段，市场经济尚未完全建立，市场机制不够完善，而财政包干政策激励地方政府部分替代市场职能，促进了本地经济发展。

党的十二届三中全会上"有计划的商品经济"的提出伊始，企业逐渐成为自主经营、自负盈亏和自我发展的实体，政府干预的力量开始减弱，市场的力量开始增强。与此同时，价格机制的改革也如火如荼，1985年起，对于工业生产资料逐步实行双轨

[①] 张思锋，王舟浩，张立：《政府与市场：理论演进、美国改进、中国改革》，载《西安交通大学学报》（社会科学版）2015年第3期，第21—31页。

制，这对于从计划经济向社会主义市场经济的平稳过渡是一个创举①。

1987年党的十三大上明确提出社会主义初级阶段的理论，并制定了党在初级阶段的基本路线，中央首次提出"国家调节市场，市场引导企业"的理论，并指出社会主义商品经济与资本主义商品经济的主要区别在于所有制，进一步强调了商品交换和价值规律的基础性作用。这种商品经济的运行机制模式，使得市场对经济的调节作用得到了进一步发挥，但仍由政府掌控，可以说是向社会主义市场经济体制的过渡。

这一阶段主要进行了以下四个方面的经济改革：（1）搞活全民所有制企业，在企业推行所有权和经营权分离，将经营权交给企业，并推动全民所有制企业自主经营、自负盈亏。（2）拓展和建立市场，推动和加快消费品和生产资料等商品市场的建立，开始探索资金、劳务、技术、信息和房地产等生产要素市场的建立。（3）开始建立宏观调控体系，以间接管理为主，主要通过产业政策对经济进行调节。（4）启动金融改革，主要包括：中央银行开始调控货币供应和信贷规模、开放多种金融工具和融资渠道、成立上海证券交易所和深圳证券交易所。

此外，中国进一步扩大对外开放。1988年，设立海南经济特区；1990年，上海浦东新区建设的开启，标志着以上海浦东为龙头的长江流域开放带的建立，工作重心从珠三角流域向长三角流域发展。

三、确立和完善社会主义市场经济体制（1992—2012年）

1992年邓小平同志发表了南方谈话，并正式提出了"确立和建设社会主义市场经济体制"的目标，中国改革开放和现代化建设事业进入了新阶段。

首先，中国彻底完成了价格体制转轨，通过试点进而逐步在全国范围内推行，长达38年的"票证经济"于1993年落幕。在企业改革方面，将重点分为国有企业改革和乡镇企业改制，一方面促使国企退出中小企业，建立现代企业制度，另一方面对乡镇企业进行股份制改革。在金融体制改革方面，在推动证券市场进一步发展的同时，着重推进国有银行改革，并成立了三家新的政策性银行。在财政方面，开始推行中央和地方的分税制改革，规范了中央和地方的转移支付机制，既调动了地方政府的积极性，又强化了中央的宏观调控能力。在对外开放方面，积极建立统一规范的外汇市场，引进外资，增加出口，并于2001年加入世界贸易组织，极大地推进了对外开放的进程。此外，1997年中国结束了"福利分房"制度，展开了房地产市场化改革，中国房地产市场开始成长，地方政府土地财政逐渐兴起。

在这一阶段，对于政府和市场的关系有了全新的认识，"计划多一点还是市场多一

---

① 郭冠清：《新中国70年政府与市场关系演进的政治经济学分析》，载《扬州大学学报》（人文社会科学版）2020年第3期，第59—73页。

点，不是社会主义与资本主义的本质区别。计划经济不等于社会主义，资本主义也有计划；市场经济不等于资本主义，社会主义也有市场。计划和市场都是经济手段"。这一思想为党的十四大报告奠定了主基调，报告指出"我们要建立的社会主义市场经济体制，就是要使市场在社会主义国家宏观调控下对资源配置起基础性作用"。这是有计划的商品经济向社会主义市场经济的历史性转变。需要注意的是，在市场起基础性作用的同时，由于社会主义市场经济建立初期，市场体系不够完善，仍需适当地加强和改善宏观调控。

2003—2007年，是中国社会主义市场经济的高速发展期，"三个代表"重要思想确立为党的指导思想，提出全面建设小康社会的奋斗目标；2008年金融危机之后，中国经济开始向进一步的深化改革过渡，深入落实科学发展观，中国经济在全球化的浪潮中奋勇前进，向全面建成小康社会大步迈进。

2003—2007年，在中国自身经济增长和加入WTO的双重影响下，中国的对外贸易实现了高速发展，进出口占GDP的比例均大幅提高。金融危机对中国的对外贸易产生了一定的冲击，但同时也促使了金融监管改革和对外经济贸易体制改革的推进。这一时期，中国外商投资增长迅速且并未受到金融危机的影响；同时，中国的城镇化进程加快，城镇人口比例由2002年的38%提升至2012年的51%。

这一阶段主要是在2002年初步建立社会主义市场经济体制的基础上，对这一体制进行完善。充分运用宏观调控的手段应对金融危机带来的外部冲击；同时，随着中国经济的发展，市场在社会公平、社会服务、环境保护和区域发展、城乡发展平衡方面的弊端逐渐显露，这就需要调整政府职能，对政府和市场的关系进行重新定位，让宏观调控在修正上述问题中更好地发挥作用。

四、新时代中国特色社会主义市场经济体制（2012年至今）

在这一阶段，中国经济发展面临诸多转折点。其一是经济增长速度由高速增长逐渐向中高速平稳增长过渡；其二是外向型经济的发展面临转型，外商投资和外贸增速逐渐回落；其三是产业升级转型压力日益凸显；其四是房地产市场和金融市场的调控。

在这样的背景下，中央开始以供给侧结构性改革推进经济从高速增长向高质量发展转变。随着中国经济进入新常态，供给侧结构性改革成为宏观经济政策的重中之重。此外，党的十八大以来，全面开放的新格局逐渐形成。这一阶段的对外开放政策，以"一带一路"建设为重点，坚持"引进来"和"走出去"并重，遵循"共商共建共享"原则，加强创新能力开放合作，争取形成陆海内外联动、东西双向互济的开放格局。

这一阶段对于政府和市场的关系有了进一步认识，十八届三中全会通过了《中共中央关于全面深化改革若干重大问题的决定》，指出让"市场在资源配置中起决定性作用"。从"基础性作用"到"决定性作用"的转变，进一步激发了市场主体的活力，同时也对政府职能提出了新要求，需要不断深化行政体制改革，做到不越位、不缺位、不错位。

第三节　新中国发展经济学理论的发展脉络

中国的经济学理论创新是建立在中国实践基础上，用于研究中国经济社会结构转型过程、经济发展趋势、资源配置模式等的理论体系。中国是社会主义国家，中国的经济学理论创新是为社会主义服务的，以建成富强、民主、文明、和谐社会主义强国为目标的经济学体系。新中国成立70多年发展的实践经验告诉我们，中国经济发展具有强大的内驱力，这种内驱力根植于中国特有的历史和制度环境，同时也与世界的经济发展紧密相连。如今，改革开放以来中国经济高速发展的外部环境已然发生变化，而中华民族百年来寻强求富的内在动力仍然强劲。

中国经济学理论创新的主要成果，集中在如何理解过去70多年中国经济发展的实践，以及未来如何更好地促进中国经济发展上，在这个过程中形成了一些在世界范围内有影响力的研究，其中对发展经济学的推动尤为重大。发展经济学研究的是欠发达国家向发达国家收敛的过程，即从低收入向高收入转型的过程，目的是提高低收入国家或不发达国家的经济发展水平，提高人民的福祉。发展经济学成为一个独立的学科，起始于20世纪50年代，至今大致经历了三个阶段：

第一个阶段是20世纪50、60年代，发展经济学的"结构主义"盛行。1950年后，第三世界国家纷纷独立，它们的发展问题成为西方学术界关注的问题。因此，发展经济学从它建立之初就是问题导向的，专注于研究发展中国家所特有的问题。这其中最富有创见的是两方面的工作。第一个方面是起始于罗森斯坦·罗丹（1943）对规模报酬递增的研究，提出了著名的"大推进"理论（Big Push）。第二个方面是起始于亚瑟·刘易斯（1954，1955）对剩余劳动力的研究，提出了著名的"二元结构"理论。发展经济学早期的研究侧重于发展的宏观结构理论，大多数以凯恩斯主义作为分析的主要理论基础，提倡"政府干预"，指出发展中国家与工业化国家有着不可消除的差异，并将其作为他们理论的中心论点，因此第一代发展经济学被称为"结构主义"。结构主义主要强调政府通过对经济的干预克服市场失灵，例如通过大规模政府投资、重工业战略以及"进口替代"战略推动经济发展。20世纪50年代末，时任联合国拉丁美洲和加勒比地区经济委员会主任的阿根廷经济学家普雷维什（1959）提出了"中外—外围假说"，认为处于外围的不发达国家在国际贸易中处于不利地位，注重实施"进口替代"政策。在他的推动下，20世纪50、60年代许多拉美国家实施"进口替代"政策推动本国的工业化。但是，在实践上，第一代发展经济学家提倡的政策主张，例如大规模固定资产投资、重工业化战略以及进口替代政策并没有取得预想的效果。从拉丁美洲到欧洲、亚洲和非洲，结果都不尽如人意，这些国家与工业化国家的差距拉大了，没有能够给发展中国家带来实质性的经济增长，实施"进口替代"战略的拉美国家反而陷入了长期的经济停滞，苏联的重工业战略到了20世纪80年代导致国民经济濒临崩溃。相反，利用比较优势、实施出口导向的经济政策，却给东亚地区带来了奇迹般的增长。

第二个阶段是20世纪70、80年代，这个时期发展经济学被以"华盛顿共识"为主导的新自由主义思潮所主导，强调私有化、自由化、稳定化对经济发展的作用。随着20世纪70年代凯恩斯主义经济学遇到的挑战、80年代的拉美债务危机，以及80年代的计划经济体制失败，理性预期理论成为关于经济发展的主导理论体系，新自由主义发展经济学成为主流。新自由主义认为发展中国家经济发展差强人意主要是由于政府对市场干预过多，造成资源错配、价格扭曲和腐败丛生。因而，这个阶段的发展经济学更强调市场机制在经济发展中的作用，主张通过完善市场体系、推动企业私有化消除预算约束和维持预算平衡保证宏观稳定来推动经济发展。因此，第二代发展经济学理论强调矫正价格，创造稳定的市场环境，强化保持市场良好运行所必需的各项制度（产权、良好的治理结构、商业环境等），培养人力资本（教育和健康）以适应技术进步对熟练工人日益增加的需求。20世纪80年代以后，绝大多数发展中国家按照新自由主义的"华盛顿共识"进行改革和转型，包括拉美国家金融自由化和苏联与东欧国家进行的"休克疗法"。但是，这些转型中国家一般都有许多缺乏自生能力的企业，"华盛顿共识"忽视了这种原来存在的扭曲的内生性，按照休克疗法把这些保护补贴一下都取消掉，导致大量破产、失业、社会政治不稳定（林毅夫，2002；林毅夫和刘培林，2003）。同时，"华盛顿共识"强调政府失败就让市场来经营，也不能让政府发挥因势利导的作用，帮助企业推动开展产业升级、技术创新的活动。因此，"华盛顿共识"推行的结果，使发展中国家经济的绩效比20世纪60、70年代按照结构主义时的绩效更差，绝大多数转型国家因为遵循了这一转型思潮而失败。

无论是结构主义还是新自由主义思路，都倡导以宏观改革（如进口替代、休克疗法）推动经济发展和转型，结构主义和新自由主义在实践层面的失败导致20世纪90年代后发展经济学逐步转向微观层面。

进入20世纪90年代以后，发展经济学进入了第三个阶段。在这个阶段，发展经济学家们深入研究了发展中国家的劳动力市场分割问题、人口流动、农村土地市场、金融市场、人力资本、贫困和收入分配等一些微观问题，取得了丰硕的成果，这些研究问题和成果在Bardhan和Udry（1999）的《发展微观经济学》一书中有充分的体现。

尤其值得注意的是，随着微观计量经济学、政策评估分析（DID、PSM、RDD等）

以及随机实验（RCT）等新的研究方法的出现，21世纪以来微观发展经济学得到了进一步的发展和壮大。尤其是2000年以来，多位经济学家因在微观发展领域研究方法上的贡献而获得诺贝尔经济学奖，包括2000年诺贝尔经济学奖获得者丹尼·麦克法登（因微观计量上的贡献获奖）、2015年诺贝尔经济学奖获得者安格斯·迪顿（因在家庭、消费和福利分析方法上的贡献获奖）以及2019年诺贝尔经济学奖获得者阿比吉特·班纳吉、埃丝特·迪弗洛和迈克尔·克雷默（因利用实验方法进行贫困问题研究而获奖）。2015年度诺贝尔经济学奖得主安格斯·迪顿主张将发展经济学研究由粗糙的宏观数据分析转向基于高质量微观数据的实证分析；而阿比吉特·班纳吉、埃丝特·迪弗洛和迈克尔·克雷默开创性地将随机实验方法（RCT）引入到全球减贫问题研究，在短短的20年里，这种方法彻底改变了发展经济学的研究领域和研究方法（李树，严茉，2019）。

在当代，发展经济学研究的议题更加广泛，几乎涉及经济学领域的各个方面，包括人口、农业和非农业、产业结构、城市与区域、资本积累、技术进步、国际贸易和对外投资、环境、不平等和贫困等诸多领域。随着对经济发展认识的深入，发展经济学的研究逐渐深入到历史和制度层面，例如，2020年克拉克奖获得者梅丽莎·戴尔（Melissa Dell, 2010）利用地理断点方法研究制度对经济发展的长期影响，强调历史、政治和制度在经济发展中的作用。随着数据处理技术和新的研究方法的出现，目前发展经济学的研究领域越来越深入到微观层面，即使是诸如经济结构转型、技术进步、国际贸易、城市和区域发展等宏观层面的主题也越来越多地从微观角度着眼研究。

这一时期发展经济学在理论上较之前并没有多大突破，主要区别在于研究方法和研究领域。他们通过政策评估方法，尤其是随机实验方法研究一些微观公共政策的有效性（比如在非洲发放蚊帐是否有利于阻止疟疾从而提高人力资本）。然而，由于缺乏对发展中国家政治、经济、社会、文化等方面的深入分析，这些政策在微观实验时可能有效，一旦推广到宏观整体效果往往大打折扣，甚至适得其反。

过去几十年发展中国家的经济发展实践表明，结构主义和新自由主义主导下的经济发展思路是失败的，大部分发展中国家并没有迈向更高的发展阶段。当代基于随机实验研究方法的主流发展经济学尽管对解决微观层次问题可能有效，但对发展中国家整体的发展贡献有限，无法帮助发展中国家的经济发展水平整体跃迁。中国经济发展实践既没有完全遵循结构主义的思路，也没有按照新自由主义理论进行转型，同时，当前主流随机实验方法对中国经济发展影响也很有限，但是，恰恰是中国在过去几十年中的经济发展绩效是全世界最好的，这为我们构建有中国特色的发展经济学理论和学科体系提供了实践基础。

林毅夫认为发展经济学研究应回到现代经济增长产生的原因和性质上，以经济发展中的结构变化为中心。在这方面，一些学者对于中国发展经济模式进行了许多有益的探索，提供了一些值得思考的问题。例如，Xu（2011）强调了中国经济发展中的制度基础，包括财政分权、晋升锦标赛下对地区竞争的刺激促进了经济发展。林毅夫（2017）强调了中国在经济发展过程中充分利用了比较优势，根据比较优势制定合适的产业政策，选择相适宜的技术促进结构转型和经济发展。总之，以上研究都强调了政府在经济发展中的积极作用，同时尊重市场在资源配置中的作用，这对于构建中国特色发展经济学理论提供了一定的参考价值和意义。

但是，这些探索还不够体系化，总体线条仍然比较粗，还需要在更多维度和更多层次研究中国经济发展的模式。中国和其他欠发达国家的经济发展问题，既需要深入文化和制度层面去思考，也需要为中国经济发展模式寻找更多的微观支持，形成宏观与微观相融合的理论体系。正是基于这一点，我们需要构建中国发展经济学的理论体系，在更多维度和层次上去总结中国经济发展模式的共性和特性，为中国和其他发展中国家的经济发展提供理论指导和经验借鉴。

第四节 新时代中国现代化经济体系建设的展望

本节将基于发展经济的视角，从建设现代化经济体系的时代背景、建设什么样的现代化经济体系以及现代化经济体系的运行机制三方面展开分析。党的十九大报告中提到，"建设现代化经济体系，必须把发展经济的着力点放在实体经济上，把提高供给体系质量作为主攻方向，显著增强中国经济质量优势""创新是引领发展的第一动力，是建设现代化经济体系的战略支撑"。围绕建设现代化经济体系的战略目标，习近平总书记在党的十九大报告中提出了深化供给侧结构性改革、加快建设创新型国家、实施乡村振兴战略、实施区域协调发展战略、加快完善社会主义市场经济体制、推动形成全面开放新格局六项任务。这六项任务为建设现代化经济体系指明了方向，也成为未来工作的着力点。

但经济学理论层面，中国未来的现代化经济体系是什么样子？这个现代化经济体系运行的基础是什么？与当前西方发达国家的经济体系有何异同？构建中国特色社会主义现代化经济体系的过程中，不同阶段不同时期的驱动力和着力点是否会发生变化？这些都亟待深入研究，正如习近平总书记在主持年初中共中央政治局第三次集体学习的会上所强调的，"建设现代化经济体系是一篇大文章，既是一个重大理论命题，更是一个重大实践课题，需要从理论和实践的结合上进行深入探讨"。

我们需要的是怎么样的现代化经济体系，我们这个现代化经济体系得以运行的理论机制基础是什么？这个答案需要从国际比较、中国经济的发展史和经济学理论上去找答案。

综合已有的文献和中国改革开放 40 多年的经验,我们认为未来中国的现代化经济体系,一定不同于现在西方发达国家的经济体系,它是在现在中国经济体系的基础上,在新发展思想的指引下,以供给侧结构性改革为主线,通过六大任务的稳步推进,最终实现经济发展的质量变革、效率变革、动力变革,不断增强经济创新力和竞争力,最终建成市场机制有效、微观主体有活力、宏观调控有度、开放共享的社会主义市场经济体制,应该称之为"中国特色社会主义的现代化经济体系"。中国特色社会主义现代化经济体系的建立,是实现"两个一百年"奋斗目标的内在要求,这是由中国社会主义国家的根本属性所决定的,也是由中国历史文化传统所决定的。

从理论上看,中国特色社会主义的现代化经济体系,"是一个由经济发展的目标、主线、驱动力、支撑条件、产业体系、体制基础、着力点组成的经济发展系统,是以创新、协调、绿色、开放、共享的新发展理念为指导的经济发展方式"。通过结合国际比较和中国经济的发展史,我们认为中国特色社会主义现代化经济体系得以运行的理论机制主要涵盖三个维度,这三个维度的制度安排不仅是区分不同经济体系的本质特征,更是整个经济发展系统运行的基础和动力所在。关于支撑中国特色社会主义现代化经济体系的理论机制基础的三个维度如下:

第一个维度是生产和交换的基本制度安排。从经济学上讲,生产决定交换,但在一定条件下,交换对生产也有反作用。从国际比较来看,存在很多种不同的生产制度安排,例如美国是通过社会化的资本市场实现对生产的控制,而德国很多企业是通过相对集中的家族操控加上政府干预实现对生产的控制,北欧国家很大程度上是通过国有资本实现对生产的控制。交易的制度安排在经济学理论中存在两个极端,一个是高度指令化的计划经济,另一个是完全无限制的自由经济。高度指令化的计划经济中往往缺乏对生产的激励,不利于生产过程中的创新和发展,效率得不到应有的强调;而完全无限制的自由经济,会因为市场失灵,引起或放大经济波动,同时因为要素的不均匀分布也会带来收入差距的扩大,公平得不到应有的兼顾。现实中,世界各国都是在两个极端之间选择了一个适用于自己的均衡点,没有一个经济体在交易中完全采用高度指令化的计划经济,也没有一个国家完全采用完全无限制的自由经济。这个均衡点的选取关系到效率和公平的权衡取舍,各国都是根据自身的发展阶段和历史文化传统禀赋进行的选择。

第二个维度是保障经济体系平稳有序的制度安排。经济发展的动态特征,决定了现代经济具有内生的基本的波动性。小幅的经济波动犹如人体的感冒一样,虽然会带来不舒服,但在抵抗感冒的过程中,人体的免疫力提高了,经济也是一样,小幅的经济波动虽会带来短暂的经济困难,但长远来看有些经济波动有助于长期增长潜力的释放,是一次经济体内吐故纳新的过程。但大幅的经济波动,对经济发展和人民群众的生活都是灾难性的,应当努力避免。现代经济体系必须有一系列基本的制度安排,能够容忍小幅经济波动中的吐故纳新，更应该避免大幅经济波动，维持经济运行的相对稳定。从国际比较来看，各个国家在宏观调控、市场监管、公共财政和产业政策等方面存在巨大差异，一个国家在不同时期也存在不小的差异。这些差异根植于各国经济发展和文化传统，具有很强的内生性。这里的内生性，一方面各国的历史传统文化决定了各国对宏观经济政策的必要性、有效性和操作性层面，存在信念上的差异，这种差异会影响宏观经济政策的制定和实施；另一方面这也是由各国政治体制结构所决定的。各个国家都需要在调控有度的前提下，保证不影响微观主体的经济活力，这是建设现代化经济体系过程中比较难以把握的权衡。

第三个维度是开放共享的信念。开放共享的信念包含两方面的内容，一方面是开放和封闭的权衡，另一方面是共享和自利的权衡。"全球化"是20世纪80年代以来越来越频繁出现的词汇，加入世界贸易组织之后，"经济全球化"渗透到各个产业层面。但近年来，随着西方发达国家收入分配情况的恶化和个别不负责任的政治投机者的煽动，"逆全球化"在西方也被越来越多的提及。对于开放和封闭的取舍，也就是对开放发展的信念已经成为现代化经济体系构建中的重要组成部分。共享和自利之间的权衡，也就是对公平的信念和人类命运共同体的信念，不但影响到未来的发展空间，更关系到人民获得感、幸福感、安全感。当然过分地强调共享和公平也会带来激励效应的削减，影响效率。在不同的发展阶段，从开放共享的信念禀赋出发，各个国家选择适合的经济制度安排尤为重要。

习近平总书记在党的十九大报告中，谈到贯彻新发展理念，建设现代化经济体系时强调，"加快完善社会主义市场经济体制"。社会主义市场经济体制的核心，应该是"使市场在资源配置中起决定性作用"，这是新中国成立后经济建设过程中教训的总结，更是改革开放40年以来经济发展的经验提炼。如党的十九大报告中所指出的，"经济体制改革必须以完善产权制度和要素市场化配置为重点"，社会主义市场经济体制是未来深化改革的努力方向，这个经济体制应当"实现产权有效激励、要素自由流动、价格反应灵活、竞争公平有序、企业优胜劣汰"，是一个高效的市场。总而言之，"高效市场"应该是中国特色社会主义现代化经济体系的主要特征之一。

但也应该清楚地认识到，目前中国的社会主义市场经济体制距离"完善"还存在较大差距，习近平总书记在党的十九大报告中也提到，"发展不平衡不充分的一些突出问题尚未解决，发展质量和效益还不高，创新能力不够强，实体经济水平有待提高，生态环境保护任重道远；民生领域还有不少短板，脱贫攻坚任务艰巨，城乡区域发展和收入分配差距依然较大，群众在就业、教育、医疗、居住、养老等方面面临不少难题"。

"有为政府"应该是中国特色社会主义现代化经济体系的另外一个主要特征。有为政府是完善社会主义市场经济体制深化改革的关键；有为政府也是国家治理体系和治理能力现代化的内在要求；有为政府还是中国特色社会主义现代化经济体系"三个维度"运行机制顺畅运行的重要条件；有为政府更是改革全球经济治理体系的保障。

考察历史上曾经达到过中国当前发展阶段的经济体，日本和"亚洲四小龙"在实现较长时间的中高速增长后，最终向发达国家收敛，而部分拉美国家却陷入"中等收入陷阱"。进一步对比分析后，我们发现，有为政府的正确发展战略选择和成功实施是决定未来经济发展的决定性因素（陈斌开和伏霖，2018）。中国特色社会主义现代化经济体系下的有为政府，应该具备以下几个特点：

第一，不断坚持和完善党的领导。党的领导是有为政府最根本的特点。西方发达国家的政府多是政党交替执政，而"中国共产党是中国工人阶级的先锋队，同时是中国人民和中华民族的先锋队，是中国特色社会主义事业的领导核心，代表中国先进生产力的发展要求，代表中国先进文化的前进方向，代表中国最广大人民的根本利益。党的最高理想和最终目标是实现共产主义"。党的领导使我们的政府可以站在国家和民族伟大复兴的高度考虑经济体系运行的战略和政策，着眼长远，执政为民。

第二，全面深化改革、持续释放发展活力。向改革要增长的动力，在改革中发现问题和解决问题，这是改革开放 40 年的重要经验之一。纵观世界各国的发展历史，无论哪个国家，无论是经济制度还是政治制度，没有任何一个从一开始就是一成不变的，都是在发展的过程中，通过持续的改革去不断在实践中完善。中国的经济改革还在路上，很多地方还存在不合时宜的思想观念和体制机制弊端，亟待突破利益固化的藩篱。在这个过程中，有为政府的推动至关重要。在一定程度上说，是否能够进行全面深化的改革，是否能够不断激发出全社会创造力和发展活力，可以成为判断是否是有为政府的标准。

第三，勇于创新。有为政府除了要不断地革除弊端，更要勇于创新。经济发展的过程中，从来就没有一般性的、放之四海而皆准的真理，只有结合自身的实际情况，敢于创新，探索解决问题的新机制、新路径，才能称得上是有为的政府。改革开放 40 年的经验，从包产到户，到经济特区的设立，再到对外开放，再到区域协同发展战略，再到精准扶贫，都是摸着过河的经验，更是勇于创新精神的具体体现。

第四，对外开放，积极参与全球经济治理的改革。对外开放给中国带来的不仅仅是资本和技术，更是新思想、新观念和建设发展的人才，尤其是加入 WTO 以来，中国经济发展步入了快车道，经济总量不到 7 年就翻一番，出口产品的规模和质量大幅度提高。有为政府要坚持对外开放，扩大对外开放的深度和广度，从开放的全球竞争中不断学习，提高自己。同时积极面对新挑战，积极参与全球经济治理体系的改革，为中国和其他发展中国家争取更多话语权，也更为了全人类的发展做出贡献。

第五，关注民生。有为政府要时刻以人民为中心。让人民过上好日子，应该是一个有为政府一切工作的出发点和落脚点，这也是党的领导和社会主义国家的本质所决定的。有为政府要坚持在发展中保障和改善民生，不断满足人民日益增长的美好生活需要，不断促进社会公平正义，使人民有获得感、幸福感、安全感。同时也要注意社会保障的适度，不损失过多的效率，明白"把饼做大"比"饼分的大"重要。

第六，注重能力提高和制度建设。有为政府要注重构建系统完备、科学规范、运行有效的制度体系，不断推进国家治理体系和治理能力现代化。国家治理能力的提高是政府有所作为的基础，制度建设是政府高效运行和科学决策的保障。

有为政府和高效市场的有机结合是中国特色社会主义现代化经济体系的第三重要特征，也是最核心的特征。二者的有机结合具体包括两个方面内容：第一，有为政府尊重和保护市场在配置资源上的决定性作用，做到不"越位"；第二，有为政府适度调节市场运行，不"缺位"。

贯彻新发展理念，建设中国特色社会主义现代化经济体系，需要以供给侧结构性改革为主线，"必须以完善产权制度和要素市场化配置为重点，实现产权有效激励、要素自由流动、价格反应灵活、竞争公平有序、企业优胜劣汰"，建立高效市场。同时，积极推进国家治理体系和治理能力的现代化。转变政府职能，深化简政放权，创新监管方式，增强政府公信力和执行力，建设人民满意的服务型政府，"更好地发挥政府的作用"，做到不"缺位"、也不"越位"，实现有为政府与高效市场的有机结合。

思考与讨论题

1. 新中国成立至今，中国的经济发展主要经历了哪几个阶段？
2. 改革开放前，中国的计划经济与前苏联的计划经济有什么不同？
3. 改革开放后，中国经济崛起的原因有哪些？
4. 改革和开放是什么关系？
5. 政府在经济发展中能起到什么作用？
6. 政府与市场是什么关系？
7. 改革开放四十年来的经济实践对经济学发展有哪些启示？
8. 习近平新时代中国特色社会主义经济思想的内涵是什么？
9. 什么是新发展理念和新发展格局？

推荐阅读文献

[1] 古牧：《古牧回忆录》，中央文献出版社，2009 年。
[2] 李稻葵等：《中国的经验：改革开放四十年的经济学总结》，上海三联出版社 2020 年版。

［3］林毅夫：《解读中国经济（第二版）》，北京大学出版社 2018 年版。

［4］欧阳淞，高永中编：《改革开放口述史》，中国人民大学出版社 2018 年版。

［5］郑友贵，武力编：《中华人民共和国经济史（1949—2019）》，当代中国出版社 2019 年版。

主要参考文献

［1］陈斌开和伏霖：《发展与经济停滞》，载《世界经济》2018 年第 1 期。

［2］李树和严茉：《班纳吉和迪弗洛对发展经济学的贡献——2019 年度诺贝尔经济学奖得主学术贡献评价》，载《经济学动态》2019 年第 12 期。

［3］林毅夫：《自生能力，经济转型与新古典经济学的反思》，载《经济研究》2002 年第 12 期。

［4］林毅夫和刘培林：《经济发展战略对劳均资本积累和技术进步的影响——基于中国经验的实证研究》，载《中国社会科学》2003 年第 4 期。

［5］林毅夫：《新结构经济学的理论基础和发展方向》，载《经济评论》2017 年第 3 期。

［6］郭冠清：《新中国 70 年政府与市场关系演进的政治经济学分析》，载《扬州大学学报（人文社会科学版）》2020 年第 3 期。

［7］张思锋、王舟浩和张立：《政府与市场：理论演进、美国改进、中国改革》，载《西安交通大学学报（社会科学版）》2015 年第 3 期。

［8］Xu, C., 2011. The Fundamental Institutions of China's Reforms and Development. Journal of Economic Literature, 49 (4), pp. 1076 – 1151.

［9］Dell, M., 2010. The Persistent Effects of Peru's Mining Mita. Econometrica, 78 (6), pp. 1863 – 1903.

［10］Bardhan, P. and Udry, C., 1999. Development Microeconomics. OUP Oxford.

［11］Prebisch, R., 1959. Commercial Policy in the Underdeveloped Countries. The American Economic Review, 49 (2), pp. 251 – 273.

［12］Rosenstein – Rodan, P. N., 1943. Problems of Industrialization of Eastern and South – eastern Europe. The Economic Journal, 53 (210/211), pp. 202 – 211.

第三章

国家治理能力提升与财税变革

新中国成立 70 年以来,我国实现了从"站起来""富起来"到"强起来"的转变,经济发展历经计划经济、"双轨制"经济、市场经济初期以及新时代中国特色社会主义经济四个时期,伴随不同的经济发展时期,国家治理体系和治理能力有一定的调整和提高,财政收支规模、税收收入规模以及财税政策都有较大变动。本章针对不同的经济发展时期,总结了新中国成立以来我国财政收支规模、税收收入规模的变化趋势以及财税发展的变迁路径,从收、支、管、平四个角度回顾了新中国成立以来我国的财税制度发展史,并从新中国成立 70 年以来的财税变革实践中总结了四点经验,以期为进一步财税改革提供经验借鉴。此外,本章还对不同时期的财税理论的发展变迁进行概括,结合新中国成立 70 年以来的财税理论与实践的分析,在减税降费和新冠肺炎疫情的双重背景下,提出对未来财税政策的展望。

第一节 新中国财税发展实践

一、新中国成立以来中国财政收支规模的发展概况

(一) 财政收入规模的发展概况

财政是国家治理的基础与重要支柱。新中国成立以来,中国的财政收入经历了较大幅度的增长,从1950年的62.17亿元增长至2019年的190382亿元,财政收入年均增长12.34%。财政收入的快速增长折射了中国经济的快速增长。表3-1报告了1949—2019年中国财政收入规模、增长速度与宏观税负(财政收入与GDP的比重)的整体情况。

表 3-1　　　　　　　1949—2019 年中国财政收入发展概况

年份	GDP(亿元)	财政收入(万元)	财政收入增长速度(%)	宏观税负(%)
1949	—			
1950	—	621700		
1951	—	1249600	101.00	
1952	679.1	1739400	39.20	25.61
1953	824.4	2132400	22.59	25.87
1954	859.8	2451700	14.97	28.51
1955	911.6	2492700	1.67	27.34
1956	1030.7	2801900	12.40	27.18
1957	1071.4	3032000	8.21	28.30
1958	1312.3	3796200	25.20	28.93
1959	1447.5	4871200	28.32	33.65
1960	1470.1	5722900	17.48	38.93
1961	1232.3	3560600	-37.78	28.89
1962	1162.2	3135500	-11.94	26.98
1963	1248.3	3422500	9.15	27.42
1964	1469.9	3995400	16.74	27.18
1965	1734	4733200	18.47	27.30
1966	1888.7	5587100	18.04	29.58
1967	1794.2	4193600	-24.94	23.37

续表

年份	GDP（亿元）	财政收入（万元）	财政收入增长速度（%）	宏观税负（%）
1968	1744.1	3612500	-13.86	20.71
1969	1962.2	5267600	45.82	26.85
1970	2279.7	6629000	25.84	29.08
1971	2456.9	7447300	12.34	30.31
1972	2552.4	7665600	2.93	30.03
1973	2756.2	8096700	5.62	29.38
1974	2827.7	7831400	-3.28	27.70
1975	3039.5	8156100	4.15	26.83
1976	2988.6	7765800	-4.79	25.98
1977	3250	8744600	12.60	26.91
1978	3678.7	11322600	29.48	30.78
1979	4100.5	11463800	1.25	27.96
1980	4587.6	11599000	1.18	25.28
1981	4935.8	11757900	1.37	23.82
1982	5373.4	12123300	3.11	22.56
1983	6020.9	13669500	12.75	22.70
1984	7278.5	16428600	20.18	22.57
1985	9098.9	20048000	22.03	22.03
1986	10376.2	21220100	5.85	20.45
1987	12174.6	21993500	3.64	18.07
1988	15180.4	23572400	7.18	15.53
1989	17179.7	26649000	13.05	15.51
1990	18872.9	29371000	10.21	15.56
1991	22005.6	31494800	7.23	14.31
1992	27194.5	41531000	31.87	15.27
1993	35673.2	50880000	22.51	14.26
1994	48637.5	52180000	2.56	10.73
1995	61339.9	62422000	19.63	10.18
1996	71813.6	74079900	18.68	10.32
1997	79715	86511000	16.78	10.85
1998	85195.5	98759500	14.16	11.59
1999	90564.4	114440800	15.88	12.64
2000	100280.1	133952300	17.05	13.36
2001	110863.1	163710000	22.22	14.77
2002	121717.4	189036400	15.47	15.53

续表

年份	GDP（亿元）	财政收入（万元）	财政收入增长速度（%）	宏观税负（%）
2003	137422	217152500	14.87	15.80
2004	161840.2	263964700	21.56	16.31
2005	187318.9	316492900	19.90	16.90
2006	219438.5	387602000	22.47	17.66
2007	270092.3	513217800	32.41	19.00
2008	319244.6	613304000	19.50	19.21
2009	348517.7	684770000	11.65	19.65
2010	412119.3	830800000	21.33	20.16
2011	487940.2	1037400000	24.87	21.26
2012	538580	1172535200	13.03	21.77
2013	592963.2	1292096400	10.20	21.79
2014	641280.6	1403700300	8.64	21.89
2015	685992.9	1522692300	8.48	22.20
2016	740060.8	1596049700	4.82	21.57
2017	827122	1725670000	8.12	20.86
2018	900309	1833520000	6.25	20.37
2019	990865	1903820000	3.83	19.21
2020	1015986.2	1828950000	-3.93	18.00

资料来源：《新中国六十年统计资料汇编》《财政统计年鉴》等。

财政收入在大多数年份都维持着正向的增长速度。改革开放以前，财政收入的起伏较大，这在一定程度上反映了中国在经济建设道路上的探索。改革开放以来，随着经济的不断发展，尤其是1994年分税制改革之后，财政收入的增长速度较为平稳，基本在18%左右。1999年全国财政收入首次突破10000亿元。进入21世纪后，财政收入实现连续跨越。步入经济新常态之后，随着中国治理能力的不断提升以及供给侧结构性改革的推进，财政收入的增长速度降低至10%以下。较高的财力水平为中国公共物品与服务的供给提供了强有力的保障。

在宏观税负上，改革开放之前中国历年宏观税负处于20%～30%的区间。改革开放之后，宏观税负逐步稳定下降至10%左右，之后又不断增长至20%。随着减税降费政策的落实，2020年宏观税负下降到了18%。在一方面反映了中国经济步入新常态，另一方面也反映了政府宏观调控能力的不断提高。

（二）财政支出规模的发展概况

财政支出在一定程度上反映了政府对公共物品与服务的供给规模。中国财政支出规模由1950年的68亿元，增长至2019年的238874亿元，增长倍数达到3500倍，实现年增长率12.56%。表3-2报告了这一期间中国的财政支出规模、增长速度、地方财政支出与比重以及财政压力等情况。

表3-2 1950—2019年中国财政支出发展概况

年份	财政支出（万元）	财政支出增长速度（%）	地方财政支出（万元）	地方财政支出比重	财政收支压力（%）
1950	680500				
1951	1220700	79.38	—		
1952	1721000	40.98	62000	0.036026	-1.06
1953	2192100	27.37	571600	0.260755	2.80
1954	2441100	11.36	604100	0.24747	-0.43
1955	2627300	7.63	616800	0.234766	5.40
1956	2985200	13.62	885000	0.296463	6.54
1957	2959500	-0.86	859200	0.290319	-2.39
1958	4003600	35.28	2231400	0.557348	5.46
1959	5431700	35.67	2938300	0.540954	11.51
1960	6436800	18.50	3650500	0.56713	12.47
1961	3560900	-44.68	1957700	0.549777	0.01
1962	2948800	-17.19	1132400	0.384021	-5.95
1963	3320500	12.61	1397400	0.42084	-2.98
1964	3937900	18.59	1689300	0.428985	-1.44
1965	4599700	16.81	1758000	0.382199	-2.82
1966	5376500	16.89	1985400	0.369274	-3.77
1967	4398400	-18.19	1699000	0.386277	4.88
1968	3578400	-18.64	1383500	0.386625	-0.94
1969	5258600	46.95	2067000	0.39307	-0.17
1970	6494100	23.49	2670400	0.411204	-2.03
1971	7321700	12.74	2965000	0.404961	-1.69
1972	7658600	4.60	3344600	0.436712	-0.09
1973	8087800	5.60	3594500	0.444435	-0.11
1974	7902500	-2.29	3924100	0.496564	0.91
1975	8208800	3.88	4114800	0.501267	0.65
1976	8062000	-1.79	4285700	0.531593	3.81
1977	8435300	4.63	4498300	0.533271	-3.54
1978	11220900	33.02	5899700	0.525778	-0.90
1979	12817900	14.23	6267100	0.488933	11.81
1980	12288000	-4.13	5620200	0.457373	5.94

续表

年份	财政支出（万元）	财政支出增长速度（%）	地方财政支出（万元）	地方财政支出比重	财政收支压力（%）
1981	11384100	-7.36	5127600	0.450418	-3.18
1982	12299800	8.04	5781700	0.470065	1.46
1983	14095200	14.60	6499200	0.461093	3.11
1984	17010200	20.68	8076900	0.474827	3.54
1985	20043000	17.83	12090000	0.603203	-0.02
1986	22049100	10.01	13685500	0.620683	3.91
1987	22621800	2.60	14165500	0.626188	2.86
1988	24912100	10.12	16461700	0.660791	5.68
1989	28237800	13.35	19350100	0.685255	5.96
1990	30836000	9.20	20791200	0.674251	4.99
1991	33866200	9.83	22958100	0.677906	7.53
1992	37422000	10.50	25717600	0.687232	-9.89
1993	46423000	24.05	33302400	0.717369	-8.76
1994	57926200	24.78	40381900	0.697127	11.01
1995	68237200	17.80	48283300	0.70758	9.32
1996	79375500	16.32	57862800	0.728976	7.15
1997	92336000	16.33	67010600	0.725726	6.73
1998	107981800	16.94	76725800	0.710544	9.34
1999	131876700	22.13	90353400	0.685135	15.24
2000	158865000	20.46	103666500	0.652545	18.60
2001	188440000	18.62	131345600	0.697015	15.11
2002	220531500	17.03	152814500	0.692937	16.66
2003	246499500	11.78	172298500	0.698981	13.51
2004	284868900	15.57	205928100	0.722887	7.92
2005	339302800	19.11	251543100	0.741353	7.21
2006	404227300	19.13	304313300	0.752827	4.29
2007	497813500	23.15	383392900	0.770154	-3.00
2008	625926600	25.74	492484900	0.786809	2.06
2009	605938000	-3.19	610441400	1.007432	-11.51
2010	898741600	48.32	738844300	0.822088	8.18
2011	1092477900	21.56	927336800	0.848838	5.31
2012	1259529700	15.29	1071883400	0.851019	7.42
2013	1402121000	11.32	1197403400	0.853994	8.52
2014	1517855600	8.25	1292154900	0.851303	8.13
2015	1758777700	15.87	1503356200	0.854773	15.50

续表

年份	财政支出（万元）	财政支出增长速度（%）	地方财政支出（万元）	地方财政支出比重	财政收支压力（%）
2016	1877552100	6.75	1603513600	0.854045	17.64
2017	2033300000	8.30	1732283400	0.851957	17.83
2018	2209060000	8.64	1881963200	0.851929	20.48
2019	2388740000	8.13	—		25.47
2020	2455880000	2.81			

资料来源：《新中国六十年统计资料汇编》《财政统计年鉴》等。

在财政支出增长速度上，大多数年份保持较高的增长水平。改革开放之前，财政支出速度的波动幅度较大。改革开放之后，增速逐渐维持在10%~20%的水平。改革开放之前，中国属于生产建设型财政，财政支出的重点在于发展工业和农业，以及固定资产投资；改革开放之后，财政支出的重点逐渐向民生领域偏移，教育、社保、医疗卫生等领域的支出水平不断提升。

在财政收支压力上，本书采取（财政支出－财政收入）/财政收入的比重来进行衡量。比值越大，代表财政压力较大；如果收支压力为负，说明当年取得了财政盈余。从表中不难发现，实现财政盈余的年数较少，在最近两年，财政收支压力达到了25%的水平。

在地方财政支出规模上，伴随着中国财政体制中事权与支出责任改革的不断深化，地方财政支出的比重呈现稳定的上升趋势，从1953年的26%增长到2018年的85%。

二、中国税收收入规模的发展概况

（一）中国税收增长趋势：绝对值角度

新中国成立以来，中国税收收入增长迅猛，从1950年的不足50亿元增长到了2018年的近15.6万亿元，增长了3000多倍，如表3-3和图3-1所示。

新中国成立之后，政府立即着手建立新税制。1950年，中央人民政府政务院颁布了《全国税政实施要则》，规定全国共设14种税收，为此后新中国成立初期税收收入的稳步增长奠定了基础。1958年，随着国家对农业、手工业和资本主义工商业社会主义改造的基本完成，中国简化了工商税制，仅设9个税种，税收在国民经济中的作用被削弱，导致此后数年间税收收入不增反降。"文化大革命"期间，已经简化的税制仍被批判为"烦琐哲学"。1973年，中国对工商税制进行了进一步简化，仅剩7种税。这一时期尽管税收收入仍有所增长，但显然不能与国民经济的发展相匹配。

表 3-3　　　　　　　　　1950—2018 年税收收入规模　　　　　　　　（单位：亿元）

年份	数额	年份	数额	年份	数额	年份	数额
1950	48.98	1968	191.56	1986	2090.73	2004	24165.68
1951	81.13	1969	235.44	1987	2140.36	2005	28778.54
1952	97.69	1970	281.20	1988	2390.47	2006	34804.35
1953	119.67	1971	312.56	1989	2727.40	2007	45621.97
1954	132.18	1972	317.02	1990	2821.86	2008	54223.79
1955	127.45	1973	348.95	1991	2990.17	2009	59521.59
1956	140.88	1974	360.40	1992	3296.91	2010	73210.79
1957	154.89	1975	402.77	1993	4225.30	2011	89738.39
1958	187.36	1976	407.96	1994	5126.88	2012	100614.28
1959	204.71	1977	468.27	1995	6038.04	2013	110530.70
1960	203.65	1978	519.28	1996	6909.82	2014	119175.31
1961	158.76	1979	537.82	1997	8234.04	2015	124922.20
1962	162.07	1980	571.70	1998	9262.80	2016	130360.73
1963	164.31	1981	629.89	1999	10682.58	2017	144369.87
1964	182.00	1982	700.02	2000	12581.51	2018	156400.52
1965	204.30	1983	775.59	2001	15301.38	2019	158000.46
1966	221.96	1984	947.35	2002	17636.45	2020	154310.00
1967	196.63	1985	2040.79	2003	20017.31	—	—

资料来源：2002 年之前的数据来自《中国财政年鉴（2003）》，341—342 页；其余数据来自中国统计局网站（http：//www.stats.gov.cn）。

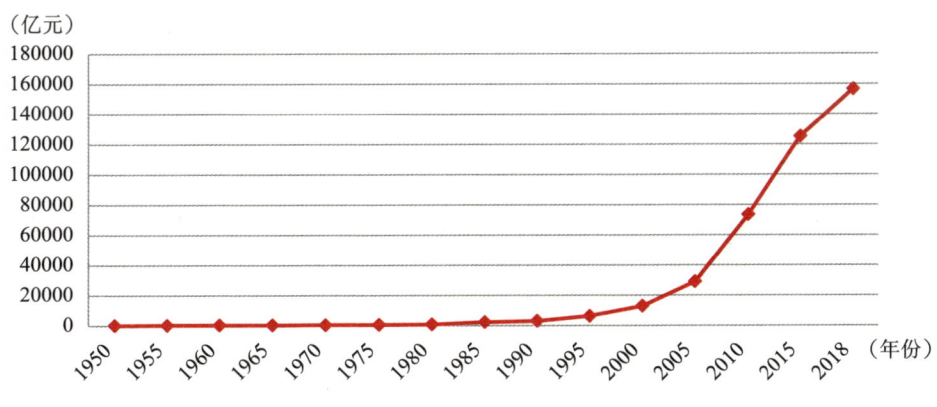

图 3-1　中国的税收收入

改革开放之后，国家的工作重心转移到经济建设上来，税收的作用得到重视和加强。1980 年和 1981 年中国相继公布了《中华人民共和国中外合资经营企业所得税法》《中华人民共和国个人所得税法》和《中华人民共和国外国企业所得税法》，初步建立了一套涉外税收制度，适应了中国对外开放工作的需要，弥补了中国涉外税制的空白。特别是从1983年开始，中国分两步实行了利改税改革，初步确立了企业所得税和产品税、增值税等流转税制度，税收收入呈现出跨越式增长。1994年中国实施了分税制改革，初步建立了与市场经济体制相适应的公共财政体制，税收收入进入健康增长的新时期。2004年开始实施增值税转型，解决机器设备所含增值税税款不能抵扣的问题。2013年至今，分步实施"营改增"，并逐步降低增值税税率，持续推进消费税改革，2018年推进个人所得税向综合所得税制的改革，有序提升税收立法层级。2019年进一步降低增值税税率，分别从16%和10%降至13%和9%，并进一步扩大进项税抵扣范围。2020年为应对疫情制定了相应的税收政策，如捐赠应对疫情的现金和物品允许企业所得税或个人所得税税前全额扣除、无偿捐赠应对疫情的货物免征增值税等，有力地支持企业、家庭和医疗卫生部门，缓解了经济下行压力，有效拉动了经济复苏。

（二）中国税收增长趋势：相对值角度——税收在中国财政收入中的地位变化

改革开放之前，中国实行的是高度集中的计划经济体制，国有经济占了很大的比重，国有企业上缴的利润在财政收入中占了很大的比重。从1953年开始实行"一五"计划起，经济发展进入正常阶段，到改革开放前的1978年，中国企业收入占财政收入的比重平均达到51.44%[①]；这一时期，税收收入在财政收入中的比重平均不到50%，在1953—1975年甚至低于"（国有）企业收入"，成了"陪太子读书"的角色。

改革开放之后，从中国财政收入的构成内容来看，经历了由税收收入与企业收入并重到以税收收入为主的历史演变过程，这一变化也是中国经济体制由计划经济向市场经济转变的反映。1954—1979年，税收收入和企业收入在国家财政收入中的比重主要在40%以上，企业收入的比重一度还要高于税收收入。从1980年开始，企业收入的比重开始迅速下降；两步利改税改革完成的1985年成为中国财政收入结构的分水岭[②]（见图3-2），由此前的税收收入与企业收入并重转变为以税收收入为主；1985年企业收入比重下降到了1.74%，蜕变成了微不足道的收入形式。从1994年开始，企业收入作为一种财政收入形式在有关统计年鉴中就不存在了，中国初步完成了社会主义市场经济的建设，税收成为中国唯一的基本财政收入形式。

---

① 张馨：《比较财政学教程》，中国人民大学出版社2004年版，第164页。
② 中国早在改革开放初期的1980年就进行了国有企业利改税改革的试点。1983年中国实行了利改税的第一步改革，1984年第四季度开始进行利改税的第二步改革。这两步利改税改革的完成使中国的财政收入格局实现了由"税利并存"向"以税代利"的转变。

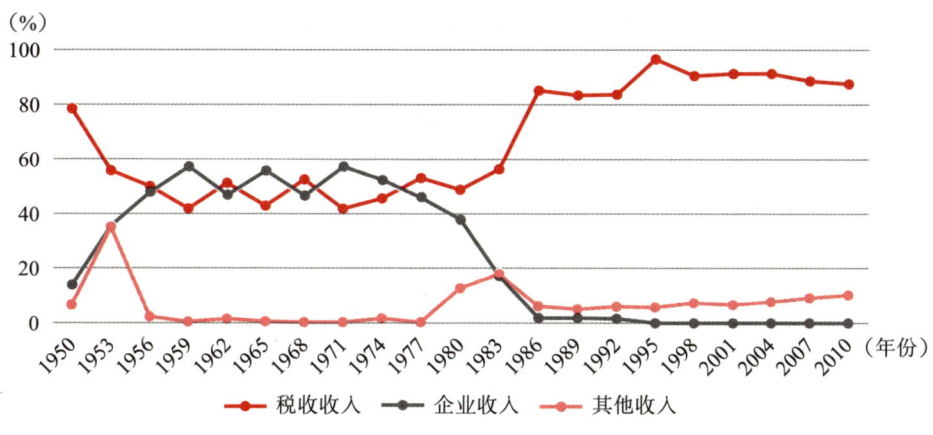

图 3-2 财政收入结构

资料来源:《中国财政年鉴(2011)》。

从税收法治的角度来看,(国有)企业收入在政府财政收入中的比重下降也是必然的[1]。为了防止政府利用政治权力获取超额的财产收益,形成对一般市场主体的不公平竞争,需要对政府拥有的经营性财产进行严格的控制和监督。正是在这个意义上,以市场经济为基础的近代国家才被称为"无产国家","无产国家"必然只能凭借政治权力取得收入,因此才形成了所谓的"税收国家"[2],这成为社会主义市场经济发展的必然需要。

(三)中国税收增长趋势:相对值角度——税收在中国 GDP 中的比重变化

税收在中国 GDP 的比值高低可以反映政府在国民经济总量中集中程度的大小,也能反映政府的社会经济职能和财政职能的强弱。表 3-4 和图 3-3 报告了新中国成立以来中国税收与 GDP 的比重。改革开放之前的近 30 年间,税收收入在 GDP 中的比重一般在 10%—15% 之间。这一时期中国税收收入的比重不高,是因为当时中国处于计划经济时期,国家财政收入的主要来源除了税收收入之外,还有国有企业收入,甚至后者的比重还要更高一些。因此,这一时期税收收入比重不高,并不代表中国当时财政收入的比重不高、政府从国民经济中的财政汲取能力差。1985 年两步利改税改革之后,中国税收收入迅猛提高,达到了 22.8%。应该说,这一比重才是中国此前计划经济时期政府财政汲取能力的真实体现。

但是,随着改革开放的不断推进,中国在城市对国有企业实行了"放权让利"的改革、改善企业职工的工资福利,在农村提高农副产品的收购价格、增加农民收入,

---

[1] 张斌:《经济学与法学中的税收》,载《税务研究》2004 年第 7 期。
[2] 其实,自近代以来,各国税收收入在整个财政收入中的比重日益提高,现在许多国家的这个比重都高达 90% 以上,所以著名经济学家熊彼特(Joseph Schumpeter)早在 1918 年就提出了"税收国家"的概念。

表 3-4　　　　　　　　中国税收收入在 GDP 中的比重　　　　　　　（单位:%）

年份	比重	年份	比重	年份	比重	年份	比重	年份	比重
1952	14.4	1966	11.9	1980	12.7	1994	11.0	2008	18.0
1953	14.5	1967	11.1	1981	13.0	1995	10.3	2009	17.7
1954	15.4	1968	11.1	1982	13.2	1996	10.2	2010	18.2
1955	14.0	1969	12.1	1983	13.1	1997	11.1	2011	19.0
1956	13.7	1970	12.5	1984	13.2	1998	11.8	2012	18.7
1957	14.5	1971	12.9	1985	22.8	1999	13.0	2013	20.5
1958	18.1	1972	12.6	1986	20.5	2000	14.1	2014	18.5
1959	14.2	1973	12.8	1987	17.9	2001	16.0	2015	18.3
1960	14.0	1974	12.9	1988	16.0	2002	16.8	2016	17.6
1961	13.0	1975	13.4	1989	16.1	2003	17.5	2017	17.6
1962	14.1	1976	13.9	1990	15.2	2004	18.8	2018	17.4
1963	13.3	1977	14.6	1991	13.8	2005	15.7	2019	15.9
1964	12.5	1978	14.3	1992	12.4	2006	16.4	2020	15.2
1965	11.9	1979	13.3	1993	12.3	2007	17.7	—	—

资料来源：根据国家统计局网站（http：//www.stats.gov.cn）公布的数据计算得出。

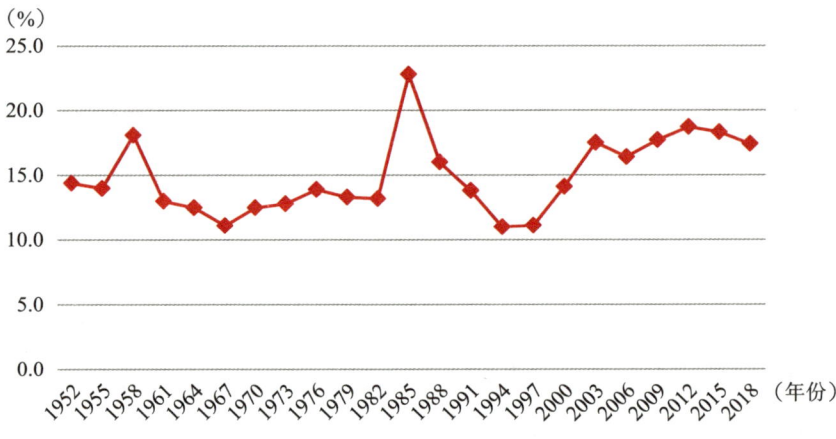

图 3-3　中国税收收入在 GDP 中的比重

所有这些措施都减少了国家的财政收入，集中体现在国家主要财政收入形式——税收收入比重的降低上。1996 年，税收收入比重最低降到了 10.2%。应当说，这一时期税收收入比重的下降是中国由计划经济转向市场经济的必然结果，减少政府对经济的干预、重视发挥市场在资源配置中的基础性作用，必然会带来政府规模的相对缩小。

然而，税收收入比重过低势必会削弱国家的财政实力、妨碍政府职能的实现，最终对市场经济的平稳运行产生不利影响。正是在这种背景下，随着中国市场经济体制的初步建立，中国国民经济步入新的快速增长期，这时中国不失时机地进行了分税制改革，建立了与市场经济相适应的公共财政体制，税收收入比重从 1996 年开始稳步上升，2011 年已经达到了 19.0%。而且，在以后几年中，均保持了 17%—20% 的比重。

税收收入的增长要与经济发展相适应，税收收入增长过缓不利于国家筹集财政收入；相反，税收收入增长过快，同样会对经济增长产生不利影响。1996 年至 21 世纪第一个 10 年，中国税收收入的增速均快于 GDP 的增速，有些年份甚至接近 GDP 增速的 3 倍（见表 3-5）。特别是这一时期中国经济一度处于通货紧缩时期，经济增长乏力，在这种经济形势下所形成的税收收入的高速增长甚至超速增长引起了社会各界的不解和非议。同时，考虑到在中国除了税收收入外，政府收入还包括大量的其他财政收入、预算外收入、制度外收入，这就不得不使人担心中国宏观税负增长过快。政府税收收入的这种超速增长，从其积极的一面看，是对前期改革造成财政收入占比过低的一种"回补"；但从另一面看，也确实在一定程度上造成了企业税负过重的后果。

表 3-5　　　　　　　　　　近年来中国税收收入增长的弹性

年份	1996	1997	1998	1999	2000	2001	2002	2003
GDP 增速（%）	9.9	9.2	7.8	7.7	8.5	8.3	9.1	10
税收增速（%）	14.44	19.16	12.49	15.33	17.78	21.62	15.26	13.50
弹性系数	1.46	2.08	1.60	1.99	2.09	2.60	1.68	1.35
年份	2004	2005	2006	2007	2008	2009	2010	2011
GDP 增速（%）	10.1	11.4	12.7	14.2	9.7	9.4	10.6	9.5
税收增速（%）	20.72	19.09	20.94	31.08	18.85	9.77	23.00	22.58
弹性系数	2.05	1.67	1.65	2.19	1.94	1.04	2.17	2.38
年份	2012	2013	2014	2015	2016	2017	2018	2019
GDP 增速（%）	7.9	7.8	7.3	6.9	7.9	10.9	9.7	10.1
税收增速（%）	12.12	9.86	7.82	4.82	4.40	10.70	8.30	1.02
弹性系数	1.53	1.26	1.07	0.70	0.57	0.99	0.87	0.11

资料来源：根据国家统计局网站（http://www.stats.gov.cn）公布数据计算得出。

2008 年中央经济工作会议提出"结构性减税"。2015 年习近平总书记提出"供给侧结构性改革"大政方针，并相应制定了各项具体减税措施。近年来，政府更是多次实施大规模的减税降费工作，切实降低了企业与居民的税负水平。从表 3-5 中可以看出，近几年中国税收收入增速与 GDP 增速的弹性系数明显回落，逐渐趋向合理区间。自 2015 年起，税收弹性系数保持在低于 1 的水平。需要说明的是，尽管当前税收增速低于 GDP 增速，但是税收收入规模一直在稳步增长。减税降费政策进一步优化了企业的营商环境，提高了企业的活力与竞争力，促进了经济的高质量发展，对于保持经济快速增长、缩小收入差距、扩大内需、调整产业结构和促进经济转型等有重要的意义。总之，从长远来看，随着中国国民经济的不断发展，税收收入比重有进一步提高的空间，但从短期来看，税收收入的增长应当与国民经济的发展相匹配，过快或者过慢都是不正常的。

三、不同时期财税发展实践变迁路径

（一）计划经济时期

1. 经济背景

改革开放以前，中国实行的是高度集中的计划经济体制，其主要特征就是否定和排斥市场，资源配置完全由政府通过国家计划进行。政府是全社会宏观和微观经济活动的直接组织者，单纯运用直接的、集中的、纵向的计划机制调节经济运行，计划投资、计划生产、计划调拨、计划价格、计划利润，从生产流通到分配消费，无不由计划控制。政府凭借对生产资料的所有权，以利润和税收上缴的方式向国有企业筹资，然后再以行政性手段将国家的财政收入分配到各使用单位。

2. 财税治理的评价

在财政制度的建设上，新中国成立初期国家的首要任务是重塑社会经济秩序，抚平战争创伤，抑制恶性通货膨胀，国家关注的重点由解放战争向恢复和发展社会经济转移。随着经济的进一步发展，国家进入大规模经济建设时期，把中国从贫穷落后的农业国建设为社会主义工业化强国成为主要任务，为此，党和国家的中心任务聚焦于国家经济建设上。财政制度的重点逐渐向生产建设方向转移[①]。

1949—1977 年的税收制度经过了新中国成立初期复合税收制度体系的构建，到简并税制，再到单一税制的过程。由于新中国成立之初，征管条件还不完善，商品税具有征管便利的优势，再加之后来对企业性质、税收性质的认识，流转税一直是中国计划经济时期的主要税种。税收作为政府调节经济的手段之一，政府采用对各种产品征收价内税的形式对国民经济进行计划管理。从总体上说，税收制度基本实现了《共同纲领》的要求。

需要注意到的是，《共同纲领》对税收制度的定位是，"国家的税收政策，应以保障革命战争的供给，照顾生产的恢复和发展及国家建设的需要为原则，简化税制，实行合理负担"。也就是说，税收制度的主要功能应该是筹集财政收入，满足国家对经济建设的资金需要。但是，在计划经济条件下，国家又是以一般社会管理者、全民生产资料的所有者代表及生产经营的具体组织者的三者合一的身份出现的，三种身份及其职责又往往混淆不清，这就导致了税收制度在这一时期承担了多种职能，成为政府组

---

① 《从"国家账本"70 年变迁看国富民强》，载《经济参考报》2019 年 9 月 5 日。

织收入、调节企业生产和居民消费的重要手段。

计划经济时期，税收在一定程度上行使了本来应由市场发挥的引导价格机制构建的功能。这一时期，政府运用计划价格和产品差别税率的流转税两种手段来对资源进行配置。在产品供求方面，当计划价格与计划利润之间产生矛盾，无法有效解决某产品的供求平衡时，政府就会选择税收进行调节。在企业方面，混淆了企业"利"与"税"之间的差别，有时采用"以利代税"来调节国有企业收入水平，有时选择"以税代利"的手段，即对国有企业单独设立高税率的所得税，甚至再加利润调节税。由此可见，税收代替行使了本应由市场进行的由价格反映供求、引导资源配置的职能。

也应注意到，虽然这一时期，政府采用了税收、信贷、劳动工资等多种经济杠杆来调控资源配置，但是由于计划经济时期，行政办法完全取代了经济手段，因此，包括财税在内的多种经济杠杆对经济的调节作用更加被削弱。国家作为生产经营活动的具体组织者，在全社会范围内，主要是对国有企业按计划分配人、财、物等生产要素，计划规定生产经营指标，乃至产品销售对象、要素供应单位，几乎事无巨细，无所不管。国家这种具体管理与国家作为一般社会管理者运用税种、税目、税率进行的经济性调控恰恰形成矛盾，在很大程度上限制了税收调控的空间和效力。

（二）"双轨制"经济时期

1. 经济背景

1978年开始，随着对内改革、对外开放政策的实施，中国社会主义经济理论的发展有了重大突破，从提出发展有计划的社会主义商品经济开始，逐步推进市场化取向的经济改革，在这一过程中政府自觉运用价值规律，充分发挥税收等经济杠杆的作用，搞活经济，加强宏观调控。相对应的，中国经济领域也发生了深刻变化，形成了计划与市场共同发挥调控经济运行的"双轨制"经济，并形成了以公有制经济为主体，国有、集体、个体、中外合资、外商独资等多种经济成分并存、共同发展的经济格局。

在经济体制改革时期的双轨制下，市场在资源配置方面调节呈现出部分调节的特点。市场机制和计划机制共同调节经济运行，计划主要调节宏观经济活动和一部分微观经济活动，市场在调节微观活动方面的作用日益增强。此时，政府的经济管理职能呈现出逐渐从微观活动转到宏观调控，但受企业改造、市场发育及政府自身原因的制约，又未完全放弃对微观活动的干预与调控。

2. 财税治理的评价

在双轨制并存的时期，由于计划机制作用范围缩小，力度减弱，而市场机制尚未完善，真正的市场主体还未形成，税收调节范围的扩大是必然的。这个时期的财税治理呈现出两个方面特点。一是，税收代替市场行使了大部分调节资源配置的职能。随着税收调节范围越来越大，20世纪80年代开始出现"税收万能"的思想，它是针对高度集中的计划经济体制中税收调节严重弱化现象，适应双轨经济体制的特殊要求而提出的，强调政府应充分运用税收杠杆广泛调节社会经济活动。二是税收阻碍了市场对资源的配置。政府过多地依赖税收调节经济社会运行，使得税收在资源配置中的作用愈发增强，而市场的功能受到严重阻碍。

（三）市场经济初期

1. 经济背景

1992年10月，党的十四大明确提出："中国经济体制改革的目标是建立社会主义市场经济体制""使市场在社会主义国家宏观调控下对资源配置起基础性作用""建立起以市场形成价格为主的价格机制"。在市场经济初期，市场在资源配置中起到了基础性作用。随着市场化改革的不断推进，市场开放程度的不断扩大，市场机制的不断完善，市场配置资源的范围和功能不断扩大和强化。

2. 财税治理的评价

1994年确立的税制，首先从保证市场机制顺畅运行的角度纠正了税收对市场运行的过度干预。统一了内外资企业的流转税，消除了原产品税和工商统一税的重复征税，消除了不利于专业化分工和社会化大生产发展的弊端；统一了内资企业的所得税，改变了过去按企业所有制性质设置所得税的做法，体现了公平税负的原则；严格了政策性减免税，取消了困难性、临时性减免税，以往过多、过乱的随意性减免税、越权减免税的现象得到了有效的抑制，既树立了税法的权威，又使税收对资源配置的不当干预得到了有效遏制，使市场机制得以充分发挥，为企业创造了公平竞争的税收环境，增加了企业的压力，焕发了企业的活力。

其次，税收理顺了分配关系，促进了国有企业经营机制的转换。新的企业所得税制度，取消了长期以来用承包所得税代替政府征税的办法，基本上理顺和规范了政府与企业的分配关系。国有企业在全面实行《企业财务通则》和《企业会计准则》的基础上，依法缴纳企业所得税，税后利润按资分配，基本实现了政企分开、利税分流，增强了企业自我约束、自主经营、自负盈亏、自我发展的压力和动力，从而促使企业眼睛向内，转换经营机制，加强经济核算，提高经济效益。税制改革重新修改了个人所得税法，为调节个人收入差距、缓解社会分配不公创造了条件。上述分配关系的理顺和调整，对促进国民经济协调、稳定发展具有重要的意义。

第三，税收制度具有合理导向，促进了经济结构的有效调整。1994年以来的税制改革使行业间、产业间、产品间、企业间以及地区间的总体税负格局基本趋于合理，加上消费税、增值税、资源税、农业特产税等政策的配合引导，促进了社会资源的有效配置，加快了产业结构和产品结构的调整。一方面，使农业、交通、能源、原材料工业等产业的基础地位得到了加强，保证了粮、棉、油等生活必需品和农业生产资料等重要物资的生产和销售，支持了"菜篮子"工程和国防、教育、民政等事业的发展；另一方面，使一些重复建设、资源浪费严重的企业如大量的小烟厂、小酒厂改弦更张，有效地限制了国家不鼓励产品和产业的发展。税制改革后，少数行业和企业的税负有所增加，这也促使企业调整产品结构，面向市场，内部挖潜，提高质量，降低物耗，既增强了企业的市场竞争能力，也改善了市场供求关系。

（四）新时代中国特色社会主义经济时期

1. 经济背景

党的十八大以来，以习近平同志为核心的党中央带领全国各族人民，统筹推进"五位一体"总体布局、协调推进"四个全面"战略布局，全面推进改革开放和社会主义现代化建设，党和国家事业发生历史性变革、取得历史性成就，中国特色社会主义进入了新时代。党的十八届三中全会报告中指出"紧紧围绕使市场在资源配置中起决定性作用深化经济体制改革，坚持和完善基本经济制度，加快完善现代市场体系、宏观调控体系、开放型经济体系，加快转变经济发展方式，加快建设创新型国家，推动经济更有效率、更加公平、更可持续发展。"党的十九大报告规划了决胜全面建成小康社会、全面建设社会主义现代化强国宏伟蓝图，把习近平新时代中国特色社会主义思想确立为党和国家必须长期坚持的指导思想。

2. 财税治理的评价

党的十八届三中全会指出"财政是国家治理的基础和重要支柱，科学的财税体制是优化资源配置、维护市场统一、促进社会公平、实现国家长治久安的制度保障。"必须要"完善立法、明确事权、改革税制、稳定税负、透明预算、提高效率，建立现代财政制度，发挥中央和地方两个积极性。"由此可见，财税改革的定位被提升到一个新的高度，已经成为全面深化改革的重点。

财政是国家治理的基础和重要支柱。国家治理是一个更高层次、更广范畴的概念，包括经济体制、政治体制、文化体制、社会体制、生态文明体制等。党的十八大以来，财税改革被赋予了更多任务，改革发展不仅要适应经济体制的变革，也要适应政治、文化、社会、生态文明体制的变革。在财税改革的设计中，需要跳出以往追随经济体制改革而制定改革方案的思维范式，将财税改革置于全面深化改革的总棋局中，要符合中国经济进入高质量发展阶段的总目标、总任务，建立起匹配国家治理现代化的现代财税制度。

第二节 新中国财税制度变迁历程

新中国成立 70 年以来，中国的财税制度发生了重大变革。本节选取财政内容这一视角，从收、支、管、平四个角度回顾了新中国成立以来中国的财税制度发展史。历经国家财政的建立和探索阶段以及改革和完善阶段，不同时期的国家财税制度各有特点，在回顾 70 年财政发展路径的基础上，本文提出了财政体制是财政工作的关键、财政改革是经济体制改革的重要环节、财政改革要具备渐进性和灵活性以及财政日益走向全面化和精细化四条经验，以期为中国未来的财政发展提供参考。

一、1949—1978 年：财税制度的初步建立与探索

新中国的成立将中国社会带入了一个新的纪元，新的国家财政尤其是财税制度从这一时期开始建立。历经国民经济恢复和建设时期，财税制度从无到有，在实践中摸索前进。这一时期的财税制度一方面具备计划经济体制下的财政特征，另一方面与当时的时代任务相结合，高度服务于国家经济建设。

一是财政收入方面。财政收入是指政府为履行其职能、实施公共政策和提供公共物品与服务需要而筹集的一切资金的总和。按照政府取得财政收入的形式进行划分，财政收入包括税收收入、国有资产收益、国债收入和收费收入以及其他收入等。新中国成立初期，税收制度的建设是财政工作的重要内容。1950 年 1 月 27 日颁布的《全国税政实施要则》将货物税、工商业税、盐税、关税、房产税等 14 种税收列为中央与地方的税收，是新中国税收制度的纲领性文件。50 年代中期开始，受"非税论"思想的影响，中国实施了对公营企业停征所得税、对城市国营企业试行"税利合一"、对农村人民公社实行财政包干等政策（裴世安，1986）。之后的 1958 年和 1973 年，中国先后经历了两次以精简税制为主要内容的税制改革，税收地位进一步被削弱。1957 年到 1978 年，除个别年份外，税收占财政收入的比重低于 50%。二是财政支出方面。财政支出是指政府为提供公共产品和服务，满足社会共同需要而进行的财政资金的支付。改革开放前，中国的财政支出主要服务于国家经济建设，经济建设支出占财政支出的 60% 以上，其中在财政支出范围方面，由于计划经济不存在政府与市场的职能区分，中国财政支出的投向几乎涵盖了社会经济领域的方方面面。三是财政体制方面。财政体制又称"财政管理体制"，是指国家在组织财政收入和财政支出的活动中，划分中央政府和地方各级政府以及财政部门和其他国家机关、企业事业单位之间在财政管理方面的职责、权力、财政收支范围以及组织原则、管理方式和机构设置等各项法规和制度的总称。在国民经济恢复时期，为了合理使用极其有限的财政收入，中国财政实行高度集中的"统收统支"体制，财政资金由中央集中统一管理，地方支出必须经由中央的审核，由中央按照计划向地方分配资金。在国民经济建设时期，国家财政在保证中央领导的前提下，充分调动地方积极性，实行"统一领导，分级管理"体制，但在不同时期采用的具体管理方法有所差异。四是财政收支平衡方面。财政收支平衡是指

在一定时期内（通常为一个财政年度）财政收入与财政支出之间的等量对比关系。1978 年以前，中国整体上财政收支平衡程度较高，基本上贯彻了收支平衡的原则。

二、1978 年以后：财税制度的改革与完善

"文化大革命"中，高度集中的计划经济体制走向极端化，国民经济近乎崩溃。面对困难的经济形势和混乱的经济秩序，经济体制改革刻不容缓。作为经济体制改革的重要环节，70 年代末期，财政改革工作陆续开展起来。1992 年，中国正式确立建设社会主义市场经济体制的改革目标，改革开放进入新阶段。经过 40 年的发展，中国逐步建立起与社会主义市场经济体制相匹配的新型财政制度，财政工作了取得重大成就。

（一）财政收入：税收制度迈向现代化

财政收入规模与一国的经济发展水平高度相关。改革开放以来，中国迎来了经济的高速增长。与经济的高速增长相伴随的是中国财政收入的迅速增加，1979—2018 年的 40 年间，中国财政收入年均增长达到 13.8%，财政收入占 GDP 的比重稳定在 20% 左右。

在财政收入形式上，20 世纪 70 年代末，税收收入占比不到一半。1983 年和 1984 年中国先后实施两步"利改税"。第一步利改税主要针对国有企业，开启了对企业征收所得税的时代。国有企业既需要向国家缴纳所得税，又需要缴纳利润，进入了"税利并存"的阶段。第二步利改税进一步完善了第一步利改税的成果，对国有企业开征所得税和调节税，税后利润归由企业自主安排，不再向国家上缴，国有企业进入"以税代利"的时代。1979—2018 年税收收入占财政收入的比重如图 3-4 所示。两步"利改税"后，税收收入成为中国财政收入的主体，实现了财政收入形式的转型。

1992 年 10 月 12 日党的十四大提出了"建立社会主义市场经济体制"的目标模式，税收作为财政收入的最主要来源，自然成为财政改革工作的重中之重。在"统一税法、公平税负、简化税制和合理分权"原则的指导下，1994 年开展的税制改革确立了以增值税为主、消费税和营业税为辅的流转税体系和不同主体统一适用的所得税体系，对财产税、资源税、行为税、特别目的税进行了调整，并将流转税作为税制结构的主体。1994 年的税制改革构筑了中国税制的基本框架，后续的税制改革都是在此基础上的修正和完善。经过改革开放以来 20 余年的发展，经济增长方式的转变以及全球化进程的加快对中国的税收制度提出了新的要求。2003 年中国启动了新一轮税制改革，改革内容诸如将增值税由生产型改为消费型，将设备投资纳入增值税抵扣范围；统一内外资企业所得税制度等。2013 年以来，中国迎来了税制改革的纵深发展。就增值税领域而言，全面"营改增"于 2016 年 5 月 1 日在全国推行，营业税从此退出历史舞台。此

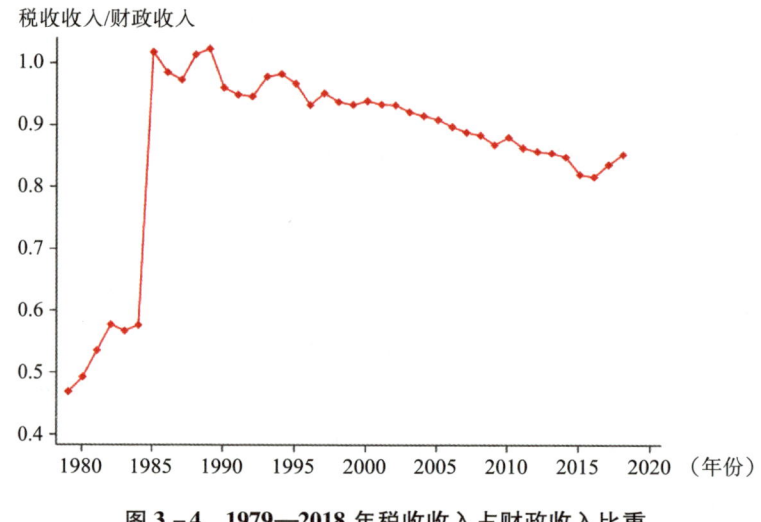

图 3-4 1979—2018 年税收收入占财政收入比重

注：1985 年、1988 年和 1989 年出现税收收入大于财政收入的情况。推算原因在于企业亏损补贴冲减财政收入数额。参见：财政部综合计划司编：《中国财政统计（1950—1985）》，中国财政经济出版社 1987 年版，第 23 页。

外，增值税税率的简并工作一直是增值税改革的重点，自 2019 年 4 月 1 日开始，现行增值税实行 13%、9% 以及 6% 三档税率，在降低税负的同时也为税收征管提供了便利。

在税制结构方面，货物和劳务税、所得税和财产税是现代税收的三大支柱，它们共同构成了一个国家的税收体系。考虑到所得税对征管水平要求较高，基于当时国情，1994 年的税制改革将货物和劳务税作为中国税制结构的主体。随着税收制度的完善与税收征管水平的提高，所得税在中国税制结构中占比有所提高，在所得税内部，企业所得税占比高于个人所得税。此外，与 OECD 国家相比，中国财产税占比偏低，所得税内部企业所得税占比偏高。目前，中国正处于税制结构的转型期，逐步建立综合与分类相结合的个人所得税制、加快房地产税立法并适时促进改革等工作将会促进税制结构的进一步完善，充分发挥不同税种的优势和特点，实现三大类税收之间的相互补充。

（二）财政支出：财政支出效益受到重视

在 1992 年建设社会主义市场经济体制的改革目标下，财政支出发生了制度性的变化。从计划经济转向市场经济，政府在社会经济中扮演的角色发生变化。市场经济体制下，政府与市场的边界逐渐清晰，财政支出"一锅端"的情形得以改善。这一阶段，财政支出开始退出生产经营性领域，减少对企业生产经营活动的干预，同时更多地承担起提供基础设施、教育、科技、医疗、国防等公共服务的职能。

除了财政支出领域的变化，财政支出的效益日益受到关注，创新财政支出的管理方式成为近二十年来财政工作的重要内容，主要包括政府采购、预算管理、国库集中支付制度等。中国的政府采购试点开始于1998年，2003年1月1日《政府采购法》的正式实施标志着政府采购制度在中国的全面推行。政府采购制度运用市场竞争机制约束政府的购买行为，在实践中能够降低政府采购成本，节约财政支出。2000年中国开始实施以部门预算为核心的预算改革，经过不断深化和完善，初步建立起以部门预算为主导的预算编制组织形式，使财政支出的均衡性和公平性得到改善，促进了资源的有效配置。同一时期，中国开启了对传统国库制度的改革，建立起国库集中收付制度，从支出类型、支付方式以及支付程序上规范财政支出，提高了财政资金的运行效率。

（三）财政管理体制：分税制重塑财政格局

20世纪80年代中期以来，中国财政的"两个比重"持续下降，1993年，中国财政收入占GDP的比重为12%，中央财政收入占全国财政收入的比重仅为22%。财力的短缺制约了政府职能的发挥，中央财政更是处于弱势地位。面对国家财政的危机局面，亟须理顺中央与地方政府的财政关系，改革财政体制。

1980—1984年中国实行的是"划分收支、分级包干"的财政体制，将国家预算收入分为固定收入、固定比例分成收入、调剂比例分成收入三类，地方的固定收入和固定比例分成收入不能满足地方财政支出的，从调剂比例分成收入中弥补；若有剩余，则按比例上缴中央财政；在地方财政三类收入的总和都无法补足地方支出的情况下，则由中央对地方进行定额补助。这一阶段的财政体制形成了中央与地方财政"分灶吃饭"的局面，扩张了地方政府的财权，中央财政处于被动局面。

根据党的十二届三中全会《关于经济体制改革的决定》精神，国务院从1985年起，对地方政府实行"划分税种、核定收支、分级包干"的财政管理体制，在实践中形成了收入递增包干、总额分成、总额分成加增长分成、上解额递增包干、定额上解、定额补助等形式，不同地区适用不同的包干方式。包干制下，地方政府占有额外的财政收入，在调动地方积极性的同时，进一步削弱了中央的财政实力。与1980—1984年相比，1985年以来中央财政的窘迫局面非但没有得到改善，反而陷入了更加困难的境地。

在以税收为主体的财政收入结构下，改革财政体制的首要目标就是实现税收收入在中央和地方间的合理分配。1993年12月15日，国务院发布了《关于实行分税制财政管理体制的决定》，确定从1994年1月1日起在全国推行分税制。

分税制下，根据事权与财权相结合的原则，各类税收被划分为中央税、地方税或中央与地方共享税，通过分税的办法进行中央与地方的收入划分。中央税与地方税分别作为中央与地方的固定收入，中央与地方共享税按照一定比例在中央与地方政府间进行分配。在中国的主体税种中，增值税按照75%和25%的比例分别归于中央和地方，消费税为中央固定收入，营业税和个人所得税为地方固定收入，中央和地方企业缴纳的所得税分别归于中央和地方。无论是何种税收，税收的立法权都集中在中央，从立法层面加强了中央的权力。经过 1994 年的分税制改革，中国财政"两个比重"开始上升，中央宏观调控能力不断增强。2016 年全面"营改增"实施后，考虑到取消营业税对地方财力造成的冲击，增值税分成由原来的 75% 和 25% 分成改为五五分成，对地方财力进行补充。

与分税制相适应，中国在税收征管方面也依据税种进行了职能划分。国家税务机关负责中央税与共享税的征收，共享税中地方分享的部分由国家税务机关直接划入地方金库，地方税务机关则负责地方税的征收。中央和地方各司其职，共同保障税务系统的正常运转。2018 年 3 月，中共中央印发了《深化党和国家机构改革方案》，决定实行国税地税机构合并，税务机关实行以国家税务总局为主与省级政府双重领导的管理体制，并将各项社会保险费纳入税务机关的征收范围。

1979—2018 年财政收入占 GDP 的比重和中央财政收入占全国财政收入的比重如图 3-5 所示。

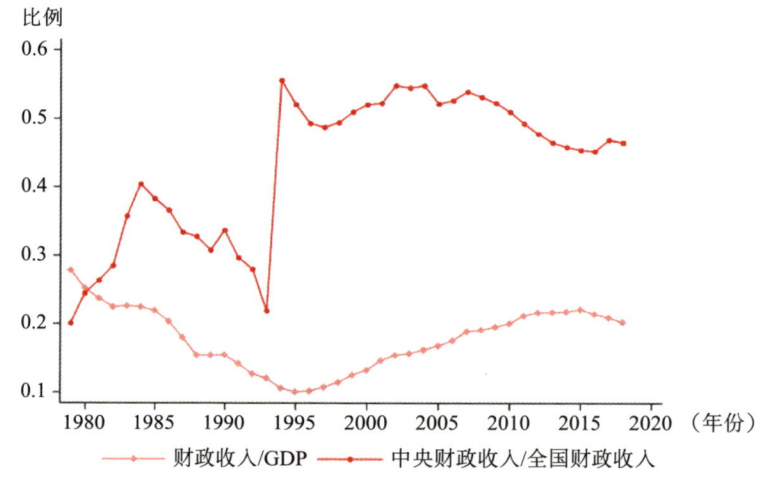

图 3-5 1979—2018 年财政"两个比重"

1979—2018 年中央与地方财政收支占比如图 3-6 所示。

在分税制财政体制下，应当将事权与财权相适应作为处理政府间财政关系的基本原则。而在现实中，中央财政与地方财政的收入大体相当，但是在支出方面，地方财政支出远远超出中央财政支出，这就需要中央政府通过转移支付的方式增加地方政府的可支配财力，补足地方财政支出与地方财政收入之间的差额，从而实现财力与支出责任的匹配。其中，一般性转移支付主要出于财政均衡的目标，更多地投向财政实力薄弱的地区，缩小地区间财力差距。专项转移支付则以特定政策目标为导向，指定了资金的使用用途。历年来，中国财政转移支付规模不断扩大，尤其是一般性转移支付稳步增长，转移支付成为促进公共服务均等化的重要手段。2008—2018 年中央对地方转移支付的情况如图 3-7 所示。

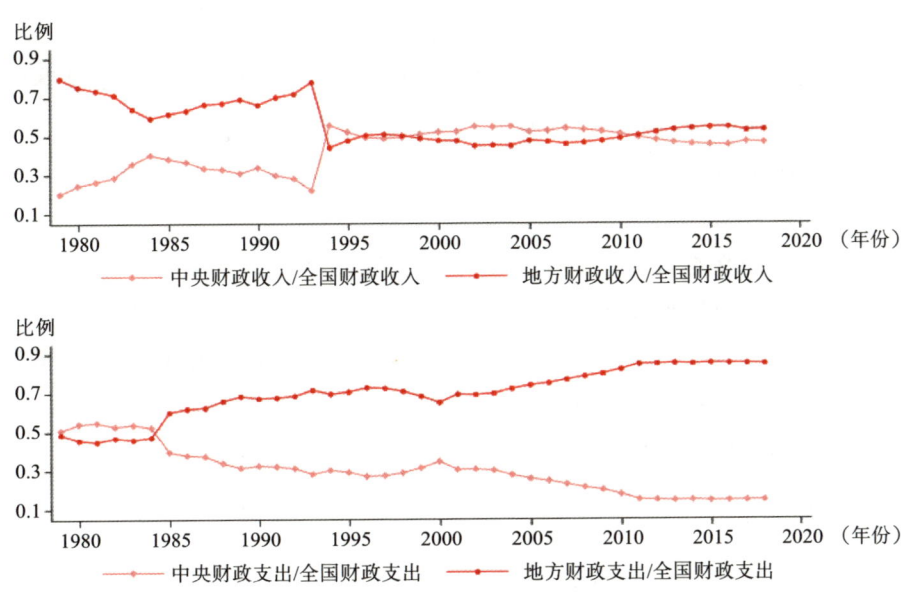

图 3-6 1979—2018 年中央与地方财政收支占比

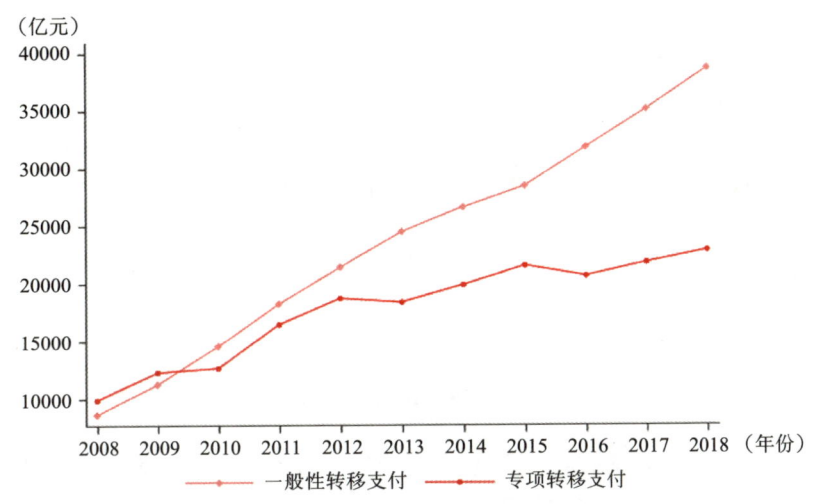

图 3-7 2008—2018 年中央对地方转移支付情况

资料来源：财政部发布的历年中央财政预算。

（四）财政收支平衡：政府债务有效调节财政运行

1978 年以后中国财政大部分时间处于赤字状态，财政收支目标由长期以来的追求财政自身平衡逐渐转变为保证经济稳定增长和社会稳定。1992 年小平同志南方谈话后，中国经济迎来了新一轮的快速增长，与此同时，经济过热造成了商品的供给短缺以及较为严重的通货膨胀。为了保持经济稳定，中国于 1994 年开始转为适度从紧的财政政策，给经济"降温"。1997 年爆发的亚洲金融危机对中国的巨大影响叠加到中国经济周期低谷阶段上,中国面临着来自国内外的双重压力,1998年8月中国正式启动了积极财政政策并持续到2004年。随着2003年中国国民经济终于走过由相对低迷向稳定高涨的拐点,人们对于投资过旺、经济偏热的关注迅速上升,财政政策由积极转为稳健。2008年国际金融危机的冲击以及2011年以来国内经济增速放缓的背景下,中国开启了又一轮的积极财政政策。

财政政策取向的基本变化在财政平衡率上有所体现,财政平衡率是指财政收入占财政支出的比值,反映的是财政的平衡程度,该值越低,说明财政状况越差。实行积极财政政策时期,财政平衡率开始下降,而在实行紧缩性财政政策时期财政平衡率开始回升,这表明中国将财政收支平衡放入宏观经济运行的框架之中,积极发挥其对经济的主动调节作用。1979—2018年财政平衡率如图3-8所示。

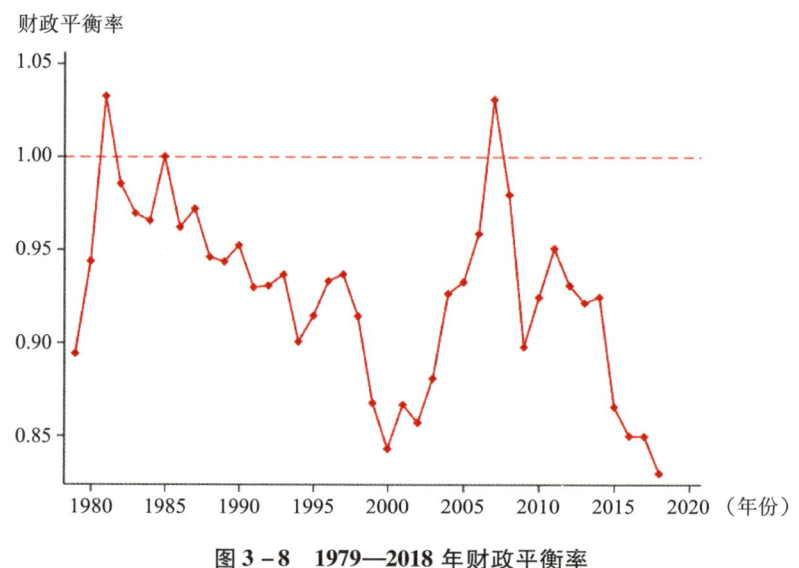

图3-8 1979—2018年财政平衡率

改革开放以来,中国摆脱传统理论的束缚,重新将债务工具引入财政运行机制,1981年以国库券的形式恢复了国债发行。2019年,中国中央财政债务余额达到16.8万亿元,其中国内债务余额为16.6万亿元,国外债务余额为0.2万亿元,是中国仅次于税收的第二大收入,有效弥补了财政缺口。

地方债的发行工作直到2009年才正式启动。作为积极财政政策的内容之一,2009年2月18日,财政部印发《2009年地方政府债券预算管理办法》,规定可以由财政部代发代还地方政府债券。代发代还模式下,中央政府是债券交易的"出面人",这一模式诱发了地方政府过度举债。2011—2013年,中国实行了"自发代还"模式的试点,允许上海、浙江、广东、深圳、江苏、山东6省(市)地方政府自行发债。2014年以来,"自发自还"的模式在中国10个省市开展试点,完成了"自发代还"向"自发自还"试点转变,赋予地方政府更多权力。2015年,中国全面放开各省市发债融资权,地方政府债券规模迎来井喷式增长，当年累计发行量达到 38351 亿元，地方债进入由自行发债向自主发债的全面转型阶段（郭玉清和毛捷，2019）。2009—2018 年地方债发行量如图 3-9 所示。

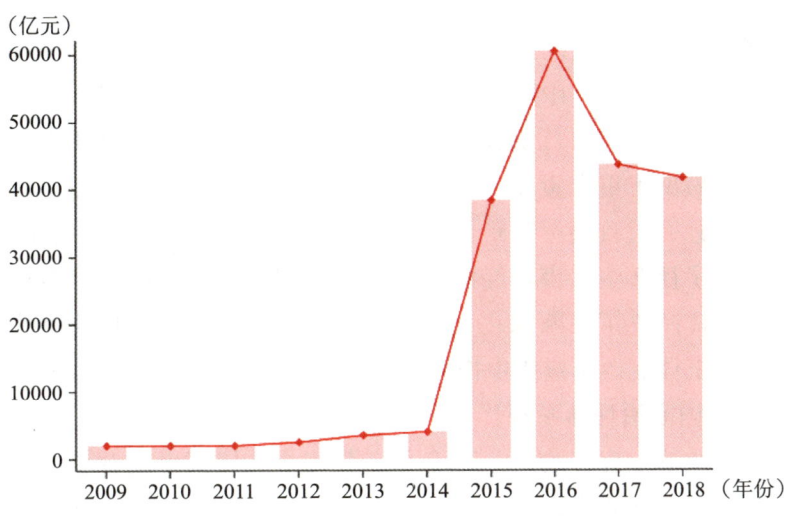

图 3-9　2009—2018 年地方债发行量

资料来源：中国债券信息网 https://www.chinabond.com.cn/Channel/19012917

三、中国 70 年财税体制发展变革的经验

新中国成立 70 年以来，国家财政由建立和探索阶段走向改革和完善阶段，不同时期的财政制度各有特色。回顾历史，展望未来，70 年的财政发展史为我们提供了宝贵的经验。

（一）财政体制是财政工作的关键

在前文所述的各项财政工作中，无论是财政收入还是财政支出，抑或收支平衡，都与财政体制挂钩。政府筹集的各项财政资金如何在各级政府间进行划分，依据何种标准进行财政支出责任的分配，地方政府债务如何管理等都与财政体制息息相关。因此，理顺中央与地方政府间财政关系是财政工作的关键。

中国的财政体制历经数次演变，从"统收统支"到"统一领导、分级管理"再到"划分收支、分级包干"以及延续至今的"分税制"，在不同时期形成了不同的央地关系格局。央地关系此消彼长中，各项财政工作的开展也处于不断的变革中。以中央财政收入占全国财政收入的比例为例，这一比重的变化与财政体制的演变保持同步，并且进一步涉及事权与支出责任等更深层次的问题。直到 1994 年的分税制改革，中国的财政体制得以稳定下来，在此基础上实行了包括事权划分、地方政府债务、政府预算管理等在内的一系列改革，中国的财政制度日趋规范合理。

（二）财政改革是经济体制改革的重要环节

财政服务于国家经济，是一国经济体制的重要组成部分。在中国由计划经济体制向社会主义市场经济体制转变的过程中，财政是经济体制改革的重要参与者。

伴随着经济体制的改革，中国财政改革的步伐从未停息。从1978年到1992年十四大召开前夕，中国实行了"分灶吃饭""财政包干""利改税"等多项财政改革，为中国的经济体制改革做出了重大贡献。1992年中国正式确立了建立和完善社会主义市场经济体制的改革目标，财政改革紧跟经济体制改革的大方向，推行税制改革和国有资产管理改革，参与了社会主义市场经济体制基本框架的构建。面对国内外经济形势的变化，中国的经济体制改革不断深化，新的改革目标相继推出，财政改革也不断取得新进展，在中国经济体制改革进程中扮演了重要角色，促进了社会经济的可持续发展。2013年，作为实现国家治理体系现代化的重要路径之一，中国提出了建立现代财政制度的新目标，财政改革一直在路上。2019年，党的十九届四中全会就加快建立现代财政制度进一步提出一系列要求，为早日建立现代财政制度，加快推进国家治理体系和治理能力现代化做出了积极的贡献。

（三）财政改革要具备渐进性和灵活性

改革是对旧制度的修正和完善，甚至在一定程度上是对旧制度的推翻，必定会触及一部分人的利益。此外，现实情况往往更为复杂，改革在实施中会遇到哪些问题，能否达到预期效果都是未知数。因此，在实行改革时，要充分考虑政策的落实情况，尽可能减小改革阻力。

在中国实施的历次财政改革中，很多时候都可以捕捉到渐进式改革的特点，先试点后推广的改革办法被多次采用。如在1994年"分税制"全面推行之前，财政部于1992年决定先行在天津、辽宁、武汉等九个地区开展试点工作，停止"总额分成加增长分成"的财政体制，试行分税制。此外，"营改增"以及地方债发行模式均实行了先试点后推广的办法。

中国财政改革的灵活性在"分税制"改革的税收返还设置中得到了充分体现。短期内，"分税制"改革把1993年作为核定税收返还额的基期年，改革实施的第一年并不会改变原有的利益格局，降低了改革对地方财政带来的震荡。长期内，税收返还额在1993年基数上逐年递增，按照全国增值税和消费税的平均增长率的1∶0.3系数确定递增率。这种办法实现了中央与地方政府间财政关系的平稳过渡。

（四）财政日益走向全面化和精细化

中国的财政工作经过70年的实践，在不断地改革和完善中，内容日益全面化，管理日益精细化，在纳入更多管理对象的同时，也实现了管理水平的提高。

横向上，扩大财政管理的范围。首先体现在预算管理范围的扩大。长期以来，中国缺乏对预算外资金的有效管理。2011年起，中国将预算外收支纳入预算管理。2012年，全口径预算写入党的十八大报告，除原来的预算内资金和预算外资金外，政府债务也应被纳入预算内管理，逐步实现把政府所有收支全部纳入预算。

纵向上，财政管理的精细化集中体现在法制化和透明化上。2003年政府采购法正式实施；2014年8月，中国完成了对老预算法的首次大修，新预算法于2015年起正式实施；2016年12月，资产评估行业的首部基本大法正式实施。在税收立法方面，自2016年12月以来，中国出台了环境保护税法、烟叶税法、船舶吨税法、耕地占用税法、车辆购置税法、企业所得税法、个人所得税法7部税法，推动了税收体系的法制化建设。财政管理的透明化与信息公开联系在一起，《政府信息公开条例》从制度上保障了公众的知情权、参与权与监督权，而新《预算法》则要求从预算编制上提高财政透明度，从而保障了公民制度层面的权利能够在现实中得到有效落实。

第三节　新中国财税理论发展脉络

新中国成立70年以来，国内经济体制面临多次转型，国外经济格局发生巨大变化。政府在不同历史阶段肩负的任务各异，在财政及税收制度方面的理论与思想也富有时代性，本节主要围绕中国财税理论发展及演变进行介绍。

一、财政理论与思想演进

（一）国家分配理论与思想

"国家分配论"旨在探究财政与国家之间的本质联系及财政的本质等问题，对社会主义财政基本理论进行了科学的分析，逐步构建起一套完整的财政理论与政策体系。

1. "国家分配论"的形成与发展

1957年，许廷星教授明确指出"财政是国家对社会的物质资料的分配"，第一次比较系统地提出并论述了"国家分配论"的基本内容。此后，财政学理论界的其他学者也为"国家分配论"的进一步扩展与深入做出贡献。1964年，"国家分配论"在财政学讨论会上得到了大多数与会学者的赞同，其主流地位由此确定下来。

20世纪80年代，政治界掀起"国家意志论"的浪潮，"国家分配论"受到质疑与异议，被扣上"唯意志论""倒哲学论"的帽子。20世纪90年代，随着"公共财政论"的兴起，部分学者认为，以计划经济为背景的"国家分配论"已然不适应建立社会主义市场经济的新形势，"国家分配论"再一次受到挑战。

2. "国家分配论"的主要内容

整体来说，"国家分配论"以马克思主义的国家学说为理论基础，运用阶级分析方法，提出国家是阶级矛盾不可调和的产物，财政是实现国家职能的基本物质手段，因此任何财政都是国家财政的观点。"国家分配论"的主要内容可归纳为以下四个方面：

（1）财政本质上是一种分配关系；
（2）财政的主体是国家而非其他经济及非经济主体；
（3）财政是实现国家职能的物质基础；
（4）财政具有严格的阶级属性，不同社会的国家财政阶级性质是不同的。

（二）财政分权理论与思想

新中国成立以来，中国依次经历了计划经济体制、转轨经济体制和社会主义市场经济体制三个阶段。与之相对应的①，中国财政管理体制也经历了从统收统支到包干制再到分税制的演变，如表3-6所示。

表3-6　　　　　　　　　　新中国成立后财政管理体制的演变

实行时间		财政管理体制简述
统收统支阶段	1950年	高度集中，统收统支
	1951—1957年	划分收支，分级管理
	1958年	以收定支，五年不变
	1959—1970年	收支下放，计划包干，地区调剂，总额分成，一年一变
	1971—1973年	定支定收，收支包干，保证上缴（或差额补贴），结余留用，一年一定
	1974—1975年	收入按固定比例留成，超收另定分成比例，支出按指标包干
	1976—1979年	定收定支，收支挂钩，总额分成，一年一变，部分省（市）试行"收支挂钩，增收分成"
分灶吃饭阶段	1980—1985年	划分收支，分级包干
	1985—1988年	划分税种，核定收支，分级包干
	1988—1993年	财政包干
分税制	1994年至今	按照统一规范的基本原则，划分中央地方收支范围，建立并逐步完善中央对地方财政转移支付制度

资料来源：财政部网站，http://yss.mof.gov.cn/zhuantilanmu/zhongguocaizhengtizhi/cztzyg/200806/t20080626_53659.html

---

① 经济体制与资源配置方式不同是财政管理体制发生变迁的重要原因。其内在逻辑可归纳为：经济体制与资源配置方式不同→政府与市场关系不同→政府职能不同→财政模式不同→财政制度的变迁→财政管理体制的变迁。

1. 放权让利思想：从统收统支到包干制

统收统支时期的财政管理体制较为统一，全国自上而下高度集中。在财政的收入和支出上，统一由中央政府调配，反映了追求中央与地方两者间平衡收支的简单逻辑。文革结束时，中国经济陷入困境，中央政府为了激发地方经济发展的活力，主动实行分权式改革。党的十一届三中全会明确提出了放权让利的改革思想，直接促使中国财政管理体制从统收统支转变为财政包干制，逐步实行"分灶吃饭"。

政府能够且真正放出的"权"主要是财政上的管理权；政府能够且真正让出的"利"，主要是财政在国民收入分配格局中的所占份额。这种放权让利的改革思路符合西方财政分权理论基础，认为各级地方政府在资源配置及社会监督上具有优势。

在放权让利的思想指导下，财政包干制一方面适应于当时双重经济体制相互渗透、相互交替的客观情况，为过渡到新经济体制和实行分税分级财政体制做了准备条件；另一方面，该体制加强了地方财政的责、权、利及其相互结合，使地方财政更接近于成为一级相对独立的理财主体。

2. 分税制改革思想：从包干制到分税制

在财政包干制下，地方政府发展经济的积极性被激发出来，推动了20世纪80年代中国经济的高速发展。但是，一系列放权让利的改革，使财政收入占国内生产总值的比重逐年下降（见图3-10），中央收入占全国财政收入的比重也在逐年下降（见图3-11），削弱了中央政府的财政职能。

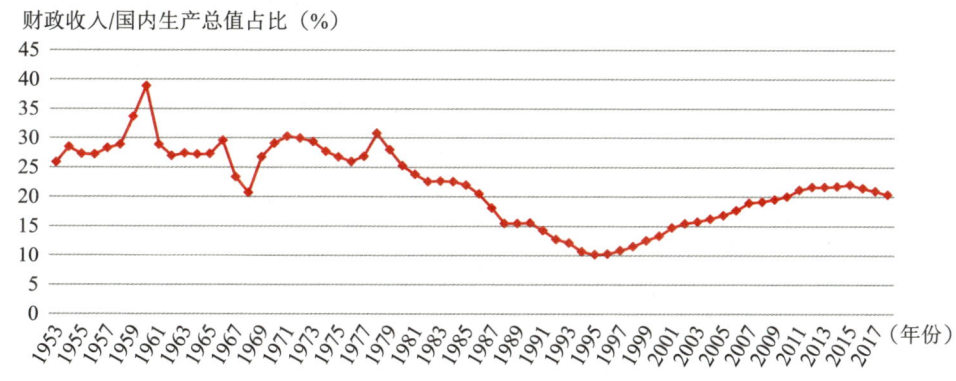

图 3-10　财政收入占国内生产总值的比重变化

资料来源：《中国财政年鉴》。

意识到放权让利的改革不可持续，中国于1994年开始了新中国成立以来财政领域规模最大、调节力度最强的分税制改革。其体现的主要思想是：

（1）正确处理中央与地方的利益关系。既要考虑地方利益，调动地方发展经济、增收节支的积极性，又要适度增加中央财力，逐步提高中央财政的宏观调控能力，进而建立中央财政收入的稳定增长机制。

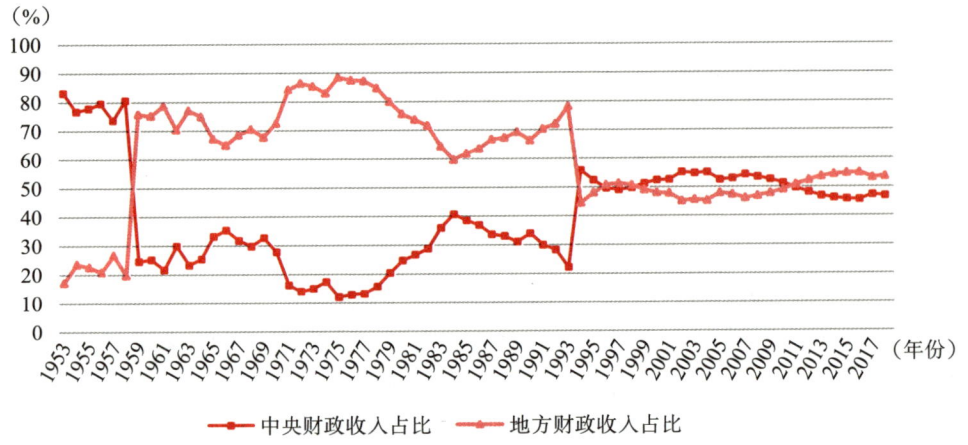

图 3-11　中央与地方财政收入占比变化

资料来源：《中国财政年鉴》。

（2）合理调节地区之间的财力分配。既要有利于发达地区继续保持较快的发展势头，又要通过中央财政对地方的税收返还和转移支付制度，扶持经济不发达地区的发展和老工业基地的改造。

（3）坚持统一政策与分组管理相结合的原则。中央税、共享税及一些重要的地方税的立法权都要在中央，以保证中央政令统一，维护全国统一市场和企业平等竞争。税收实行分组征管，中央税和共享税由中央税务机构负责征收，共享税的地方部分由中央税务机构直接划入地方金库，地方税由地方税务机构负责征收。

（4）坚持整体设计与逐步推进相结合的原则。分税制改革既要借鉴国外经验，又要从本国实际出发。在明确改革目标的基础上，抓住重点，分步实施，逐步完善。分税制改革使中国的财政体制终于从"行政性分权"走向了与市场经济相适应的"经济性分权"，突破性地改造了以往不论"集权"还是"分权"都是按照企业行政隶属关系组织财政收入的体制症结。

"中国的财政分权"理论由谷成（2008）提出，其与西方财政理论的区别见专栏 3-1。

专栏 3-1

中国式财政分权理论 VS 西方财政分权理论

尽管从广义上讲，中国的财政分权与西方财政分权理论存在一些共性，但无论从分权的类型、法律环境，还是从分权的表现特征及后果等方面看，两者存在着较大差异。

	中国式财政分权理论	西方财政分权理论
财政分权类型	属分散化或授权的范畴，而非完全意义上的分权	权力下放，最为充分的分权形式
所处法律环境	缺乏必要的法律规范及关键要素，政府间财政关系的调整基本上根据中央的"决定"和"通知"等向下传达并加以执行	以宪法和其他法律的形式明确政府间财政关系，通过立法对地方财政的自主程度和中央以下各级政府的独立性加以规定
财政分权表现特征	自上而下，更多强调中央政府的职能与作用	自下而上，更多强调地方居民对公共产品的需求程度
地方公共服务成本与收益之间的关系	成本与收益之间缺乏必要联系，地方税收体系不完善，财政制度通过非正式机制为地方政府筹资的激励效果并不理想	成本与收益对等，地方政府提供公共产品和公共服务所带来的收益被本地居民所享有，为此而付出的成本由地区内居民承担
中央与地方的支出责任分配	迫于财政压力，地方政府除承担资源配置职能外，还需承担着一些具有再分配性质的社会责任，如医疗、养老、失业等	地方政府根据本地居民偏好承担资源配置职能，收入再分配及稳定宏观经济的职能则主要由中央政府承担

（三）公共财政理论与思想

改革开放后，中国主流的财政理论得到不断发展与完善。从最初适应计划经济体制下国家建设的"国家分配论"，到满足市场经济建设基本要求的"公共财政论"，再到 21 世纪变革背景下经济转型阶段的"民生财政论"，体现了财政理论顺应中国国情、适应经济发展的研究方向。

1. 中国公共财政理论发展沿革

"公共财政论"起源于西方资本主义经济发展初期，于 20 世纪 80 年代逐渐传入中国，但并未引起理论界的高度重视。进入 90 年代后，随着政治经济和财政体制改革的不断深化，财政学界开始对当时主流的"国家分配论"进行反思和争论，逐渐开始认同并发展"公共财政论"。

1998 年，中央决策层第一次在政府文件中提出"积极创造条件，尽快建立公共财政框架"，预示着中国财政制度改革将由原来与计划经济相适应的国家财政转变为与社会主义市场经济体制相适应的公共财政。时隔 5 年之后的 2003 年 10 月，十六届三中全会根据公共财政体制框架已经初步建立的判断，提出了进一步健全和完善公共财政体制的战略目标。

至今关于公共财政理论较为全面的解释是：财政制度层面上，要求财政决策、执行、监督等机制实现公共化；财政职能层面上，要求财政收支安排的最终结果和绩效能够公平而有效地满足公共需要。

2. 民生财政理论：公共财政理论的深化和本土化

随着社会急剧转型和经济高速发展，政府工作的基本思路和政策方针有了重大转变，党的十六大、十七大确定基本公共服务均等化是当前深化财政体制改革的一个基本方针，将改善民生作为工作重点。因此，财政面临着将工作重心转至服务民生，将财政理论建设的方向转至财政如何能够满足民生需求上的问题，民生财政理论应运而生。

所谓民生财政，是指在整个财政支出中，用于教育、医疗卫生、社保和就业、环保、公共安全等民生方面的支出占到相当高的比例，甚至处于主导地位。这一概念直观地阐述了民生财政的基本内涵。

相较于公共财政理论，民生财政理论立足于中国基本国情和人民需求，更加强调以人本主义论为理论基础，依据民生需求的"阶梯性"，将改善民生作为中国财政体制建设的终极目标，能够真正体现出财政的公平性与普惠性。可以说民生财政理论是具有中国特色的公共财政理论，是对公共财政理论的理性升华。

（四）现代财政理论与思想

面对中国经济发展进入新常态、世界经济发展进入转型期的发展格局，财政再一次转型成为必然，现代财政理论由此产生。

1. 现代财政制度思想

2013年，党的十八届三中全会通过的《中共中央关于全面深化改革若干重大问题的决定》围绕财税改革指出"财政是国家治理的基础和重要支柱"，并首次提出了"现代财政制度"的概念。其内在逻辑关系可归纳为：通过建立现代财政制度，形成科学有效的财税体制与强大坚实的财政管理，从而推进国家治理体系和治理能力现代化。

根据2014年《深化财税体制改革总体方案》和2017年党的十九大围绕下一步财税体制改革所做出的部署，现代财政制度以民主、法制、公平和效率为准则，其建设内容主要体现在以下三个方面：

（1）坚持现代预算管理制度科学性及有效性。一方面，在全口径预算管理的基础上，建设标准科学的预算制度。另一方面，通过完善财政信息披露机制及全面实施绩效管理，提高预算透明度，从而规范政府行为，推动政府效能提升。

（2）深化税收制度改革。深化税收制度改革的关键在于如何真正发挥税收基本职能，保证税负稳定的前提下进一步优化税制结构，逐步建立起现代税收体制。同时，提高税收的法治化水平，将中国现有的税收法规、条例升级为税收法律，提升其权威性和规范性,以做到依法征税、应收尽收。

(3)健全中央和地方财力与事权相匹配的财政体制。依据不同税种的属性和基本功能厘清央地政府间税收收入划分,合理界定中央与地方事权与支出责任,辅以"纵向"一般性转移支付及"横向"地区间转移支付制度,以充分调动中央与地方的两个积极性,有效服务于国家治理的现代化需要。

2. "一带一路"与"大国财政"理论

2013年以来,"一带一路"倡议成为中国在21世纪重要的对外开放构想,开启了中国经贸与外交关系的新格局,是引领包容性全球化的倡议。随着此倡议的持续推进及中国经济规模的不断增加,"大国财政"逐渐成为财税学者关注的焦点,标志着中国财政理念从国内管理走向国际治理。

相比"小国财政","大国财政"一般具有分级分权财政、中央财政宏观调控有效、促进国际经济社会合作、提供全球公共品和处理全球公共事务等特征,因此要求中国财政建设符合现代财政与世界财政的双重身份。在国家内部,现代财政需以民生财政为核心,以治理国家现代化进程中的公共风险为基本定位,通过构建相适应的现代财政体制,实现效率与公平的融合发展,为国家治理现代化奠定基础。在世界范围内,应当承担大国责任,提升中国财税的国际话语权。这要求中国企业更加积极地"走出去",中国政府应以更加开放的姿态开展国际交流合作,具备财政管理的国际视野,如结合国际税收协定网络来充分支持中国外向型经济的发展等。

二、税收理论与思想演进

(一)"非税论"理论与思想

新中国成立初期,新中国实现全国税政统一,初步建立了一套较为完整且适用的税制。然而,受到"非税论"的影响,改革开放前的税收工作也经历了一段时期的停滞与挫折。

1. "非税论"的产生与主要内容

马克思在《资本论》中提出,税收是以私有制为基础的时代产物,是实行资本主义制度国家的主要经济来源。但斯大林在进行苏联的社会主义实践时,并未认识到这一观点的历史背景,将其照搬式地运用到计划经济体制中。因此,苏联向企业征收的周转税被认为具有非税性质,从而得出苏联的财政依靠国营收入而非课税收入的结论。"非税论"由此产生,并于20世纪50年代初期传入中国。

"非税论"主张只有当被分配产品的所有权因国家取得收入的行为而发生改变时,这种行为才被称为税。在公有制经济背景下,国家的经济主体上缴税收的所有权本身就是国家的,所有权并没有发生转移。因此,"非税论"认为社会主义制度下并不存在国民收入的再分配,不需要资本主义制度下税收这种进行再分配的工具。

2. "非税论"影响下的税收指导思想

社会主义改造完成后,党在指导思想上逐渐发生"左"的偏差,而此偏差在税收理论方面的映射即为"非税论"逐渐占据主导地位。"非税论"无视税收对经济的调节作用,将税收误认为是资产阶级进行剥削的手段,甚至在"文革"时期打击税收,推行"税收有害论"。受这一主导理论影响,中国税制屡经简并,税收征管也受到打击。

"非税论"在特殊历史背景下形成,导致税收在二十多年间的地位和作用被削弱,税收理论研究几乎停滞,严重危害了中国的税制建设。

(二) 税收杠杆理论与思想

中共十一届三中全会后,财政部多次召开税收工作会议,认真总结新中国成立以来税制建设的历史经验和教训,明确了税收的经济杠杆作用。税收理论界围绕如何建立与有计划的商品经济体制相适应的税收体制展开讨论与研究。

1. "国家决定论"与"经济决定论"

关于税收的本质特征,理论界形成了"国家决定论"和"经济决定论"两大主要理论。"国家决定论"认为国家的产生与存在是税收产生与存在的决定条件。国家出现以后,才有为了满足国家政权行使职能而征税的客观需要。"经济决定论"则认为商品经济等社会经济条件是税收产生与存在的决定条件。

两种理论的角度不同,但归根结底,都是解释国家与纳税人的经济利益关系。国家代表国民的整体利益和公共利益,应当公平、合理地征税,而国民则具有纳税的义务,以维持国家机器的正常运转及社会的建设。这些理论在一定程度上起到了批判税收无用思想的作用。

2. 税收的经济杠杆作用与"税收万能论"

关于税收的职能与作用,理论界探讨了税收与社会主义公有制经济、商品经济的必然联系,强调要充分发挥税收杠杆对商品经济的调节作用。

税收杠杆是指国家依据税法,通过调整税收征纳关系及纳税人之间利益分配,来调节社会经济生活的功能。国家可以通过税种的设置、税率的设计、实行各类鼓励或限制性措施等,引导纳税人的生产经营决策和消费选择同国家经济发展规划相一致。运用税收杠杆可以弥补市场机制的缺陷,充分发挥市场机制的积极作用。

这一阶段从思想上破除了"税收无用论"的误区。然而,在税收的定位问题上,中国也曾出现过度夸大税收功能的"税收万能论",主张运用税收来代替行政手段和其他经济杠杆,导致税制越来越繁复。

3. "经济—财政—经济"治税思想

在中国"经济—财政—经济"的治税思想中，税收的经济杠杆作用也有所体现。税收来源于社会经济活动，又服务于经济。税务工作必须服从、服务于经济这个中心，要始终把税收工作置于经济建设的全局来考虑，充分发挥税收组织财政收入、调节经济与监督管理的职能作用，促进社会生产力的发展。

总体而言，这一时期中国财税部门从思想上和理论上对税制改革进行了重新认识，明确了税收的作用，开始重视并强化运用税收手段调节经济，同时也为税收制度的进一步改革提供了经验。

（三）相机调控理论与思想

1992年，党的十四大决定把建立社会主义市场经济体制作为中国经济体制改革目标。在这一阶段，中国税收制度逐渐朝着规范化的方向发展，税制改革理论突出公平和效率，以全面完善税收的财政、经济和社会发展功能为目标。

1. 规范原则与依法治税理念

鉴于之前对税收功能的认识存在过分夸大的倾向，繁多复杂的税制对中国的财政税收秩序、社会经济生活造成了负面影响。1990年，中共中央提出改革财政税收体制，建立稳定的和规范化的财政税收制度，充分发挥税收在增加财政收入和宏观经济调控中的职能作用。

此外，这一时期的依法治税理念开始与市场经济相结合。理论界认为依法治税是社会主义市场经济下的一项重要治税原则，其基本依据是社会主义民主与法治以及税收法定原则。国家依法征税，纳税人依法纳税，有助于更好地发挥税收在市场经济中的作用。

习近平新时代中国特色社会主义法治思想也与依法治税理念相呼应，要求坚持税收法定、突出依法治税，税收法治体系建设快步前行。

2. 税收公平与效率原则及优化税制结构理论

税负公平原则是20世纪90年代初期税收理论界讨论的一个热点。理论界主要研究的是如何在税制改革、政策设计和征收管理中体现公平税负原则，包括缴纳能力公平与受益公平。而税收的效率原则指的是以尽量小的税收成本取得尽量大的税收收益，税收的效率主要包括税收的行政效率和经济效率。税收公平与效率原则在历次改革中都发挥了重要的指导作用。

优化税制要兼顾公平与效率。市场经济建立初期，中国的研究重心在于将税制优化理论运用到研究中国实践中，主要包括主体税制模式、税种选择和税种配置以及税制改革总体方案的设计等。

这恰恰印证了习近平新时代中国特色社会主义思想，新时代税收工作必须以促进社会公平正义为根本出发点和落脚点，随着社会矛盾的转变以及经济发展的阶段变化，我们的关注点应该从更多的关注税收规模和增速转向兼顾税收规模的同时追求税收效率和质量。

3. 税收中性理论与税收宏观调控功能

在1994年的税制改革前后,理论界围绕税收中性与税收宏观调控的关系展开了广泛的争论。基于市场经济在本质上是一种自由竞争经济,部分学者倡导税收不干预或少干预经济运行的"税收中性论"。

而更多的学者认为,完全的税收中性,在理论上和实践中都是不可能的。应当发挥税收的宏观调控功能,主要体现在:在资源配置方面,税收要调节产业结构、生产力布局、市场供求及对外经济往来;在收入分配方面,税收要缩小收入差距,调节过高收入;在经济与社会发展方面,税收要促进科技进步,节约资源,转变发展方式,促进产业结构升级。

结合习近平新时代中国特色社会主义思想对于税收的定位和理解,认为其不仅是一个经济范畴,而且是一个国家治理范畴,从党和国家事业全局的高度定位税收,所以主张最大限度减少税收对市场资源的直接配置和对微观经济活动的直接干预,充分发挥市场在资源配置中的决定性作用。

(四) 现代税制理论与思想

进入新时代,中国税收工作面临着新要求,要以习近平新时代中国特色社会主义思想为指导,坚持以新发展理念为指引,注重用供给侧结构性改革的思维和办法调整税收制度结构,从解决发展不平衡不充分问题入手,为建设社会主义现代化强国做出贡献。作为国家治理的基础和重要支柱,新时代税收必须跳出以经济发展为主的传统思维局限,立足高起点,胸怀大格局。不仅要实现税收公共化与加快完善社会主义市场经济体制进程同频共振,最大限度地减少税收对市场资源的直接配置和对微观经济活动的直接干预,充分发挥市场在资源配置中的决定性作用;还要让税收治理体系和治理能力现代化与国家治理体系和治理能力现代化进程如影随形,从现代税收文明出发布局税收制度建设,加快建立结构均衡、功能完备、科学规范的现代税收制度,最大限度将现代税收制度优势转化为现代税收治理效能,更好发挥政府作用,有效弥补市场失灵。

1. 财权与事权相统一

财权与事权相统一指的是各级政府财力的使用权与办事权的统一。事权和财权这两种权力之间的关系是前者决定后者,而后者又可以制约前者。党的十九大报告将"建立权责清晰、财力协调、区域均衡的中央和地方财政关系"作为财税体制改革的首要重点,并在税制改革方面明确提出"健全地方税体系"的要求,以保障地方政府财权,实现财权与事权的统一。

2. 坚持税收法治原则

税收法治是指在税收"良法"的前提下，税权受到充分制约，税法权威得以确立，中国征税机关的权力、纳税人的权利得到税法确认与保护的一种法治状态。提高税收的法治化是落实党的依法治国方略的需要，是实现国家治理体系和治理能力现代化的必由之路。

3. 发挥税收调节功能

在现代复合税制体系中，税收还承担着诸多调节功能，如克服市场缺陷、提供公共产品、调节收入分配、促进经济增长等。税收作为重要的政策工具，要以"贯彻新发展理念"为指导，通过建立健全鼓励研发和促进创新、创业的税收优惠政策体系，使其在"建设现代化经济体系"中发挥应有的作用，进而促进产业结构的升级。

4. 开拓国际税收视野

在经济全球化不断深入的今天，中国要在国际税收合作的大势中拿捏好税收竞争的尺度，使国际税收政策符合国家战略利益。另外，当前国际税基争夺加剧必然导致日益严重的税基侵蚀，打击逃避税成为全球税收合作的重点，完善国际税收征管工作十分重要。

税收现代化的"六大体系"与"六大能力"如专栏 3-2 所示。

专栏 3-2

税收现代化的"六大体系"与"六大能力"

党的十九届四中全会为坚持和完善中国特色社会主义制度、推进国家治理体系和治理能力现代化指明了前进方向。全国税务工作会议要求，深入推进税收治理体系和治理能力现代化，形成"六大体系"3.0 版，着力提升"六大能力"，不断把制度优势转化为治理效能。

"六大体系"3.0 版：一是坚强有力的党的领导制度体系，二是成熟完备的税收法治体系，三是优质便捷的税费服务体系，四是严密规范的税费征管体系，五是合作共赢的国际税收体系，六是高效清廉的队伍组织体系。

"六大能力"：一是政治引领能力，二是谋划创新能力，三是科技驱动能力，四是制度执行能力，五是协同共治能力，六是风险防范能力。

三、新中国成立 70 年以来的财税改革措施及中国经验

（一）"站起来"阶段——计划经济时期的"统收统支"集权式财税体制

新中国成立之初国民经济恢复时期，这一时期财税改革急需解决的主要矛盾是供

给不足这一问题，指导思想集中体现在《中国人民政治协商会议共同纲领》第四十条，即"国家的税收政策，应以保障革命战争的供给，照顾生产的恢复和发展及国家建设的需要为原则，简化税制，实行合理负担"。

社会主义公有制和计划经济体制建立后中央高度集权，地方自由度极低，在财税体制上采取全国统一策略"统收统支"：收入统一上交中央，支出再由中央统一安排。在体制上运行上也采取的是动态的调整，收入与支出的上解或者拨付比例一年一定，这段高度集权的体制大致贯穿了新中国的前30年，虽然中间有过几次较大的调整改动，但是"统收统支"的实质没有发生变化。

该体制的优势在于强调公平，中央具有绝对的权威，可以从决策层面平衡各地区的差异。但也有明显的劣势，忽视效率，严重影响了地方的积极性，收支不匹配，经济相对较好的地方，多收不一定多支，而经济相对落后的地区，少收未必少支。当然这也和当时的整个政治、经济乃至国际环境有一定的关系，需要举全国之力发展恢复经济，发展生产，"集权式"财税体制的选择有其时代的必然，也就成为中国特色的一种表现。

（二）"富起来"阶段——改革开放时期的包干制和分税制改革

1. 包干制改革

党的十一届三中全会召开后，中国全面改革开放，涉及财税改革主要可以分为两个方面：

一方面是为适应改革开放吸引外资和多种所有制并存的格局，开始建立涉外税收体系并同时改革国内税制。1978—1992年，经过10多年的努力，建立并完善了涉外税收制度。此外，随着商品经济的发展和所有制格局的变化，国内税制也进行了重大调整。

另一方面是将包干制模式应用到财税体制改革中，改变了统收统支模式，实行"放权让利"和"分灶吃饭"两个维度的改革。其中，"放权让利"立足解决国家与企业的关系，1983年和1984年实施的两步"利改税"和1987年的"税利分流"改革是国家与国有企业之间财政分配体制的重大改革，为企业自负盈亏，成为相对独立商品生产者奠定了制度基础；"分灶吃饭"则着力解决央地财政关系，旨在充分调动地方的积极性。1980—1984年，第一次实行了5年不变的"划分收支，分级包干"体制，1985—1987年，在完成利改税的基础上，尝试实行"划分税种，核定收支，分级包干"，为后期分税制改革做出铺垫。

但这一改革举措虽然一定程度上缓解了中央过度集权的问题，但也带来了新的挑战，由于税制设计的问题，包干制实行到后期演变成了多种形式的"财政大包干"，地方经济发展之间产生了隔离，阻碍了全国统一市场的形成，不利于国家产业结构调整、产业政策实施，同时引发了预算外资金膨胀、土地财政兴起和中央财政职能弱化等问题。

2. 分税制改革

1992年党的十四大召开明确中国建立社会主义市场经济体制，分税制的改革就是在这一背景下推开的，目的是为调整中央和地方财政收支划分同时理清各级政府间的财政分配关系，具体举措为建立了国地税两套机构，将税种划分为中央税、地方税和共享税等。分税制改革的特点可以归纳为以下两点：第一，分税制是由政府强力推动下完成的改革；第二，分税制改革体现出了中国特色，主要表现在中央和地方收支划分上。在收入上，分税制实施前，地方财政收入占比较大，但改革之后，中央的比例略高于地方。在支出上，支出的比例并没有随着收入比例的变化而变化，相反，地方支出的占比1994年之后不断在扩大。这就出现了地方财政收支的负缺口，中央财政收支的正缺口。分税制建立了纵向的转移支付制度，以实现各级财政的事权与财力的匹配。相比于包干制，其优势在于对于地方的管控能力有所提升，希望借此同时调动中央和地方积极性。

（三）"强起来"阶段——中国特色社会主义现代财税体制的建立

随着中国特色社会主义进入新时代，社会主要矛盾的变化要求加快现代财政制度的建设。全面领会习近平新时代中国特色社会主义思想，始终坚持以人民为中心，开展新时代的财税改革。党的十八大以来提出深化财税体制改革，明确指出财税改革的重要性："财政是国家治理的基础和重要支柱，科学的财税体制是优化资源配置、维护市场统一、促进社会公平，实现国家长治久安的制度保障。"有关具体的改革举措可以归纳为三个层面：

1. 调节支出责任与事权划分

目的是为解决分税制施行以来导致的事权下移、财权上移，事权与支出不匹配问题，如上文中提及分税制产生的"地方财政收支负缺口，中央财政收支的正缺口"现象，而这些问题的根源都在体制本身，党的十八大以来针对该类问题采取了一系列具体的改革举措：

（1）改善中央和地方职能划分，建立事权与支出责任相匹配的制度。中央更多地承担卫生、教育、医疗、跨区域重大项目等职能，继续落实和完善2016年出台的关于中央地方财政事权和支出责任划分意见。

（2）调整央地政府间收入划分。将收入周期波动性较大、再分配作用强、税基分布不均衡、税基流动性较大、易转嫁的税种划为中央税（或中央比例较高的共享税）；将具有明显区域性、受益性的税种划分地方税。

（3）规范管理非税收入。有计划地将土地资源类收入以及各种特许经营权收入纳入央地收入划分范围。

（4）完善转移支付体系。完善中央对地方转移支付制度，规范一般性转移支付制度，完善资金分配办法，提高财政转移支付透明度。

2. 建立并完善现代预算制度

中国于 2014 年和 2018 年先后两次修订了《预算法》，此外中共中央在 2018 年发布了 34 号文件，要求实行全面预算绩效管理，这构成今后建立完善现代预算制度的一个突破口，有利于未来全口径、全覆盖、全过程的全面绩效管理架构的落地。

3. 深化税收制度改革

此前的分税制框架下国地税两套系统分开，以及中央税、地方税、共享税的划分等模式，伴随着中央与地方事权与责任的重新划分，也需要进行改革调整。有关具体的改革措施可以分为：

（1）实体税改革。一方面，截至 2021 年 4 月，中国 18 个税种中已有 11 个立法税种，加快了中国税收法律的立法进程，落实了实体法方面税收法定原则。另一方面，涉及具体的税种改革有：全面完成营业税改增值税改革，建立规范的消费型增值税制度，使得税收链条被完全打通；进行个人所得税的综合与分类所得税制的改革，实质性的推进将改变整个社会对个人所得税的认知，影响税收意识和税收诚信体系的建设；完善消费税制度，调整纳税项目，改变消费税的征收环节，从而进一步增强消费税对消费领域的调节；实施资源税从价计征改革，逐步扩大征税范围，同时开征环境保护税，使中国绿色税收体系初步建立；推进房地产税立法。这是一项系统工程，涉及各方利益，需要做大量的前期工作，也将对房地产相关行业以及地方税体系的完善起到至关重要的作用。

（2）减税降费改革。2019 年 10 月国务院印发《实施更大规模减税降费后调整中央与地方收入划分改革推进方案》（以下简称《方案》），推出保持增值税"五五分享"比例稳定、调整完善增值税留抵退税分担机制、后移消费税征收环节并稳步下划地方等改革措施，改革方案有利于进一步理顺央地财政分配关系，对培育壮大地方税税源具有重要意义。从短期看将有利于支持地方政府落实减税降费政策，从长期看则将进一步推进财税体制改革深化。

（3）税务机构改革。按照十九届三中全会的安排，完成了国地税两套税务机构的实质性合并，目标是完善税收征管方式，提高税收征管效能，并配合"放管服"的改革，有利于进一步优化税收环境。

第四节　新时代中国财税改革发展展望

2020 年是"十三五"的收官之年，也是全面建设小康社会和打赢脱贫攻坚战的决胜之年。中共中央政治局在 7 月 30 日召开了政治局会议，会议认为，当前经济形势仍然复杂严峻，不稳定性与不确定性较大，遇到很多中长期问题，必须从持久战的角度加以认识，提出"财政政策要更加积极有为、注重实效。"

新冠肺炎在世界经济增长缓慢的背景下全球肆虐，2020 年 4 月，国际货币基金组织《财政监测报告》预计全球经济将急剧收缩减 3%，这使实施财政政策的必要性上升到前所未有的水平。新冠肺炎疫情及其金融和经济影响将导致财政赤字和公共债务比率相对于之前的预测大幅上升，随着产出下降，财政收入下降的幅度将更为急剧。

对于中国来说，随着经济社会转型的不断加剧，中国的财政可持续性面临着一定的压力。新冠肺炎疫情对国内和国际的经济活动都造成了实质性的影响，包括影响民众生活并对全球社会经济系统构成压力。毫无疑问的是，新冠肺炎疫情对生产要素供给的影响将会随着时间的增加而恶化。因此，如何妥善地处理中国的国内需求和保证社会稳定是中国财政可持续的"近忧"。同时，如何应对以地方政府债务为主体的当前政府债务并在老龄化社会和"收缓支增"的背景下完成民生保障支出是中国财政可持续发展的"远虑"。对于中国的财政可持续来说，这两点将是中国财政面对的重要挑战。

本章的前三节，分别介绍了中国在不同时期的财税发展实践的变迁路径、制度变革，以及相关的财税理论。譬如，1978 年中国启动了经济体制的改革，从计划经济转向市场经济，这使得中国不得不重建国家财政收入的汲取体制，并从根本上重构了整个财政体制。自 1978 年党的十一届三中全会之后，中国已经历了 40 余年的财税改革。40 余年的改革历程不仅仅代表了中国在财税体制上面的进步和革新，也使中国能更快地从计划经济向市场经济这条道路上转型。比如，从 1949 年新中国成立到 1978 年的经济体制改革，再到 1980 年后期，中国已经从一个自产国家转变为一个税收国家[①]。本节将结合中国国情，对中国财税的近期未来做出一些展望。

一、减税降费和新冠肺炎疫情双重背景下的财税治理展望

（一）针对企业和个人的减税降费红利将持续释放

近年来，党中央、国务院部署实施了一系列力度大、内容实、范围广的减税政策措施，包括营改增、扩大享受减半征收企业所得税优惠的小型微利企业范围、放宽创业投资税收优惠条件、提高科技型中小企业研发费用税前加计扣除比例等减税政策，对减轻企业负担、激发微观主体活力、促进创新创业、推动经济发展发挥了重要作用。但一些企业仍感负担过重，减税降费获得感不强，对政府的减税降费的决心仍有疑虑。

---

① 自产国家的定义为国家主要通过控制绝大部分社会财富国有企业来汲取财政收入。马骏（2011）认为，为了建立市场体系和发展非国有部门的经济，国家开始逐步重建税收体系。

为了更大程度减轻企业负担，稳定企业预期，增强企业活力，2018年以来，中国政府开始实施大规模的减税。2018年，政府计划全年为企业和个人减税降费1.1万亿元，实际减税降费约1.3万亿元；2019年计划全年减税降费超过2.3万亿元，2020年更是有望超过2.5万亿元①。连续多年大规模减税降费是自1994年"分税制"改革以来所实施的规模最大的制度性"减税"政策。而中国近年来经济发展势头也较为良好，例如2019年中国人均GDP超过1万美元，迈入了中等收入国家群体，"减税"政策的作用不容忽视。

2019年，中国实施新一轮大规模的减税降费政策，切实降低企业的税费负担，激发企业活力，释放企业潜能，助推中国经济高质量发展。中国还推出小微企业普惠性税收减免、个税6项专项附加扣除、降低社会保险费率等新一轮减税降费政策红利的释放，助推越来越多的企业加快产业升级步伐，帮助企业适应复杂经济环境，获得新的发展机遇。2019年减税降费政策的措施实现全年减税降费约2.3万亿元，这意味着更多的资金留给了企业和个人，提高了投资和消费后劲（白景明，2019）。2019年的减税降费措施主要为一系列的普惠性和结构性的减税措施，其中包括：

（1）增值税的深化改革：下调增值税税率至13%、9%、6%三档；允许生产以及生活性服务业纳税人进项税额加计抵减；对全行业试行增量留抵退税等。

（2）小型微利企业普惠性税收减免：对小微企业年应纳税所得额不超过100万元的部分实际税负由10%降低至5%，100万元到300万元的部分实际税负由25%降低至10%。

（3）降低企业社保缴费负担：下调城镇职工基本养老保险单位缴费比例至16%以降低企业的人力成本。

（4）个人所得税全面改革：优化税率结构并新增个人专项附加扣除以减低中低收入者的个税负担。

（5）推动创新创业发展：固定资产加速折旧优惠的行业范围覆盖全部制造业领域；对集成电路设计和软件企业"两免三减半"政策延期；对国家级/省级科技企业孵化器、国家级/省级大学科技园等免征部分增值税、房产税以及城镇土地使用税。

2019年3月20日，财政部、税务总局、海关总署联合发布《关于深化增值税改革有关政策的公告》，规定自2019年4月1日起，将原适用16%和10%的增值税应税行为的税率分别下调到13%和9%。目前，现行增值税仍实行13%、9%、6%三档税率，尚未完成税率三档并两档的改革目标，因此，中国未来增值税税率仍有调整空间。同时，由于科技创新是经济发展的重要动力之一，在2018年财税部门将研发费用加计扣除比例提升至75%并扩大至所有企业后，2019年国务院常务会议又提出"研究对制造

---

① 资料来源：财政部官网 http://www.mof.gov.cn/zhengwuxinxi/caijingshidian/xinhuanet/202005/t20200523_3519067.htm。

业重点行业加大研发费用加计扣除比例"。因此，制造业重点行业的研发费用加计扣除的比例可能会进一步提升。

（二）疫情冲击长期化背景下存在"积极财政陷阱"风险

新冠肺炎疫情暴发以来，国家陆续推出针对性强、抗疫情与促发展相结合的减税降费政策，并与征管措施相结合，政策效应越来越显著。未来，应以此次疫情防控为契机，探索构建应对不可抗力事件的税收法律制度体系，大力推动税收治理现代化进程。2020年以来支持抗击疫情和支持复工复产的减税降费政策具有延续性、针对性和阶段性三个特征，其中阶段性特征最为明显：在延续2019年普惠性、实质性减税降费政策的基础上，新出台一系列针对疫情防控的优惠政策；政策针对性强，紧紧围绕"助力疫情防控、支持企业复工复产"，精准发力，实施效果也更加明显。

在减税降费方式上，增值税、所得税、社会保险费和地方税种等税费一齐减降，降低税率、直接减免、税前扣除、递延纳税等优惠方式有机组合，形成了符合税种特点的减税优惠"组合拳"，达到了良好的减税降费效果。相对于以往减税降费，本次减税降费政策的阶段性特征更为明显。历史数据表明，受灾害破坏和市场情绪影响，经济增速通常在短期内大幅下跌，但随着灾害逐渐得到控制，市场情绪回归平稳，之前被暂时压抑了的消费、投资等需求会得以释放，带来经济反弹。

财政部发布的《2020年上半年中国财政政策执行情况报告》[①]显示，上半年财政部认真贯彻落实"积极的财政政策要更加积极有为"要求，围绕做好"六稳"工作、落实"六保"任务，以更大的政策力度对冲疫情影响，真正发挥稳定经济的关键作用。报告显示，上半年，全国累计新增减税降费15045亿元。其中，2020年新出台的支持疫情防控和经济社会发展的政策措施新增减税降费8941亿元，2019年已出台政策在2020年翘尾新增减税降费6104亿元，有效对冲了疫情影响，对纾解企业困难、支持复工复产和经济平稳运行发挥了重要作用。

面对疫情之下前所未有的困难、风险和挑战，积极财政政策当然要以一系列前所未有的财政扩张操作实施"对冲"，切忌滑入惯性思维陷阱。不如此，"六保"的底线便难以守住；不这样的话，以保促稳、稳中求进的任务便难以完成。但是，无论如何，在任何情况下，以最小化成本实现既定政策目标终归是宏观调控操作的基本考量。为此，盯住疫情之下财政扩张操作可能带来的副作用拉出一张大致"清单"，作为警醒各方面共同遵守的"底线"，无疑是必要的。

首先，政府压缩一般性支出，开源节流，消除"减税降费"与政府财政收入紧张之间的矛盾。财政部数据显示，2020年1—6月累计，全国一般公共预算收入96176亿

---

① 资料来源：财政部《2020年上半年中国财政政策执行情况报告》：http：//www.mof.gov.cn/zhengwuxinxi/caizhengxinwen/202008/t20200806_3563343.htm。

元,同比下降10.8%。其中,中央一般公共预算收入44347亿元,同比下降14%;地方一般公共预算本级收入51829亿元,同比下降7.9%。全国税收收入81990亿元,同比下降11.3%;非税收入14186亿元,同比下降8%。因此,政府要自觉践行新发展理念,在"减税降费"的背景下,从收支两个方面两手抓,地方财政要压缩一般性预算开支,坚持过紧日子,加大资金统筹力度,集中财力保工资、保运转、保民生、保重点,节约压缩政府开支,大幅度压减项目支出。同时加大中央一般性转移支付,保障地方政府(尤其是县乡政府)的运行,弥补"减税降费"给地方造成的财力缺口。同时,政府应继续全面推行预算绩效管理,提高财政资金使用效率,发挥财政资金"四两拨千斤"的效果。逐步探索实施"减税降费"政策的长效机制。

第二,持续优化"减税降费"政策,兼顾短期与长期,政策出台加强前瞻性。"减税降费"政策作为刺激经济触底回升的关键一招和国家转变宏观调控方式的重要经济手段,要具有前瞻性,尊重税种的经济属性,并兼顾短期与长期。下一步增值税要进行立法,应将"减税降费"的总体考量纳入,但必须结合增值税中性特征。总体而言,增值税不宜存在较多的优惠政策,因为容易产生不公平,应以降低增值税总体税负、税率的方式对市场主体减负。

第三,进一步完善"减税降费"政策的实施机制和措施。在创新"减税降费"政策落实上下功夫,完善并持续优化问题收集和诉求快速响应机制,联系实际带着问题学,调查研究奔着问题去,抓住突出问题立行立改。针对落实"减税降费"政策工作中存在的差距和短板,把问题找实、把根源挖深,及时响应纳税人诉求,着力解决纳税人、缴费人反映强烈的突出问题。建立健全政策梳理、清理机制,建立智库,提前研判,做好政策储备;进一步加强"减税降费"政策宣传辅导,做到辅导宣传多渠道、全方位、高品质;优化纳税服务,提速办税流程,拓宽"减税降费""最多跑一次"事项范围;简化操作流程,清理简化涉税资料等。

第四,通过进一步的减税降费和加大支出力度来刺激国内需求和保证社会稳定,是逆周期调节的应有之义。然而,这将加大中国政府财政,尤其是基层政府财政的不可持续性。在前期大规模减税降费和疫情双冲击的背景下,如何才能保证减税降费的精准性以保证政策的最优?我们必须认识到,国家财政是有"底线"的,积极的财政政策不能解决所有社会经济问题。为应对新冠肺炎疫情,中国政府新增发"2万亿"国债和财政刺激额度,意味着财政风险将进一步上升。财政自身承受能力受到财政收支和债务水平影响,若财政收入进一步缩减,支出却迅猛增长,国家主要依靠发债来应对收支缺口的扩大,长此以往财政风险定会上升,进一步可能影响到国家的主权信用问题。因此,财政自身风险不容忽视。在抗击疫情的关键时期,财政自然应发挥中流砥柱的作用,保证经济的正常运行。但在抗疫结束之后,我们更应该反思财政的缺陷,着眼于财政结构的调整,要创新财政收支体系,减轻财政风险,以更好地使用财政政策工具对冲公共风险。

二、减税降费与财政可持续性：精准降税、侧重新功能

在国家治理体系和治理能力现代化的背景下，提升财政的可持续性是建设现代化财税体系、推动中国经济社会可持续发展的重要保障。如何运用宏观调控手段应对新冠肺炎疫情对于中国经济发展有着重大影响，已成为短期内颇具现实性和挑战性的问题。

在此背景下，习近平总书记在经济社会领域专家座谈会上的讲话中指出，要以辩证思维看待新发展阶段的新机遇新挑战。在"十四五"规划开局之际，中国的发展面临深刻且复杂的变化。首先，世界经济形势不容乐观。全球疫情仍在持续蔓延，一些国家遭遇了第二波的疫情高峰，因此全球经济的恢复仍具有很大的不确定性，政策的外溢效应和经济波动仍将继续加大，经济复苏分化和不平衡的态势将更加明显。其次，在中国经济进入"新常态"之后，随着经济发展速度的下降、结构性减税的开展以及各项财税体制改革的推进，政府的财政收入增速下降，而支出方面的需求却在不断增长。在社会主义市场经济的大环境下，政府一方面需要积极作为、触发经济发展的活力点，另一方面需要保持减税降费力度、减少不必要的税费征收，避免收支矛盾加剧，这给目前研究财政可持续性提出了新的挑战和难题。

因此，在以"财政风险对冲公共风险"这一特殊时期，中国应该聚焦于高质量发展语境下的减税降费政策，具体有两个方面：

（一）立足以降成本为目标的减税政策，避免边际效果递减

以扩需求为目标的减税降费背景条件下，中国走的往往是税费政策调整的路子，通过暂时性的、临时性的税费政策调整来实现减税降费的目标，追求的是一种短期的平衡，而不是着眼于长期的发展，时过境迁，这样一种减税降费的政策就会停止，或转型为其他政策。但是，如果以降成本作为目标，这时候的减税降费就不能不锁定于税费的制度改革，它是一种长远性、战略性的减税降费，即便形势发生变化，这种减税降费的效应也是要持续加强。所以，在今天的背景条件下，以降成本为目标的减税降费其实是实质性的减税降费。因为它会改变资源的配置逻辑，通过把政府占有的资源还给企业，从而调整资源配置格局，并且立足于长期减税降费。对企业而言，当下和未来成本都会下降。

（二）聚焦高质量发展语境下的减税政策，增强中国市场经济源头动力

与以往的实践有所不同，减税降费是通过税费制度改革而非政策调整的途径加以

实施的。新一轮减税降费并非临时性的操作，而是立足于长久之计的减和降，是一系列持续有效的行动。再注意到举凡改革行动往往要与既定改革规划相挂钩，循着既定改革方向而展开。新一轮减税降费主要不是着眼于熨平经济周期的短期安排，而是立足于解决经济运行中的结构性矛盾、实现经济持续健康平稳发展的长期战略；从经济可持续发展看，减税降费的长期目标在于"放水养鱼"。当前，全球经济动能在数字经济和科技突破中发生了重大转变，中国民营经济要想顺应和融入未来科技革命的新浪潮，培育领先于时代的新型产业技术，提升相关产业在全球价值链中的位置，不仅需要企业自身转变观念、调整思路、加快转型，更需要政府运用好宏观调控手段。一要树立全球视野和战略思维，以增强企业市场竞争力为目标，聚焦新兴市场，实现产能走出去、品牌走出去，争取更大的国际化经营发展空间。二要在减免企业税收的同时，加强政策在创新上的投入，引导小微企业与国内知名企业和跨国公司在产业龙头项目、产业链延伸、研发中心、营销网络等方面开展合作，开发技术含量高、市场容量大、附加值高的产品。三要发挥原有制造业基础优势，加快制造环节的智能化转型，占领价值链的高端，争取成为新兴经济体和发展中经济体的主导者。四要推进商业模式创新，使资金、技术与其他优势资源相结合。

中国财税体制40年的改革成绩显著，中国成功成为世界第二大经济体，综合国力大幅提升。从产业结构看，基本符合世界各国产业结构的演变规律，即由"一二三"到"二三一"再到"三二一"的发展历程，实现了快速发展。在2020年，中国经济如何顺利实现从数量型向质量型的转变仍然充满挑战。诚然，建立现代财政制度是一项任重而道远的工作，既要应对当前国际"百年未有之大变局"，又要妥善解决国内经济下行和疫情所带来的现实难题。因此，防控重大财政风险和实现财政可持续发展也许是中国未来几年之内需要着重关注的重点工作。

思考与讨论题

1. 如何衡量刻画政府财政可持续这一概念？
2. 地方政府如何才能过好"紧日子"？
3. 简述财政"收、支、管、平"的概念。
4. 就如何进一步完善财政体制变革提出自己的意见。

推荐阅读文献

[1] 马骏：《治国与理财：公共预算与国家建设》，生活读书新知三联书店2011年版。

［2］项怀诚：《中国财政通史·当代卷》，中国财政经济出版社2006年版。

［3］马海涛：《中国分税制改革20周年》，经济科学出版社2014年版。

［4］高培勇，马珺：《中国财政经济理论前沿》（7），社会科学文献出版社2014年版。

［5］国家税务总局税收科学研究所：《改革开放40年中国税收改革发展研究——从助力经济转型到服务国家治理》，中国税务出版社2018年版。

［6］李燕：《政府预算管理》（第二版），北京大学出版社2016年版。

［7］汤贡亮：《税收理论与政策》，经济科学出版社2012年版。

［8］许廷星：《关于财政学的对象问题》，重庆人民出版社1957年版。

主要参考文献

［1］白景明：《深刻认识实施更大规模减税降费的重大意义》，载《中国财政》2019年第12期。

［2］白彦锋，罗庆：《财税改革40年：回顾、经验与展望》，载《河北大学学报》（哲学社会科学版）2018年第2期，第73—82页。

［3］吕冰洋，李钊：《疫情冲击下财政可持续性与财政应对研究》，载《财贸经济》2020年第6期。

［4］马骏：《治国与理财：公共预算与国家建设》，生活读书新知三联书店2011年版。

［5］高培勇：《由适应市场经济体制到匹配国家治理体系——关于新一轮财税体制改革基本取向的讨论》，载《财贸经济》2014年。

［6］刘佐：《社会主义市场经济中的中国税制改革：1992—2002》，中国税务出版社2002年版。

［7］刘佐：《新中国税制60年》，中国财政经济出版社2009年版。

［8］楼继伟，刘尚希：《新中国财税发展70年》，人民出版社2019年版。

［9］郭玉清，毛捷：《新中国70年地方政府债务治理：回顾与展望》，载《财贸经济》2019年第9期，第51—64页。

［10］裴世安：《"非税"思想的传播、讨论及其影响》，载《当代经济科学》1986年第2期，第62—67页。

［11］高培勇等：《中国财政70年》，经济科学出版社2019年版。

［12］谷成：《中国财政分权的特征与改革取向》，载《政治经济学评论》2008年第2期，第99—109页。

［13］谷成：《财政分权与中国税制改革研究》，北京师范大学出版社2012年版。

[14] 林毅夫，刘志强：《中国的财政分权与经济增长》，载《北京大学学报》（哲学社会科学版）2000年第4期，第5—17页。

[15] 刘尚希，李成威：《国家治理与大国财政的逻辑关联》，载《财政监督》2015年第15期，第5—7页。

[16] 刘佐：《新中国税制的创建——为庆祝中华人民共和国成立70周年而作》，载《经济研究参考》2019年第23期，第34—47页。

[17] 楼继伟，刘尚希：《新中国财税发展70年（新中国经济发展70年丛书）》，人民出版社2019年版。

[18] 马海涛，白彦锋，岳童：《新中国成立七十年来中国财政理论的演变与发展》，载《财政科学》2019年第4期，第14—24页。

[19] 牟信勇：以税收治理新成效展现"税务之为". http：//www.chinatax.gov.cn/chinatax/c101507/c5143020/content.html，2020-01-21.

[20] 陶学荣：《改革开放三十年中国税收理论的发展与变化》，载《广西经济管理干部学院学报》2009年第1期，第83—88页。

[21] 王庆，刘莎莎：《从国家分配到国家治理：新中国70年财政实践的驱动力与内在逻辑》，载《深圳大学学报》（人文社会科学版）2020年第1期，第78—88页。

[22] 许建国，李波：《改革开放30年来税收理论发展的历程》，载《税务研究》2008年第10期，第11—15页。

[23] 许建国：《辉煌与思考——对中国税收理论发展50年的简要回顾》，载《税务研究》2000年第1期，第4—11页。

[24] 张馨：《论民生财政》，载《财政研究》2009年第1期，第7—10页。

[25] 周克清，张晓霞：《析国家分配论与公共财政论间的财政本质之争》，载《财经科学》2001年第1期，第111—112页。

第四章

新中国金融体系的变革与重塑

新中国成立后的近30年间,中国形成了"大一统"政府主导型金融体系。该体系不仅构成简单,而且规模及作用均非常有限,主要扮演财政"附庸"角色。1978年12月中国共产党十一届三中全会所确立的改革开放路线开启了一个具有伟大意义的新时代,而这一时点也成为见证一场中华民族经济复兴伟大历程的新起点。1978年以来中国经济的复兴与崛起在带来一系列令人感到无比振奋的与增长相关的数据与伟大成就(或者说"中国奇迹"),与此同时,也引发了很多在发展经济学领域中充满争议也极具吸引力的话题——金融发展。尽管中国1976年之后通过家庭联产承包责任制和乡镇企业制度,在改善产权方面取得了巨大进步,但如果按照发达国家的标准看,中国的产权、法律体系以及信息透明度仍然比较差。然而,正是在这样薄弱的制度环境背景下,在过去40余年间中国不仅实现了以金融总量的迅猛增长和金融结构的巨大转变为内核的金融发展,而且保持了世界最高的经济增长速度。金融是现代经济的核心,其在中国经济发展中的重要性和关键作用更是极为突出。本章试图在简单回顾新中国成立以来金融发展历程及成就的基础上,重点对改革开放以来40余年间中国金融体制变迁的制度特征进行了分析,介绍40年以来中国金融理论的基本研究脉络,并就新时代中国金融发展走向进行前瞻。

第一节　新中国金融发展实践

1949年以来，中国金融体系在经历了近30年的"大一统"单一银行体制之后，改革开放启动了向现代金融体系的历史性转变。中国的金融发展不仅实现了总量规模的迅猛增长和金融结构的市场化变迁，而且在宏观金融保持整体稳定的基础上，见证了金融业态的活跃创新和金融运行效率的提升。

一、1949—1978年的中国金融体系

新中国成立之后直至1978年改革开放以前，中国金融基本沿袭了苏联的运行模式，实行的是"大一统"的政府主导型金融体制，构成极为简单。中国人民银行是全国唯一的银行，既充当国家的货币发行银行，管理着全国的金融业务，又统一办理经营全国工商信贷、保险等各类金融业务。

历史地看，新中国这一金融体制的初步建立可追溯到1953年[①]。此间，中央政府将民国政府时期的中央银行、中国农民银行、中央信托局、邮政储金汇业局和中央合作金库以及省市银行全部并入1948年设立的中国人民银行，中国银行和交通银行则在保留部分私股权益的同时没收了官股进而改组成为中国人民银行领导下专门经营外汇业务和工矿交通事业长期信用业务的专业银行。随着对新华信托储蓄银行、中国实业银行等机构公私合营的改组（成为中国人民银行领导下的办理私营工商业存贷款业务的专业银行），再加上1952年前后多家外资银行的退出，一个由中国人民银行统一领导的金融体制初步建立。

进入"一五"时期，随着全行业公私合营银行的建立和私营金融业社会主义改造的完成，公私合营银行于1955年开始专营储蓄并与中国人民银行有关机构合并（1955年2月，全国14个城市公私合营银行与当地中国人民银行储蓄部合署办公；1956年7月，公私合营银行总管理处与中国人民银行总行私人业务管理局合署办公）。同时，一方面尽管1949年就设立了中国人民保险公司，中国农业银行和中国人民建设银行也分别于1955年和1954年设立，但此后，要么被撤销（农行就在1957年撤销，虽在1963

[①] 1949—1952年可视为中国金融体系创建的探索期，这一时期由于刚刚经历了长期战争的中国经济百废待兴，经济基础极为薄弱，导致金融体系也比较单薄，旧时的金融机构面临接管与整顿，个人、企业等经济个体的金融需求受到显著抑制，国家的资金需求主要通过财政系统解决，甚至连中国人民银行都是归口财政经济委员会管理。值得指出的是，这一时期金融机构产权形式呈现多元的格局：除国家控制的中国人民银行之外，还有私有性质的中国银行、交通银行，公私合营性质的新华信托储蓄银行、中国实业银行、四明商业储蓄银行以及中国通商银行，此外还有保险公司和汇丰、渣打等外资银行以及众多的私人钱庄。

年再度建立，1965 年再度撤销），要么虽然保留了机构名称，但其业务却极为特殊，很难视为独立的金融机构（建行大部分时间是在财政部领导下仅办理财政基建拨款，不涉及存贷款业务。人保的国内保险业务也在 1958 年停办，仅经办少量国际业务并转由中国人民银行国外业务局领导）。另一方面，中国银行只是中国人民银行的一个下属单位，而一度数量极为庞大的农村信用社（1956 年达到 10.3 万个）被长期视为中国人民银行的基层机构而存在。至此，中国"大一统"金融体制初步形成。

在此后 20 余年间，尽管在形式上或名义上中国也存在其他一些金融机构，但中国人民银行在金融体系中"大一统"的绝对垄断地位一直未有改变（1969—1977 年可能是一个例外，因为这期间由于国务院机构精简导致中国人民银行并入财政部合署办公）。因此，当 1978 年 1 月中国人民银行与财政部正式分设后，随着省、自治区、直辖市以下的银行机构与财政部分设工作的全部完成，长期以来形成的由中国人民银行"大一统"的金融体制仍继续运行，并构成了中国金融改革和发展的起点。

在"大一统"模式下的中国金融体系（也可以说是银行体系）以服务国有企业为核心目标取向（即国有企业资金供给或方便融资的配套制度安排），进而其在功能上几乎完全附属于财政，基本上丧失了独立存在的意义。鉴于当时银行信贷仅限于企业临时周转的部分流动资金（全部固定资产投资以及企业的定额流动资金由财政部拨款），因此，银行在经济中实际上仅类似于国家财政的会计和出纳。其功能在于确立中国人民银行在全国范围内信贷、现金和结算三大中心的地位，通过总揽国内全部金融业务来服务并强化国家对资源高度集中的计划配置体制，并没有赋予其更多的市场经济层面主动配置经济资源的功能，进而其规模也很有限。①

我国特殊的财政收入形成机制如图 4-1 所示。

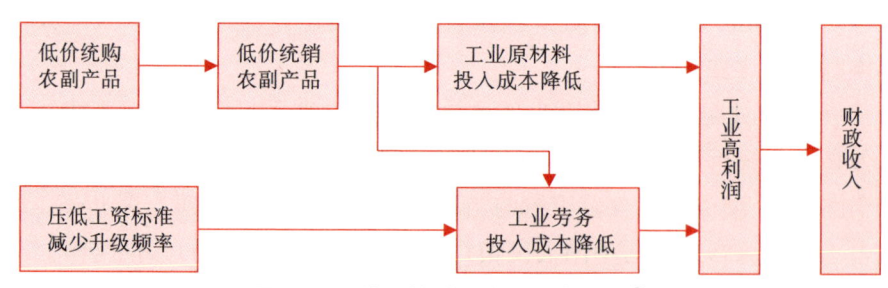

图 4-1　特殊的财政收入形成机制②

---

①　从实际效果来看，虽然高度集中的计划经济体制及其伴生的这种财政主导型储蓄—投资转化机制的确起到了极为重要的作用——如使中国得以积聚了有限财力，在"一穷二白"的基础上短期内建立起一个初步的国民经济工业体系，但由于就本质而言，这种转化机制客观上带有强烈的"资金供给"特性，导致国民经济运行的效果完全取决于有关当局的计划，根本无法有效地激发来自微观的经济活力。因此，在这种经济体制运转了近 30 年之后，中国国民经济运行中一直存在的一系列问题，如产业结构失衡、资源浪费严重、投资结构扭曲、"投资饥渴症"与预算软约束等愈演愈烈，在中国经济发展过程中造成了大量严重的制度性损失（樊纲，1992）。

②　转引自高培勇《国债运行机制研究》，1995 年版。

二、1978 年以来中国金融体系构成的演变

(一) 金融机构体系

以银行为主体，涵盖了银行、证券、保险等众多金融中介类型的多元化金融机构体系的形成是 1978 年以来中国金融领域最为突出的变化之一。

1. 银行业金融机构

以 1979 年中国农业银行、中国银行和中国建设银行的恢复设立为起点，经过 40 余年的发展，中国由原先的中国人民银行"大一统"的单一银行体系逐步转变为目前的一个以国有控股商业银行为主体、股份制商业银行和城市商业银行为辅的多元化银行业金融机构体系。根据银保监会的统计，截至 2019 年年底，中国银行业金融机构法人共 4607 家，其中包括：开发性金融机构 1 家、住房储蓄银行 1 家、政策性银行 2 家、国有大型商业银行 6 家、股份制商业银行 12 家、民营银行 18 家、外资法人银行 41 家、城市商业银行 134 家、信托公司 68 家、金融租赁公司 70 家、消费金融公司 24 家、汽车金融公司 25 家、货币经纪公司 5 家、企业集团财务公司 258 家、金融资产管理公司 4 家、贷款公司 13 家、村镇银行 1630 家、农村商业银行 1478 家、农村信用社 722 家、农村资金互助社 44 家、农村合作银行 28 家、其他金融机构 23 家。

历史地看，中国银行业现有金融机构体系的演进历程大致可划分为四个阶段：

第一阶段（1979—1984 年）：通过以工、农、中、建四家国有银行的或恢复或设立，在建立"二级银行体制"的同时形成、完善了中国银行业的主体架构[1]。

第二阶段（1986—1996 年）：以交通银行、招商银行等股份制银行的恢复和设立为标志，中国银行业的主体准入资格出现了较大的改变，企业资本开始进入银行业。此外，1994 年的银行商业化改革直接导致了三家政策性银行的设立[2]。

第三阶段（1996—2006 年）：城市信用社和农村信用社的改造和转型期。该阶段始于 1995 年 7 月深圳城市合作银行的设立，掀开中国城商行改革试点序幕以来，城市商业银行以及后来农村信用社的转型阶段。2003 年至今，在约 800 家城市信用社先后完成城市商业银行重组改造或实现市场退出的同时，农村信用社通过产权改革（农村商业银行）和公司治理的完善，进入了一个良性发展轨道。

第四阶段（2007 年至今）：村镇银行、贷款公司、资金互助社、小额贷款公司等

---

[1] 与银行类金融机构的发展相适应，这一时期信托投资公司和租赁公司等非银行金融机构陆续出现：1979 年 10 月，中国第一家信托投资公司——中国国际信托投资公司成立；1981 年 4 月，中国东方租赁有限公司成立，标志着融资租赁业开始进入中国金融体系。

[2] 这一时期中的 1987 年，以企业财务集团为依托的财务公司开始出现。

新型农村金融机构的试点及发展时期。进入21世纪头10年，随着民营银行等机构的出现，中国银行业机构的类型及业态进一步丰富。

在银行机构类型日益多元化的同时，中国银行业的资产负债规模也不断扩大。截至2019年底，中国银行业金融机构境内本外币资产总额为290万亿元，是1978年的1545倍，年均增长速度为19.6%，其中，国有控股大型商业银行为116.8万亿元，占比40.3%；股份制商业银行51.8万亿元，占比17.9%。

资产负债规模的迅猛扩大伴随着中国商业银行经营效益的显著提高。2019年，商业银行实现净利润2万亿元（1978年则为亏损16.6亿元），资产平均回报率为0.87%（2003年仅0.1%），资本回报率为10.96%（2003年仅3%）。同时，不良贷款余额和不良贷款率从2003年以来连续10年呈下降态势（从近2万亿元和近20%下降到1.17万亿元和不到1.5%）。①

值得强调的是，无论是从规模资产抑或资本的规模，还是盈利能力来看，中国各大银行已经发展成为世界级的金融机构。从国际排名来看，不仅中国四大国有商业银行资产、资本均位列全球前五大银行，而且在前20家最赚钱的银行中，中国有9家银行入选，其所占利润比重超过了50%。

2. 证券业

自1987年以来，30余年的制度变革使得中国证券公司体系不仅从无到有，而且其结构也发生了深刻的变化，市场化的证券服务机构体系初步形成，产权多元化的趋势也随着股份制改造进而民间资本和外资的进入而初露端倪。截至2019年底，中国共有133家证券公司，总资产达到7.18万亿元，净资产和净资本分别达到1.95万亿元和1.61万亿元。2019年度证券行业实现营业收入3520.44亿元，净利润1137.12亿元。2019年证券行业净资产收益率为6.29%，较上年提高了2.73个百分点。

3. 保险业

1978年以来，中国保险业大致经历了两个发展时期，即1979—2002年间的恢复发展期和2003年之后的全面开放和迅速发展期。

2006年，随着《国务院关于保险业改革开放的若干意见》颁布，中国保险业的改革发展进入了一个全新的时期，一些重要领域和关键环节的改革取得了重大进展，一个功能完善、分工合理、公平竞争、共同发展的保险体系初步建立。截至2019年底，中国保险公司机构数为235家（1998年仅28家，2002年则为62家），行业资产总额达到20.56万亿元（约为2002年的31倍），其中产险公司2.3万亿元，人身险公司17万亿元，再保险公司4261亿元；全年保费收入4.26万亿元（是2002年的14倍）。

---

① 近6年来，由于经济下行，银行业不良规模和不良率有所上升，但总体稳定，2019年分别为2.41万亿元和1.86%。

(二) 金融市场体系

对于中国而言,以股票市场为核心的金融市场体系从无到有、从小到大、从单一到多层次的构建及完善打破了银行业"一统天下"的局面,其蓬勃发展成为30余年间金融领域发生的最为深刻的结构性变革之一。

1. 股票市场

股票市场在中国的出现及发展是以国有企业转制和股份制改革为背景的。20世纪80年代初,城市一些小型国有和集体企业开始进行多种多样的股份制尝试,萌生出了股票市场,而1986年国务院《关于深化企业改革增强企业活力的若干规定》则开启了大型国有企业的股份制试点工作,多家企业公开、半公开地发行股票,股票的一级市场开始出现。而1990年和1991年上海证券交易所和深圳证券交易所的先后获批营业,标志着中国股票市场进入了集中性交易的一个全新时代(见表4-1)。

表4-1　　　　　　　　　　中国股票市场的发展状况

年份	上市公司总数	总股本(亿股)	流通股本(亿股)	总市值(亿元)	流通股市值(亿元)	平均市盈率
1990	8	0.97	0.47	23.82	9.82	442.61
1992	53	68.45	20.77	1206.33	206.35	59.01
1995	323	851.35	301.28	3939.28	797.47	19.69
1998	852	2536.35	864.32	20918.27	5586.12	42.03
2001	1160	5220.10	1818.89	46326.47	13399.66	61.20
2004	1377	7163.47	2591.90	39896.68	11015.47	21.55
2007	1550	22312.16	10181.37	327140.90	90724.43	40.22
2010	2063	33281.67	25651.48	265422.59	191060.6	17.45
2011	2342	36095.22	28850.26	214758.10	164921.30	13.40
2014	2613	36795.10	32289.25	372546.96	315624.31	15.99
2017	3485	53746.67	45044.87	567086.08	449298.14	16.30
2019	3777	61719.92	52487.62	592934.57	483461.260	14.6

资料来源:WIND资讯。

随着1992年国务院证券管理委员会和中国证监会的成立以及1993年股票发行试点由上海、深圳推广至全国,中国股票市场在经历了前期的初创阶段之后开始进入全国性股票市场的形成和初步发展阶段。此间,中国不仅建立了(以证监会为主体的)集中统一的证券监管体制、初步形成了股票市场法规体系,且在两个交易所上市公司数量、总市值、股票发行筹资额、投资者开户数等都进入了一个快速发展时期的同时，证券公司等中介数量也快速增多，规模也不断扩大。

进入1999年，中国股票市场进入了规范发展阶段，其重要标志是《证券法》的颁布实施。而随着中国加入WTO、2004年1月国务院《国九条》的颁布以及2005年开启的股权分置改革的顺利完成，不仅中国股票市场在上市公司数、总市值以及筹资规模等量上不断实现了新的跨越。截至2019年年末，中国上市公司总数3777家（是1990年的472倍），总股本达到6.17亿股（其中流通股本5.25亿股），上市公司总市值和通股市值分别达到59.3万亿元和48.34万亿元，占GDP的59.9%和48.8%。而且，市场的层次以及产品的多样化取得了极为显著的成就。相继创设了中小企业板（2004年）、代办股份转让系统（2001年）、创业板（2009年）和科创板（2019年），构建了一个多层次股票市场①；同时，可转换公司债、可分离交易转债以及权证等新品种也在创新实践中不断涌现。

2. 债券市场

历史地看，改革开放之初中国债券融资证券化始于政府。为了治理通货膨胀，财政部于1981年7月通过行政分配，发行国库券48.66亿元。国债恢复发行之后，企业债券也开始出现。1985年，沈阳市房地产公司向社会公开发行了5年期债券，标志着企业债券的发展正式拉开了序幕。但发展初期证券交易主要发生在柜台市场。企业债的柜台转让业务在1986年的沈阳首先成为现实②。到1988年初国库券的流通转让试点才得以开展，所以从本质上看，相当长一个时期内的中国债券融资并未实现完全的证券化。

中国债券市场运行的这一状况在1990年底上海证券交易所成立以及证券交易自动报价系统（STAQ）落成并投入使用之后发生了一定的改变，并在1997年6月银行间债券市场形成之后发生了根本性的转变。此后20余年间，中国债券市场规模快速扩大，债券融资证券化规模以及交易量和托管量均保持了迅猛的增长势头，而中国债券市场也逐步形成了以银行间债券市场为主体、交易所债券市场为辅助的债券市场体系，且无论从发行规模还是存量来看，债券市场均获得了非常显著的发展。2015年之后中国的债券市场保持了较高的增长速度，到2019年全年发行规模达到45.2万亿元，年末存量达到97.1万亿元，仅次于美国，已成为世界第二大债券市场（见表4-2和表4-3）。

---

① 截至2019年12月，在中国总计3777家上市公司中，943家公司在中小企业板上市，总市值为98681.31亿元，流通市值73661.29亿元（在中国场内股票市场的占比分别为24.97%、16.64%和15.24%）；791家在创业板上市，总市值为61347.61亿元，流通市值40231.73亿元（其占比分别为20.94%、10.34%和8.32%）。

② 1987年3月国务院《企业债券管理暂行条例》的颁布，意味着企业债券的发行管理纳入正轨。

表 4-2 中国国内债券（按发行主体分类）发行状况：1991—2019 年　　单位：亿元人民币

年份	国债	地方政府债	金融债券	企业债券	公司债	资产支持证券
1991	281.25	—	66.91	250.0	—	—
1995	1510.9	—	—	300.8	—	—
2000	4657.0	—	1645.0	83.0	—	—
2005	7042.0	—	7117.0	2046.5	—	130.74
2010	17778.2	2000	13569.2	14689.95	1228.8	0
2013	16944.01	3500	26813.58	33522.77	2269.86	279.7
2016	30665.8	60458.4	46277.0	57065.8	28694.73	8755.35
2019	41641	43624.27	66016.4	66367	25438.63	23628.7

注：国债不含"央行票据"；"金融债券"不含"同业存单"；2008 年前后部分类别统计口径有所变化：可转换债券（含可分离交易可转债）2007 年前属于权益再融资范畴，2008 年之后计算入针对上市公司的"公司债券"范畴；企业债券主要面向非上市公司，包含了企业债券、中期票据、短期融资券和定向工具等。资料来源：《中国证券期货统计年鉴》2007 年，2007 年之后的数据来源于 WIND。

表 4-3　　　　中国债券市场存量结构变化：1996—2019 年　　　　单位：亿元人民币

年份 发行主体	1996 年	2000 年	2004 年	2008 年	2012 年	2016 年	2019 年
政府	4714.04	16247.59	16247.59	54783.22	84377.86	226127	377688
金融	3106.6	9841.73	17648.87	41232.64	90920.76	163375	228389
企业	10	322.82	1385.43	12161.66	68252.16	166649	198748

注：这里的债券存量没有纳入央行票据、同业存单以及资产支持证券。

资料来源：WIND 资讯。

3. 金融衍生品市场

目前，中国金融衍生品市场的整体发展相对基础市场而言较为滞后，仍处于起步阶段，现有的一些产品技术含量较低，远不能满足内地经济金融风险管理的需要[①]。但是，随着经济市场化、全球化程度的不断加深，以银行间市场、交易所市场和银行柜台市场为架构的金融衍生工具市场在过去 40 年间还是得到了一定的发展。

历史地看，中国衍生品市场的总体发展轨迹与美国、欧洲等发达国家大致类似，经历了一条"先商品，后金融；先场内，后场外"的道路。尽管经过 20 余年的持续探索与创新，目前的中国已经形成了一个与发达国家颇为类似的场内和场外协同发展的衍生品市场体系，但从最近几年场内和场外市场的发展对比来看，从沪深 300 股指期货推出直到 2015 年，场内市场的交易规模持续走高。2010 年就达到了 41 万亿元人民

---

① 事实上，自 1995 年 5 月由 "320" "327" 等一系列国债期货风波引致的国债期货暂停交易之后，依托交易所、以期货为主的标准化和基础性的金融衍生品直到 2010 年之前一直陷入停顿状态，只有为数不多的场外外汇衍生品交易。

币,到 2015 年则达到了创纪录的 417 万亿元人民币,年均增长速度达到 159%,无论是交易规模总量还是增长速度均远远地超过了(包括利率和外汇交易在内的银行间)场外市场(见图 4-2 和表 4-4)。

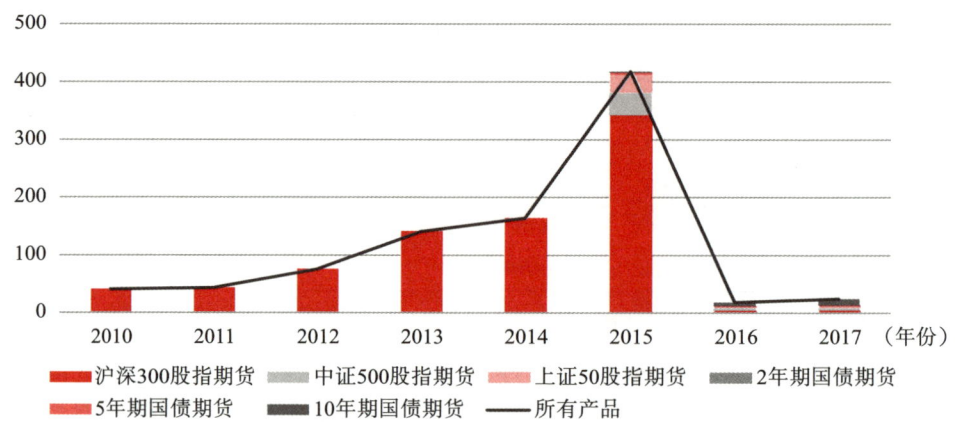

图 4-2 中金所交易的衍生品年度成交金额(单位:万亿元人民币)

资料来源:中国金融期货交易所。

表 4-4   中国银行间市场金融衍生品交易规模

年份	人民币债券远期(亿元)	人民币利率互换(亿元)	人民币远期利率协议(亿元)	标准利率衍生品(亿元)	人民币外汇掉期(亿美元)	人民币外汇远期(亿美元)	人民币外汇期权(亿美元)
2005	177.99						
2006	664.46	355.7			508.6	140.6	
2007	2518.1	2186.9	10.5		3154.67	223.87	
2008	5005.5	4121.5	113.6		4403	174	
2009	6556.37	4616.35	60		8018.02	97.67	
2010	3183.4	15003.4	33.5		12800	327	
2011	1030.1	26759.6	3		17710	2146	10.1
2014		40347.2		413.5	44995	529	1299
2016		99184.2		8	100229	1529	7471
2019		181394			164000	760	

资料来源:中国人民银行《货币政策执行报告》(2005—2019 年)。

但场内金融衍生品的这种迅猛发展态势随着 2015 年 5—8 月间中国股票市场异常波动的发生而戛然而止。在中金所大幅提高交易保证金比率且对投机性交易施加极为严格的限仓措施之后,2016 年中金所发生的交易量仅为 18.22 万亿元人民币(约为 2015 年交易规模的 4.3%)。而场外利率和外汇衍生品交易则继续保持了较高的增长态势,全年交易规模按人民币计算超过了 80 万亿元,进而出现了金融衍生品场外交易远超场内交易的市场结构性变化。进入 2017 年,中国金融衍生品的市场交易格局继续维持了 2016 年的发展态势。尽管 24.59 万亿元的场内交易量较 2016 年有了近 25% 的增长幅度,但场外交易量的增长也接近类似的速度(总额接近 109 万亿元),场内和场外市场之间交易差距进一步扩大。

此外,在银行间与银行柜台衍生品市场快速发展的同时,2014 年以来,证券公司机构间市场与证券公司柜台市场衍生品交易也发展颇为迅猛。以证券公司柜台衍生品市场为例,2015 年末的未平仓衍生品初始名义金额也达到了 9468 亿元,2016 年和 2017 年则较 2015 年有所回落。截至 2019 年 6 月末,证券公司场外衍生品未了结合约初始名义本金余额 4694.25 亿元,其中互换业务未了结初始名义本金 772.84 亿元,期权业务未了结初始名义本金 3921.42 亿元。

4. 货币市场

中国的货币市场兴起于 20 世纪 80 年代初期,其间曾经历较大的起伏,但进入 1998 年之后,整体发展逐步走上正轨,不仅实现了以同业拆借、证券回购以及票据为主体的货币市场结构或品种的相对完善,而且市场交易规模的增长极为迅猛。1997—2019 年,交易量从 1997 年的 1.92 万亿元上升到 2018 年的 1235.57 万亿元和 2019 年的 1325.29 万亿元,年均增速高达 35%。按照国际经验,一国货币市场相对发展程度可以从货币市场交易量与 GDP 比值的大小及其变化来反映,如果以此为衡量标准,2016—2019 年该指标平均达到 1.4,某种程度上意味着中国货币市场已达到甚至可以说超过了绝大多数发达国家货币市场的发展水平(见图 4-3)。

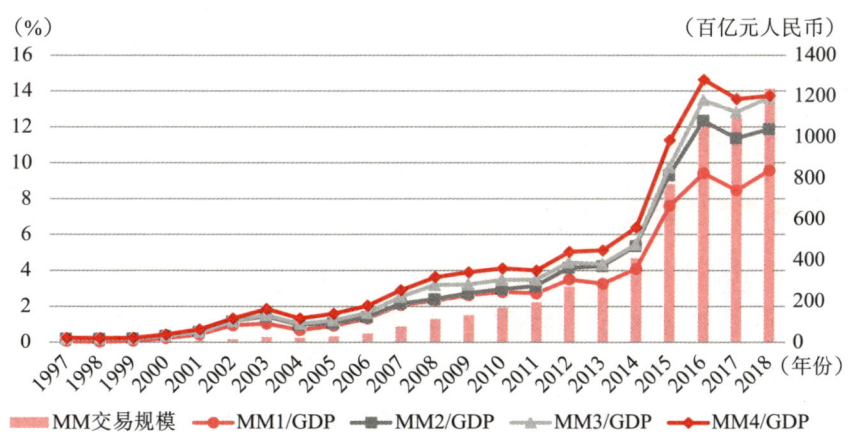

图 4-3 中国货币市场总体发展状况:1997—2018 年

注:货币市场包括同业拆借市场、回购市场(含银行间债券市场和交易所市场)、央行票据市场、短期融资券市场、同业存单市场和票据市场;MM1/GDP 指同业拆借市场和银行间回购市场交易量/GDP;MM2/GDP 指同业拆借市场和回购市场(含银行间债券市场和交易所市场)交易量/GDP;MM3/GDP 指同业拆借市场、回购市场、央票市场、短期融资券市场和同业存单市场交易量/GDP;MM4/GDP 指包括票据贴现在内的诸多货币市场交易量/GDP。

资料来源:WIND。

三、1978 年以来的中国金融总量指标及其结构变化

（一）货币总量及其结构

1978 年以来，货币总量的快速增长（或者说货币化程度的急剧提升）是中国经济金融领域中发生的一个极为引人关注的现象。1978 年，中国经济中流通中现金（M0）为 212.0 亿元，货币（M1）为 948.5 亿元，货币和准货币（M2）为 1159.1 亿元，在二级银行体制刚刚建立的 1984 年，M0、M1 和 M2 存量也仅为 792.1 亿元、2449.4 亿元和 3598.5 亿元，而到了 2019 年底，这三个层次的货币量分别达到 77189.5 亿元、576009.2 亿元和 1986488.8 亿元，短短 41 年的时间里竟然分别增长了 364、607 和 1713 倍。

就变化轨迹而言，过去 40 余年中国货币存量的增长大致可以分为两个阶段：第一阶段是 1994 年以前，货币供应量的增长曲线相对比较平稳；第二阶段即 1994 年以后，M0、M1、M2 增长都进入了一个加速态势，增加的速度（斜率）越来越陡，不到 15 年的时间，各层次货币规模都出现了量级上的增长，显著高于经济增长速度。而这样一种相对实际经济而言货币存量的快速增长态势，致使国际上通常用来反映经济货币化程度的指标值（M2/GDP）在中国从 1978 年的 0.32 上升到了 2019 年接近 2 的水平，已远超美、德等发达国家。

伴随着货币存量规模的快速扩张，中国广义货币存量结构也悄然并持续发生着极为深刻的改变。执行媒介职能的货币比重（M1/M2）在下降，从 1978 年的 81.8% 降至 2019 年的 29%。同时，执行资产职能的准货币比重（QM/M2）在上升，从 1978 年的 18.2% 升至 2019 年的 71%。两个比重的变化轨迹形成了一条鲜明的"X"形曲线。

（二）金融资产总量及其结构

在货币存量快速增长的同时，随着中国金融结构的深刻变化，金融资产总量规模也出现了迅猛增长的发展态势。1978 年，中国金融资产仅货币一项，各类股票、债券和保费统计均为 0，金融资产总额只有 1512.5 亿元，其占 GDP 的比例（金融—经济相关率）为 41.7%，而到了 2019 年，除高达 198.7 万亿元的货币（M2）之外，债券存量、股票市值分别达到了 97.1 万亿元和 59.3 万亿元，仅这三者的金融资产总量就达到 355 万亿元，金融相关率（FIR）达到 356%，标志着中国经济的金融化水平出现了极为迅猛的提升[①]。

[①] 由于金融资产总量计算口径的差异，不同研究中中国金融资产总量和金融相关率差异较大。这里的金融资产指的是货币（M2）、股票、债券以及保单之和，没有包括银行贷款、投资基金等产品。

在中国金融资产总量迅猛增长的同时，金融资产构成也发生着极为深刻的变化。1985—2019 年中国的金融资产结构具有如下显著特征（见表 4-5）。第一，货币类金融资产比重大幅下降。尽管流通中现金和存款总额从 1985 年的 987.8 亿元和 4990.0 亿元分别增长到了 2019 年的 7.72 万亿和 190.92 万亿，但货币类金融资产所占的比重却下降得极为明显，分别从 15.9% 和 80.1% 下降到 2.2% 和 53.5%，共计下降超过 40 个百分点。第二，证券类资产比重迅速上升的同时，其内部构成也发生了极为显著的变化。1985 年包含股票、债券在内的证券类资产规模仅 242.8 亿元，所占比重为 3.9%，且构成以政府债券为主，企业债券、股票等资产均可以忽略，而到 2007 年末时，证券类资产的构成已上升到了 49.2%，几乎与货币类资产平分秋色，其中债券所占比重为 10.2%、股票的比重竟高达 38.9%；即便到了 2019 年，虽然受内外因素持续冲击所导致的股票市值快速萎缩的影响，但债券市场的迅猛发展仍使得证券类资产的规模也达到了 153 万亿元（总计 43%，其中债券占比则达到了 27.2%，显著超过了股票的 15.8%）。第三，保险类资产比例较明显提升。尽管以保费形式体现的保险类资产在金融资产的比例仍处于较低的水平，但近 10 年来寿险的快速增长使得这一比重基本稳定在 1% 的水平上下，较 1985 年初的 0.2% 也有了较为明显的提升（见表 4-5）。

表 4-5　　　　　中国金融资产结构的变化：1985—2019 年　　　　　单位：%

项目	1985 年	1990 年	1995 年	2000 年	2005 年	2010 年	2013 年	2016 年	2019 年
货币类资产	96.0	93.3	87.4	66.5	77.6	60.3	66.8	56.9	55.7
流通现金	15.9	14.8	11.2	7.0	6.0	3.7	3.5	2.5	2.2
存款总额	80.1	78.5	76.2	59.5	71.6	56.6	63.3	54.4	53.5
证券类资产	3.9	6.5	12.5	32.9	21.2	38.4	32.0	42.0	43.0
债券	3.9	6.5	7.6	9.8	13.1	16.3	17.8	23.4	27.2
政府债券	3.8	4.9	4.7	6.3	7.2	5.2	—	—	—
企业债券	0	1.1	0.5	0	1.0	3.3	—	—	—
金融债券	0.1	0.5	2.4	3.5	4.9	7.8	—	—	—
股票市值	0	0	4.9	23.1	8.1	22.1	14.2	18.6	15.8
保险类资产	0.2	0.2	0.1	0.6	1.2	1.2	1.03	1.13	1.21
保费	0.2	0.2	0.1	0.6	1.2	1.2	1.03	1.13	1.21
总金融资产	100	100	100	100	100	100	100	100	100

资料来源：根据《中国统计年鉴》（1985—2019 年各期）、WIND 相关数据计算。

（三）融资总量及其结构

1978 年以来，原有高度集中统一的"大一统"单一金融结构被多元化、多层次、多种所有制形式并存的复合金融结构所替代。随着金融体制改革的深化，中国的融资结构发生了很大的变化。金融市场的逐步建立，金融品种、金融机构结构的健全，债券市场、股票市场逐步发展起来，社会融资方式选择逐步多元化。这里我们以社会融资总量及其结构变化来做一说明。

社会融资总量是指实体经济（除金融部门之外的社会各经济主体，包括公司企业、事业单位、政府部门、居民个人等）在一定时期内（月、季或年）从金融体系（各类金融机构和金融市场）获得的全部融资总额。从金融与经济的关系看，社会融资总量反映了金融体系在一定时期内对实体经济提供资金支持的全部融资总规模。

借助于人民银行2011年4月开始编制和公布的社会融资规模指标，可以发现金融体系对实体经济的支持力度明显加大。2002—2016年，中国社会融资总量由2万亿元扩大到17.80万亿元，年均增长16.9%，比同期人民币各项贷款年均增速高7.4个百分点，而企业债券的年度发行规模则从367亿元增长到了3万亿元，年均增长速度达到了34%，远高于贷款的增速。

年度社会融资总量中各类渠道新增规模的相对变化极大地改变了融资结构。借助于表4-6和图4-4，可以发现，与人民币贷款所占比重的整体下行态势相比，企业债券融资成为年度社会融资总量中增长最为迅速的一个途径，从2002年的1.6%上升到了2016年的16.85%，但2017年则出现了较大的回落，仅2.3%。2019年，社会融资规模增量累计为25.58万亿元，其中企业债券净融资3.24万亿元，占比12.7%。

表4-6　中国社会融资总量的年度规模及其构成变化：2002—2019年　　单位：%

年份	社会融资总量（万亿）	其中：人民币贷款	外币贷款	委托贷款	信托贷款	银行承兑汇票	企业债券	非金融企业股票
2019	17.8	69.9	-3.2	12.3	4.8	-11	16.85	7
2015	15.41	73.1	-4.2	10.3	0.3	-6.9	19.1	4.9
2014	16.46	59.4	2.2	15.2	3.1	-0.8	14.7	2.6
2010	14.28	55.6	2.9	7.9	2.7	16.3	8.4	4.1
2006	3.98	79.3	2.5	4.7	2.1	3.8	2.1	3.4
2002	2.01	92	3.7	0.9	—	-3.5	1.6	3

资料来源：中国人民银行。

不同途径融资增量的变化导致了社会融资规模存量结构的改变。从表4-7显示的规模及其构成来看，在2019年251.3万亿元的社会融资规模存量中，对实体经济发放的人民币贷款余额分别为151.6万亿元，委托贷款余额为11.4万亿元，信托贷款余额为7.5万亿元，未贴现的银行承兑汇票余额为3.3万亿元，非金融企业境内股票余额为7.4万亿元，而企业债券余额为23.5万亿元。从社会融资规模存量各个渠道的变化来看，企业债券的增长要远高于其他途径，其占社会融资规模存量的比重在2019年底达到了9.3%的水平，仅次于人民币贷款（60.3%）和政府债券（15%），远高于委托贷

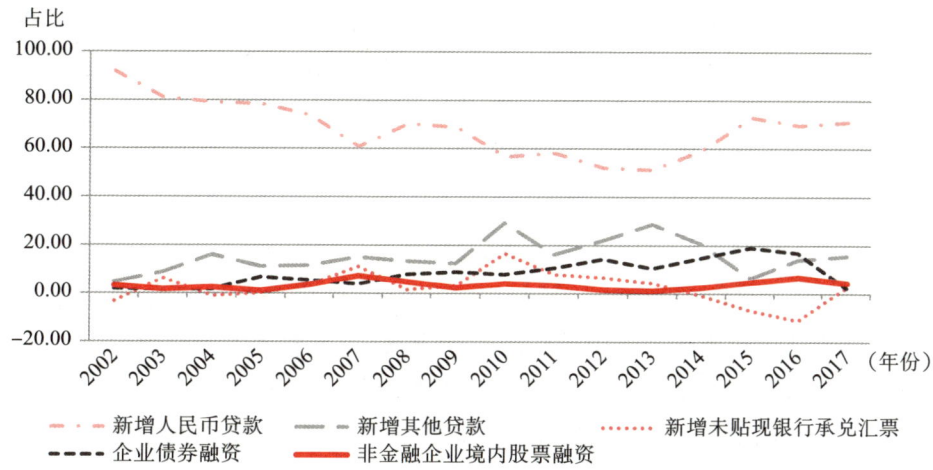

图 4-4　年度社会融资总量中各主要融资渠道相对比重的变化：2002—2017 年

资料来源：中国人民银行。

款（4.6%）、信托贷款（3%）和股票融资（2.9%）。

表 4-7　　　中国社会融资规模存量及其结构变化态势：2002—2019 年　　　单位:%

年份	社会融资规模存量（万亿）	存量同比增速	其中：						
			人民币贷款	外币贷款	委托贷款	信托贷款	银行承兑票据	企业债券	境内股票
2002	14.85	—							
2006	26.45	18.1	16.3	9.0	20.0	—	44.9	68.7	12.5
2010	64.99	27.0	19.9	15.9	44.2	34.4	135.5	42.3	30.9
2014	122.86	14.3	13.6	4.1	29.2	10.7	-1.8	25.8	12.7
2018	200.75	9.8	13.2	-10.7	-11.5	-8	-14.3	9.2	5.4
2019	251.31	10.7	12.5	-4.6	-7.6	-4.4	-12.5	13.4	5.0

资料来源：中国人民银行。

四、金融运行和调控机制

（一）金融运行机制

1978 年之前，中国的金融运行是由政府主导的，计划是配置资源的主要方式。随着 1979 年"拨改贷"试点引发的国家融资体制的终结，利率、汇率等市场化程度的不断提升，中国金融运行机制发生了极为深刻的变革。

1. "拨改贷"与国家融资体制的转型

财经中国

　　改革开放以来中国金融运行机制的真正变革肇始于1979年"拨改贷"试点。"拨改贷"政策使得基本建设投资所需资金不再由财政部无偿拨款，而是需向中国人民建设银行申请贷款，再由建行根据基本建设计划酌情提供有偿贷款[①]。经过两年的试行，国家决定将此项基本建设投资资金"拨改贷"的改革在全国范围推广。1980年11月，国务院肯定了"拨改贷"的实行成果并要求"从1981年起，凡是实行独立核算、有还款能力的企业，都应该实行基本拨款改贷款的制度"。

　　尽管在国务院1984年出台的《暂行规定》中明确了"从1985年起，凡是由国家预算安排的基本建设投资全部由财政拨款改为贷款"，但考虑到对于部分企业来说，根据国家的强制要求转变而来的贷款需求面临着难以偿还的问题，因此这一计划在实施过程中进行了一些调整。1985年12月，国务院下达文件，规定部分基本建设项目所需资金无需再由银行贷款的方式提供，而是恢复财政拨款的资金提供方式[②]。

　　尽管随着中国经济体制，尤其是国有企业体制改革的深入，"拨改贷"在1988年正式停止实行，而且当时由"拨改贷"形成的贷款方式也十分依赖国家的指令性计划，但这一改革将财政资金需求强制地转变为贷款需求，带来了国有企业贷款从无到有的重要转变，意味着改革之前以国家为唯一中介的融资体制从收入融资向债务融资形式的转型。与收入融资不同，债务融资形式下一方面资金已有了明确的融资成本，另一方面国有企业也已成为相对独立的利益主体。伴随而来的是，"拨改贷"之后，中国的金融需求总量大幅增加，进而成为推动中国金融运行机制转变的基本前提。

　　2. 利率市场化

　　1978年之前，与高度集中的计划经济（尤其是信贷管理）体制相适应，国家对利率实行了严格的控制。利率水平及其结构不仅受到了国家的严格控制，长期处于人为压低状态，而且主要用作核算和协调不同经济主体间利益关系的工具，基本没有显示资金稀缺性进而媒介资金配置的作用。改革开放以来，伴随着国有企业改革以及"拨改贷"等金融运行机制的转变，以提高利率水平、改善利率结构和改革利率管理体制为主要内容的利率市场化改革就成为影响中国金融市场化运行的关键环节之一。

　　1979年以来，中国人民银行积极利用利率政策进行宏观金融调控，对银行存贷款利率及其结构进行了近40次调整。在不断调整的基础上，中国利率市场化进程于1996年6月正式启动，并在随后的20余年间按照"先外币、后本币，先贷款、后存款，存款先大额长期、后小额短期"的基本步骤稳步、渐进地推进，直到2015年存贷款利率水平均放开（见专栏4-1）。

---

　　① 1979年8月28日，国务院发布相关通知同意了这一试点，并对基本建设贷款的适用范围及其实施步骤作出了规定："基本建设投资贷款，实行有借有还、谁借谁还的原则。贷款对象只能是实行独立核算，有还款能力的工业、交通运输、农垦、畜牧、水产、商业、旅游等各类行业。"

　　② 这份文件规定，自1986年开始，区分国家预算直接安排的基本建设投资，分列为国家预算内拨款投资和国家预算内"拨改贷"投资两部分，并要求对这两类项目在资金渠道上分别管理、分别核算、不相混同、不相挪用。

专栏 4-1

中国利率市场化的历史进程

1996年6月1日,中国放开了银行间的同业拆借利率的同时基本实现了国债发行利率的市场化。

1997年6月,银行间债券市场正式启动,债券市场中债券回购和现券交易利率实现市场化。

1998年3月,国家既放开了贴现和转贴现利率,又放开了政策性银行金融债券市场化发行利率,将金融机构对小企业的贷款利率浮动由10%扩大到20%,农村信用社的贷款利率最高上浮幅度由40%扩大到50%。

1999年,中国成功地实现国债在银行间债券市场利率招标发行,并进一步地放松了相应的利率限制。当年,中国人民银行还放开了外资银行人民币借款利率,随后又进一步放开了保险公司的存款利率和股票质押融资及其利率确定。

2000年1月,中国人民银行发布了《稳步推进利率市场化报告》。《报告》提出将根据具体情况,有步骤地放开城乡信用社贷款利率上限,促使其综合贷款风险、成本等因素进行差别定价。当年9月,中国还进行了外汇管理体制改革,放开了外币贷款利率;300万美元以上的大额外币存款利率由金融机构与客户协商确定。

2002年,在统一中外资金融机构外币利率管理政策的同时,中国利率市场化改革从8家县市农村信用社开始,逐步让其存贷款利率浮动幅度增大。

2004年,中国扩大了金融机构利率浮动区间,在下限保持不变的前提下提高上限,贷款利率的上浮幅度从原来的30%上升到70%,农村信用社贷款利率也从原来的50%上升到100%。

2006年,利率市场化改革进一步推进。一方面,启动了货币市场基准利率建设;另一方面,将商业性个人住房贷款利率下限由法定贷款利率的0.9倍扩大到0.85倍,扩大了个人住房贷款的定价空间。中国对商业银行、政策性银行和非银行金融机构也实行再贷款浮息制度。这些改革有助于提高金融机构自主定价能力和完善货币政策传导机制。

2007年1月,上海银行间同业拆借利率(Shbior)正式发布。作为央行重点打造的目标基准利率,Shbior市场地位的提高为利率市场化奠定了重要基础。

2008年5月汶川特大地震发生后,为支持灾后重建,人民银行于当年10月进一步提升了金融机构住房抵押贷款的自主定价权,将商业性个人住房贷款利率下限扩大到基准利率的0.7倍。

> 2012年6月7日，金融机构存款利率浮动区间的上限调整为基准利率的1.1倍；金融机构贷款利率浮动区间的下限调整为基准利率的0.8倍。
>
> 2013年7月20日起中国人民银行全面放开金融机构贷款利率管制，即取消金融机构贷款利率0.7倍的下限，由金融机构根据商业原则自主确定贷款利率水平。
>
> 2015年3月1日，中国人民银行决定结合推进利率市场化改革，将金融机构存款利率浮动区间的上限由存款基准利率的1.2倍调整为1.3倍。
>
> 2015年5月11日，中国人民银行决定结合推进利率市场化改革，将金融机构存款利率浮动区间的上限由存款基准利率的1.3倍调整为1.5倍。
>
> 2015年8月26日，中国人民银行决定，放开一年期以上（不含一年期）定期存款的利率浮动上限，活期存款以及一年期以下定期存款的利率浮动上限（1.5倍）不变。
>
> 2015年10月24日，中国人民银行决定对商业银行和农村合作金融机构等不再设置存款利率浮动上限。

现实地看，在经过近30年的探索和改革之后，当前中国金融体系中的各类利率形成机制基本实现了市场化，但仍面临着利率"双轨并存"和基准利率信号显示较弱等问题，需要继续通过改革来推进。

3. 汇率市场化

1978年改革开放以来，在"出口导向型"发展战略基本确立的大背景下，随着贸易体制市场化改革的逐步实施，长期高估的名义汇率在日渐开放的贸易体制下面临着极大的贬值压力，进而迫使人民币汇率管制体制的市场化改革。

1994年是人民币汇率机制改革的分水岭。1978—1993年，中国人民币不仅存在双重汇率，而且人民币高估程度较为明显。而随着1994年外汇体制改革的推进，人民币汇率形成机制逐步走向市场化，汇率的并轨和人民币的大幅贬值成为中国确立出口导向战略的新起点，并在之后引起了中国产品出口量的快速增长（见表4-8）。

表4-8　　　　　　　　　　中国汇率市场化历史进程

时间	特征	主要内容
1984年之前	官方汇率与贸易外汇内部结算汇率并存	为鼓励对外贸易发展，奖出限入，1979年8月，国务院决定改革汇率制度，从1981年开始实行人民币两种汇率，除贸易结算仍使用高估的官方汇率（1.5487元/美元）外，对贸易结售汇采用2.8元/美元的内部结算汇率。同时，为配合外汇管理体制改革，从1980年起实行外汇留成制度。此后，随着改革的深入，官方汇率逐步下调，到1984年底已于内部结算汇率相同。

续表

时间	特征	主要内容
1985—1993 年	官方汇率与调剂市场汇率并存	这一时期的汇率制度名义上是管理浮动,实际上是官方汇率与市场汇率并存的双重汇率制度;其间,1986 年 7 月、1989 年 12 月和 1990 年 11 月官方汇率进行了三次较大幅度的贬值,与调剂汇率的差距不断缩小,但并未改变人民币高估的状况。
1994 年 1 月 1 日	有管理的浮动汇率制度	外汇留成制度被结售汇制度所取代,官方汇率通过一次性大幅下调完成了汇率并轨,官方牌价和市场调剂价并存的双重汇率制正式终结,为单一的、有管理的浮动汇率制度取代;建立银行间外汇交易市场,改进汇率形成机制。
1996 年 12 月		中国宣布实行人民币经常项目可兑换,大大提高了外汇市场的市场化程度,改善了人民币汇率形成的市场条件。
2005 年 7 月 21 日	以市场供求为基础,参考一篮子货币进行调节、有管理的浮动汇率制	对多年稳定的汇率水平进行了初始调整(对美元升值 2%)基础上,人民币汇率不再单独盯住单一美元,而是按照对外经济发展的实际选择若干种货币、赋予相应权重,组成一个货币篮;对人民币汇率进行动态管理和调节,维护人民币在合理均衡水平上的稳定。
2010 年	进一步推进和完善人民币汇率形成机制改革	在 2005 年汇改基础上进一步推进人民币汇率形成机制改革,其核心是坚持以市场供求为基础、参考一篮子货币进行调节,继续按照已公布的外汇市场汇率浮动区间,对人民币汇率浮动进行动态管理和调节。
2015 年 8 月 11 日	启动人民币汇率中间价形成机制改革	做市商参考上日银行间外汇市场收盘汇率,向中国外汇交易中心提供中间报价,使人民币兑美元汇率中间价与上个交易日收盘价保持连续,而不再是每个交易日由货币当局根据其管理目标提供新的中间价。

当前,中国实行的是以市场供求为基础、参考一篮子货币的有管理的浮动汇率形成机制。从外汇市场的实际运行来看,近两年的汇率保持了大体平稳,在呈现小幅贬值态势的同时,人民币汇率弹性和双向波动增强。截至 2019 年 11 月末,人民币对美元汇率为 7.03,较上年年末贬值 2.43%,参考 BIS 货币篮子和 SDR 货币篮子的人民币汇率指数分别报 95.65 和 91.84,较上年末分别下跌 1.17% 和 1.40%[①]。现实地看,在当前的人民币汇率形成机制中,货币当局仍主导人民币汇率水平[②],市场供求、篮子汇率和逆周期调节因子决定汇率走势的同时资本项目管理措施被用于缓解外汇市场供求压力。因此,可以认为,虽然当前人民币汇率的双向波动扩大,但人民币汇率仍不是自

---

① 在 2019 年前 11 个月中,人民币对美元日即期汇率最高为 7.1785,最低为 6.6835。在 222 个交易日中,有 118 个交易日人民币对美元贬值,104 个交易日升值,人民币对美元最大日贬值幅度 936 个基点,最大日升值幅度为 535 个基点。

② 货币当局通过人民币汇率中间价来传递其汇率变化意图,且每日人民币/美元汇率波动幅度限制为 2%,如市场供求出清对应的价格超过了日波幅限制,货币当局通过外汇市场干预吸收超额供给或超额需求。

由浮动的，进而货币当局仍面临稳定汇率还是保持货币政策独立性的两难冲突。

4. 金融机构的业务交叉

在中国，改革伊始之际（1978—1984年）尽管中国人民银行单一的金融业务垄断格局被打破，但以产业分工为依据设立的农行、中行和建行等金融机构业务处于事实上的业务分割和垄断状态。

从20世纪80年代中后期开始，伴随着交通银行等股份制银行的重新组建以及信托、租赁、财务等非银行金融机构的组织制度创新，混业经营的体制外金融机构呈现出非常活跃的发展态势，对之前专业化的机构业务格局产生了一定冲击。到20世纪80年代末至90年代初，混业银行经营模式更是全面推开。在利益机制的驱动下，当时的四大专业银行不仅突破了专业分工的界限，而且还突破行业分工的界限，向证券、保险、投资甚至房地产等领域扩展。但由于外部监管的缺失，再加上金融机构自身行为的非理性，金融机构之间的这种业务交叉尽管活跃了金融市场，促进了非银行金融机构的发展，违规经营导致的金融秩序混乱，尤其是信贷资金的大量转移，不仅造成了严重的通货膨胀，而且助长了投机行为和泡沫经济，在增大银行经营风险的同时也对宏观金融乃至经济稳定带来了极为严峻的挑战。在这种大背景下，以1995年《中国人民银行法》《商业银行法》《保险法》等法规为依据，中国金融业进入了较为严格的分业经营阶段。

客观地看，分业经营对解决20世纪90年代中国金融秩序混乱的局面，治理通货膨胀、防范金融风险起到了十分重要的作用。但问题是，随着中国经济规模的不断扩大以及市场化程度的不断提升，全社会金融需求的综合性、多样性和复杂性不断提高，客观上与"分业经营"的监管要求形成了冲突。在这样一种背景下，从20世纪90年代末开始，中国金融监管当局在分业经营的框架内，开始尝试通过逐步放宽混业经营限制，促进金融业组织形式"渐进转轨"——1999年8月，中国人民银行允许符合条件的券商和基金管理公司进入银行间同业拆借市场；2001年7月和2002年4月，中国人民银行分别出台《商业银行中间业务暂行规定》和《关于落实〈商业银行中间业务暂行规定〉有关问题的通知》，允许商业银行开展银行以外的部分其他金融业务。

2005年10月，在党的十六届五中全会上通过的中共中央关于制定"十一五"规划的建议中明确提出："加快金融体制改革……稳步推进金融业综合经营试点"。近年来，中国逐步推出了系列以市场深化和放松管制为基调的改革措施，其中一些措施已突破了有关严格分业经营的限制。这些政策上的重大突破预示着中国金融体制从分业向混业过渡的系统化市场变革正在到来，而实践中涌现出来的诸多金融控股公司也证实了这一点。

（二）金融调控机制

改革开放以来，为了适应建立和维护社会主义市场经济体制的总体要求，保证国民经济稳步协调发展，金融宏观调控逐步摆脱了对之前现金计划和信贷计划等直接行政手段的依赖，转向存款准备金、公开市场业务以及再贴现等间接货币政策手段，金融宏观调控体系不断改进和发展，在宏观经济管理中的作用日益增强。

改革开放以来的金融宏观调控可以划分为三个阶段：一是1978—1997年期间以信贷计划为核心的直接调控阶段；二是1998年以来通过公开市场操作、存款准备金率、再贴现、再贷款、利率及窗口指导等手段构成的政策工具组合，间接调控货币信贷总量来调节社会总供求关系的阶段；三是2008年全球金融危机爆发之后，随着各国对宏观审慎的重视，中国逐步转向"货币政策和宏观审慎"双支柱阶段。

1. 1979—1997年金融宏观调控机制的演变

由于各方面条件的不成熟，这一时期中国人民银行进行宏观调控的方式比较单一，仍然沿袭了之前直接调控的模式，一方面，借助信贷规模控制与再贷款相结合，调节货币供应量；另一方面，则借助指令性计划和行政命令，通过对指标、贷款规模和现金发行量的控制，达到调控经济的目的。调控的主要方法是当经济过热、投资过度膨胀、产生通货膨胀时，政府压缩信贷规模和货币投放；当经济萧条、投资需求不足时，扩大信贷规模和货币投放。

1979年，中国人民银行着手改革僵化的"统存统贷"信贷资金管理方式，实行"统一计划、分级管理、存贷挂钩、差额包干"的信贷资金管理办法。新的管理办法用信贷差额替代信贷指标来调节货币供应总量，打破了过去贷款仅仅服从计划指标、贷款项目之间不得留用的局面，一定程度上提高了金融机构自主性和灵活性。整体上看，这一时期的金融宏观调控以稳定币值为主、兼顾经济发展，操作方式带有较为浓厚的计划经济色彩，各项经济指标处于计划体制下，价格、货币投放量以及经济增长完全由政府控制，货币和银行的作用弱化。

在1984年中国人民银行专门行使中央银行职能后，受经济体制环境、经济金融发展状况和宏观调控体系不完善等多种因素的影响，金融宏观调控仍主要借助信贷计划管理和信贷规模限额管理来实现。即由中国人民银行在审核各专业银行信贷计划时核定每年信贷增加额的限额和年末余额的最高限额，规定各专业银行只能在核定规模限额内发放贷款，增加信贷，超过限额，即使有资金也不能增加贷款。在信贷规模限额中，还规定了固定资产贷款的限额，以配合控制固定资产投资规模。

这种以中国人民银行为主体，以信贷现金计划管理等行政的、直接调控为核心的金融宏观调控机制一直延续到1997年。其间经历了1984—1992年（这一时期以构建新的宏观管理体制为目标）和1993—1997年（这一时期以反通货膨胀为宏观调控的目标导向）两个不同的时期。

2. 1998年以来金融宏观调控机制的演变

1998年以来，中国人民银行主要加强了以市场为基础的宏观调控体系建设，货币政策中介目标和操作目标由银行信贷规模转向了货币供应量和基础货币，不断完善公开市场操作、法定存款准备金率、基准利率、再贷款和再贴现等货币政策工具，基本建立了以市场化手段为主的间接金融调控体系。

1998—2002年以反通货紧缩为主要目标的货币政策。取消了国有商业银行贷款规模限额的控制，实行"计划指导，自求平衡，比例管理，间接调控"的新的管理体制，不仅标志着传统直接调控机制的终结，而且使得货币政策的作用范围和影响力得到空前提高。其间，中国人民银行采取了多种政策措施刺激需求：大幅降低利率，扩大贷款利率浮动区间；加大公开市场操作力度，灵活调控基础货币；取消贷款限额控制，灵活运用信贷政策，调整贷款结构。

2003—2008年以反通货膨胀和抑制过热为主的货币政策。2003年以后，中国金融调控的市场化和规范化程度进一步提高。通过调节基础货币进而调控货币信贷总量的框架进一步发展。面对当时的货币信贷增长偏快、部分行业和地区盲目投资和低水平扩张倾向加剧的问题，通过稳步推进利率市场化，加强公开市场操作、上调存款准备金率、实行差别存款准备金率制度以及适时窗口指导等措施稳定经济运行。

2009年以来，随着全球金融危机的影响日益深入，"适度宽松"的货币政策成为"保增长"的主要政策措施之一。但在世界各国纷纷出台"量化宽松"货币政策的大背景下，全球范围内的货币贬值和通胀压力加大，中国面临着在通胀和经济下滑之间的艰难抉择，其间货币政策取向在"稳健"和"宽松"之间适时调整，总体上实现了宏观经济的平稳运行。

3. 2010年以来货币政策和宏观审慎政策双支柱调控框架的形成

2010年，中国人民银行宣布启动宏观审慎监管，并于2011年开始建立差别准备金动态调整和合意贷款管理机制[①]，以防范系统性金融风险。

2015年12月29日，央行宣布从2016年起将现有的差别准备金动态调整和合意贷款管理机制升级为宏观审慎评估体系（MPA）。MPA主要用于评估银行业存款类金融机构，涉及指标包括资本和杠杆情况、资产负债情况、流动性、定价行为、资产质量、跨境融资风险、信贷政策执行等七大类16项指标。在2016年4季度货币政策报告中，中国人民银行明确提出要探索建立"货币政策+宏观审慎政策"双支柱政策框架，积极探索货币政策与宏观审慎政策的协调配合，意在借鉴国际经验基础上，统筹做好系统重要性金融机构、金融基础设施和金融综合信息统计的管理工作，牢牢守住不发生系统性金融风险的底线。

---

① 在差别准备金动态调整机制下，央行按月对逐个银行连续动态调整准备金要求，以应对信贷风险。信贷偏离度越小、稳健性程度越高的银行，可相应地少存准备金、多放贷款。而合意贷款，就是在综合资本充足率、存贷比、不良贷款率等多个数据后，商业银行可以自行测算合意贷款规模，并上报央行，后续商业银行按照实际业务和流动性状况安排年内的贷款进度。

在 2017 年习近平同志代表党中央所做的十九大报告中进一步明确"健全货币政策和宏观审慎政策双支柱调控框架、深化利率和汇率市场化改革"的相关表述。货币政策主要针对宏观经济和总量问题，保持经济稳定增长和物价水平基本稳定；而宏观审慎政策则直接和集中作用于金融体系，着力减缓因金融体系顺周期波动和跨市场风险传染所导致的系统性金融风险。

五、金融开放

1978 年之前，中国金融业是一个高度封闭的体系。自 1981 年引进第一家外资银行开始，中国始终坚持平等互利、合作共赢、稳妥有序的原则，逐步扩大金融开放范围。2001 年底加入 WTO 之后，中国金融开放的步伐显著加快。

（一）金融服务业的开放

银行业开放方面，截至 2019 年 4 月，共有来自 54 个国家和地区的 215 家外国银行在中国设立了 41 家外资银行法人机构、115 家外资银行的分行和 153 家代表处，外资银行的营业机构达到 982 家。

在证券机构和业务开放层面，按照"以我为主、循序渐进、安全可控、竞争合作、互利共赢"的基本原则，贯彻开放与监管并重的方针，将外资机构"引进来"和中资机构"走出去"相结合，稳妥推进证券服务业的对外开放。早在 2002 年，证监会就陆续发布《外资参股证券公司设立规则》《外资参股基金管理公司设立规则》等办法，允许外资参股设立证券公司、基金管理公司等机构。2013 年借助 CEPA，允许内地证券公司、证券投资咨询机构对港澳地区进一步开放。从 2018 年 4 月《外商投资证券公司管理办法》发布之后，外资控股合资证券公司得以允许的同时，合资证券公司的业务范围也逐步放开。截至 2020 年 3 月，外资控股证券公司数量已达到 5 家。

与银行业和证券业相比，中国保险业对外开放的时间最早、进度更为迅猛、开放过渡期最短——早在 1992 年，美国友邦保险就进入中国，保险业开放就此拉开序幕；2004 年 12 月，中国加入 WTO 过渡期结束之际保险业就进入全面开放阶段，外资保险公司可以在中国任何地区提供保险服务。截至 2019 年 4 月，共有来自 16 个国家和地区的境外保险机构在中国境内设置了 59 家外资保险机构和 14 家外资保险中介机构，下设分支机构达到 1800 多家；共有来自 22 个国家和地区的境外保险机构在中国境内设立了 132 家代表处。

此外，中国不断放开征信、评级、支付等资本市场基础设施领域的准入限制，允许外资机构在中国开展企业征信业务和信用评级服务，明确银行卡清算机构和非银行支付机构的外资准入政策，给予外资国民待遇。

（二）资本项目管制与资金的双向流动

中国现有的资本账户管理主要通过三个层面的措施来实现：一是对跨境资金交易行为本身进行管理，二是在汇兑环节对跨境资金交易进行管制，三是外管局对金融机构外汇业务的审慎监管。2019年年底，从中国资本账户管制具体内容看，实现部分资本项目可兑换以上的项目已达到IMF分类中的37项，占全部交易项目的比例达到92.5%，仅对非居民在境内股票性质的证券、货币市场工具、衍生工具和其他工具的出售或发行仍处于"不可兑换"状态。

值得指出的是，在人民币资本项下未实现完全自由兑换的情况下，2002年12月中国实施了允许经批准的境外机构投资者投资于中国证券市场的QFII制度。截至2020年4月30日，中国证监会累计批复295家境外合格机构投资者，国家外汇管理局累计批准投资额度1146.49亿美元（截至2019年年底的累计批复投资额度为1113.96亿美元）[1]。2011年底，中国政府启动人民币合格境外机构投资者（RQFII）的试点，截至2020年4月30日，证监会累计批复227家境外合格机构投资者，RQFII投资额度合计7130.92亿元（截至2019年底的累计批复投资额度为6941.02亿元）。

2006年5月，中国实施了允许经批准的境内机构投资于境外证券市场的QDII制度。截至2020年4月30日，获得证监会批准并经外汇管理局额度审批的QDII共152家，累计投资额度为1039.83亿元。其中包括30家银行（总额度为148.40亿美元）、47家证券类公司（额度468.80亿美元）、46家保险公司（额度339.53亿美元）和18家信托公司（额度为83.10亿美元）。

此外，随着2014年11月和2016年12月沪港通和深港通的先后开通，沪深两个证券交易所和香港联合交易所之间技术连接的建立，使内地和香港投资者可通过当地证券公司或经纪商买卖规定范围内的对方交易所上市股票，实际上打通了个人投资者境内外证券投资资金双向流动的渠道。

（三）人民币国际化

2008年以来，在金融危机引发的世界经济格局大调整以及对美元本位的国际货币体系以及全球金融治理重构反思的大背景下，以2009年推行的跨境贸易人民币结算试点为起点的人民币国际化保持了较快的推进速度。随着中国与周边国家及"一带一路"相关国家的经贸合作不断深化，越来越多的企业开始借助人民币跨境支付系统（Cross-border Interbank Payment System，简称CIPS），选择用人民币进行跨境支付。2019年，人民币跨境收付合计19.7万亿元（其中经常项目人民币跨境收付金额合计6.0万亿

---

[1] QFII和QDII制度的相关数据来自国家外汇管理局。

元），人民币跨境收付占同期本外币跨境收付总金额的 38.1%（其中经常项目人民币跨境收付占本外币跨境收付的 16.1%）。而在双边合作方面，截至 2019 年末，中国人民银行已与 25 个国家和地区建立起人民币清算安排，与 39 个国家和地区的中央银行或货币当局签署了双边本币互换协议，总金额超过 3.7 万亿元人民币，并先后与 9 个周边及"一带一路"沿线国家签署了双边本币结算协议（参见专栏 4–2）。

专栏 4–2

人民币国际化指数的 10 年变化

2020 年 7 月，中国人民大学国际货币研究所发布《人民币国际化报告 2020》。报告显示，截至 2019 年底，用来度量人民币在国际经济活动中实际使用程度的综合指标人民币国际化指数（RII）达到 3.03，同比增长 13.2%，在世界经济贸易结构变迁和国际货币格局调整中保持定力。

在十年前，人民币的国际使用几乎完全空白，RII 只有 0.02。十年来，得益于中国经济实力的崛起以及改革开放的不断深化，人民币国际化把握住了全球格局变迁的历史机遇，在市场主导与政策推动的综合作用下稳步发展，RII 一直保持在上升通道。

2019 年，中国经济继续保持平稳增长，金融开放进入快车道，人民币跨境政策和基础设施不断优化，叠加全球货币政策转向的外部利好，驱动人民币国际化继续推进。目前，人民币位列全球第六大支付货币，也是国际贸易、国际投融资的主要计价货币和重要的国际储备货币之一。

报告指出，2019 年人民币国际化总体稳中有进并呈现以下特点：人民币贸易结算与直接投资实现平稳增长，金融计价交易功能显著增强，国际储备地位进一步夯实。人民币贸易计价结算职能方面，在去年全球贸易萎缩和中国对外进出口低速增长的情形下，经常项目下跨境人民币收付金额逆势扩张至 6 万亿元，贵金属、原油、铁矿石等大宗商品人民币计价实现突破，全球贸易结算中的人民币份额达到 2.41%，较上年提高 17.9%。人民币国际金融计价交易继续担当 RII 增长的重要推动力。2019 年，人民币国际金融计价交易综合占比达到 4.72%，同比增长 15.2%。其中，人民币外商直接投资规模稳中有升具有决定性意义，但人民币直接投资和人民币国际信贷表现出明显的季度波动特征。人民币国际储备职能方面，全球已有超过 60 家中央银行宣布直接或间接持有人民币储备资产。国际货币基金组织统计数据显示，去年年底人民币官方外汇储备规模增至 2176.7 亿美元，占比为 1.96%。2019 年，中国加速金融业双向开放，RQFII 取消额度限制，更多外资金融机构来华设立分支机构、开展人民币业务；同时，金融市场加速与国际接轨，相继纳入国际主流指数，带动外资跑步进场，增持人民币金融资产。截至

2019年末,境外机构与个人持有人民币股票与债券达4.4万亿元,同比增长52.4%。

报告认为,中国金融开放发展进一步提升了人民币可自由交易的程度与使用范围,强化了人民币的国际金融计价交易职能,为人民币国际化深化发展提供了支持。与此同时,全球新一轮降息潮也为人民币国际投资增添了吸引力。2019年下半年以来,全球经济增长面临较大下行压力,美联储三次降息,欧洲央行重启量化宽松政策(QE),40余家央行投入再宽松浪潮。报告指出,在全球"低利率+量化宽松"环境下,中国货币政策处于正常区间,利率、汇率相对坚挺,人民币成为国际资金更高收益、更加安全的金融资产选项。特别是在全球金融动荡中,中国经济平稳增长,人民币资产开始呈现一定的避险特征,境外主体与资金加速进入中国金融市场。根据国际金融协会(IIF)统计,2019年流入中国股市、债市的外资规模约为1344.1亿美元,约占新兴经济体资本市场外资流入总量的58%。

资料来源:http://finance.sina.com.cn/roll/2020-07-27/doc-iivhuipn5249047.shtml.

六、金融监管

历史上看,为了与金融实践的迅猛发展与变化相适应,以中国人民银行"大一统"金融模式(进而其统一监管)为起点的中国金融监管架构及模式自改革以来就一直处于不断的变革之中(见图4-5)。

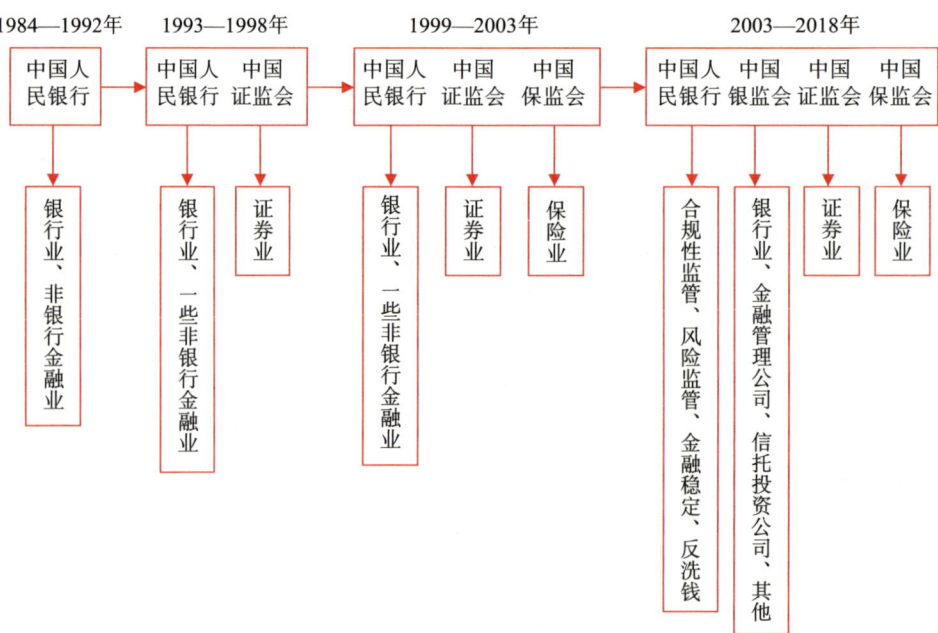

图4-5 中国金融监管架构变迁图

现行的中国金融监管架构仍建立在银行、证券、保险"分业经营、分业监管"的理念之上，其变迁大致呈现一个把中国人民银行的统一监管职能逐渐分拆进而形成分业多头监管的过程，如图4-5所示①。而伴随着证监会、保监会和银监会的设立以及相关金融监管法律法规体系的不断出台及完善，一个与中国金融发展现状相适应的现代金融监管架构已基本形成。

2008年全球金融危机的爆发使得金融监管协调性和有效性问题得到了关注。而为了实现这一点，2013年8月国务院批准建立由中国人民银行牵头的金融监管协调部际联席会议制度，加强人民银行和各监管部门在金融信息共享、工作协商、政策协调和行动配合等方面的协调与合作。

2017年7月，第五次全国金融工作会议提出设立国务院金融稳定发展委员会，强化了人民银行宏观审慎管理和系统性风险防范职责。2018年3月，银监会和保监会合并组建为银保监会的同时，原银监会、保监会拟定银行业、保险业重要法律法规规章草案和审慎监管基本制度的职责重新划入中国人民银行，使监管部门专注于监管执行，提高了监管的专业性和有效性。自此，"一委一行两会"的新金融监管框架正式形成。

第二节　新中国金融改革制度变迁历程

作为一个转轨经济体，中国金融体制改革策略的选择以及与之伴随的金融机构与市场相对地位变迁既与苏联、东欧等国家存在一定相似性，但也存在较大差异。这里我们从目标模式选择、动力、路径与顺序选择以及推进策略安排等视角考察一下中国金融改革，以期对中国40余年来金融改革发展的独特性有更为深入的了解。

（一）金融改革与发展模式的目标变迁

与苏联、东欧国家在西方经济学家指导下的一开始就明确市场导向的经济金融体制改革不同，在中国金融体制改革伊始，政府当局是没有任何目标或改革路线图，而是随着改革进程的不断深入以及中国内外部环境的改变不断变化，在持续的阶段性目标调整（甚至经常反复）中最终确立了市场化的金融体制改革目标取向。其间，在银行体

---

① 1992年10月，国务院成立了国务院证券委员会和中国证券监督管理委员会，专门负责对证券业的监管。1998年11月，中国人民银行撤销了31个省级分行，组建了9个跨省分行。1998年11月，中国保险监督管理委员会成立，使保险监管从中国人民银行金融监管体制中独立出来。2003年4月，中国银行业监督管理委员会成立。2000年9月，中国人民银行、证监会、保监会决定建立三方监管联席会议制度；银监会成立后，2003年9月，银监会、证监会、保监会召开了第一次监管联席会议；2004年6月，这三家监管机构签署了《三大金融监管机构金融监管分工合作备忘录》，在明确各自职责分工基础上，建立了定期信息交流制度、经常联席机制即联席会议机制。

系一直视为改革重点的同时，对于金融市场地位的认识时有反复，一直到 2004 年之后，才基本肯定金融市场的重要作用，并采取多种措施来提升市场的相对地位（见表 4-9）。

表 4-9　　　　中国金融体制改革阶段性目标的变迁：1979—2019 年

时间	金融体制改革目标
1979	邓小平提出的一个指导方向——"要把银行办成真正的银行"。
1986	在"建立国家调控市场、市场引导企业的经济运行机制"的经济体制改革核心思想基础上，确定（"七五"期间）金融体制改革目标：（1）建立一个以间接调控为主要特征的宏观调控有力、灵活自如、分层次的金融控制和调节体系；（2）建立一个以银行信用为主体、多种渠道、多种方式、多种信用工具筹集和融通资金的信用体系，推动资金的横向融通和流通，逐步形成一种以城市为依托，不同层次、不同规模的金融中心和适合中国国情的金融市场；（3）建立一个以中央银行为领导，国家银行为主体、保险机构以及其他金融机构并存和分工协作的社会主义金融机构体系；（4）建立一个以现代科学为基础的管理体系。
1993.11	在国务院颁布的《关于深化金融体制改革的决定》中，明确的中国金融体制改革目标：建立在国务院领导下，独立执行货币政策的中央银行宏观调控体系；建立政策性金融与商业性金融分离，以国有商业银行为主体、多种金融机构并存的金融组织体系；建立统一开放、有序竞争、严格管理的金融市场体系。
1997.11	第一次全国金融工作会议召开。中国政府提出"力争用三年左右时间大体建立与社会主义市场经济发展相适应的金融机构体系、金融市场体系和金融调控监管体系，显著提高金融业经营和管理水平，基本实现全国金融秩序的明显好转，化解金融隐患，增强防范和抵御金融风险的能力，为进一步全面推进改革开放和现代化建设创造良好的条件"的金融体制改革阶段性目标。
2002.2	第二次全国金融工作会议召开。中国政府确定了"十五"期间金融体制改革阶段性目标——进一步完善现代金融机构体系、市场体系、监管体系和调控体系，努力实现金融监管和调控高效有力，金融企业经营机制健全，资产质量和经营效益显著改善，金融市场秩序根本好转，金融服务水平和金融队伍素质明显提高，全面增强中国金融业竞争力，并明确这一阶段改革的核心是金融监管和国有商业银行的改革。
2007.1	第三次金融工作会议召开。中国政府提出"在深化国有银行改革基础上建设现代银行制度""加快农村金融改革发展，完善农村金融体系""大力发展资本市场和保险市场，建立多层次金融市场体系""全面发挥金融的服务和调控功能，促进经济社会协调发展""积极稳妥地推进金融业对外开放""提高金融监管能力，强化金融企业内部管理，保障金融稳定和安全"等多项中国金融体制改革的目标。
2007.10	党的十七大召开。党的十七大报告提出"推进金融体制改革，发展各类金融市场，形成多种所有制和多种经营形式、结构合理、功能完善、高效安全的现代金融体系"。
2012.1	第四次全国金融工作会议。突出"坚持金融服务实体经济的本质要求，牢牢把握发展实体经济这一坚实基础"，"有效解决实体经济融资难、融资贵问题""坚持市场配置金融资源的改革导向""坚持创新与监管相协调的发展理念，支持金融组织创新、产品和服务模式创新，提高金融市场发展的深度和广度""坚持把防范化解风险作为金融工作生命线，加强金融监管和调控能力建设，严厉打击金融犯罪，加强金融机构网络信息安全""坚持自主渐进安全共赢的开放方针，在确保国家经济金融安全的基础上提高金融对外开放水平"。

续表

时间	金融体制改革目标
2012.10	党的十八大召开。"深化金融体制改革,健全促进宏观经济稳定、支持实体经济发展的现代金融体系,发展多层次资本市场,稳步推进利率和汇率市场化改革,逐步实现人民币资本项目可兑换。加快发展民营金融机构。完善金融监管,推进金融创新,维护金融稳定。"
2013.11	党的十八届三中全会召开。完善金融市场体系。扩大金融业对内对外开放,在加强监管前提下,允许具备条件的民间资本依法发起设立中小型银行等金融机构。推进政策性金融机构改革。健全多层次资本市场体系,推进股票发行注册制改革,多渠道推动股权融资,发展并规范债券市场,提高直接融资比重。完善保险经济补偿机制,建立巨灾保险制度。发展普惠金融。鼓励金融创新,丰富金融市场层次和产品。完善人民币汇率市场化形成机制,加快推进利率市场化,健全反映市场供求关系的国债收益率曲线。推动资本市场双向开放,有序提高跨境资本和金融交易可兑换程度,建立健全宏观审慎管理框架下的外债和资本流动管理体系,加快实现人民币资本项目可兑换。落实金融监管改革措施和稳健标准,完善监管协调机制,界定中央和地方金融监管职责和风险处置责任。建立存款保险制度,完善金融机构市场化退出机制。加强金融基础设施建设,保障金融市场安全高效运行和整体稳定。
2017.7	第五次全国金融工作会议。金融是国家重要的核心竞争力,金融安全是国家安全的重要组成部分,金融制度是经济社会发展中重要的基础性制度。必须加强党对金融工作的领导,坚持稳中求进工作总基调,遵循金融发展规律,紧紧围绕服务实体经济、防控金融风险、深化金融改革三项任务,创新和完善金融调控,健全现代金融企业制度,完善金融市场体系,推进构建现代金融监管框架,加快转变金融发展方式,健全金融法治,保障国家金融安全,促进经济和金融良性循环、健康发展。
2017.10	党的十九大召开。着力加快建设实体经济、科技创新、现代金融、人力资源协同发展的产业体系;深化金融体制改革,增强金融服务实体经济能力,提高直接融资比重,促进多层次资本市场健康发展。健全货币政策和宏观审慎政策双支柱调控框架,深化利率和汇率市场化改革。健全金融监管体系,守住不发生系统性金融风险的底线。
2019.10	党的十九届四中全会召开。加强资本市场基础制度建设,健全具有高度适应性、竞争力、普惠性的现代金融体系,有效防范化解金融风险。

(二) 中国金融改革发展的动力来源变迁

尽管按照国际清算银行(2001)的分析,大致可把一国金融体制改革的动力划分为七大类,即技术进步、金融理论的进展、金融服务提供过程中政府力量的弱化、自由资本流动、全球性金融标准的导入、储蓄管理的机构化和以老龄化为核心的人口统计变化等。但从制度演进角度看,对于包括俄罗斯、中国以及前东欧各国在内的转轨经济体而言,特殊的制度起点与经济背景决定了其金融体制改革从一开始就是政府主导的强制性、自上而下的制度变迁过程,政府行为或者说各种政治势力的角力在很大程度上成为推动金融体制改革的重要力量。

在改革之初,对于苏联、东欧等转轨经济体而言,在其金融体制改革之初的很多措施带有极为强烈的政治色彩,甚至可以说就是政治斗争的产物。以俄罗斯为例,1991年俄罗斯和联盟中央政府(叶利钦和戈尔巴乔夫)之间权力分配的斗争是决定俄罗斯银行分散竞争格局的根本原因。当时,银行业被选作权力争斗的场所之一,俄罗斯政府宣布在俄罗斯领土内所有联盟银行的分支机构都独立于中央银行,结果,一夜之间出现了近千家银行,进而俄罗斯银行业变成了形式上第一个具有竞争格局的完备市场。捷克也是如此,由于其当时的总理瓦克拉夫·克劳斯是个自由主义者,对于市场的自我组织能力很有信心,所以捷克政府在建立充分的市场基础制度之前就实施了大规模的私有化计划,其股票市场在一开始规模就很大。

但问题是,当改革的车轮开始运动之后,由于不同国家政治制度所导致的国家资源控制能力的差异,政府在各国金融体制改革中扮演的角色开始出现了分化。一极是中国,在改革进程中始终保持着强有力的政府控制,在财政迅速下降时,国家能够克服税收制度的局限利用国有银行体系迅速集中起分散于民间部门随着货币化进程日益增加的储蓄,进而国家仍然能够保持对传统的软预算国有企业边际内价格控制并给予强有力的资金支持。另一极是俄罗斯与大多数国家,由于执政党(共产党)的权力在改革过程中急剧衰落,导致了国家对整个经济的集中控制和对国有企业分散的党的监督被严重削弱,政府没有能力继续主导着经济改革进程的深入。

这样一种政府与市场力量格局的改变就使得改革启动之后,中国和其他转轨经济国家的金融体制改革动力来源发生了显著的变化。在中国,可靠的国家信誉消除了中国国有银行储蓄存单持有者的风险顾虑。加上适当的利率政策刺激,使得政府依旧主导着金融体制的变革进程。而来自市场(民间金融创新,包括对外开放引发的创新动力)的力量在中国一直是以辅助角色出现。历史上看,中国金融结构变迁的动力格局维系了很长一个时间。即便时至今日,党的十八届三中全会明确提出"市场在资源配置中发挥决定性作用"的表述之后,政府对于中国金融结构的变迁仍享有较大的干预权限。

(三) 中国金融改革发展的路径与顺序选择

40年来,中国选择了一条极具"中国特色"的金融机构与市场的发展路径和顺序。从路径来看,具有以下五个特征。

首先,与中国其他经济领域的体制改革不同,中国金融体制改革一般从体制内起步,在体制内改革受阻的情况下往往试图通过体制外创新形成独特的"双轨制"。一方面借以达到平衡各方利益、减少改革阻力、争取改革的合法性等目的;另一方面则是通过培育市场主体、强化市场竞争压力,来推进体制内改革的进一步深入[①]。

[①] 这里的"体制内"指的是传统计划经济体制内的制度、规范和习惯;"体制外"指的是传统计划经济体制所不包括的,由基层实践形成或借鉴国外经验而采取的各种做法。"双轨制"的关键不在于计划轨道与市场轨道的并存,而在于市场轨道是在边际上引入并与计划并行。

其次，从试点到推广，或者说从局部改革到整体性改革。早在改革之初，在"摸着石头过河"思想指导下的中国政府就将比较有把握的一些措施通过"试点—成功—推广"或"试点—失败—取消"的路径来推动全国金融改革。进入 20 世纪 90 年代甚至 21 世纪，中国政府对于包括金融市场、金融机构业务的很多创新还是采取了这样一种较为稳健的态度。

第三，从以利率、汇率市场化等为核心的价格机制改革到创造市场主体的产权改革。尽管从 20 世纪 90 年代中期开始——1994 年汇率制度并轨和 1996 年对中国同业拆借利率限制的取消，中国就开始探索金融运行价格机制的市场化改革，但直到 2002 年，中国政府才真正开始把改革重心放到当时占市场份额近 75%、国家 100% 控股四大国有商业银行的产权改革上，试图通过资产负债表重组、政府注资以及引进战略投资者基础上的股份制改制与上市等活动，以极大的现时经济代价（甚至不惜动用巨额外汇储备）重塑适应市场化要求的竞争主体，以此来应对金融开放环境中日益激烈的市场竞争。

第四，从创新到规范、再到制度化。与中国其他领域的经济改革类似，中国金融体制改革是一个演进式进程。演进式进程意味着许多小的、尝试性的改革措施随着时间的积累成为一个根本性的变革。从中国的实践来看，金融经济领域相当一部分制度创新起源于民间为增加社会福利或规避管制的自发性制度创新，而这些制度创新一旦产生了效果并被证明有利于中国金融体制改革的进一步深化，政府就会及时地加以认可和规范，同时通过制定相应的法规或法律使这样的制度创新尽快地合法化。

从金融发展的顺序选择来看，为了尽可能地降低改革的成本，使改革进程具有可持续性，中国金融在目标阶段性演进进而没有任何事先规划的改革路线图的情况下，基本上可以说是按照从易到难、从低成本领域到高成本领域改革的顺序渐次展开的：

——就金融体系设计的整体思路而言，中国基本上是本着"在维护（国有）金融机构主导地位的前提下，金融机构改革先导，逐步推进金融市场改革"的顺序推进金融体制改革。

——就金融机构的改革顺序而言，中国走过了一条"从银行到非银行机构并存多元化机构体系的构建，到'分业管理'框架下不同金融机构业务分工体系的基本明确，直到目前的市场竞争主体的重塑"变革之路。

——就金融市场而言，中国经历了"从试点到合法、从分散（割）到集中、从无序到规范、从计划管制到市场化、从封闭到国际化"的渐进改革发展之路。

——伴随着中国金融格局的变化以及内外部经济环境的改变，中国金融监管的重点逐渐发生了转移，监管体系的架构也发生了巨大的变化。从改革之初中国人民银行这一"领导和管理全国金融事业的国家机关"逐渐过渡到现有的"一行二会一委"、较为清晰银行保险与证券分业监管的格局。其间，对于中国人民银行而言，不仅其职能定位有了较大改变，且其机构设置也发生了显著变化。

——就中国金融自由化，尤其是利率与汇率的市场化以及金融市场对外开放（资金流动自由化）的顺序而言，中国政府在确保控制与防范风险的前提下，采取了极具渐进色彩的推进措施。

（四）中国金融改革发展的推进战略分析

为了确保中国金融机构与市场发展的稳定与可持续性，在过去的40余年时间里，中国采取了"以点带面，重点突破与一般跟进"的改革推进战略，一步一个脚印，取得了显著的成效。

大体上说，1978年改革开放以来的中国金融机构和市场发展进程大致可以划分为六个阶段：1979—1983年、1984—1991年、1992—1997年、1997—2001年、2002—2008年和2009年之后，每个时期都有着不同的指导方向与改革重点。

（1）第一阶段：1979—1984年的重点是构建"二级银行体制"，在形式上实现金融机构的初级多元化。在这一阶段，中国逐步通过机构分立与增设，打破计划经济时期的"大一统"银行体制，初步构建一个以中国人民银行为领导、国有专业银行为主体的"二级银行体制"。而以1979年中国人民保险公司的恢复（1984年分设）与中国国际信托投资公司的成立为标志的非银行金融机构体系的发展成为当时金融体制改革的"伴奏曲"。

（2）第二阶段：1984—1991年的改革重点是以金融机构的多元化与企业化为重点，初步形成机构与市场并存的格局。

在这一阶段早期（1984—1988年），中国金融体制改革的核心是在机构扩张的同时，加快银行企业化进程的推进。在这一时期，随着四大国有专业银行业务领域和地域限制的取消、以交通银行和中信实业银行为代表非国有股份制商业银行的出现、外资银行的进入以及以信托公司为代表的非银行金融机构的快速发展，不仅当时中国各家银行的机构网络获得了迅速扩展，而且金融机构体系之间的业务领域交叉成为现实，多元化的市场竞争格局初步形成。在这段时期里，中国金融市场（主要是货币市场）也开始出现。

由于传统体制性弊端尚未革除，加之金融机构数量的快速增长和融资行为的扭曲，中国金融部门在1988—1991年着重于推行稳定化措施和控制通货膨胀，主要通过对强化以信托公司为主的非银行金融机构的监管和重组以及国家对信贷资金流向与流量（规模）的控制，整个机构改革的市场化步伐暂时放缓。

在机构改革滞缓的同时，这一时期中国金融市场的发展却开始加快。伴随着1987—1992年股份制试点的快速推进、全社会资金分配格局的深刻变化以及银行信贷困境的加剧，以"融资"为出发点的股票市场开始进入人们的视野，而1990年底和

1991年4月上海和深圳两个交易所的成立，不仅标志着中国资本市场的初步形成，而且应该是中国金融体制市场化改革中非常重要的一个里程碑。

（3）第三阶段：1992—1997年的重点是以法制框架建设为支撑，加快国有银行的商业化和金融市场经济地位的提升。这一时期，最为重要的改革成果是中国市场化金融体系法律框架的初步形成。1995年，《中国人民银行法》和《商业银行法》的颁布实施确立了下一个时期中国金融机构定位与"分业经营、分业管理"的监管理念。

伴随着当时这些法规体系的改变，中国金融机构体系在此期间发生了较大变化。1994年，三家政策性银行成立；金融机构准入标准逐步放宽，在建立一批非政府的地区性与全国性商业银行机构的同时，更多的外国银行和金融机构被允许进入中国市场。与此同时，伴随着以市场为基础的货币工具也得到了广泛的运用，上海和深圳交易所规模迅速扩大，政府债券的二级市场进一步发展，银行间货币市场形成并初具规模，金融市场在中国经济金融体系中的地位迅速提升。

（4）第四阶段：1997—2002年以控制金融风险和防范金融危机为改革的重点。1998—1999年前后，东南亚金融危机的冲击及其负面效应还在持续，导致金融安全，尤以银行体系安全问题在中国政府得到前所未有的关注。而为了解决四大国有商业银行巨大的不良资产，当时的中国政府可以说尝试了几乎可以选择的各种"药方"，如国有银行的股份制改造，发行金融债券补充银行资本金，强化资产负债比例监管，试行贷款"五级"分类，设立四家资产管理公司剥离1.4万亿不良资产等等，在迅速降低银行不良资产比重的同时，也为其下一步产权改革奠定了基础。

在1997—2001年，中国股票市场股价的持续走高，价格"泡沫"以及由此隐含的风险日益成为当局关注的重点，规范市场投资者行为、提升市场透明度以及防范市场风险成为当时金融市场改革的重中之重。其间《证券法》的颁布实施为中国资本市场正名的同时也为规范提供了制度基础，相应的市场运行的发行制度、信息披露制度建设有了长足的进展，以投资基金为代表的机构投资者开始形成并得到了快速的发展。

（5）第五阶段：2002—2008年，金融机构的产权改革与资本市场的股权分置改革成为中国金融体制变革的重点。此间，国有银行通过"资产负债表重组—引进战略投资者基础上的股份制改造—上市"实现了产权主体资格的重塑，而始于2005年的股权分置改革则使中国资本市场完成了脱胎换骨式的基础性制度变革。

（6）第六阶段：2009年至今，尤其是2012年前后明确进入"中高速增长的新阶段"之后，构建与大国经济规模、结构和特征相匹配的现代金融体系逐渐成为共识。

为了构建这样一个现代金融体系，这一时期中国在经历银行体系规模迅速扩张的同时，也见证了以回购、同业拆借等为代表的货币市场与以股票和债券等为代表的资本市场的迅猛增长；见证了互联网金融到金融科技的新兴金融业态涌现，见证了金融法规的修改完善与监管模式的调整；见证了以金融服务和资金的双向开放进而人民币国际化为核心的金融开放加速，一个机构主导但具有基于市场的资源配置、财富管理和风险分散功能相统一的中国特色社会主义金融模式基本成形。

第三节　新中国金融理论发展脉络

伴随着中国经济发展的现实要求和金融改革制度的变迁，中国金融理论的发展也体现出十分显著的演进历程。金融理论既服务于同时又较为领先于现实问题，是中国经济理论的一个缩影，具有阶段性和连续性。

一、1949—1978 年的中国金融理论

依据黄达教授（1991），新中国的金融学科建设一般认为始于 1950 年，且基本没有怎么继承新中国成立之前对这门学科移植、探索的结果，而主要是学习苏联，甚至"在 20 世纪 50 年代初，苏联大学中的货币银行学教学体系就原封不动地移植到中国的高等院校。"但其后的一个突破是在 1958 年"解放思想"的口号下，以黄达教授为代表的中国人民大学教学团队尝试编写了一本将《资本主义国家的货币流通与信用》和《苏联的（或社会主义中国的）货币流通与信用》"二合一"的《货币信用学》，不再局限于对苏联教学内容和理论观点几乎是一字一趋的桎梏，对货币流动、货币计划以及商品与货币的关系给出了基于中国实际的解读，进而被视为中国金融学的奠基之作。

总体来看，计划经济体制约束下的 20 余年间，一方面，由于经济中的金融活动主要是作为计划配置资金的一种手段，金融业务种类很少，金融机构单一（"大一统"），金融发展程度很低，另一方面，货币银行问题也不被重视，相关的研究成果数量很少。由此导致这一时期金融理论侧重从经济的宏观层面研究资金运动的内在联系，揭示其一般规律，这主要是以阐述马克思主义关于货币、信用、银行等基本原理为主且受苏联教科书的影响很大。如这一时期学术界在银行业发展方面的研究主要集中在社会主义制度下银行存在的必要性、银行的性质和职能等方面。早在 20 世纪 50、60 年代初，陈仰青（1953）、黄达（1962）、高翔（1962）、李成瑞和左春台（1963）等就提出计划经济下设置银行的必要性讨论。

二、改革开放以来中国特色的货币理论与政策

作为金融理论核心内容，货币理论一直是西方经济学界的研究重点。在中国，货币理论与政策的发展是曲折迂回却又延绵向上的，反映了中国经济发展不同阶段的时

代特征，是中国经济金融理论发展的一个缩影，具有阶段性和连续性。中国政府应对不同时期不同的客观需求做出了积极的政策实践，并积累了可观的理论成果。

（一）经济转型时期的货币理论与政策研究（1978—1992 年）

改革开放初，中国经济体制的改革，处于旧的计划经济体制向有计划的商品经济新体制转型阶段。这一阶段的货币政策（信贷政策）仍保留了计划经济的部分特征，在某种程度上隶属于财政政策。1984 年，固定资产投资和消费增长过猛，导致全国信贷失控，暴露了宏观调控机制的不健全。怎样统筹安排财政收支和信贷收支这两种总量调控方式？怎样突破政治经济学社会主义部分的某些框架，同时避免照搬西方现成理论可能产生的错误，建设具有中国特色的社会主义宏观经济调控理论？是当时中国货币理论研究的重点领域之一。

中国著名金融学家黄达坚持马克思主义基本原理，从货币流通入手，构建了财政信贷综合平衡理论，该理论"从总量分析角度探索再生产过程中这两个紧密联系的收支范畴之间的联系和相互作用、相互制约的关系以及它们共同反作用于再生产过程的规律"（黄达，1984）。财政信贷综合平衡理论中提出了一些极具建设性的意见，例如强调财政信贷综合平衡归根到底是为了保证货币流通的问题和市场供求的均衡；信贷有差额需要财政来补齐；财政有差额需要信贷来补齐；财政收支平衡不等于财政信贷收支总体平衡等意见。财政信贷综合平衡论是从理论层面对"三平理论"的系统总结和重要发展。刘鸿儒（1984）在这基础上，进一步指出财政、银行两部门应该分口管理。财政与信贷平衡的"核心是解决银行在多大范围内支援财政，界限问题不解决，必然出现通货膨胀"。上述学者的理论学说是站在中国特殊时期现实背景下提出，有很强的中国特色，并且反映在过渡时期政府政策的经济金融改革实践中。

（二）社会主义市场经济时期的货币理论与政策研究（1993 年至今）

随着改革开放的推进，1992 年，党的十四大确立了社会主义市场经济体制改革目标。1993 年，在《关于建立社会主义市场经济体制若干问题的决定》中提出，"运用货币政策与财政政策，调节社会总需求与总供给的基本平衡，并与产业政策相配合，促进国民经济的协调发展"，标志着货币政策被正式纳入宏观经济调控体系之中。同时意味着，如何借鉴和扬弃国外理论，发展完善适合社会主义市场经济的货币理论与政策，将成为长期讨论的话题。对各类问题的探讨，一时间百花齐放，其中关于货币政策中介目标选择、货币政策量价转型、货币政策与宏观审慎双支柱等问题谈论最为集中。

早在 20 世纪 80、90 年代，学者就开始对中国货币政策中介目标进行讨论。货币政策框架建立初期，由于当时中国还未完成利率市场化改革，以利率作为中介目标的条件并不成熟（陈浪南和汤大杰，1994），众多学者建议将货币供应量作为中介目标，但就选择哪一层次的货币作为控制的重点则争论激烈。曹凤岐（1988）从相关性、可测性、可控性和经济管理体制四个方面分析指出，中国应从信贷规模向控制货币供应量目标过渡，M1与生产交易关系密切，适合作为中介目标加以控制，卞志村（1995）持有相似观点。还有学者认为应该综合考虑M1和M2（王大用，1996；巴曙松，1998）。在实践层面，1996年，中国央行已经开始采用货币供应量M1和M2作为货币政策的调控目标，1998年，中央银行取消了实施近50年的贷款规模控制，标志着货币政策调控由直接转向间接，货币供应量正式成为中国货币政策的中介目标。

随着中国金融体制改革的深入，货币供应量作为货币政策的中介目标不断遭受质疑，不少学者提出应该逐渐从数量型中介目标向价格型中介目标转型。李健和苏武俊（2001）指出货币供应量不仅难于界定，而且与国民经济相关度不高，建议逐步发展国债利率成为中国的基准利率。夏斌和廖强（2001）指出，货币供应量可控性较差，不宜作为中介目标，但由于当时利率传导机制并不通畅，因此主张放弃采用确切的中介目标，直接盯住通货膨胀率，即"通胀目标制"。也有一些学者提出了过渡性观点，认为在过渡时期，应采取货币供给量和利率并重（范从来，2004；伍戈，2016；刘金全，2018）。

此外，利率双轨制作为利率市场化过程中的典型特征，中国利率双轨制下货币政策的有效性问题也引起了部分学者的关注（郭豫媚，2016；刘金全，2017）。随着存贷款利率上下限均已经放开，贷款基础利率（LPR）引入银行贷款利率定价机制，实现银行存款利率实质上的市场化定价成为中国金融改革工作的重点。

随着系统性金融风险越来越影响经济金融稳定，以及党的十九大报告提出"货币政策+宏观审慎政策"的"双支柱"调控框架，近年来宏观审慎研究逐渐丰富起来。理论层面，中国学者对双支柱的研究近年来紧跟时代，十分丰富，大致集中在双支柱的必要性、双支柱的有效性、双支柱与其他政策搭配等方面。

关于双支柱政策搭配的必要性，学者发现银行风险承担行为会在银行系统中形成和积累系统性风险，影响金融稳定（张雪兰和何德旭，2012；方意等，2012）。同时货币政策也会影响银行风险承担行为，因此，需要考虑货币政策与宏观审慎政策的搭配协调。因此，不少学者开展了大量政策搭配效果的研究。这类研究大多发现，通过政策搭配能够有效降低金融风险，稳定宏观经济运行。但也指出，搭配的方式和方向在不同的外生条件下是不同的（王爱俭和王璟怡，2014；马勇和陈雨露，2013）。

还有一些研究从更宽泛的视野谈论了双支柱与其他政策的协调搭配问题。卜林（2016）等在DSGE框架下讨论了"财政政策+双支柱"的作用机制和政策搭配效果，提议财政政策可参与宏观审慎制度并建立新的宏观审慎工具。黄志刚和许伟（2017）通过多部分DSGE的研究发现，在减税降费力度无法精准识别的情况下，"宽松货币政

策 + 宏观审慎政策 + 投资税费减免"的政策搭配是可行选择。此外,陈彦斌等(2018)、朱军等(2018)也分别分析了"货币政策 + 宏观审慎政策 + 降低实体经济杠杆"或"双支柱 + 财政整顿"等政策搭配的逻辑和有效性。

三、改革开放过程中的金融发展与金融效率

金融发展的提出,源于对经济增长中金融体系作用的认识。计划经济时期和改革过渡时期,中国金融工作的重点之一是建立健全金融中介体系和资本市场。直到1993年,中国正式确立了社会主义市场经济。彼时,国外的金融发展理论已经历了从金融结构论,到金融抑制论,再到金融功能论等诸多理论的演进过程。加之20世纪70、80年代发展中国家金融自由化的尝试以失败告终。于是,20世纪90年代国外学界关于发展中国家的金融发展问题,形成了较为普遍的共识(谈儒勇,2000),即发展中国家和转型国家通常不具备金融自由化所需的先决条件,保留金融约束并渐进地推进金融自由化才是一种可行的选择。这与中国在金融改革过程中对金融自由化所采取的谨慎态度是一致的。中国学者对金融发展,尤其是对金融发展与经济增长关系的研究大多自20世纪90年代开始。这一关系的研究主要沿着两个方向开展:一个方向是从总量和规模视角探讨金融发展与经济增长间的关系,另一个方向是从结构视角探讨金融发展与经济增长间的关系。

(一)金融规模与经济增长

中国的金融发展是否促进了经济增长?这是中国金融学者的研究重点之一。20世纪90年代和21世纪头10年,相关研究很多是从金融规模的视角出发,实证分析了金融规模扩张会否是经济增长的原因。但是在此问题上,得出的结论并不一致。

一些学者指出金融规模的增加促进了经济增长。谈儒勇(1999)利用1993—1998年的宏观金融数据发现,中国金融中介的规模和经济增长之间有显著的正向关系,但中国股票市场规模和经济增长之间不存在显著关系,从而得出发展金融中介有利于经济增长的结论。周立和王子明(2002)用金融资产总额与GDP的比重作为金融发展指标,通过分地区对中国金融发展与经济增长关系进行检验,结果显示各地区金融发展与经济增长强相关。并且一个地区金融发展初始条件低下,对长期的经济增长不利,而金融发展差距可以部分解释中国各地区经济增长差距。张军和金煜(2005)也得到类似的观点。

另一些学者倾向于认为金融规模与经济增长无关或关系较弱,指出中国不能单纯追求金融发展的数量扩张,应该更加重视金融体系的效率与质量。例如,韩廷春(2001)研究发现,20世纪90年代之前,金融规模对经济增长的影响不显著。1990—

1999年，金融规模扩张的影响虽然显著但是非常微弱。李广众和陈平（2002）用金融机构各项贷款占GDP的比重表示金融中介规模，用私人企业获得的信用与GDP的比重表示金融效率，基于VAR模型研究发现，金融规模与经济增长无关，但金融效率与经济增长呈双向因果关系。杨胜刚和朱红（2007）研究了中部地区经济塌陷与金融弱化的关系，发现短期内中部地区金融发展并不能促进经济增长，金融发展只有在长期才会起到促进效果。

（二）金融结构与经济增长

20世纪90年代，随着社会主义市场经济体制的建立，中国开始推动了自上而下的金融业改革，在此期间，构建了以国有商业银行为主、资本市场为辅的金融结构体系。与此同时，金融规模也飞速发展。但赶超式发展遗留了很多问题，有待结构性调整。众多学者在这一阶段开展了金融结构对经济增长影响的研究，为中国的金融改革工作提供了一些可行的建议。

关于中国金融结构与规模的变化，易纲做了长期的系统跟踪研究（易纲，1996，2020；易纲和宋旺，2008）。根据易纲（1996）的分析，在1978—1995年，中国金融资产规模快速扩张，并向着市场化、多元化方向发展，但银行业仍占绝对主体，银行业存贷款的内部结构也发生了变化，存款主体由以前的政府和国有企业变为现在的家庭部门，银行贷款主体则仍然是国有企业。在1991—2007年，易纲和宋旺（2008）的进一步研究发现，在金融改革过程中，中国金融资产结构有了明显改善，但也产生了一些新问题，需要继续完善货币市场和资本市场，以促进金融资产结构调整。在易纲（2020）的文章中进一步发现，过去十多年来中国宏观杠杆率上升较快，金融资产风险向银行部门集中。针对这一问题，提出了建议稳住宏观杠杆率，发展直接融资，增强金融对实体经济的支持力度，提升金融资源的配置效率的建议。王广谦（2002）和李健（2003）通过金融结构演变规律，指出了中国金融结构失衡的主要表现。

最优金融结构问题是中国金融结构学术讨论中非常关注的一个问题。不少学者就中国应该发展市场主导型还是机构主导型的金融结构展开了激烈的争论，学术的争论虽然尚无定论，但90年代社会上却普遍出现了发展直接融资、否定间接融资的倾向。陈观烈（2000）对此指出，直接融资和间接融资各有优劣，但这不应使人得出两者只有替代关系的结论，从长期和全面的观点来看，两者是相辅相成的。林毅夫、章奇和刘明兴（2003）和林毅夫、姜辉（2006）等从国际经验和理论分析都发现存在最优金融结构，当一国银行业结构、融资结构与经济结构的内容和要求相匹配时，将能对经济增长起促进作用，反之则将起阻碍作用。他们提出了"最优金融结构理论"，认为最优金融结构内生决定于某一经济发展阶段的最优经济结构。

此外,还有一批学者从其他视角研究了金融发展对经济增长的影响。如不对称信息(殷剑峰,2004)、金融生态(李延凯和韩廷春,2011)、产业升级(龚强等,2014)等,这些新视角的引入加深了我们对金融发展的理解。

四、多层次资本市场的建设与完善

改革开放以来,中国多层次资本市场的构建主要分为两个阶段。一个阶段是2000年之前,资本市场从无到有,在改革开放的现实需求当中产生并且不断发展。另一个阶段是从2000年至今,逐渐形成了以场内场外相互配合,多种市场服务于不同类型和不同规模的企业融资需求的多层次资本市场。

(一)资本市场理论的早期探索(1978—2000年)

早期关于股票市场的思想主要伴随着企业股份制改革的必要性展开。虽然这一阶段人们对于股份制的认识还难以摆脱旧观念的束缚,但学术界已经开始积极探讨股份制对于企业发展的积极意义,并开始探讨建立证券市场的必要性。为了扫除股份制改革的思想障碍,学者开始提出股份制没有特定的社会属性的观点(刘鸿儒,2003;蒋一苇,1988)。在股份制改革逐渐开始试行之后,理论界关于建立股票流通市场的必要性问题也开展了广泛的讨论(刘诗白,1986;刘鸿儒,1987)。1990年,上海证券交易所和深圳证券交易所相继建立之后,理论界主要围绕股票市场在发展初期存在的问题以及未来股票市场的发展方向展开了讨论。

一方面,学者们针对股市发展初期出现的问题进行广泛的研究和解读,并提出了大量改革发展的建议。陈共和吴晓求(1994)认为股票市场的低迷是由宏观调控和偏紧的货币政策的客观状况导致的。刘光第和李健(1995)认为,造成中国股票市场低效的重要原因是股票市场的发展脱离了实际生产流通,资本市场的发展与货币市场的发展顺序倒置。吴敬琏和张玲(1995)认为中国的股票市场发展存在顺序问题:在企业股份制改革不充分不彻底的情况下,股票市场的出现使得部分企业置自身经营机制于不顾,匆忙改制,争相上市。这种"倒爬楼梯"的顺序问题不仅导致股票市场早期存在大量的泡沫,脱离了其服务实体经济的初衷,也为日后的股权分置等问题埋下了隐患。

另一方面,学者们集中探讨中国资本市场未来的发展方向,提出了大量真知灼见。曹凤岐(1991,1992,1996)认为需要更加完善的资本市场、发展场外柜台交易市场和开放国际市场;陈雨露和张克伟(1995)提出健全市场体系大力培育各类市场是发展资本市场所必需的社会环境;李健(1995)提出应优先发展货币市场和债券一级发行市场,其后再规范化的股份制改造中发展股票市场。

(二) 多层次资本市场的构建与资本市场问题的解决（2000 年至今）

1999 年，证监会提出可以考虑在上交所和深交所内设立高科技企业板块，此举拉开了中国多层次资本市场构建的序幕。此后的二十年间，中国逐渐形成了包括中小板、创业板、新三板等场内外交易市场在内的多层次资本市场。在此期间，学术界对中国的资本市场也进行了大量的研究。这些研究主要集中在两个方面。一方面研究着眼于继续解决中国股票市场发展过程当中依然存在的一系列问题，另一方面研究主要为中国多层次资本市场的建设提供理论支持。

针对资本市场中存在的股权分置问题、IPO 三高问题、股市过度波动等一系列问题，学者们进行了大量的研究并取得了丰硕的成果。吴晓求（2006）指出股权分置危害很大，提出了逐步推进股权分置改革的建议。马君潞和牛凯龙（2004）提出从市场的制度建设、监管措施的完善以及提供新的风险防范手段等方向逐步完善中国资本市场。刘志远等（2011）和俞红海等（2013）研究了 IPO 三高问题产生的制度性因素。宋逢明和江婕（2003）和李健（2002）分别从股市系统性风险和供给不足等因素解释价格的波动剧烈波动。朱新蓉和朱振元（2008）还发现中国股市波动与汇市波动的联动性关系。

关于中国多层次资本市场建设的研究具有建设性，学术界对中国如何发展多层次资本市场提出了诸多的建议。早在 21 世纪初，王国刚（2004）和吴晓求（2001）等学者就对中国的多层次资本市场体系有过详细的构想。2004 年国务院发布《关于推进资本市场改革开放和稳定发展的若干意见》之后，学术界对多层次资本市场的建设和作用探讨得更为细致。李建勇等（2016）认为多层次资本市场提高了中国证券市场的纵深和容纳度，并且协同性和稳定性较单一市场有所提高。辜胜阻等（2016）则为多层次资本市场进一步服务实体经济提供了更为具体的路径。

五、中国银行业的改革与发展

中国的银行业在不同时期经历了单一银行、专业银行、商业银行的转变，从政策性银行到商业银行的转变，从国有银行向上市股份制银行的转变，从只有几家银行到服务于各类经济体需求的多层级银行体系的转变。在这个过程中，遇到了具有中国特色的许多理论与政策问题。关于如何推进银行业的改革和发展，形成了大量的研究成果。

（一）过渡时期的专业银行体制

随着十一届三中全会确定了党和国家的工作重点转移到社会主义现代化建设，中国的银行业也进入了发展和改革的全新时期。这一时期，中国农业银行、中国银行、中国建设银行和中国工商银行相继恢复和成立，中国的银行业也随之进入了专业银行时代。在这一发展和改革的过程中，学术界也贡献了大量的成果。

首先，理论界研究了经济体制改革下银行性质和作用的转变。不少学者认识到单一银行体制的缺陷，提出银行要向金融企业转变的观点（曾康霖和严毅，1980；曹凤岐，1982；刘鸿儒，1980）。其次，在银行与财政关系问题上，学者们研究了银行体制应该从财政体制中独立出来的观点（谭安杰和王广谦，1987；刘光第，1980；王克华，1981）。再次，在中央银行和专业银行关系上，学者们提出需要厘清两者关系，理顺货币发行和信贷活动之间的关系（刘鸿儒，1983；谢平，1994）。最后，针对不良贷款问题，学者们研究了银行不良贷款形成的制度原因，建议通过商业化改革来化解不良贷款问题（夏德仁，1986；吴晓灵和谢平，1994；史建平，1997；刘锡良和罗得志，2001）。

（二）社会主义市场经济时期的商业银行发展

社会主义市场经济时期，银行业改革进入了全新的阶段。一方面，随着不良资产逐渐被剥离，国有商业银行股份制改革成效显著，改革逐渐深入到金融结构的层面；另一方面，随着中国加入 WTO，对外开放不断深化，银行业也面临着新的机遇和挑战。

而随着改革的需要和外部环境的不断变化，理论界对银行业的研究也进入到了全新的阶段。第一，进一步推进银行产权改革被提出。易纲和赵先信（2001）、张杰（2004）、马君潞和高明生（2004）等都认为，商业银行产权制度的不完善是阻碍中国银行业发展的关键原因之一。另外，张杰（2005）还指出，如何摆正政府在银行业中的作用至关重要。第二，对外开放环境下的银行业发展与改革成为研究热点。亚洲金融危机和以 WTO 为契机的对外开放对构建更加健康和有竞争力的银行体系提出了更高的要求（易纲和郭凯，2002）。马君潞和满新程（2005）提出引入外资来发展银行业的建议。吴念鲁（2005）提出银行业的国际化，强调逐步实现海外机构发展的本土化是海外发展战略的核心所在。第三，银行业的风险和监管问题得到越来越广泛的关注。外资进入对银行业和监管的挑战、银行活动的外部性、传统监管对银行行为的扭曲、银行的系统性风险等一系列问题得到了深入研究（张礼卿，2007；张杰，2008；吴晓灵，2013；马君潞等，2007；江曙霞等，2006；巴曙松等，2010；范小云等，2011，2013）。

六、利率市场化与金融深化

改革开放之后，中国金融市场不断推进改革，自 1993 年"利率市场化"设想被提出后，国内众多学者纷纷对其予以关注，并提出鲜明的观点。从利率市场化的整体推进来分析，大致可分为三个阶段：利率市场化思想的形成期（1993—2002年）、利率市场化思想的发展期（2002—2013年）、利率市场化思想的成熟期（2013年至今）。

（一）利率市场化思想的形成期

1993年11月，党的十四届三中全会通过的《关于建立社会主义市场经济体制若干问题的决定》首次提出了中国利率市场化改革的基本设想。在此背景之下，众多学者纷纷依据中国的国情对中国利率市场化的原因、条件、方向及具体措施与步骤等发表了自己的观点。张国光（1993）、贺富海和贾万春（1993）分别提出利率运作机制缺乏和利率管理过于集中，抑制了利率的作用，需要通过改革来释放利率功能，利率改革的方向就是市场化。贺富海和贾万春（1993）提到应坚持"宏观管住、中观管活、微观放开、逐步过渡分步走"的策略，并分近期、中期、远期目标，逐渐实现利率市场化。李绮峰和刘满红（1994）、吴海军和庞介民（1994）等提出利率并轨的两个阶段：利率调整和利率放开，逐步形成统一的完全的市场利率。谢平（1995）提出七小步的方案。周小川（2012）也指出"利率市场化受多种因素影响，将是一个渐进的过程"，从而一定程度上肯定了此观点。

（二）利率市场化思想的发展期

2002年，当时中国的社会主义市场经济体制已经初步建立，绝大多数交易商品与服务的价格也已基本上实现了市场化，同时，在国际化进程中，中国已加入世贸组织，面对"入世"给中国金融体系各方面带来的挑战，利率市场化的步伐亟须进一步加快。在此背景下，党的十六届三中全会通过了《关于完善社会主义市场经济体制若干问题的决定》，进一步明确了要稳步推进利率市场化，建立健全由市场供求决定的利率形成机制。这一阶段学者在总结前一阶段成果的基础上对利率市场化认识更加深刻，并对接下来如何进一步推进利率市场化提出了相应的观点，利率市场化的思想得到了进一步丰富和发展。傅康生（2002）提出了正确认识利率市场化的四个方面。殷璐（2003）指出利率市场化还需要在交易主体、利率结构、基准利率、政府调节利率的手段等方面深化改革。刘洪涛（2002）提出以同业拆借利率为突破口，以浮动利率为过渡，按照先外币、后本币，先农村、后城市，先贷款、后存款的改革步骤，循序渐进地推动利率市场化改革进程。黄峰（2003）总结过去经验基础上提出了深化利率市场化改革的具体建议，即提高中央银行的宏观调控能力、改革商业银行、构建完善的金融市场、加快国有企业产权制度改革等。周小川（2004）则将进一步稳步推进进程概括为三个要点，一是要扩大贷款利率的浮动范围，二是允许存款利率可以向下浮动，三是增加利率放开的品种。

（三）利率市场化思想的成熟期

党的十八届三中全会通过的《中共中央关于全面深化改革若干重大问题的决定》强调"加快推进利率市场化，健全反映市场供求关系的国债收益率曲线"。这预示着中国已经走到了利率市场化的最后阶段。此背景下，不少学者对利率市场化改革做了深层次的剖析。吴卫星（2015）指出利率市场化改革有两个核心问题：利率管制制度的逐步放开，市场化定价机制与参与机制的不断完善。郭新明（2013）认为金融创新尤其是互联网金融扮演了利率市场化的"催化剂"角色，倒逼利率市场化进程提速。连平（2013）强调利率市场化与汇率市场化、资本开放等的关系和金融创新的重要性。周韬（2017）认为在渐进式改革基础上，要积极发展微观主体，提升金融市场繁荣程度。张彩玲（2017）指出利率市场化几个关键点：构建必要的微观基础；进一步完善金融市场，健全金融监管体系；完善金融企业制度，健全利率形成机制；维护良好的宏观经济运行机制，以保证宏观经济的稳定。周济和陈靓（2015）提出实行存款利率市场化应该按照"先长后短、先定后活"的原则，同时还要考虑到综合的配套性政策。易纲（2019）提出完善贷款市场报价利率形成机制，促进贷款利率"两轨并一轨"。概括来讲，在利率市场化的最后阶段，众学者纷纷从全局化的视角整体分析整个改革过程，不但认识深刻，而且意见更符合我国的实践情况，同时又结合外国的实践经验与中国具体实践的差异性针对性地提出观点，使得中国的利率市场化真正实现国际化。

七、人民币汇率制度、外汇管理和内外均衡

自新中国成立以来，尤其从改革开放以后，中国的人民币汇率问题逐渐得到了国内学术界的关注，汇率逐渐发展成一个推动改革开放的重要手段和影响国民经济均衡的重要决定因素。伴随着人民币汇率问题研究的逐步深入，中国也逐渐形成了多姿多彩的汇率理论研究，下面将分阶段讨论不同时期各学者关于此领域研究的不同观点。

（一）对计划经济时期外汇管理理念的反思

在计划经济时期，为了恢复中国的国民经济以及进行社会主义建设，中国实行了全面计划经济的运行模式，因此在外汇的管理上也体现出了一定的高度集中、统一计划的特点。不少学者结合当时中国在具体阶段的发展目标对汇率水平的确定给出了独特的见解。吴念鲁和陈全庚（2002）将当时的汇率制度演变划分为三个时期：国民经济恢复期、社会主义建设期与人民币对外结算到西方货币实行浮动时期。在国民经济恢复期，汇率基本与物价是相挂钩的；而在社会主义建设期，为统一管理对外贸易，汇率水平趋于稳定；浮动汇率期间，为了避免汇率风险，中国确定若干西方货币为

"货币篮子",并进行加权计算中国的汇率水平。许少强和朱真丽(2002)则将这段时期的汇率史分为1949—1952年的人民币汇率、1953—1972年的人民币汇率和1973—1980年的人民币汇率。他们提到在第一个时期,为了推动出口,货币当局根据国内外市场的物价调控人民币汇率;在第二个时期,中国为了实现内外部的目标采取了汇率水平长期稳定的政策,此时存在人民币低估;第三个时期为稳定汇率实行盯住一篮子货币的汇率制度。

(二) 转型时期的外汇管理思想

1978年12月党的十一届三中全会决定,将政府的工作重点转移到经济建设上来。这一时期,为了配合改革开放,中国在外汇市场上逐步引入了市场机制,实行计划分配、市场调节的双轨制。这段时期对外汇的讨论与研究带有时代特点,讨论的关键问题是计划与市场的关系。周祥生和俞浩明(1986)认为当时中国许多城市经济体制改革尚未起步,许多经济关系尚未理顺,外汇管理体制就应当是以纵向统收统支与一定范围内横向市场调节并存为特征的双轨制。乔瑞、李延平和石俊志(1985)认为随着中国经济对外贸易关系的发展,指令性计划已经与经济发展的需要不相适应,客观上要求借助市场调节的经济手段来帮助实现平衡。关于当时的汇率制度与汇率水平的确定,陈全庚(1984)指出人民币汇率市场改革的方向。许少强和朱真丽(2002)指出,因为国内经济体制在短期内不可能有相应的变化,以至于货币当局在制定汇率时不得不采用双重汇率制。

但是两个汇价对中国的经济活动、利用外资和内部经济核算及外汇管理带来了不少问题,为此不少学者提出人民币汇率改革的观点。陈彪如(1998)指出1981—1984年中国实行双重汇率制度不利于外商来华投资,提出中国应采用计划管理下的弹性汇率制度。钱荣堃(1989,1991)提出不同社会制度和经济体制下的货币汇率作用不同说。他认为应结合政策中"善于运用经济杠杆",发挥汇率作用,放弃官方决定汇率的做法,采取管理浮动制,主要依据市场要素决定人民币汇率水平,取消人民币的双重汇率制度。吴念鲁(1998)也提出了建立一个有管理的浮动汇率制的主张。

(三) 社会主义市场经济时期

进入21世纪之后,中国加入世界贸易组织,国际关系问题越来越突出,对外贸易环境也发生翻天覆地的变化。这段时期对外汇的讨论主要集中于人民币汇率制度、外汇储备的确定以及管理的研究。

在人民币汇率制度方面,众多学者都主张需要再次深化改革。齐琦部(2000)认为,虽然盯住汇率制近些年取得了较大的成就,但是如果继续实施,成本将比较巨大。冯用富(2000)提出中国汇率制度下一步改革的方向应当考虑介于固定汇率与浮动汇率两者之间的汇率体制。温建东（2006）则认为下一步改革的方向为进一步扩大外汇市场主体和品种，完善基础设施建设，强化监管和自律，防范系统性风险。同时，江春（2006）、曹勇（2006）等学者也对改革所需要的必要条件进行了相应的分析。虽然介于两者的中间汇率制度在一定程度上适应中国的状况，但长期来看，这种汇率制度也受到质疑。

在外汇储备管理方面，不少学者对当时背景下外汇储备快速增长进行分析，提出了外汇形成的原因、适度外汇规模、外汇管理和外汇作用等方面的观点。吴念鲁（1998）提出外贸顺差是造成中国的外汇储备快速增长的最主要原因，但不能把人民币汇率低估当作巨额贸易顺差的主要原因。巴曙松等（2007）则发现实际汇率的贬值是导致中国贸易顺差加大的重要原因之一。李扬等（2007）指出外汇储备过快增长会造成流动性需求过剩及对冲困境等不利影响。陈荣和谢平（2007）认为，外汇储备规模主要与货币兑换政策和汇率制度相关，与一个国家的经济实力和宏观经济政策的相关性不大。王群琳（2008）从需求的角度入手，测算出了外汇的适度规模大小，并对外汇储备的失调问题进行了解释。

第四节　新时代中国金融改革发展展望

新时代的中国正面临着从"站起来、富起来"到"强起来"的历史性变革的重任。一个具有高度适应性、竞争力、普惠性的现代金融体系的形成将是全面贯彻新发展理念，推动供给侧结构性改革，进而建设现代化经济体系、推动经济高质量发展的内在要求。因此，无论是从理论还是中国经济金融发展的历史实践来看，在坚持金融市场化、法治化改革的同时，深入推进金融开放已成为当前中国经济金融运行的内在要求。唯有坚持推进市场化的金融改革和高质量金融开放，以更透明、更符合国际惯例的方式将中国金融融入全球金融体系，中国才能在经济增长模式转换过程中更好地利用"两种资源、两类市场"，实现资源的有效配置进而新时代中国经济的高质量发展。

一、金融市场发展与金融结构的市场化转型

就中国而言，1979年以来，对内改革和对外开放的宏观经济政策组合使经济运行摆脱了计划经济时代"赶超型发展战略"的约束，在调整并确立"比较优势型发展战略"基础上基本完成了以"从计划到市场"为核心的经济转型，市场经济体制逐步成为全社会资源配置的基础方式。伴随着这一伟大的经济转型，中国不仅在经济总量上

实现了历史性的提升，而且经济产业结构和经济增长方式也较改革之前发生了极为深刻的变化，已成为世界舞台上一个举足轻重的经济大国，目前正处于从经济大国向经济强国转变的关键期。而作为市场经济中资源配置的核心机制，金融体系的改革和发展进而金融结构目标模式的选择自然成为影响未来中国经济运行的核心问题。

现实地看，随着1979年以来多元化金融机构体系的创建以及金融市场从无到有、从小到大的迅猛发展，当前中国金融体系的整体架构较改革之初已发生了极为深刻的变革，但就银行与市场在金融体系的地位来判断，那么中国金融体系无疑呈现出较为典型的"银行主导型"特征。进入2008年，全球金融危机的爆发改变了中国经济运行的内外部环境，迫使中国政府紧急采取强有力的宏观调控措施来稳定经济。在这一背景下，国有银行再一次成为国家稳定宏观经济最为有效的工具之一，而国有银行也抓住了这一难得了发展机遇，短短六七年间实现了信贷规模和总资产的迅猛增长，以及极高的账面收益。相对于这一时期银行体系突飞猛进的扩张，以股票市场为主体的中国金融市场却由于经济模式转型的停滞而表现不佳，甚至一度陷入了恶性循环。股票市场的整体价格呈现持续下跌的态势，市场的总市值和流通股市值不断缩水，导致其在金融体系中的地位日趋边缘化，银行主导型金融模式得到了不断的强化。

客观地说，当前中国以银行，尤其是国有控股的大型商业银行为主导的金融架构既显示出一定的宏观效率，但在资源配置效率，进而促进经济持续发展，尤其是经济增长模式从粗放向集约、从模仿向创新的转变方面存在非常突出的问题。

从宏观有效性视角着眼，中国当前的金融架构最值得称道的有两个方面：一是储蓄动员，二是宏观经济稳定。但问题是，较为突出的储蓄动员和宏观稳定能力并不意味着以国有商业银行为主导的金融体系在中国资源配置效率，进而与实体经济运行之间存在良好的适应性。历史上看，在这样一种金融市场结构约束下，再加上国有金融机构对非国有经济融资的歧视以及资金价格的扭曲等金融压抑措施，在改革开放过去的40余年间，中国经济增长模式以及产业结构事实上处于一种自我强化状况。这导致，尽管中国建立了较为完善的工业体系（尤其是依托中国资源禀赋的制造业体系），但技术向市场的转化或产业化在中国依然非常困难，诸多民营经济只能依靠廉价的劳动力资源和国内相对扭曲的能源等价格，进入门槛相对较低的加工行业，产业结构长期处于较为低级的状况，在国际分工格局中处于一种极不合理的状态。此外，也正是由于长期以来中国金融结构的这种模式选择，使股市尽管在规模上取得了长足的发展，但其却长期处于银行体系辅助的角色，一直没有在国家层面获得战略上的功能认同，进而导致中国的股市演变为一种有些畸形的资源分配或财富分配机制，其价格有效性较弱（信息内涵极为有限），其涨跌更多地和资金、投机联系在一起，和实体经济关联度不高。

现实地看，中国股票市场的运行背景从2013年中后期开始有了较大的改变。引发这种变化主要有四个原因：一是中国宏观经济的困境，原有的经济增长模式无法维系；二是银行体系的信用扩张几乎已到了一个临界点，潜在的金融风险过度累积；三是政府经济改革思路的转变，明确了"市场在资源配置中发挥决定性作用"的指导思路；四是在依法治国的方略下，中国的契约法制环境较以往有了很大的改进。

在这一大背景下，一些现实的需求引发了金融结构的变化。一方面，全社会信息透明度的提升不仅一定程度上削弱了银行原来通过其传统业务集获得的一些经济优势，致使一些经济主体（特别是大企业以及偏好风险的储蓄者）有着强烈的动机发展资本市场，利用证券的直接交易来满足各自目标，且有效的司法执行体系可以确保贷出者对资金回流的信心的同时，提供了契约不完全时的稳定救济预期。另一方面，当经济发展到一定规模之后，社会财富的积累使得资金相对于投资机会而言变得较为充裕。这时如果市场被管制进而无法有效地发挥奖优罚劣的作用时，银行体系在资金分配上的缺陷日益凸显，良性的优胜劣汰机制缺失，无法支持"创造性破坏"。这实际上就意味着在当前崇尚"大众创新、万众创业"的大环境下，中国金融结构从机构主导逐步向市场主导的转型势在必行。这种金融结构变迁中股票市场功能定位的转变是激发市场活力、引致市场火爆行情最为关键的内在逻辑，进而在一定程度，当前中国股票市场与实体经济的正向背离是有理论支撑的。以股票市场为代表的资本市场发展进而金融结构的转型将是中国从经济大国向经济强国迈进中的关键一步。

二、要素市场化配置机制改革与金融运行的市场化

要素市场化配置的机制改革作为未来一个阶段中国经济体制改革的重点，将极大地提升中国金融运行的市场化程度。要素市场改革的核心是市场来配置土地、资金、劳动力、信息等各类生产要素，进而需要在继续推进利率和汇率形成机制市场化的同时，加快证券发行的注册制改革，形成"有进有出"的市场化优胜劣汰机制。

首先，中国会进一步深化利率、汇率市场化改革，重点是在健全市场化的金融体系基础上，完善国债收益率曲线和适当扩大汇率日波动幅度，寻找适当的基准利率和均衡汇率"锚"，为"市场在资源配置中起决定性作用"创造条件。

其次，以科创板、创业板证券发行注册制的实施为起点，探索全证券市场实施推行注册制的路径的基础上，完善和强化证券"退市制度"。现实地看，一个高度市场化的证券市场可以通过其内在的运行机制实现其自身的均衡，而这种均衡的重要实现途径就是在不断吸纳新的优质公司发行上市的同时，不断地淘汰市场中的劣质公司。这样，通过上市公司及其证券吐故纳新的动态调整，可以为证券市场注入新的生机和活力，进而促使资源从低效率的劣质公司流向高效率的优质公司，实现资源的合理有效配置。因此，一个健康的证券市场作为优化资源配置的有机系统，必须是双向开放、

有进有出。

最后，稳步有序地推进金融机构之间的业务交叉（混业经营）。无论从国际还是国内层面看，混业经营的发展进而从"机构监管"向"功能监管"的转型已然成为金融业的一种趋势，但也应清醒地意识到商业银行对证券或保险业务的过度设计也会给整个金融体系带来不可估量的风险；同时，中国现有的分业监管模式很难有效地管控混业风险。这就要求中国因地制宜，在出台完善的针对金融控股公司监管的基础上，借助银行资产子公司等形式开展财富管理等混业型业务。

三、金融规范化与法治化程度显著提升

现代金融的运行是建立在法治和规范基础之上的。鉴于强有效制度赋予了个人使用其资产、利用其资产创造产权以及转移这些产权的最大自由。利用法律等制度建立产权制度（限制政府剥夺财产的行为）和合约制度（保护和履行私人契约）是金融发展的基础。当然，单纯的法律规定仅仅只是一个起点，更重要的一点是在实践中法律体系必须运转灵活且成本较低。但可惜的是，对于包括中国在内的众多发展中国家而言，不仅"无法发展有效的、低成本的合同履行是第三世界国家历史上发展停滞和现代欠发达状态的最重要的源头"（North，1990），而且现实地看，其现有的法律体系和发达国家相比也存在较为明显的差距。因此，金融规范化和法治化程度的提升自然也就成为中国后续金融发展的应有之义。

从中国当前的金融运行来看，尽管已经构建了较为完善的金融法律法规体系且近年来对以《证券法》为代表的金融法规也根据实践发展进行了数次完善和修正，但整体上看，由于政治、经济、社会等诸多因素的共同作用，中国金融立法和执法仍存在诸多问题，急需在后续予以进一步完善。

具体而言，中国金融的法治化急需解决的问题大致包括以下几个方面。首先，进一步在法律层面厘清"证券""证券犯罪"等基本概念，修改完善修订证券法、刑法等的相关条款，为后续金融创新及其监管减少法律的"真空"地带；其次，进一步加强不同立法、监管部门之间的协调，立足"功能监管"理念，改变"法出多门"以及不同监管部门的监管规则、执法力度不统一的问题；再次，加强对于商业银行、证券公司等金融机构的资本监管；最后，强化行为监管，加大消费者权益保护的力度。

四、以金融科技等为代表的创新金融业态的出现与中国金融业态重构

云计算、大数据、物联网、定位功能等科技手段的不断进步成为推动中国金融发

展的新动力。凭借社交网络、电商平台等积累的用户群体及其交易数据，互联网企业可以较高效地了解用户在金融服务方面的需求和偏好，在创新、整合和定制服务方面给商业银行等金融机构的传统服务模式带来了不小的挑战，进而引发中国金融业态重构基础上的金融服务业重大变革。因此，可以预见，作为一种依托网络这一虚拟世界的全新金融服务业态，金融科技等创新金融业态将随着中国金融市场化运行的制度规则尤其是金融服务准入标准的调整，借助其特有的低成本、信息流整合（大数据）、信息对称与共享和快捷高效率等优势，其在中国的未来发展趋势不可逆转。以金融科技等为代表的创新金融业态的迅速崛起，对于中国现有的金融业态尤其是净资产收益率较高的商业银行而言，必然意味着市场竞争格局的显著调整，进而引发巨大的压力或挑战。但客观地看，金融科技内生的局限使这种挑战有的是带有颠覆性的、此长彼消式的竞争，具有替代性趋势；而有的只是彼岸相望、促进式的竞争，彼此之间难以替代。换句话说，这两类金融运行架构相互竞争后，一个较为理想的新金融业态体系可能是在分工更加明确、个性更加突出、结构更加多元、效率进一步提高基础之上以传统金融业态（当然也要经过互联网的技术改造）为主、以现有互联网金融模式为辅的格局。

从金融契约设计的内在需求看，无论未来以云计算、大数据、社交网络等为代表的金融科技能够发展到何种高度，现实经济社会生活中能够数码化并且能够在全球网络或公司信息网络传播的信息不可能是无限的。与此同时，尽管数码信息的流动性在不断增强，各种意会信息不仅仅是有价值的，而且其获得更需要具有专业知识的专业人士介入，或者说金融科技等创新金融业态的崛起不可能替代商业银行家、投资银行家和风险投资家等金融专业人士，也不可能替代商业银行、投资银行以及其他金融中介机构。换句话说，金融科技等创新金融业态和以现有商业银行为主导的传统金融模式之间的优缺点都颇为明显。金融科技等创新金融业态除了在现有依托银行网络实现支付结算的功能升级上具有明显优势外，在资源配置（融资，尤其是基于供应链的平台小额贷款以及消费信贷等方面）和标准化金融产品的销售两个领域也存在巨大优势；而传统金融则在个性化服务、高度的专业性、较高的感知价值、对冲风险的能力、雄厚的资本实力以及线下客户的垄断方面等具有比较优势。但从理论上说，金融科技等创新金融业态是无法从根本上完全取代传统金融的。更为客观地判断是互联网金融的快速崛起将发挥"鲶鱼效应"，直接推动了银行业、证券业、保险业的技术进步，加快了互联网、云计算等技术与金融的全面融合，或者说金融运行的科技化，实现凡计算机系统能处理的金融交易尽量不用人力、凡电子渠道能销售的产品尽量不用网点、凡远程集中能处理的业务尽量借助互联网用低成本的人工和场地、凡用数据挖掘等方式找到的目标客户尽量用网络方式营销。

当然，从长期来看，尽管金融科技等创新金融业态不可能完全取代传统金融，但我们也应该看到，基于互联网技术的平台、客户资源和海量数据的金融科技等创新金融业态与支付、信息显示以及资源配置（风险管理）等金融功能之间耦合的程度也给其在传统金融之外提供了广阔的发展空间。尤其是民营资本在短期内可大举介入金融领域，进而在支持小微企业和消费金融业务上，与金融互联网机构错位营销、自主销售贷款，在起到拾遗补阙的作用基础上，更好地满足众多网民和小微客户的内在经济需求，在可预见的未来成为推动中国金融运行理念、机制和效率实质性变革，进而推动经济发展的重要力量。

五、高质量金融开放的稳步有序推进

金融发展的空间最终是由经济发展的空间所决定的。过去40余年里，中国无疑是经济全球化的受益者之一，进而维持一个开放的世界经济秩序是当前中国的利益所在。在贸易领域开放达到一个较高水平的今天，中国金融领域的进一步开放势在必行。而且面临着金融服务业进一步开放、人民币汇率形成机制改革、资本账户有序开放、人民币国际化的推进以及上海国际金融中心建设等多个重要且颇为棘手的任务。现实地看，尽管立足制度均衡观，基于金融体系是一个由货币政策、金融监管、微观金融活动和金融开放四要素构成的复杂巨系统的理解，各项金融开放内容之间必须相互配合、共同发展，才是推动中国经济持续健康发展的长久动力，但中国的经济金融发展现状仍需要我们在金融开放的路径及内容的次序性上做出符合实际的抉择。

尽管历史地看，一国（或地区）金融开放的进一步深入的确存在不同的路径（或者说政策优先）选择，且不同选择也蕴含着不同的风险，但对于中国而言，在当前坚持充分的市场化和有限的全球化的发展战略目标约束下，考虑到经济体内的适应机制是应对内外部冲击的根本因素，进而必须在着力推进要素价格机制改革以及服务业领域的改革（进而使价格能真正发挥资源配置决定性作用）、货币政策和宏观审慎管理双支柱框架基本形成（进而使宏观调控具有较大的灵活性）、金融行业得到适当的监管（进而使金融市场的信息不对称所引致的外部性得以控制在可承受范围之内）等基本实现的背景下，在注重金融市场培育和产品创新，提升金融市场的开放度和包容性，营造公平、透明、可预期的营商环境和法制环境的同时，以准入前国民待遇和负面清单为核心实现金融业对外开放，协同推进扩大金融业对外、人民币汇率形成市场化改革和减少资本管制"三驾马车"，依托"一带一路"倡议统筹安排，防止"单兵突进"，遵循"积极有为、水到渠成"的原则，进一步推动人民币国际化，且要使人民币国际化与国内改革和发展相辅相成，不断提升上海的国际金融中心地位，有效发挥中国作为重要的国际经济金融规则参与者角色的基础上努力实现从参与者向决策者甚至制定者的转变。

思考与讨论题

1. 试结合中国金融的总量和结构变化分析梳理中国金融演进的轨迹。
2. 与世界其他国家相比，中国金融发展有哪些独特之初？
3. 试选择一个与中国金融运行相关的研究主题，梳理分析关于这个主题国内金融学术界近年来的研究脉络。
4. 试结合当前中国金融运行中面临的问题，谈谈你对新时代中国金融发展未来目标取向的理解。

推荐阅读文献

[1] 李扬等：《新中国金融60年》，中国财政经济出版社2009年版。
[2] 王广谦等：《金融体制改革与货币问题研究》，经济科学出版社2009年版。
[3] 吴晓求等：《现代金融体系导论》，中国金融出版社2019年版。
[4] Allen, Franklin & Qian, Jun & Qian, Meijun, 2005. "Law, finance, and economic growth in China", Journal of Financial Economics, Elsevier, vol. 77（1）, 57–116, July.

主要参考文献

[1] 巴曙松，王璟怡，杜婧：《从微观审慎到宏观审慎：危机下的银行监管启示》，载《国际金融研究》2010年第5期，第83—89页。
[2] 巴曙松，吴博，朱元倩：《汇率制度改革后人民币有效汇率测算及对国际贸易、再外汇储备的影响分析》，载《国际金融研究》2007年第4期。
[3] 巴曙松：《金融深化与货币政策中介目标的调整》，载《银行与企业》1998年第2期，第13—15页。
[4] 卞志村：《论中国货币政策中介目标的转变》，载《山东金融》1995年第7期，第12—13页。
[5] 卜林，郝毅，李政：《财政扩张背景下中国货币政策与宏观审慎政策协同研究》，载《南开经济研究》2016年第5期，第55—73页。
[6] 曹凤岐：《关于中国证券市场发展途径与步骤》，载《管理世界》1992年第3期，第109—114页。
[7] 曹凤岐：《中国股票市场发育中的几个问题》，载《北京商学院学报》1991年

第 4 期，第 14—17 页。

[8] 曹凤岐：《中国货币政策的最终目标和中介目标》，载《北京大学学报（哲学社会科学版）》1988 年第 3 期，第 99—105 页。

[9] 曹凤岐：《银行不具备分配职能吗？——与白伊宏同志商榷》，载《金融研究》1982 年第 10 期，第 39—41 页。

[10] 曹凤岐：《资本市场、中介机构与企业改组和并购》，载《金融研究》1996 年第 11 期，第 27—29 页。

[11] 曹勇：《做市商制度、人民币汇率形成机制与中国外汇市场的发展》，载《国际金融研究》2006 年第 4 期。

[12] 曾康霖，刘锡良，缪明杨：《百年中国金融思想学说史》，中国金融出版社 2018 年版。

[13] 曾康霖，严毅：《从中国银行的地位作用谈财政金融体制改革》，载《金融研究动态》1980 年第 3 期，第 11—15 页。

[14] 陈彪如：《人民币汇率研究》，华东师范大学出版社 1992 年版。

[15] 陈彪如：《关于人民币迈向国际货币的思考》，载《上海金融》1998 年第 4 期。

[16] 陈彪如：《人民币汇率的长期稳定问题》，载《华东师范大学学报》1998 年第 3 期。

[17] 陈共，吴晓求：《对中国当前股票市场的若干思考》，载《财贸经济》1994 年第 10 期，第 10—15 页。

[18] 陈观烈：《货币、金融、世界经济——陈观烈选集》，复旦大学出版社 2000 年版。

[19] 陈浪南，汤大杰：《中国货币政策中介目标的理论分析与现实选择》，载《金融研究》1994 年第 8 期，第 7—11 页。

[20] 陈全庚：《人民币汇价的历史演进和改革的方向》，载《金融研究》1984 年第 12 期。

[21] 陈荣，谢平：《关于中国外汇储备问题的若干观点》，载《金融研究》2007 年第 8 期。

[22] 陈彦斌，刘哲希，陈伟泽：《经济增速放缓下的资产泡沫研究——基于含有高债务特征的动态一般均衡模型》，载《经济研究》2018 年第 10 期，第 16—32 页。

[23] 陈仰青：《关于国家银行的性质问题》，载《中国金融》1953 年第 21 期，第 17—18，26 页。

[24] 陈雨露，张克伟：《论引入合资基金与中国证券市场的成长》，载《金融研究》1995 年第 10 期，第 17—18 页。

[25] 陈云：《陈云选集》第 3 卷，中国人民出版社 1995 年版，第 52 页。

[26] 杜莉，李博：《利用碳金融体系推动产业结构的调整和升级》，载《经济学家》2012 年第 6 期，第 45—52 页。

[27] 范从来：《论货币政策中间目标的选择》，载《金融研究》2004 年第 6 期，第 123—129 页。

[28] 范小云，方意，王道平：《中国银行系统性风险的动态特征及系统重要性银行甄别——基于 CCA 与 DAG 相结合的分析》，载《金融研究》2013 年第 11 期，第 82—95 页。

[29] 范小云，王道平，方意：《中国金融机构的系统性风险贡献测度与监管——基于边际风险贡献与杠杆率的研究》，载《南开经济研究》2011 年第 4 期，第 3—20 页。

[30] 方意，赵胜民，谢晓闻：《货币政策的银行风险承担分析——兼论货币政策与宏观审慎政策协调问题》，载《管理世界》2012 年第 11 期，第 9—19，56，187 页。

[31] 冯用富：《中国金融进一步开放中汇率制度选择的方向》，载《金融研究》2000 年第 7 期。

[32] 傅康生：《关于利率市场化及其改革的探讨》，载《唯实》2002 年第 3 期，第 35—38 页。

[33] 高翔：《论国家银行在社会主义建设中的作用》，载《经济研究》1962 年第 10 期，第 12—23 页。

[34] 龚强，张一林，林毅夫：《产业结构、风险特性与最优金融结构》，载《经济研究》2014 年第 4 期，第 4—16 页。

[35] 辜胜阻，庄芹芹，曹誉波：《构建服务实体经济多层次资本市场的路径选择》，载《管理世界》2016 年第 4 期，第 1—9 页。

[36] 郭新明：《中国金融市场化改革需突出重点》，载《金融时报》2014 年 7 月 7 日。

[37] 郭豫媚，郭俊杰，肖争艳：《利率双轨制下中国最优货币政策研究》，载《经济学动态》2016 年第 3 期，第 31—42 页。

[38] 国家外汇管理局国际收支分析小组：《2019 年中国国际收支报告》，国家外汇管理局，2020 年版。

[39] 国务院发展研究中心"绿化中国金融体系"课题组，张承惠，谢孟哲，田辉，王刚：《发展中国绿色金融的逻辑与框架》，载《金融论坛》2016 年第 2 期，第 17—28 页。

[40] 韩廷春：《金融发展与经济增长：经验模型与政策分析》，载《世界经济》2001 年第 6 期，第 3—9 页。

[41] 贺富海，贾万春：《中国利率体制现状及利率市场化改革问题》，载《农金纵横》1993年第6期，第12—14页。

[42] 黄达：《银行信贷原则和货币流通》，载《经济研究》1962年第9期，第1—8页。

[43] 黄达：《财政信贷综合平衡导论》，中国金融出版社1984年版。

[44] 黄峰：《对中国利率市场化改革的若干建议》，载《武汉金融》2003年第12期，第35—36页。

[45] 黄志刚，许伟：《住房市场波动与宏观经济政策的有效性》，载《经济研究》2017年第5期，第103—116页。

[46] 江春：《中国外汇市场的新制度金融学分析》，载《经济评论》2006年第3期。

[47] 江曙霞，罗杰，黄君慈：《信贷集中与扩张、软预算约束竞争和银行系统性风险》，载《金融研究》2006年第4期，第40—48页。

[48] 蒋一苇：《有关股份制的几个问题》，载《经济管理》1988年第1期，第4—10，34页。

[49] 《径山报告》课题组：《中国金融改革路线图》，中信出版集团2019年版。

[50] 《径山报告》课题组：《中国金融开放的下半场》，中信出版集团2018年版。

[51] 李成瑞，左春台：《社会主义银行工作》，中国财政经济出版社1963年版。

[52] 李广众，陈平：《金融中介发展与经济增长：多变量VAR系统研究》，载《管理世界》2002年第3期，第52—59页。

[53] 李建勇，彭维瀚，刘天晖：《中国多层次场内股票市场板块互动关系研究——基于种间关系的视角》，载《金融研究》2016年第5期，第82—96页。

[54] 李健，苏武俊：《泰勒规则与中国货币政策中介目标》，载《金融教学与研究》2001年第4期，第27—29页。

[55] 李健：《中国金融发展中的结构制约》，载《财贸经济》2003年第8期，第54—59，97页。

[56] 李健：《中国金融发展中的稳定性问题研究》，载《中央财经大学学报》2002年第4期，第6—13，33页。

[57] 李健：《中国金融市场效率与发展战略刍议》，载《财贸经济》1995年第7期，第37—40，26页。

[58] 李绮峰，刘满红：《中国利率市场化改革的终极目标和实施思路》，载《财经研究》1995年第1期，第12—18页。

[59] 李延凯，韩廷春：《金融生态演进作用于实体经济增长的机制分析——透过资本配置效率的视角》，载《中国工业经济》2011年第2期，第26—35页。

[60] 李扬，余维彬，曾刚：《经济全球化背景下的中国外汇储备管理体制改革》，载《国际金融研究》2007年第4期。

[61] 连平：《中国利率市场化改革攻坚的战略思考》，载《金融监管研究》2013年第6期，第1—12页。

[62] 连平：《中国外汇体制改革的几个问题——访著名国际金融专家陈彪如教授》，载《经济学家》1993年第2期。

[63] 林继肯：《林继肯选集》（第一卷），《货币理论》，中国金融出版社2010年版。

[64] 林毅夫，孙希芳，姜烨：《经济发展中的最优金融结构理论初探》，载《经济研究》2009年第8期，第4—17页。

[65] 林毅夫，章奇，刘明兴：《金融结构与经济增长：以制造业为例》，载《世界经济》2003年第1期，第3—21，80页。

[66] 刘光第，李健：《对发展中国金融市场的几点看法》，载《中央财政金融学院学报》1995年第6期，第1—4，18页。

[67] 刘光第：《试论中国银行的性质和银行改革的问题》，载《金融研究动态》1980年第1期，第34—45页。

[68] 刘洪涛：《抓住时机 加快中国利率市场化改革步伐》，载《决策探索》2002年第8期，第48—49页。

[69] 刘鸿儒：《探索中国资本市场发展之路》，中国金融出版社2003年版。

[70] 刘鸿儒：《社会主义的货币与银行问题》，中国财政经济出版社1980年版，314—315页。

[71] 刘鸿儒：《关于中国人民银行专门行使中央银行职能的几个问题》，载《中国金融》1983年第11期，第9—13页。

[72] 刘鸿儒：《社会主义的货币与银行问题》，中国财政经济出版社1980年版，第314—315页。

[73] 刘鸿儒：《中国的银行改革问题》，载《财经理论与实践》1983年第3期，第1—10页。

[74] 刘鸿儒：《中国金融体制改革的方向和步骤》，载《金融研究》1987年第5期，第3—12页。

[75] 刘鸿儒：《总结经验 探索规律》，载《金融研究》1984年第10期，第1—10页。

[76] 刘金全，石睿柯：《利率双轨制与货币政策传导效率：理论阐释和实证检验》，载《经济学家》2017年第12期，第66—74页。

[77] 刘金全，张龙：《新常态下中国货币政策框架体系选择：单一型规则抑或混

合型规则》，载《改革》2018年第9期，第27—41页。

[78] 刘诗白：《试论社会主义股份制》，载《经济研究》1986年第12期，第62—66页。

[79] 刘锡良，罗得志：《论中国银行不良资产的根源——信用、金融层面的分析》，载《金融研究》2001年第10期，第50—59页。

[80] 刘志远，郑凯，何亚南：《询价制度第一阶段改革有效吗》，载《金融研究》2011年第4期，第158—173页。

[81] 吕进中：《中国外汇制度变迁》，中国金融出版社2006年版。

[82] 马君潞，范小云，曹元涛：《中国银行间市场双边传染的风险估测及其系统性特征分析》，载《经济研究》2007年第1期，第68—78，142页。

[83] 马君潞，高明生：《融资选择权约束、银行机构效率与金融制度结构演进》，载《南开经济研究》2004年第6期，第40—45页。

[84] 马君潞，满新程：《国外金融机构跨国并购的效率研究的最新进展及对中国银行的启示》，载《国际金融研究》2005年第1期，第62—68页。

[85] 马君潞，牛凯龙：《中国资本市场结构矛盾和系统风险》，载《南开经济研究》2004年第1期，第87—96页。

[86] 马骏：《论构建中国绿色金融体系》，载《金融论坛》2015年第5期，第18—27页。

[87] 马勇，陈雨露：《宏观审慎政策的协调与搭配：基于中国的模拟分析》，载《金融研究》2013年第8期，第57—69页。

[88] 彭俞超：《金融功能观视角下的金融结构与经济增长——来自1989—2011年的国际经验》，载《金融研究》2015年第1期，第32—49页。

[89] 齐琦部：《论中国汇率制度的选择》，载《金融研究》2000年第9期。

[90] 钱荣堃：《论国际浮动汇率制20周年》，载《国际金融研究》1994年第4期。

[91] 钱荣堃：《略论美元汇率的波动》，载《国际金融研究》1989年第3期。

[92] 钱荣堃：《人民币汇率的几个理论和政策问题》，载《南开学报》1991年第1期。

[93] 乔瑞，李延平，石俊志：《关于中国外汇管理的若干问题》，载《金融研究》1985年第2期。

[94] 史建平：《关于中国银行不良贷款问题的几点思考》，载《中央财经大学学报》1997年第1期，第35—38页。

[95] 宋逢明，江婕：《中国股票市场波动性特性的实证研究》，载《金融研究》2003年第4期，第13—22页。

［96］孙国峰，栾稀：《利率双轨制与银行贷款利率定价——基于垄断竞争的贷款市场的分析》，载《财贸经济》2019 年第 11 期，第 81—97 页。

［97］谈儒勇：《金融发展理论在 90 年代的发展》，载《中国人民大学学报》2000 年第 2 期，第 60—65 页。

［98］谈儒勇：《中国金融发展和经济增长关系的实证研究》，载《经济研究》1999 年第 10 期，第 53—61 页。

［99］谭安杰，王广谦：《对中国银行体制改革的几点思考》，载《金融研究》1987 年第 11 期，第 28—30，39 页。

［100］王爱俭，王璟怡：《宏观审慎政策效应及其与货币政策关系研究》，载《经济研究》2014 年第 4 期，第 17—31 页。

［101］王大用：《中国货币政策的中介目标问题》，载《经济研究》1996 年第 3 期，第 13—20 页。

［102］王广谦，王大树：《对中国银行股份制的初步设想》，载《金融研究》1986 年第 12 期，第 30—31，50 页。

［103］王广谦：《中国金融发展中的结构问题分析》，载《金融研究》2002 年第 5 期，第 47—56 页。

［104］王国刚：《积极发展多层次股票市场——三论中国资本市场体系的改革与发展》，载《资本市场》2004 年第 2 期，第 33—38 页。

［105］王克华：《中国银行体制改革初议》，载《财经问题研究》1981 年第 4 期，第 83—89，93 页。

［106］王群琳：《中国外汇储备适度规模实证分析》，载《国际金融研究》2008 年第 9 期。

［107］温建东：《中国外汇市场制度设计与改革前瞻》，载《国际金融研究》2006 年第 9 期。

［108］吴海军，庞介民：《推进利率市场化改革 完善社会主义市场机制》，载《中央财政金融院学报》1994 年第 6 期，第 19—21 页。

［109］吴敬琏，张玲：《吴敬琏教授纵谈资本市场建设大计》，载《证券市场导报》1995 年第 8 期，第 4—15 页。

［110］吴念鲁，陈全庚：《人民币汇率研究》，中国金融出版社 2002 年版。

［111］吴念鲁：《国际金融纵横谈——对策研究》，中国金融出版社 1998 年版。

［112］吴念鲁：《金融热点探析》，中国金融出版社 2005 年版，第 246—250 页。

［113］吴卫星，高申玮：《中国经济新常态与金融改革新起点》，载《农业发展与金融》2015 年第 3 期，第 17—19 页。

［114］吴卫星：《经济新常态下的金融改革将从何处着手》，载《证券日报》2015

年1月10日。

[115] 吴晓灵，谢平：《中国国有企业——银行债务重组的设想》，载《财贸经济》1994年第12期，第13—17页。

[116] 吴晓灵：《金融市场化改革中的商业银行资产负债管理》，载《金融研究》2013年第12期，第1—15页。

[117] 吴晓求：《创新与可持续发展中国资本市场发展过程中面临的若干重要问题》，载《资本市场》2001年第4期，第36—44页。

[118] 吴晓求：《股权分置改革的若干理论问题——兼论全流通条件下中国资本市场的若干新变化》，载《财贸经济》2006年第2期，第24—31，96页。

[119] 吴晓求：《互联网金融：逻辑与结构》，中国人民大学出版社2015年版。

[120] 伍戈，连飞：《中国货币政策转型研究：基于数量与价格混合规则的探索》，载《世界经济》2016年第3期，第3—25页。

[121] 西南财经大学发展研究院、环保部环境与经济政策研究中心课题组，李晓西，夏光，蔡宁：《绿色金融与可持续发展》，载《金融论坛》2015年第10期，第30—40页。

[122] 夏斌，陈道富：《中国金融战略：2020》，人民出版社2011年版。

[123] 夏斌，廖强：《货币供应量已不宜作为当前中国货币政策的中介目标》，载《经济研究》2001年第8期，第33—43页。

[124] 夏德仁：《关于中国经济转轨时期国有银行不良债权问题的研究》，载《管理世界》1996年第6期，第40—47，67，214页。

[125] 谢平：《利率双轨制和改革的顺序》，载《河南金融管理干部学院学报》1995年第5期，第3—4页。

[126] 谢平：《论国家专业银行的改革》，载《经济研究》1994年第2期，第22—28页。

[127] 许少强，朱真丽：《1949—2000年的人民币汇率史》，上海财经大学出版社2002年版。

[128] 杨胜刚，朱红：《中部塌陷、金融弱化与中部崛起的金融支持》，载《经济研究》2007年第5期，第55—67，77页。

[129] 易纲，郭凯：《中国银行业改革思路》，载《经济学（季刊）》2002年第4期，第77—88页。

[130] 易纲，宋旺：《中国金融资产结构演进：1991—2007》，载《经济研究》2008年第8期，第4—15页。

[131] 易纲，赵先信：《中国的银行竞争：机构扩张、工具创新与产权改革》，载《经济研究》2001年第8期，第25—32页。

[132] 易纲：《新中国成立 70 年金融事业取得辉煌成就》，载《中国金融家》2019 年第 10 期，第 28—33 页。

[133] 易纲：《再论中国金融资产结构及政策含义》，载《经济研究》2020 年第 3 期，第 4—17 页。

[134] 易纲：《中国金融资产结构分析及政策含义》，载《经济研究》1996 年第 12 期，第 26—33 页。

[135] 易纲：《坚守币值稳定目标，实施稳健货币政策》，载《智慧中国》2019 年第 12 期。

[136] 殷剑峰：《不对称信息环境下的金融结构与经济增长》，载《世界经济》2004 年第 2 期，第 35—46 页。

[137] 殷璐：《浅析利率市场化改革及措施》，载《经济问题探索》2003 年第 8 期，第 38—40 页。

[138] 俞红海，刘烨，李心丹：《询价制度改革与中国股市 IPO 三高问题——基于网下机构投资者报价视角的研究》，载《金融研究》2013 年第 10 期，第 167—180 页。

[139] 张彩玲：《中国利率市场化研究》，载《中国集体经济》2017 年第 14 期，第 11—12 页。

[140] 张成思，刘贯春：《最优金融结构的存在性、动态特征及经济增长效应》，载《管理世界》2016 年第 1 期，第 66—77 页。

[141] 张国光：《利率的运作机制及市场化改革》，载《中国金融》1993 年第 6 期，第 12—13，43 页。

[142] 张杰：《究竟是什么决定一国银行制度的选择——重新解读中国国有银行改革的含义》，载《金融研究》2005 年第 9 期，第 1—18 页。

[143] 张杰：《市场化与金融控制的两难困局：解读新一轮国有银行改革的绩效》，载《管理世界》2008 年第 11 期，第 13—31，187—188 页。

[144] 张杰：《注资与国有银行改革：一个金融政治经济学的视角》，载《经济研究》2004 年第 6 期，第 4—14 页。

[145] 张军，金煜：《中国的金融深化和生产率关系的再检测：1987—2001》，载《经济研究》2005 年第 11 期，第 34—45 页。

[146] 张礼卿：《新兴市场经济体的银行业开放及其影响》，载《国际金融研究》2007 年第 3 期，第 27—33 页。

[147] 张雪兰，何德旭：《货币政策立场与银行风险承担——基于中国银行业的实证研究（2000—2010）》，载《经济研究》2012 年第 5 期，第 31—44 页。

[148] 中国人民银行编著：《中国共产党领导下的金融发展简史》，中国金融出版社 2012 年版。

[149] 中国人民银行宏观审慎管理局著:《2020年人民币国际化报告》,中国人民银行2020年版。

[150] 中国人民银行货币政策分析小组著:《2019年第四季度中国货币政策执行报告》,中国人民银行2020年版。

[151] 中国人民银行上海总部著:《2018年中国金融市场发展报告》,中国人民银行2019年版。

[152] 周济,陈靓:《中国存款利率市场化的实施战略与路径》,载《中国集体经济》2015年第18期,第70—72页。

[153] 周立,王子明:《中国各地区金融发展与经济增长实证分析:1978—2000》,载《金融研究》2002年第10期,第1—13页。

[154] 周升业,侯梦蟾:《信贷收支差额问题》,载《光明日报》1963年8月26日。

[155] 周升业:《社会主义财政金融问题》,中国人民大学出版社1981年版。

[156] 周韬:《中国利率市场化现存问题的探讨及对策》,载《商场现代化》2017年第7期,第163—164页。

[157] 周祥生,俞浩明:《关于中国外汇管理问题的几点看法》,载《国际金融研究》1986年第2期。

[158] 周小川:《渐进式推进利率市场化改革》,载《江苏经济报》2012年11月7日。

[159] 周小川:《关于推进利率市场化改革的若干思考》,载《西部金融》2011年第2期,第4—6页。

[160] 周小川:《稳步推进利率市场化改革》,载《中国经济周刊》2004年第12期,第9页。

[161] 周小川:《逐步推进利率市场化改革》,载《中国金融家》2012年第1期,第24—27页。

[162] 周小川:《把握好多目标货币政策:转型的中国经济的视角》,载《金融时报》2016年第6期。

[163] 朱军,李建强,张淑翠:《财政整顿、双支柱政策与最优政策选择》,载《中国工业经济》2018年第8期,第24—41页。

[164] 朱新蓉,朱振元:《人民币汇率波动与中国股票价格报酬之间的相关性——基于2005年至2007年的实证分析》,载《金融研究》2008年第11期,第99—107页。

第五章

新中国会计发展实践与理论创新

随着人工智能、大数据、"互联网+"以及财务共享等新技术、新手段、新方法的出现,会计改革与发展面临新形势、改革任务重大,会计服务的各个方面都面临着重大转型升级,以促成与新时代相匹配的新会计。本章通过对新中国会计发展实践、新中国会计制度改革变迁、新中国会计理论发展脉络的梳理,提出新时代中国会计的发展前瞻。

第一节　新中国会计发展实践

李心合（1992）指出，会计实践有广义和狭义之分。其中，狭义的也最本源的会计实践是会计工作实践，即会计人员运用一套专门的手段和方法对特定单位的资金运动进行能动地反映和适时地控制所进行的一种特殊的管理活动。而广义的会计实践在狭义概念的基础上进一步包含了会计事务管理实践和会计教研实践两类派生的会计实践。本节所讨论的会计实践为狭义会计实践。考虑到会计实践的发展与技术水平的进步密不可分，且会计实践必须服从经济体制发展的需要，因此本节主要以刘勤和杨寅（2019）提出的会计信息化进程为时间节点，并结合特定的制度背景介绍中国会计发展实践。

一、手工记账时代的会计实践

在手工会计系统下，会计人员主要通过填制和审核会计凭证、设置和登记会计账簿、试算和编制会计报表等要素所组成的信息处理程序报送会计信息。新中国成立伊始，中国主要学习和推广苏联的标准账户计划，在此基础上形成了以工业企业为主并与计划经济体制相一致的统一企业会计制度（徐玉德和韩彬，2020）。在这一阶段，企业的会计实践主要围绕以下两个方面展开。

第一，在宏观方面，由于企业财务计划是国民经济计划的有机组成部分，也是国家预算编制的重要依据，因此会计通过参与编制国家计划，提供可靠的会计资料成为了国家领导和管理国民经济必不可少的重要工具。

第二，在微观层面，企业建立了以总会计师作为负责企业全面经济核算工作领导人的制度，并依据企业会计制度核算企业在经济业务活动中产生的成本、收入、费用和利润，以反映企业的财务状况和经营成果。

在手工记账时代，由于会计处理手续繁琐、效率较低，加之中国实行计划经济体制，导致这一时期的会计工作主要以事后的记账、算账和报账为主，会计的目标被确定为监督和指导计划实施，检查计划执行进度（綦好东等，2019）。

二、电算化时代的会计实践（1979—1997年）

1979年，财政部拨付500万元在长春一汽推进电算化试点工作。1981年，软件开发试验成功后，财政部组织召开"财务、会计、成本应用电子计算机问题研讨会"，并正式提出了"会计电算化"的概念。在会计电算化初期，会计人员主要借助计算机核算计算量大、重复性高等的单项科目，如工资、材料收发等，其余仍进行手工处理。随着电算化软件产品的不断成熟，企业逐渐建立起了包括工资核算、材料核算、成本核算、应收应付款核算、账务处理和报表等功能模块在内的会计信息系统（王景新，1984）。在计算机软件对手工记账、算账和报账任务形成代替的过程中，大量财务人员得以从基础、繁琐的核算工作中解脱出来，把更多的精力投入管理工作。1996年召开的第二届全国会计电算化会议开展了财务会计软件从核算型向管理型发展、发挥会计的管理职能等议题的讨论。

从制度背景角度看，1978年12月党的十一届三中全会中国开始实行的对内改革、对外开放的政策，拉开了中国改革开放的大幕。在微观层面，企业以提高经济效益为核心目的的理念逐步确立。一方面，会计信息的服务对象更加多元化，囊括了政府、投资者、债权人、供应商和客户、社会公众等利益相关者。另一方面，对会计基本职能的要求，也逐渐从"核算"向"监督"侧重：在制度建设方面，1984年国务院颁布《国有企业成本管理条例》要求企业用成本计划、标准成本、决策技术、差异分析等方法进行成本管理；在实践方面，从1979年首都钢铁公司推行的内部承包经营责任制到20世纪90年代初期武汉钢铁公司的"实际成本核算，目标成本控制，责任成本管理"及邯钢的"模拟市场核算，实行成本否决"等，涌现了大量管理会计在先进企业应用的经典案例。

三、信息化时代的会计实践（1998—2015年）

在会计电算化时代，会计人员应用计算机虽然有效降低了重复性的人力劳动，提高了工作效率，但会计电算化系统的业务流程与手工操作方法基本一致，且主要服务于财务部门的核算与管理，并未使会计实践能够在真正意义上参与企业层面的管理和决策。

随着互联网的不断发展，企业资源计划（ERP）开始兴起。中国软件行业协会财务及企业管理软件分会在1998年召开了"向ERP进军"的发布会。ERP系统的应用在很大程度上促进了企业业务流程与财务流程的一体化，提高了会计确认的自动化程度。业务在发生的同时，记账凭证能够自动生成，有效降低了人为干预因素对会计信息质量的不利影响。

1999年，国家经济贸易委员会发布的《关于国有大中型企业建立现代企业制度，加强企业管理的规范意见》要求"推行全面预算管理"。全面预算管理制度的实施和完善使会计实践从原来的重视成本管理发展到参与企业战略的制定，推动企业战略决策的落地。为了提高预算信息收集的速度，加强预算过程管控，建设全面预算管理系统成为企业的必然选择。通过建立全面预算管理系统大大提升编制效率和质量，提高了预算信息传递、审批、反馈的及时性，达到进行实时的事中控制预算的可能，提高公司预算管控水平。

加入世界贸易组织后，在经济全球化浪潮的推动下，中国大型企业集团业务日趋多元化，子公司数量激增且呈现出地理高度分散的特征，极大地增加企业的财务运营成本和管控风险。在这种情况下，分散的财务管理体系不仅难以为企业提供全面的管理信息，使财务部门无法进行多维信息分析以支持业务决策，还会造成资金管理混乱、预算管理困难等问题。基于此，以中兴通讯为代表的大型企业集团自2005年起开始推动财务共享服务中心的建设。财政部于2013年12月发布了《企业会计信息化工作规范》，明确提出鼓励集团式大型企业逐步建立财务共享服务中心。2014年10月财政部发布的《关于全面推进管理会计体系建设的指导意见》提出"建立财务共享服务中心，加快会计职能从重核算到重管理决策的拓展，促进管理会计工作的有效开展"。共享服务中心的建设，不仅提高了企业的财务运营效率、降低了财务运营成本，还显著增强了集团的风险管控能力，不断推动财务职能的转型。

为了克服数据交换障碍，提高会计数据使用效率，从2003年开始，财政部、证监会等部委开始推动XBRL在中国的实施；2004年，中国发布了《信息技术——会计核算软件数据接口》国家标准；2008年11月，财政部等九部委成立了会计信息化委员会和XBRL中国地区组织，并于2010年5月经XBRL国际组织批准，XBRL中国地区组织成为正式地区组织成员；2010年10月，国家标准化管理委员会发布了XBRL技术规范系列国家标准，财政部发布了基于企业会计准则的可扩展商业报告语言（XBRL）通用分类标准。XBRL国际组织主席迈克·威利斯对此给予高度评价，认为中国通用分类标准代表了全球XBRL分类标准的最新发展趋势，中国开发这一标准和推广其应用的努力对全世界其他国家来说是一个杰出的榜样。目前，中国已经形成了完善的XBRL技术规范系列国家标准、企业会计准则通用分类标准以及各行业扩展分类标准。XBRL技术在财务报告生成和报送领域被广泛应用，使政府机构、公司、会计师事务所、投资者、研究机构、证券信息服务商等信息加工者与使用者能够以更低的成本、更高的效率实现信息交换和共享，为各方面决策提供会计信息支持，提高经济运行质量。

四、智能化时代的会计实践（2016年至今）

"大"（大数据）、"智"（人工智能）、"移"（移动互联网）、"云"（云计算）、"物"（物联网）、"区"（区块链）等新技术的发展触发了会计实践新的应用场景，也引发了会计实践的变革。

2016年3月，德勤会计师事务所联手Kira Systems，将人工智能引入中国会计、税务、审计等工作中，使会计实践迈入了一个全新的时代。随后，以德勤、普华永道、安永、毕马威为代表的四大会计师事务所和以金蝶、用友、元年为代表的国产软件厂商纷纷推出了自己的财务机器人解决方案。财务机器人从事的工作主要包括以下几个方面：（1）替代财务流程中的手工操作；（2）管理和监控自动化财务处理流程；（3）会计信息的录入、合并与汇总；（4）根据既定业务逻辑进行简单的判断。由于财务机器人可实现 7×24 小时不间断、高精度作业，大量重复性高的基础会计实践由财务机器人代替财务人员完成。

大数据时代智能会计的一大表现就是对收集到的海量企业经营管理数据进行加工处理，挖掘提炼数据中蕴藏的巨大价值，最终实现数字化赋能与可视化展现（周守亮和唐大鹏，2019）。为此，不少企业开始使用财务云。财务云是新兴技术在财务领域的应用，深层次地改变了财务管理的模式，它融合了大数据、人工智能、移动互联、云计算、物联网等信息技术，将整个财务信息系统的功能集成在云计算平台中，任何财务业务操作，都可以通过任何一个终端在云计算平台上完成。财务云借助财务机器人、OCR 智能识别、智能审核、机器学习等技术来完成财务业务处理的智能化，财务云能够实现连通、高效、智能的目标；通过应用大数据挖掘、大数据分析、知识图谱等技术，使财务部门成为企业的大数据中心，成为企业的"数字神经网络"，帮助企业在海量数据中挖掘有效信息，有效识别机会、预判风险。财务云的使用不仅将彻底解决企业的信息孤岛问题，根除企业 IT 系统重复建设的现象，为数据存储和数据管理带来便利，还将提升数据采集和数据转换的效率和质量，赋能企业发展。

在"大智移云"的时代下，财务人员的主要工作是运用大数据分析技术从企业产业链和价值链全过程的海量数据中挖掘价值，提升资金使用效率、预测资金管控风险、促进企业价值创造。

总的来说，中国会计的发展实践密切服务于商业社会的发展，并正在技术进步的帮助下日益走向智能化、国际化。理解中国的会计发展实践，对于深入认识中国经济发展历程和强国之路有着至关重要的意义。

第二节　新中国会计制度变迁历程

中国企业会计制度改革历经了五个阶段：第一阶段，计划经济体制下统一会计制度的建立（1949—1978 年）；第二阶段，改革开放初期会计准则制定思路的形成（1978—1992 年）；第三阶段，市场经济体制下会计制度与会计准则双规并行（1992—2005 年）；第四阶段，全球经济一化下与国际会计准则的全面趋同（2005—2007 年）；第五阶段，全面趋同道路上的持续努力与展望（2007 年至今）。

一、计划经济体制下统一会计制度的建立（1949—1978 年）

新中国企业会计核算制度的形成，与计划经济的预算会计制度密切相关。在新中国成立之初，会计核算制度是落后且无序的，建立统一的会计核算制度是新中国会计工作由乱而治的当务之急。会计核算制度在全国范围内按一定标准统一的过程，范围是从部门扩展到全国。标准则是向苏联学习，从有目的、有选择性地学习到全面学习苏联会计先进经验。该过程可分为三个阶段。

第一阶段，1950年以重工业部为代表的各中央主管部门所属企业及经济机构的会计核算制度的统一。1950年7月1日，《重工业部所属企业及经济机构统一会计核算制度》正式颁布施用。上述统一会计核算制度对会计报表、会计科目、会计簿籍、会计凭证、会计处理程序和会计格式等要素的组织、运转进行了较为完整、系统、科学的规定，具有与国际惯例大体相符、与当时实际情况相适应的特点。然而，在学习苏联先进会计经验的声音下，这一制度被认为没有依照苏联的经验，没有体现出社会主义计划经济的特点，不适合监督计划的执行，因此必须对该制度进行修订，并且达到重工业部门与其他工业部门在会计核算制度上的统一。

第二阶段，1952年国有企业统一会计核算制度。财政部于1951年11月1日召开了第一次全国企业财务管理及会计会议，会议对1950年统一会计核算制度进行了修订，在此基础上形成的国有企业统一会计核算制度于1952年正式实施。与1950年统一会计核算制度相比，国有企业统一会计核算制度借鉴苏联的做法在资产负债表的存货部分和流动负债部分增加了计划数，实现了将会计和计划紧密配合，在解决社会主义会计如何为社会主义计划经济服务的问题上具有积极意义。在此之后，中国会计核算制度继续贯彻学习苏联的精神，进入了一个修订补充、深化与苏联会计接轨的相对稳定阶段。主要成果体现为，1954年1月1日财政部颁布了修订后的国营工业企业会计核算制度。修订后的会计核算制度在会计科目及报表的名称、分类、编号、排列等方面进行了改进。

第三阶段，全面学习苏联。在1954年会计核算制度基础上，中国的会计核算制度开始全面学习苏联，与苏联会计全面接轨。同时，在资本主义工商业社会主义改造的背景下，财政部分别于1956年和1957年颁发了中央级和地方级公私合营企业会计核算制度，至1957年基本形成了计划经济体制下统一的企业会计核算制度体系。该体系虽然与国际惯例具有相似之处，但由于中国生产资料公有制和实行计划经济体制的社会背景，这一体系又具有区别于国际惯例的如下特点：一是强调会计核算的阶级属性；二是会计从属于财务，财务从属于财政，财政从属于计划；三是核算采用现金收付制，而非权责发生制；四是核算内容和方法向国家倾斜，强调国家对会计核算与财务的监督。需要指出的是，形而上学地学习苏联导致这一阶段中国的会计制度在某些方面脱离了中国实际情况，造成会计核算制度结构庞杂、核算内容繁琐等弊端。

遗憾的是，1957年初步的企业会计核算制度体系刚刚确立，就接连遭到"大跃进"和"文化大革命"的冲击破坏。经过十余年的挫折和混乱，终于迎来了改革开放的春天。

二、改革开放初期会计准则制定思路的形成（1978—1992年）

1978年12月，党的十一届三中全会召开，将工作重点转移到社会主义现代化建设上来。确定企业会计核算制度方面的中心工作是"健全会计制度，加强会计立法"。1980年，财政部在总结经验和广泛调研的基础上，首先对会计业务较为复杂且具有普遍性的《国营工业企业会计制度》进行修订，进而带动中国企业会计核算制度全面修订的启动。主要修订内容包括：增设必要的会计科目和报表；出台《国有企业固定资产折旧试行条例》，规范固定资产折旧行为；出台《国有企业成本管理条例》和《国营工业企业成本核算办法》，规范成本管理，完善成本核算办法等。通过对上述会计制度的修订完善及相关规定的实施，基本满足了当时计划经济管理的要求。由于历史背景的限制，经修订的会计制度虽然较之前更为完善，但仍然是在传统模式下的修订，并未对传统的企业会计核算制度进行实质性改革，也就无法完全满足企业从根本上加强经营管理、强化经济核算的要求。

改革开放以来，随着中国投资环境的不断改善，中外合营企业和外资企业蓬勃发展，从根本上推动了传统计划经济体制下的会计核算改革。为了适应外资成分企业发展的需要，财政部于1985年3月4日颁布了《中外合资经营企业会计核算制度》和《中外合资经营企业会计科目和会计报表》（以下统称：中外合资制度），并于1985年7月1日起正式实施。较之于同期国有企业会计核算制度，中外合资制度的突破明显，如首次明确采用借贷复式记账，明确了权责发生制、收益与费用相互配合、划分资本支出与收益支出等原则；借鉴国际会计惯例设置会计科目和会计报表；要求外资成分企业的年度会计报表和全面账目应由中国政府批准的注册会计师进行审查，而非像国有企业一样由企业主管部门审核批复。总而言之，中外合资制度是中国会计制度改革的第一个里程碑。因为它采纳了诸多国际惯例，它的制定与实施标志着中国对社会主义商品经济乃至社会主义市场经济会计制度模式的探索，由此中国会计制度与国际会计惯例的协调步伐开始迈进。

三、市场经济体制下会计制度与会计准则双规并行（1992—2005年）

随着改革开放的进一步深入，尤其是邓小平同志南方谈话以来，传统经济体制逐步向社会主义市场经济体制转换，市场经济的发展对企业会计核算提出了全面改革的要求。中国主要从两个方面进行了企业会计核算制度的改革，形成了会计准则与会计制度并存的"双规范并行"局面。一方面，1992年11月30日财政部发布了《企业会计准则》，企业会计准则分为基本会计准则和具体会计准则两个层次。基本会计准则主要就会计核算做出原则性的规定，包括对会计核算工作的总体要求、会计信息质量要求和会计要素计量与确认的要求。具体会计准则根据基本会计准则的要求，就经济业务的会计处理及其程序做出具体规定并适时发布。另一方面，改革现行的企业会计核算制度体系，建立行业会计制度体系。不同于以往按照所有制形式、部门制定会计制度的模式，改革确定按照企业所属行业制定会计制度，包括工业企业会计核算制度、商品流通企业会计核算制度、农业企业会计核算制度等13个全国性统一会计制度，形成了较为完整的企业会计核算制度体系。

上述企业会计准则与行业会计制度中的重大改革内容包括：（1）改革传统会计制度中所使用的会计平衡公式"资金来源＝资金占用"，采用国际通行的会计平衡公式"资产＝负债＋所有者权益"，反映出中国会计制度向国际会计惯例的接轨。（2）采用了国际通行的会计报表体系，采用资产负债表、损益表和财务状况变动表为主要报表。（3）借鉴国际通行会计核算方法，包括采用制造成本法计算产品生产成本、采用备抵法计提坏账准备、允许采用加速折旧法计提折旧等。（4）基本统一了各行业会计处理方法和程序，包括会计科目使用、会计报表项目、会计报表种类和基本格式等。

2000年6月2日，由朱镕基总理签发，国务院287号令的形式发布《企业财务会计报告条例》，并于2001年1月1日实施。该条例系统规范了财务会计报告的构成、编制、对外提供和法律责任等重大方面，对提高中国企业财务会计报告信息质量具有划时代的意义。同时，为了贯彻执行条例，规范企业的会计核算工作，财政部制定了《企业会计制度》，也于2001年1月1日起暂在股份有限公司范围内执行。《企业会计制度》所规定的会计核算与国际会计准则基本一致，进一步为实现会计的国际接轨奠定了基础。

四、全球经济一化下与国际会计准则的全面趋同（2005—2007年）

21世纪以来，随着全球经济一体化经济浪潮的不断高涨，世界各国之间的分工与协作日益紧密，资本的跨国流动日渐频繁，这些发展态势都使人们意识到需要全球统一的会计语言。在这种背景下，国际会计准则委员会于2001年改组为国际会计准则理事会，建立了更加合理的组织、筹资和运作模式，致力于建立一套高质量的全球通用的会计准则。截至2005年，全球已有94个国家或地区采用了国际会计准则。

在进入21世纪之后，中国经济保持了持续高速增长。2001年，中国正式加入WTO，以大国身份进一步深度参与国际经济分工与合作。2003年十六届三中全会进一步确定了建立"公司制"的现代企业制度，提出一方面引入更多的外资企业，另一方面让中国的企业走向世界的发展战略。这些因素都推动着中国的会计准则必须要与国际接轨,中国会计改革由此进入了国际化的新阶段。

在这样的背景下,财政部于2004年提出建立中国企业会计准则体系并实现国际趋同的建议,经过了广泛的讨论、征求意见以及与国际会计准则理事会的多次协调,在2005年11月8日,中国会计准则委员会和国际会计理事会发表联合声明,宣布中国将于国际会计准则保持全面趋同。2006年2月15日,财政部发布经修订的由一项基本会计准则与38项具体准则组成的新的会计准则体系,并于2007年1月1日开始在上市公司层面执行。至此,中国放弃了之前会计准则和会计制度并行的"双规范"制度,制定了一套与国际会计准则趋同的新企业会计准则体系。

尽管中国2006年制定的新会计准则体系与国际财务报告准则实质性趋同,但值得注意的是,趋同并不意味等同。在制定与国际会计准则趋同的新准则时,中国准则制定者充分考虑了中国在经济环境、法律制度、文化背景、监管能力、财务信息编制者和使用者的专业素养与其他国家的差异,在准则细节设计上也充分考虑了中国的国情与现状。2006年制定的与国际会计准则趋同的新准则是对原有准则体系进行了大幅修订和补充,新准则对旧准则的修订与补充关系详见表5-1①,新准则与国际会计准则在具体准则上的对照关系详见表5-2。

表5-1　　　　　　2006年颁布的新会计准则与旧准则的修订与补充

准则编号	准则内容	准则编号	准则内容
	基本准则*		
No. 1*	存货	No. 20	企业合并
No. 2*	长期股权投资	No. 21*	租赁
No. 3	投资性房地产	No. 22	金融工具确认和计量
No. 4*	固定资产	No. 23	金融资产转移
No. 5	生物资产	No. 24	套期保值
No. 6*	无形资产	No. 25	原保险合同
No. 7*	非货币性资产交换	No. 26	再保险合同
No. 8	资产减值	No. 27	石油天然气开采
No. 9	职工薪酬	No. 28*	会计政策、会计估计变更
No. 10	企业年金基金	No. 29*	资产负债表日后事项
No. 11	股份支付	No. 30	财务报表列报
No. 12*	债务重组	No. 31*	现金流量表
No. 13*	或有事项	No. 32*	中期财务报告
No. 14*	收入	No. 33	合并财务报表
No. 15*	建造合同	No. 34	每股收益
No. 16	政府补助	No. 35	分部报告
No. 17*	借款费用	No. 36*	关联方披露
No. 18	所得税	No. 37	金融工具列报
No. 19	外币折算	No. 38	首次执行企业会计准则

注:*表示新准则是在旧准则的基础上修订。

---

① KPMG:中国现行会计准则和制度与国际财务报告准则间差异,https://wenku.baidu.com/view/98124590b90d6c85ec3ac6a1.html,2006。

表 5-2　　　　　　　2006 年颁布的新准则与国际会计准则对照关系

准则编号	2006 年新准则	国际会计准则	准则编号	2006 年新准则	国际会计准则
	基本准则	财务概念框架			
1	存货	IAS 2	21	租赁	IFRS 16
2	长期股权投资	IAS 27, IAS 28, IFRS 11	22	金融工具的确认和计量	IFRS 9
3	投资性房地产	IAS 40	23	金融资产转移	IFRS 9
4	固定资产	IAS 16	24	套期会计	IFRS 9
5	生物资产	IAS 41	25	保险合同	IFRS 17
6	无形资产	IAS 38	26	再保险合同	IFRS 17
7	非货币性资产交换		27	石油和天然气	IFRS 6
8	资产减值	IAS 36	28	会计政策变更、会计估计和会计差错	IAS 8
9	员工福利	IAS 19			
10	企业年金		29	资产负债表日后事项	IAS 10
11	股份支付	IFRS 2	30	财务报表列报	IAS 1
12	债务重组	IAS 39，IFRS 9	31	现金流量表	IAS 7
13	或有事项	IAS 37	32	中期报告	IAS 34
14	收入	IFRS 15	33	合并报表	IFRS 10
15	建造合同	IFRS 15	34	每股收益	IAS 33
16	政府补助	IAS 20	35	分部报告	IFRS 8
17	借款费用	IAS 23	36	关联方披露	IAS 24
18	所得税	IAS 12	37	金融工具披露	IFRS7
19	外币折算	IAS 21	38	首次采用企业会计准则	IFRS 1
20	企业合并	IFRS 3			
无	无	IFRS11 合营安排	无	无	IFRS 13 公允价值计量
无	无	IFRS12 披露在其他实体中的权益	无	无	IFRS 5 持有待售的非流动资产、处置组和终止经营

　　由表 5-1、表 5-2 可见，中国在 2006 年颁布的与国际会计准则趋同的新准则体系，在旧准则的基础上，进行了前所未有的修订与扩充，将旧准则体系下的 16 项具体准则拓展为 38 项。除了个别准则在细节上与国际会计准则存在细微的差异[①]，新颁布的企业会计准则与当时的国际会计准则高度趋同，当时仅存在 4 项国际会计准则有规定但是新准则中没有规定的具体准则，这些准则的延后趋同主要是考虑到中国当时的经济环境与国情。随着中国市场环境的日益成熟，这些准则在后期先后予以颁布，并与国际会计准则持续保持趋同。至此，中国会计准则体系已经迈出了与国际接轨的具有划时代意义一步，对中国市场进一步实施改革开放、实现把资本引进来让企业走出去的战略、加速国际投资和资本流动产生了深远的影响。

---

① 当时这些差异主要表现在：长期资产减值是否允许转回、关联方交易的披露、公允价值在投资性房地产后续计量方面的应用、同一控制下企业合并、权益法中的被动稀释、维简费、安全生产和其他目的的准备金、外币专门借款汇兑差额资本化等方面。随着中国市场日益成熟，中国准则制定机构为持续趋同而逐渐消除了多数差异。

五、全面趋同道路上的持续努力与展望（2007年至今）

中国会计准则与国际财务报告准则实现趋同后，立即全面启动了与其他国家或地区会计准则等效的相关工作。实现会计准则等效，使中国会计准则与其他国家或地区的会计准则具有同等效力，并获得境外上市地监管机构认可和接纳，这对中国企业"走出去"参与国际竞争，促进中国经济可持续发展具有重要的现实意义[①]。2007年12月6日，中国大陆与香港签订了两地会计准则等效联合声明，确认了内地企业会计准则与香港财务报告准则具有同等效力，2012年4月11日，欧盟也宣布中国会计准则与欧盟市场上市公司使用的国际会计准则在其合并财务报表层面的等效性。

2010年4月2日，财政部发布了《中国企业会计准则与国际财务报告准则持续趋同路线图》（以下简称路线图）。路线图的发布是在总结中国多年会计改革成就与经验的基础上，结合最近国际国内形势发展的需要，为进一步深化会计改革，推动中国企业会计准则建设及其持续国际趋同而做出的重要规划和部署，意义重大影响深远。

此外，中国政府大力加强了对国际会计准则理事会各级组织和准则制定过程的参与度。2005年之前，中国只在国际会计准则理事会的咨询委员会中有代表，2005年之后，中国在国际会计准则委员会基金会受托人、国际会计准则理事会理事、国际会计准则理事会的解释委员会纷纷派出了中国的代表，中国专业人士还参加了各种国际会计准则理事会的工作组和专家组，包括金融工具减值、保险、中小企业国际财务报告准则、企业会计准则通用分类标准、资本市场咨询委员会等。这些举措极大地提升了中国在国际会计准则制定的话语权和影响力。

经过中国在会计准则国际趋同道路上的持续努力，中国会计准则与国际会计准则的差距逐步缩小，2006—2017年的十年间，A+H股公司财务报告在A股和H股报表的差异显著下降（见图5-1[②]），A股公司与其他地区公司的财务报告的可比性极大提高，财务信息质量有了质的飞跃，这些都证明了中国会计准则趋同方面取得了实质性的突破和长足的发展。

回首中国会计准则改革之路，披荆斩棘而又硕果累累，在短短十多年的时间里建立了既符合中国基本国情又与国际会计准则高度趋同的会计准则体系；展望中国未来会计准则发展之路，仍面临着巨大挑战但又前景可期，中国的会计准则终将在国际趋

---

① 刘玉廷：《中国会计改革开放三十年回顾与展望（中）——我的经历、体会与认识》，载《商业会计》2009年第5期，第8—12页。

② 张为国，叶建芳：《中国向国际会计准则持续趋同成果分析：基于同时在境内外市场上市的中国公司2006年至2017年报披露的准则差异数》，2019。

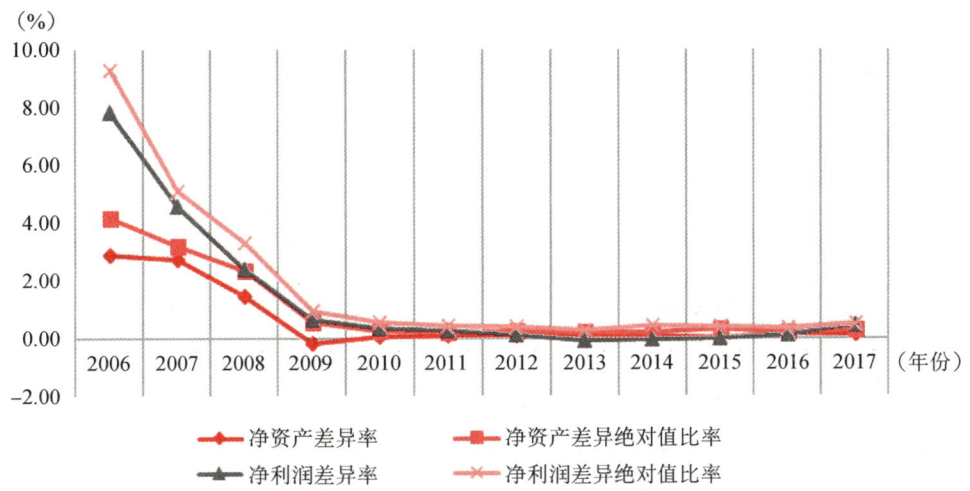

图 5-1 A+H 股公司披露的准则差异率变化趋势（2006—2017 年）

同的道路中持续前进。趋同是方向，不愿意将自己与经济全球化进程隔离开来的国家应该尽力积极参与；趋同是过程，参与该过程的利益相关者必须积极不断地探索新环境，解决新问题，探索新机制，寻求共同点，同时放下、缩小和消除差异，这将是一个渐进的过程。趋同是互动，而不是一种单向努力。它需要国际会计准则理事会和其利益相关者沟通想法，相互学习，并通过各种双边或多边渠道寻求普遍接受问题解决方案。

第三节　新中国会计理论发展脉络

一、财务会计理论

早期，会计学集中于讨论各种规范性理论，如应当如何进行会计的确认和计量，基本会计原则的构成等。直到 20 世纪 60 年代至 70 年代，数学、经济学和心理学理论的完善极大地促进了财务会计理论的发展。Scott（2015）[①] 根据证券市场及过去数年信息经济学的研究结论，总结财务会计领域的重要研究结论，对财务会计理论进行了较为完整的阐述。

由于逆向选择和道德风险的存在，市场经济中存在广泛的"信息不对称"现象。作为提供会计信息的财务会计在会计实务执行中存在各种矛盾：如何降低股东与管理

---

① Scott, W. R.：《Financial Accounting Theory》, 7nd edition, Pearson Canada Inc, 2015.

层之间的代理问题？提供的会计信息如何同时满足投资者的信息需求和有效契约的信息需求？管理层薪酬合同如何制定？公司为何会进行盈余管理，监管者为何允许盈余管理的存在？监管者如何制定会计准则等问题需要从理论上进行解释。财务会计理论由此得到迅速发展。

美国会计学会在1966年首次提出"假如我们不能提供理论上正确的财务报表，至少应该使财务报表更加有用"的决策有用观①。财务会计信息的决策有用性理论发展起来。由于财务会计信息的决策有用性依赖于资本市场的有效性，资本市场有效性成为财务会计理论的重要分支之一。

Fama（1970，JF）②正式提出了有效资本市场假说理论。有效资本市场假说认为，价格总能充分反映所有可得信息，没有交易策略可以前瞻性地利用公开的信息赚取系统的超额回报。在财务会计实证研究中占重要地位的信息含量研究和价值相关性研究都是建立在有效资本市场理论的基础上。

基于有效市场假说理论，证券市场价格应该对会计信息做出反应。Ball and Brown（1968）③首次提供了证券市场价格对盈余公告反应的可靠实证证据。财务会计信息可以改变投资者的观念和决策行为，因此是有用的信息。在假设证券市场是有效的，认为市场会对所有来源的信息（包括财务报表）做出反应的基础上，财务报告决策有用性的信息观从1968年开始在财务会计理论和实证研究中占据主要地位。决策有用性的信息观假设市场对股票定价是有效的，所有信息都将迅速且不偏不倚地反映到股票价格上。同时假设会计保持历史成本属性作为主要计量基础，因为它是相关性和可靠性的均衡，用标注和附注提供额外信息。信息观认为预测未来公司业绩的责任在于投资者个人，会计人员只需要专注于为投资者提供有用的信息即可。

但随后的会计学实证研究发现了一些投资异象，即投资者可以利用一些公开的信息或会计指标赚取超额回报（在控制了市场系统风险以后），从而对有效资本市场假说理论提出了挑战，财务报告决策有用性的信息观也开始受到质疑。如果证券市场不是完全有效的，采用公允价值计量可以减少市场一定程度的无效和投资者的非理性行为，决策有用性的计量观开始在财务会计理论研究中发展起来。

决策有用性的计量观认为，在具有合理可靠性的前提下，会计人员应负责将现值融入财务报表中，从而确认他们在帮助投资者预测公司业绩和价值时应承担更多的义务④。

---

① 美国会计学会编，文硕、王效平、黄世忠等译：《基本会计理论》，中国商业出版社1988年版。
② Fama, Eugene F.：《Efficient capital markets: A review of theory and empirical work》，*Journal of Finance*，1970（25），383–417.
③ Ball, R., and P. Brown.：《An empirical evaluation of accounting income numbers》，*Journal of Accounting Research*，1968（6 Autumn），159–178.
④ 【加】威廉·R. 斯科特著，陈汉文等译：《财务会计理论》第7版，中国人民大学出版社2018年版。

企业是一系列契约的联结体。财务会计作为一个信息系统为各契约方在企业中的权利和义务提供信息。决策有用性的信息观和计量观都侧重于帮助投资者更好地预测公司未来业绩，契约理论则从管理层角度对财务会计信息在公司治理、债务合同及薪酬合同中的经济后果进行了全面阐述。由于信息不对称，会计政策的变动会影响管理层的薪酬合同以及借款合同中的某些条款，管理层的期望效用会发生变化。由于管理层的努力程度不可观察，就会产生管理层偷懒的道德风险问题。为了控制道德风险，可以给予管理层一定的股权作为激励和监督管理层的合同指标。管理层掌握着其他契约方所不具有的信息，可能会存在利用盈余管理等会计手段改变会计信息的逆向选择问题。因此管理层薪酬合同和盈余管理问题成为财务会计理论的重要组成部分。博弈论有助于我们理解为何合同常常依赖于财务会计信息，因此博弈论也成为财务会计理论中的一个重要组成部分。

财务会计理论的基本问题是财务报告同时需要满足投资者的信息需求和满足管理层的有效契约需求。准则制定者是负责协调存在利益冲突的投资者和管理层之间的关系，准则制定者需要在各方利益的冲突之间寻求一种妥协，因此在准则制定过程中还需要借助经济学和政治学的知识。

财务会计理论指导财务会计实务（如公允价值计量），财务会计实务也对理论提出很多挑战，理论与实务之间相互作用，共同发展。

Hopwood（2007）[1] 指出，会计实务在最近几十年发生了重大的变化。尤其是财务会计领域会计监管明显加强，并出台了很多提高会计信息质量的会计准则。财务会计领域研究应该跟上会计实务的变化，学术期刊也应当更加鼓励创新性的、跨学科的研究。

Rajgopal（2020）[2] 指出，财务会计研究应该更多和会计实务结合，他建议可以更多地展开案例研究以缓解会计研究与会计实务之间的差距。

习近平总书记在哲学社会科学工作座谈会上的讲话提出要加快构建中国特色哲学社会科学，要围绕中国和世界发展面临的重大问题，着力提出能够体现中国立场、中国智慧、中国价值的理念、主张、方案，把中国实践总结好，就有更强能力为解决世界性问题提供思路和办法。这是由特殊性到普遍性的发展规律[3]。

因此，未来的财务会计研究可以更多地立足中国本土财务会计的重要问题，结合中国资本市场相应的制度环境与特征，运用案例分析方法进行原创性研究，结合理论研究的成果，进一步构建具有中国特质的财务会计研究体系。

---

[1] Hopwood, A. G.:《Whither accounting research?》, The Accounting Review 82（5）: 1365-1374.
[2] Rajgopal, S.:《Integrating practice into accounting research》, Management Science, 2020, 1-25.
[3] 习近平:《在哲学社会科学工作座谈会上的讲话》, 载《人民日报》2016年5月17日。

二、审计理论

(一) 注册会计师审计

注册会计师审计是中国特色社会主义市场经济重要的制度安排、高端服务业的重要门类、社会管理创新的重要力量、社会组织党建创新的重要领域。党中央高度重视注册会计师事业发展，习近平总书记曾亲临行业视察指导工作，并多次做出重要批示，要求以服务国家建设与诚信建设为主题主线，为行业发展指明了方向。40 年来，在党中央的坚强领导下，中国注册会计师行业从无到有，从国内走向国际，服务领域不断扩展，服务品种持续创新，成为促进经济社会健康发展的重要力量。本部分主要从审计需求、审计组织、审计规范和审计法律责任四个方面简要介绍中国的注册会计师审计。

1. 审计需求

中国审计的需求随着中国特色社会主义市场经济的发展不断演进。20 世纪 80 年代初，中外合资经营企业和股份制公司相继出现，导致企业所有权与经营权的分离，进而形成了因委托人与代理人而产生的经济责任关系。审计作为一种协调和监督机制能够很好地监督受托经济责任的履行情况，进而产生了基于委托—代理关系的审计需求。1980 年 12 月，财政部发布《关于成立会计顾问处的暂行规定》，中国注册会计师制度开始恢复重建。

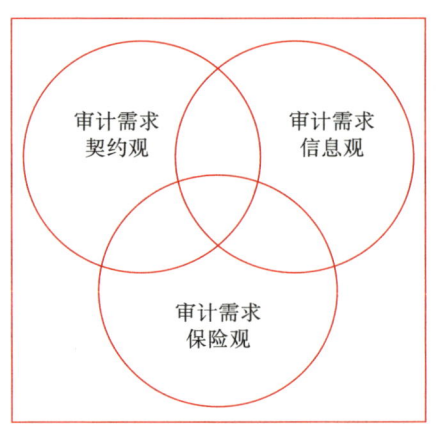

图 5-2 审计需求理论

随着中国多层次资本市场的发展与成熟，信息资源在经济活动中的作用日益凸显，基于信息和信号传递的审计需求不断增长。审计成为企业向市场传递信息和信号的手段。资本市场的发展还进一步推动了与审计师相关的法律法规的制定和完善，这些法律法规确立了审计师的相关责任，导致审计不仅有鉴证功能，还兼具风险转移功能。审计成为财务信息使用者转嫁财务报表风险的一种机制，从而产生了对审计的保险需求，进一步扩展了审计需求的边界。截至2020年年末，中国注册会计师行业累计服务三资企业近100万家，吸引外资2.2万亿美元，帮助各类资本市场主体融资超过220万亿元，每年服务企事业单位420万家，为1.1万家中国企业在全球200多个国家和地区设点布局提供有力的支持。

审计需求研究主要包含两个方面。第一个方面是研究审计的经济价值。如果审计没有显著的经济价值，那么也就不存在对审计的需求。现有研究通过对比审计后的财务信息和未审计的财务信息质量以及评估审计报告的经济价值已经为此提供了较为充分的证据。例如，Lennox，Wu和Zhang（2016）发现中国资本市场中的审计工作总体上显著提高了上市公司的盈余质量；Lennox，Wang和Wu（2018）发现审计有助于降低股权收购方式下被并购方盈余的高估。第二个方面是研究客户对高质量审计的需求。客户对高质量审计的需求主要取决于客户的动机。中国研究主要讨论客户降低代理成本的动机。代理冲突程度越高，公司降低代理成本的动力也就越强，对高质量审计的需求也就越强。相关研究基于中国特殊的制度环境，以股权结构、股权性质、公司治理强度和特定公司治理机制为代理成本指标研究企业对高质量审计的需求。目前中国企业是否存在对高质量审计的需求还没有一致的研究结论。

2. 审计组织

审计组织与其中的注册会计师是审计供给的主体。目前，全国共有从业人员40余万人，会计师事务所9600余家，2019年度全行业业务收入达到1108亿元。伴随着审计需求的深化和扩展，审计组织形式和规模经历了一个发展变迁的过程。在中国会计师事务所初步建立时，采取的是挂靠体制，其实质是国有事业单位。1998年至1999年年底，在财政部领导下，注册会计师行业全面开展并完成了会计师事务所脱钩改制工作，大部分会计师事务所选择有限责任制的组织形式。

随着中国注册会计师行业的快速发展，有限责任制组织形式在决策机制、股东限制、质量控制、税收政策等方面均日渐显现出其制度弊端，难以满足会计师事务所加快发展的形势需要。2010年7月，财政部、国家工商行政管理总局制定了《关于推动大中型会计师事务所采用特殊普通合伙组织形式的暂行规定》，推动大中型会计师事务所采用特殊普通合伙组织形式。2018年4月，财政部、国家市场监督管理总局又制定了《关于推动有限责任会计师事务所转制为合伙制会计师事务所的暂行规定》，继续推动会计师事务所组织形式的变革。

会计师事务所组织形式的变革与发展不仅改变了审计师承担责任的方式，也为会计师事务所规模的扩张提供了可能。自会计师事务所脱钩改制开始，中国会计师事务所通过外延式合并的方式不断扩展事务所的规模，目前已形成一批收入规模超10亿元

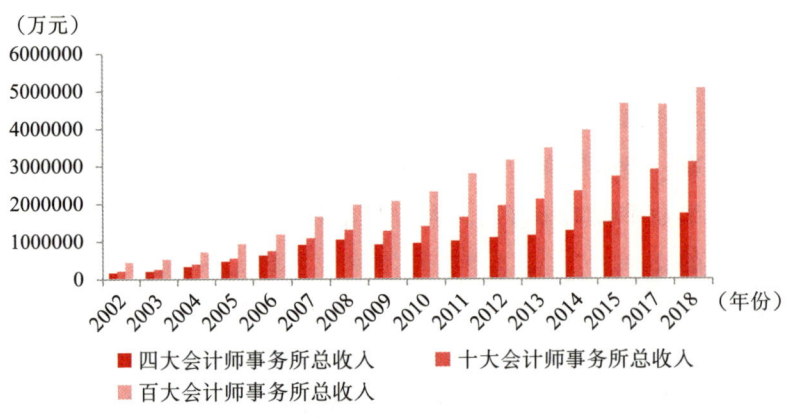

图 5-3 中国大中型会计师事务所收入增长趋势

的大型会计师事务所。

中国审计组织的研究主要关注会计师事务所规模、行业专长、审计过程、事务所内部治理等因素对审计质量的影响。相关理论认为,会计师事务所规模越大,其对特定客户的经济依赖越小,越重视会计师事务所的声誉,审计独立性越强,同时越有能力提升注册会计师的专业胜任能力,从而审计质量越高。相关实证研究主要从"四大"会计师事务所和事务所合并视角展开研究。研究结果总体表明,中国"四大"会计师事务所的审计质量普遍较高,但中国外延式规模扩张可能在一定程度上不利于维护审计市场的正常竞争秩序(吴溪、王春飞和李勃,2018)。行业专长与审计过程更多地通过会计师事务所的专业胜任能力影响审计质量。中国会计师事务所尚未形成明显的行业专长,由于缺乏可获得的研究数据,审计过程鲜有研究。会计师事务所的内部治理对保障审计质量非常重要,但目前仍然是一个"黑箱",有待揭示。除了考察审计组织本身之外,注册会计师个体对审计目标的实现和审计质量的影响至关重要。近十几年来,关于中国注册会计师个体层面的研究进展很快。已有研究在注册会计师的动机、特征和治理方面进行了初步的探索(Lennox 和 Wu,2018)。

3. 审计规范与监管

审计规范主要由审计准则(auditing standard)、职业道德准则(professional ethical standard)和质量控制准则(standard on quality control)构成。审计准则是注册会计师在实施审计过程中必须遵循的专业标准。中国注册会计师协会成立后不久,便开始着手制定相关执业规则。到 2003 年,中国注册会计师协会先后分 6 批制定了审计准则,共计 48 个项目。2006 年 2 月 15 日,财政部颁布了 41 项新修订和制定的审计准则。新修订和制定的审计准则整体上以 IAASB(International Auditing and Assurance Standards Board)的审计风险准则为蓝本,全面引入现代风险导向审计模式,实现了中国审计准则的国际趋同,标志着现代风险导向审计在中国的正式确立。在此之后,中国注册会计师协会吸收借鉴国际审计准则明晰项目成果,启动了中国审计准则的修订工作，同时还发布了新的审计报告准则，这进一步提高了注册会计师审计报告的信息含量，满足资本市场改革与发展对高质量会计信息的需求。

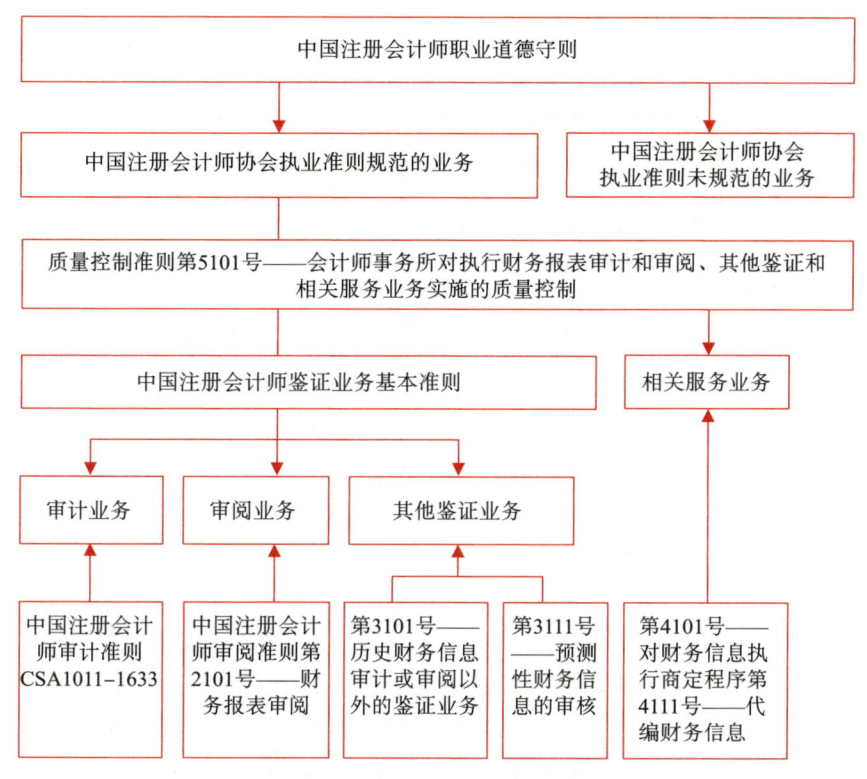

图 5-4　中国审计规范的构成与关系

职业道德准则是注册会计师必须遵守的职业行为规范。质量控制准则是会计师事务所为了确保审计质量而建立和实施的控制政策和程序。中国注册会计师执业道德准则和质量控制准则也是采用与国际注册会计师执业道德准则和质量控制准则趋同的模式。目前最新的职业道德准则是 2020 年 12 月财政部发布的《中国注册会计师职业道德守则（2020）》。职业道德基本原则包括诚信、独立、客观公正、专业胜任能力和勤勉尽责、保密以及良好职业行为。最新的质量控制准则是 2020 年 11 月中国注册会计师协会按照新体例修订的《会计师事务所质量管理准则第 5101 号——业务质量管理》。为适应审计环境的变化，职业道德准则和质量控制准则也在持续修订之中。

对于审计准则，已有研究主要关注风险导向审计准则和新审计报告准则的机理、运用和后果。对于质量控制准则和职业道德准则，现有文献重点分析其如何影响注册会计师动机以及专业胜任能力，并最终影响审计质量和审计效率。总体来看，在审计规范方面的研究中，对规范性的理论研究较多，而实证研究较少。

4. 审计法律责任与审计监管

审计人员因违约（breach）、过失（negligence）或欺诈（fraud）给被审计单位或其他利害关系人造成损失的，按照有关法律和规定，需要承担相应的法律责任。伴随着审计行业的恢复重建，中国审计行业在法律责任方面也在逐步改善，主要包括行政责任、民事责任和刑事责任三种。

表 5-3　　　　　　　　新旧《证券法》审计相关条款的对比分析

修改形式	旧证券法（2014 版）	新证券法（2019 版）	变化说明
修订	第 45 条	第 42 条	禁止会计师事务所利用内幕信息进行交易的范围扩大并细化
新增		第 51 条	"内幕信息的知情人"中新增因职责、工作可以获取内幕信息的会计师事务所工作人员
修订	第 169 条	第 160 条	会计师事务所从事证券服务业务取消了证监会和有关主管部门的行政许可，由批准制改为备案制
新增		第 162 条	新增会计师事务所妥善保存客户信息和资料的规定
修订	第 202 条	第 191 条	作为内幕消息知情人的会计师事务所人员违法所得处罚倍数由最高 5 倍增长至最高 10 倍；由违法所得不足 3 万元处以 3 万—60 万元，改为不足 50 万元处以 50 万—500 万元；对单位的罚款由 3 万—30 万元增长至 20 万—200 万元
修订	第 226 条	第 213 条	会计师事务所从事证券服务业务由批准制改为备案制后，法律责任更改
修订	第 223 条	第 213 条	会计师事务所虚假记载、误导性陈述或者重大遗漏的违法成本提高：对会计师事务所的处罚由最高业务收入 5 倍增长至 10 倍；新增没有业务收入情况下的罚款；对签字注册会计师的处罚由 3 万—10 万元增长至 20 万—200 万元
新增		第 93 条	新增集体诉讼制度，增加了会计师事务所的法律责任

相对于行政责任和刑事责任，民事责任对于弥补投资者损失方面更有意义。关于注册会计师民事法律责任最有针对性的法律法规是 2007 年最高人民法院颁布的《关于审理涉及会计师事务所在审计业务活动中民事侵权赔偿案件的若干规定》。该规定在审计师民事责任的内涵、边界等方面都有很大的突破。2020 年 3 月 1 日起，新证券法开始实施。新证券法首次确立集体诉讼机制，进一步放大了会计师事务所承担民事赔偿责任的风险。针对审计师的诉讼损害索赔可能会对会计师事务所的生存造成严重的威胁，因此诉讼风险的增强会对审计师的行为和审计质量产生显著的影响。中国现有研究主要关注诉讼风险增强后会计师事务所应对诉讼威胁的策略。这些策略包括通过提高审计努力程度增强审计质量、通过收取审计费用溢价补偿诉讼风险以及通过客户接受与保持决策规避诉讼风险。

会计师事务所除了要承担法律责任外，还要接受审计监管。审计监管是非市场化的机制，其通过改变注册会计师和客户市场化的动机和胜任能力来提高审计质量。一般而言，监管者会在重大审计失败案件后介入。审计监管研究中最根本的问题是监管的介入是否有利于审计质量的提高。目前，相关研究主要可以分为两种。一种是已经发布的监管措施对审计质量的影响，例如会计师事务所的强制轮换。另一种是尚未发布监管措施，但监管部门认为可能会对审计质量产生影响的特定业务特征，例如较长的注册会计师任期、审计意见购买行为、审计市场结构等。

（二）政府审计

政府审计是中国特色社会主义国家治理体系的重要组成部分，是依法监督制约权力的一项制度安排。党的十八大以来，国家审计为促进党中央令行禁止、维护国家经济安全、推动全面深化改革、促进依法治国、推进廉政建设等做出了重要贡献（习近平，2018）。本部分将重点阐述政府审计职能与组织、政府审计规范与业务以及政府审计绩效与评价等内容。

1. 政府审计职能与管理体制

政府审计（government audit）是指政府审计机关独立检查会计账户，监督财政、财务收支真实性、合法性、效益性的行为，其实质是对政府受托经济责任（government accountability）履行结果进行独立的监督。究其监督控制的本质属性而言，政府审计是国家治理体系中一个具有揭示、预防和抵御功能的"免疫系统"（immune system）。目前，审计职能的发挥与党和国家的目标和要求还有很大的差距，如何进一步深化国家审计制度改革，切实保障国家审计功能的发挥，是国家审计发展实践和理论研究中最为核心和迫切的重大问题。现有研究从不同角度对此进行了探讨，但从国家治理的高度研究政府审计的职能角度来说，目前尚未形成逻辑顺畅、内容完整的理论成果，特别是不能很好地适应党的十九大以来审计和审计改革的实践需要（董大胜，2018）。今后需要从审计机构的权威性基础、正当性基础和功能性基础三个方面进行系统的研究。

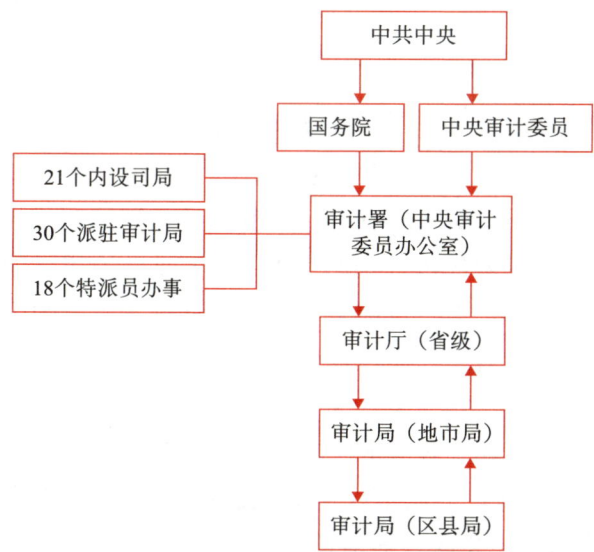

图 5-5 中国政府审计组织架构

政府审计的管理体制主要指政府审计机关归谁领导、对谁负责。现代政府审计体制主要有四种模式：立法模式、司法模式、独立模式和行政模式。中国政府审计体制属于行政模式。其基本组织体系由中国共产党中央审计委员会、审计署及各级审计机构构成。审计署及各级审计机构是政府审计的执行主体，受中央审计委员会和国务院双重领导。国家审计机构管理体制研究主要包含三个方面：组织隶属、人事任免和经费来源问题。这三个方面蕴含的最本质、最核心的内容就是审计机关与政府的关系，即独立性的问题。现有研究通过对比分析、实地调研和问卷调查的方式做了一些研究，但尚未形成既能保证国家审计机构的独立性，又能体现中国的具体国情的管理体制改革方案。

专栏 5-1

中央审计委员会成立

中共中央总书记、国家主席、中央军委主席、中央审计委员会主任习近平2018年5月23日下午主持召开中央审计委员会第一次会议并发表重要讲话。习近平强调，改革审计管理体制，组建中央审计委员会，是加强党对审计工作领导的重大举措。要落实党中央对审计工作的部署要求，加强全国审计工作统筹，优化审计资源配置，做到应审尽审、凡审必严、严肃问责，努力构建集中统一、全面覆盖、权威高效的审计监督体系，更好地发挥审计在党和国家监督体系中的重要作用。中共中央总书记习近平出任中央审计委员会主任；中共中央政治局常委、国务院总理李克强，中共中央政治局常委、中央纪律检查委员会书记赵乐际，任中央审计委员会副主任。

---

2. 政府审计规范与业务

政府审计规范是政府审计开展审计活动的法律依据和坚强后盾，它是政府审计监督制度建立的法律依据和政府审计机关及其审计人员在审计工作中应当遵循的各种审计法规、制度及准则的总称。中国政府审计规范体系包括国家法律、行政法规、部门规章以及规范性文件等。随着经济社会的发展，为实现政府审计的国家治理功能，中国政府审计的业务范围日益扩大。目前中国政府审计的业务范围主要包括预算执行审计、资源环境审计、金融审计、扶贫金融审计、社保资金审计、绩效审计、经济责任审计。

国家审计功能的发挥有赖于政府审计规范对审计业务的科学管控。现有文献从审计风险及其控制策略、总体审计质量控制制度、审计计划的科学性、审计人员素质与职业化建设、审计结果公开等方面对此进行了深入的研究，并提出了相应的政策建议。

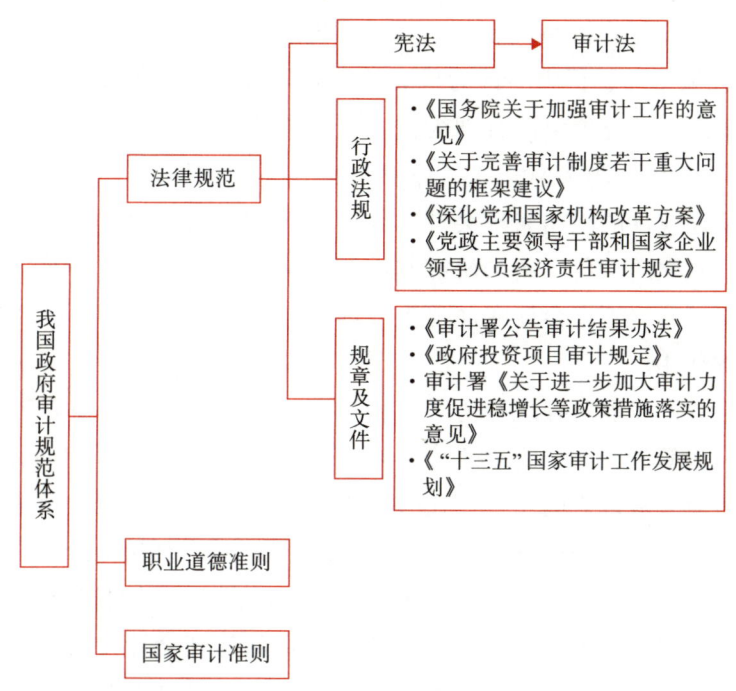

图 5-6 中国政府审计规范体系

3. 政府审计绩效与评价

在政府审计的发展历史上，谁来审计政府审计一直是一个颇有争议的话题。谁来评价监督审计机关，直接关系到审计的独立性、权威性、透明度。在中国政府各部门中，审计署率先提出谁来审计审计署的问题。目前的主要形式之一是发布年度"审计署绩效报告"的方式。在审计署的绩效报告中，从可用货币计量的审计成果和不可货币计量的审计成果两方面评价政府审计工作的绩效。

对审计机关和审计人员的工作绩效进行评价是最直接的考核制度。直接的考核制度可以通过"压力效应"和"整改效应"提高审计质量。具体而言，常态化的考核一方面对个体形成事前的"压力效应"，促使其保持职业谨慎、主动提高审计质量；另一方面，考核中所获取的信息有助于改进下一阶段的审计工作，即"以评促改"。现有文献对此鲜有研究，是政府审计亟须研究的重要领域。

三、管理会计理论

（一）管理会计理论的形成与发展

早期的管理会计萌芽于 20 世纪 20 年代，以泰罗（F. W. Taylor）的科学管理学说为基础而形成的。其后，主要经历了四个发展阶段：20 世纪 20、30 年代中期，以标准成本、预算控制和差异分析为代表的追求效率时代；20 世纪 30 年代中期至 80 年代，以业绩会计和决策会计、行为会计为代表的追求效益时代；20 世纪 80 年代中期至 90 年代，以作业管理会计与价值链管理为代表，并由此引发了企业流程再造工程的价值增值理念时代；20 世纪 90 年代以来，以战略地图和平衡计分卡工具为代表，强调企业组织对外部环境适应性的战略管理会计时代（胡玉明，2004）。进入 21 世纪以来，管理会计作为一门独立的学科，新的研究与应用领域层出不穷，随着社会经济的发展和科学技术的日新月异，管理会计在加强企业内部经营管理和提高企业经济效益方面发挥出越来越大的作用。

中国管理会计的发展历程也经历了从新中国成立初期以成本核算为中心的计划经济体制下的执行性管理会计，到 20 世纪 70 年代末期开始引进和学习西方管理会计理论与方法体系，改革开放以来的 40 年则成为中国管理会计迅猛发展的黄金时期，在经济转型升级的导向下，会计职能逐步向管理、决策、战略及价值管理等方面拓展和转变，管理会计日益受到更多关注和重视。冯巧根（2018）将这一时期划分为三个发展阶段：1979—1989 年是以成本管理和预算控制为主要特征的管理会计发展阶段，管理会计主要目标是强化管理控制系统建设；1990 年至 21 世纪初是以工具整合与创新为变迁特征的管理会计发展阶段，这一时期注重总结和提炼中国本土企业的管理会计经验，探索具有中国特色的管理会计理论与方法体系（胡玉明，2015）；21 世纪初至今，是以"互联网+"和"全面推进"为制度特征的管理会计发展阶段，这一时期的管理会计注重服务平台建设，强化信息支持系统的"共同认知"和"平台服务"。值得一提的是，从 2014 年开始，中国管理会计进入"全面推进"的制度化建设阶段。2014 年 10 月 27 日财政部印发《关于全面推进管理会计体系建设的指导意见》（财会〔2014〕27 号），指出推进管理会计理论体系建设成为全面推进管理会计体系建设的前提和首要任务。2016 年 6 月 22 日财政部印发了《管理会计基本指引》（财会〔2016〕10 号），之后又相继于 2017 年 10 月 19 日发布了《财政部关于印发〈管理会计应用指引第 100 号——战略管理〉等 22 项管理会计应用指引的通知》（财会〔2017〕24 号），2018 年 8 月 17 日发布了《财政部关于印发〈管理会计应用指引第 202 号——零基预算〉等 7 项管理会计应用指引的通知》（财会〔2018〕22 号），2018 年 12 月 27 日发布了《财政部关于印发〈管理会计应用指引第 204 号——作业预算〉等 5 项管理会计应用指引的通知》（财会〔2018〕38 号）。中国正在经历一场由政府部门主导的、史无前例的管理会计变革，由此也引发了管理会计理论研究和实践探索的热潮。

（二）管理会计的概念与内容

自 1952 年国际会计师联合会（IFAC）年会上正式采用了"管理会计"（Management Accounting）这一专门词汇以来，随着时代的发展，管理会计已发展成为一门有助于加强企业内部经营管理、提高经济效益的重要学科，所以管理会计亦被称为内部会计、决策会计，它是指通过一系列的专门方法，利用财务会计、统计及其他有关资料与信息进行归纳、整理、计算、对比和分析，使企业内部各级管理人员能据以对各责任单位和整个企业的日常及未来的经济活动进行规划、控制、评价和考核，并帮助企业管理部门做出最优决策的一整套信息系统。

管理会计的基本内容可以分为"规划与决策会计"和"控制与业绩评价会计"两大领域内容。其中，"规划"主要包括全面预算管理体系；"决策"主要包括预测分析体系和以短期经营决策、长期投资决策为主的决策分析体系；"控制"主要包括成本控制体系、风险管理体系、内部控制体系，"业绩评价"主要包括业绩评价系统和薪酬激励机制。上述内容按照信息使用、决策目标和常规程序等逻辑联系，形成了管理会计信息系统（见图5-7）。

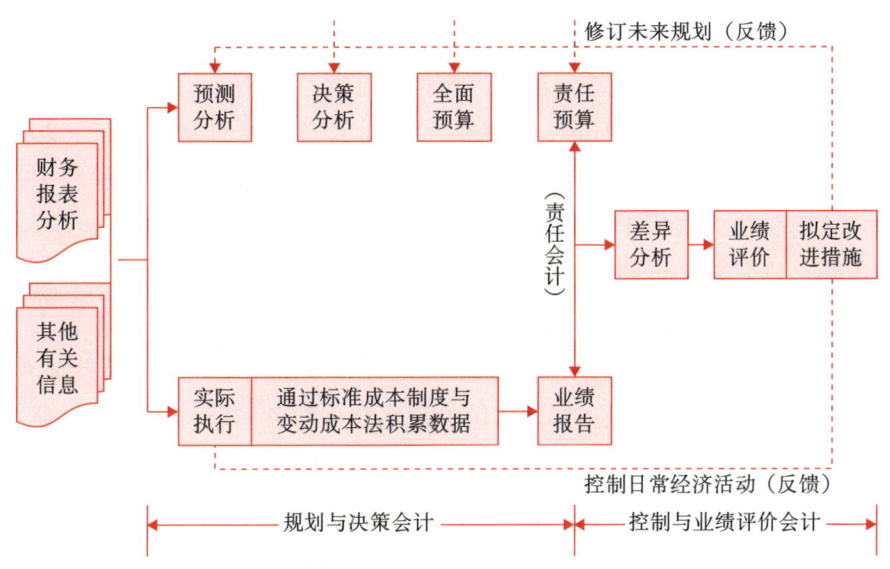

图5-7 管理会计信息系统

（三）管理会计研究现状与成果

管理会计研究具有自身的一些独特性：（1）研究主题广泛：管理会计研究涉及各类管理会计工具以及信息系统；（2）研究方法多样：管理会计研究方法包括案例研究、调查研究、分析式研究和实验研究等；（3）应用理论宽泛：管理会计研究应用的理论涉及经济学、社会学、心理学等诸多学科门类。

改革开放40多年来，中国管理会计的实践探索和理论研究发展日益，管理会计研究文献数量呈现持续上升的态势，尤其是2014年财政部颁布《关于全面推进管理会计体系建设的指导意见》之后，管理会计的研究成果大幅增加（见图5-8）。

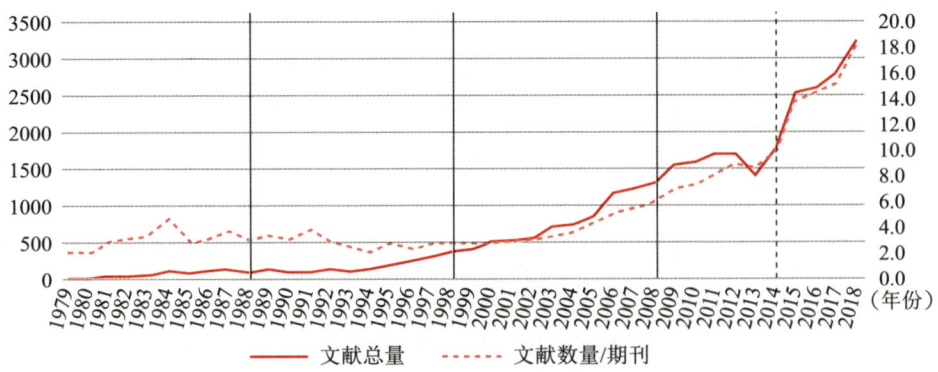

图5-8① 管理会计理论研究文献在时间维度上的分布情况（单位：篇）

胡玉明等（2008）对1978—2008年这30年间中国管理会计的理论与实践的发展进行了梳理；杜荣瑞等（2009）对1997—2005年在中国18种主要学术期刊上发表的283篇管理会计研究方面的文章进行了述评，发现1997—2001年的文章多关注目标成本及责任会计，而在2002—2005年的研究则侧重于经营预算、业绩计量、绩效评价系统、价值链分析及基于价值的管理；中央财经大学管理会计研究课题组（2010）对国内外现有研究成果中有关管理会计研究内容、研究方法和研究视角与学科来源等方面的内容进行了比较和总结，并初步构建了管理会计研究方法体系框架；孟焰等（2014）按照研究主题、研究方法与采用的理论三个方面对2006—2013年的管理会计研究进行了分类整理和述评；孔垂珉等（2019）对1978—2018年发表在国内21种主要学术期刊上的管理会计研究文献进行了系统的梳理与述评，分阶段地回顾改革开放40年来中国管理会计研究的发展历程，通过GEPHI可视化软件对各阶段的管理会计研究的关键词的分布进行描述，发现管理会计研究的研究主题、研究方法、研究所采用的理论发生了显著变化：1978—1992年属于管理会计的引进与普及阶段，1993—2006年属于管理会计反思与提升阶段，2007—2013年管理控制系统受到重视，2014—2018年管理会计研究逐渐转型；王满等（2019）对改革开放40年来管理会计理论研究文献进行的可视化统计分析显示，管理会计理论研究主题发展脉络由集中于成本管理领域开始（1979—1988年），逐步扩展至更多的管理会计主题（1989—1998年），再到覆盖所有的管理会计应用领域（1999—2008年），最终到侧重于从整体上对管理会计进行全方位的研究（2009—2018年）（见图5-9）。

（四）中国管理会计研究展望

根据当前和未来世界经济发展与经济格局以及中国国情的实际需要，中国经济发

---

① 王满，于浩洋，马影，马勇：《改革开放40年中国管理会计理论研究的回顾与展望》，载《会计研究》2019年第1期，第15—22页。

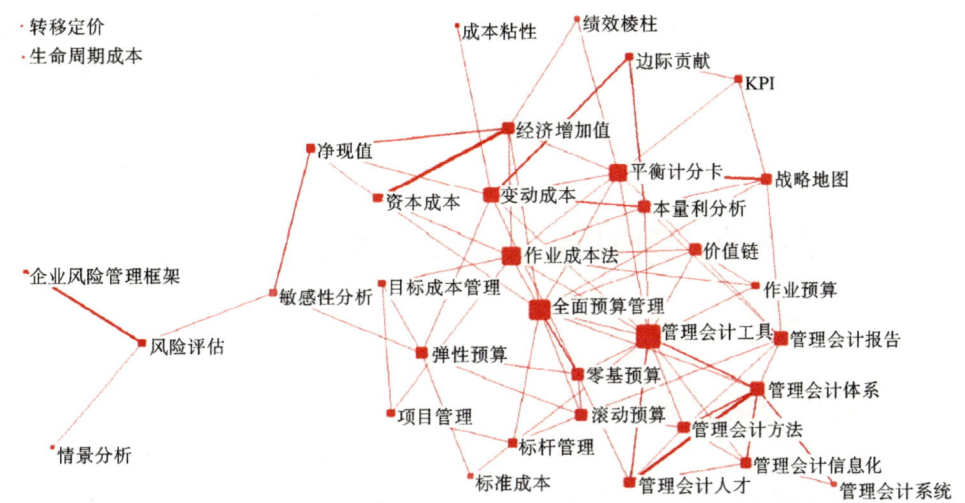

图 5-9　2009—2018 年文献关键词的 Centrality—Degree 结果①

展必须转型为以提高发展质量、提高全要素生产率为核心，而强化发展战略引领、加大科技创新力度、提高精益管理水平、满足客户不同需求是经济转型的微观基础。受以"大、智、移、云、物、区"等为主要代表的信息技术革命的影响，企业组织、商业模式、管理行为、价值边界等概念都将被重新界定，管理会计的理论创新与实践创新也将面临着重大挑战。

首先，管理会计的研究与发展应具有"高学术价值 + 强实践应用"的"双重硬核"。中国的管理会计研究不应简单局限于"社会实践"或者"经济行为"，而应该结合中国的社会经济情况和文化背景，根据研究的对象和问题选择合适的理论甚至构建基于中国背景的管理会计理论，提升管理会计研究的理论性、学术性和国际性（孟焰等，2014）；同时也要注重管理会计理论研究对实践的指导意义和应用价值。

其次，管理会计发展应当遵循"政、产、学、研"四位一体，同步并进。具体而言，即应以"连贯、协调与内在一致"为导向，加强管理会计指引体系的建设；以管理会计报告传递为路径将多种工具方法加以有效整合，并提高管理会计信息的决策有用性；通过扎根于中国企业实践提炼出本土化管理会计理论（王满等，2019）；加强政产学研的密切合作，通过调研中国企业的管理实践，开展各种类型和形式的管理会计案例开发活动，讲好中国故事，向世界展现中国企业的优秀管理会计实践，在经济全球化背景下适时适度地向世界推广中国的管理会计实践经验与理论成果。

最后，在管理会计的战略导向性、融合性、适应性、成本效益性等原则的指引下，开发基于互联网、区块链等新信息技术环境下的管理会计工具，加强管理会计工具的权变性与动态性。在搭建信息共享平台的基础上，实现财务部门与业务部门系统化的

---

① 王满，于浩洋，马影，马勇：《改革开放 40 年中国管理会计理论研究的回顾与展望》，载《会计研究》2019 年第 1 期，第 15—22 页。

有效对接,为管理会计提供更为全面、精准、高效的信息数据资源(孔垂珉等,2019)。在新的机遇面前,中国管理会计界必须加快信息化步伐,使中国的管理会计体系达到真正的高效信息化、高度智能化的理想状态。

第四节　新时代中国会计改革发展展望

一、新时代与新会计

2017年10月18日,中国共产党第十九次全国代表大会在北京开幕。党的十九大报告提出了中国发展新的历史方位——中国特色社会主义进入了新时代。在新的历史条件下,要不忘初心,牢记使命;实现中华民族伟大复兴就是新时代中国共产党的历史使命,这也是近代以来中华民族最伟大的梦想。改革开放40年来,中国会计改革取得了巨大成就,不断践行着会计这门学科及职业的"初心":为社会经济的高质量发展提供可靠有用的会计信息,推动各项社会经济事业发展不断迈上新的台阶。

《会计改革与发展"十三五"规划纲要》指出,"十三五"时期,人工智能、大数据、"互联网+"以及财务共享等新技术、新手段、新方法的出现,会计改革与发展面临新形势、改革任务重大,会计服务的各个方面都面临着重大转型升级,以促成与新时代相匹配的新会计。

首先,新时代对于会计准则的制定提出了更高的要求。当今环境下的会计信息的可靠性(受托责任)和相关性(决策有用)程度正在明显下降,对准则及其制定存在质疑。从受托责任角度看,现有的会计系统不能提供新时代下新经济等企业所需要的评价管理层受托责任履行情况的信息(如市值管理、风险管理、行业地位、网络效应、平台价值和模式创新等),传统的资产收益率和净资产收益率等可能不再是评价受托责任的重要指标。从决策有用性的角度看,Lev和Gu(2016)在《会计的没落与复兴》一书中指出,1950—2013年,会计收益和权益净值对上市公司股票市值的解释能力从1950年的90%降至2013年的50%左右,财务指标对股票市值的解释能力从1950年的90%降至2016年的50%—60%,可见关键财务变量与股票价格之间的统计关联性处于持续恶化的趋势。按照公认会计准则编制财务报告,特别是资产负债表和利润表,只是遵从法规要求的一种摆设,耗费在财务报告编制和审计的资源纯属浪费,会计已不再被认为具有价值创造功能。

朱元午(2019)曾对会计本质提出一个再认识,即会计是一个同时兼具科学性与艺术性两种本质属性的人造信息系统,意在指出会计改革与发展的两个基本方向。当今的会计环境正处在日益变化的现实和发展趋势中。会计准则的制定者和执行者都应该重新审视会计信息的质量，在审视过程中发现不再适应环境需要的内容并寻找改革和创新的途径，使会计的发展跟上环境变化的脚步。

其次，新时代对于会计人才队伍和会计工作重点提出转型升级的要求。2017年，BBC基于剑桥大学数据体系对365种职业未来发展进行分析，最终得出的结论是打字员、会计、银行职员等五个职业成为最容易被淘汰的职业，其中会计被淘汰的概率高达97.6%。在新时代下，人工智能在搜集和整理信息上具有显著的操作优势，这为会计行业未来发展带来严重挑战，迫使会计工作重心进行转移，财务部门的职能应由核算与监督转向战略规划与经营决策。

总体来讲，会计转型一是要有"业财合一、流程管控"的会计思想，重点是会计人员要深入到业务中去，不要只做一个信息记录员，所需要的信息也不再来源于会计或者会计的二次加工，而是直接从业务本身、业务流程及关键节点来实现随时随地、随心所欲地获取所需要的信息，最终争取做到业务、资金与信息的三合一；二是要进行效应革新，注重管理与会计的融合、业务与信息的融合，最终构建一个实时、精准而全程的业务管控平台。目前非常流行的财务共享服务中心的作用便是在于提高企业效率、节约企业成本以及提高企业核心竞争力。

具体而言，企业会计转型分成两部分：一是会计人员转型，二是会计职能转型。会计人员转型的重点是由原来的"数豆者"转向"种豆者"，因此，会计人员转型是由传统的财务核算型人才转向高级财务管理型人才。为适应新时代企业转型与变革的需要，应加强会计人员的培养，建设财务共享服务平台，提供个性化财务服务，加强人力资源会计、环境会计的理论研究。高科技的迅猛发展，为会计工作者提供了强大的数据支持以及更加方便高效的工作环境，这是会计工作者转变工作方式、打破传统做法、拓展发展路径、创新管理模式的又一重大机遇。会计职能转型是从"核算型"到"价值型"再到"决策型"，建立以信息化为载体的风险内控体系会计将与业务深入融合，同时在会计供给的个性化、会计信息的有偿性、会计服务的众包化、会计的人本化、会计服务的及时性、会计的社会化等方面将获得长足发展。

总之，在新时代下，传统经济与新经济的相互碰撞，实体经济和虚拟经济的相互交融，旧技术和新科技的交替升级，会计也面临着新的挑战和机遇，会计必须顺应新时代要求进行转型升级，以更好地服务社会经济建设。

二、新技术与新会计

新技术是中国国际竞争力的重要体现，是中华民族伟大复兴的重要动力。在世界各国都致力于布局技术发展、增强信息技术创新水平、提高核心竞争力的时代，讨论新技术与新会计的关系有较强的政策意义。随着信息技术的进步，移动互联网、云计算、大数据、物联网、区块链等新技术的战略地位近几年来得到了极大的提升。新技术日益普及并在会计和财务领域发挥了越来越明显的作用。然而，会计核算中的新技术实施也因技术本身的难以理解而伴随着一些负面的动机或争议。新时代背景下，要求会计核算者新技术运用过程中可能存在的风险点予以制度性排除，保障新技术在会计和财务领域的合理嵌入。

在党中央和国务院的高度关注下，2016年中国人民银行数字货币研讨会肯定了新技术在数字货币发行与流通中的作用；2019年中央政治局第十八次集体学习中，习近平总书记明确指出"把区块链作为核心技术自主创新的重要突破口"，强调新技术在推动信息技术变革中的重要作用，表明了党和国家对新技术的高度重视；2020年召开的"信息技术赋能会计融合创新"高峰论坛将信息技术评选为2020年影响中国会计从业人员的重要技能。《中国证券报》《上海证券报》《证券日报》《证券时报》等媒体也对新技术相关新闻进行了诸多跟踪报道，目前已有许多公司逐步推进多种新技术于公司会计和财务工作中的应用。尽管新技术的发展吸引了政府、社会公众、媒体等的广泛关注，但对大多数会计核算者而言还停留在"不知其然"或者"知其然不知其所以然"的阶段，新技术的普及和推广工作还面临较大的知识性障碍。

新技术互通互联，去中心化、分布式、云端数据处理等信息处理方式对财务而言是比人工智能更具颠覆性的技术，使其在未来财务发展和财务变革方面能够发挥两方面的重要推动作用：一方面，新技术解决了财务数据难获得、数据难核实、数据核实成本高的技术性难题。不可篡改、可追溯等特点决定了其在缓解信息不对称、加强信任、提高安全性等方面有广泛的应用和良好的发展前景。有了新技术平台，获得授权的金融机构和监管机构不用通过尽职调查，就能自动地、零成本地获取企业运营数据和财务数据，而且数据是真实的，不可篡改的；另一方面，新技术中的存储技术使每个节点均记录相同且完整的账目，保证了数据的公开透明并降低了管理层造假的可能。可追溯原始数据的功能保证了数据的真实性和完整性，既为审计师的工作提供了便利，也有效抑制了管理层的机会主义行为。

然而，关于新技术的实施对公司会计和财务行为的影响存在一定争议，目前新技术尚不成熟，要清醒地认识到新技术发展过程中依然面临着诸多问题和挑战。尽管新技术本身具有比较明显的优势，然而对于公众而言，新技术仍然是全新且陌生的。目前新技术的发展仍处于起步阶段，且其综合采用密码学、计算机、数学等多门技术，高技术、复杂性以及概念的抽象性增大了公众的理解难度，从而带来更高的信息不对称水平和监管失效。更重要的是，准则指定机构和监管机构并未针对新技术出台专门的信息披露方案，易造成信息披露不充分和不规范的问题，从而不利于监督作用的充分发挥。由此可见，新技术的实施对公司行为的实质影响是一个尚无定论的问题，需要会计和财务学者的持续跟踪，为新技术的实施在公司层面的经济后果提供证据支持。

从理论上来看，公司实施新技术后对盈余管理可能有正反两方面的影响，一方面，新技术的计算功能和共享功能提高了公司的交易信息和会计信息的透明度，内外部监督机制因为全程留痕和共识机制的引入而得到激活，媒体、分析师、审计师、监管机构和交易所等第三方关注度的增加也有利于缓解委托代理问题、降低盈余管理水平；另一方面，新技术的实施带来的商业模式等的变革可能会超越既有的内部控制制度和公司治理，对传统的商业管理模式提出了较大的挑战，这也客观上要求企业对管理模式进行全面升级，以补充新技术嵌入后的管理模式革新需求。

从实践上来看，尽管新技术本身的特点使其在解决计算问题、储存问题、信任问题、提高透明度和公信力等方面能够发挥积极的推动作用，也在诸多领域有广阔的应用前景，但我们更需要意识到新技术给会计和财务人员带来的新挑战。特别地，我们需要关注到新技术推行过程产生的内部管理升级问题和外部监督困难、被管理层"跟风"用以掩盖盈余操纵行为等问题。据此，政府以及监管部门应当加强对新技术推行过程中的指引和监管，提高新技术的公众接受度和理解度，公司也应警惕新技术运用中所蕴含的新商业风险，有针对性地选择高成长性的公司，更好地落实习近平总书记提出推动新技术与实体经济高度融合的要求。通过学习新技术和新会计，可以为新技术的后续深入推行、监督和政策引导提供借鉴和参考。

三、学科融合与新会计

（一）学科差异与互补

2020年11月，习近平总书记在科学家座谈会上强调"研究方向的选择要坚持需求导向，从国家急迫需要和长远需求出发，真正解决实际问题"。在国家重大战略需求的驱动下，多学科交叉会聚与多技术跨界融合将成为常态，并不断催生新学科前沿、新科技领域和新创新形态。在几千年的人类历史长河中，经过不断的探索与研究，人类逐渐建立起庞大的知识体系。为了知识的传承与发展，人们把这些知识体系分成不同的学科与分支。当前，中国经济社会发展、民生改善、国防建设等领域面临的现实问题，需要多学科力量协同解决。通过把这些知识分成不同的学科和分支，自然科学和社会科学这两大体系各自发展成了不同的理论框架和研究方法。而自然科学和社会科学这两大体系又细化出各种不同的学科体系。不同的学科之间差异比较明显，有的注重定量研究，有的则注重定性研究。在这不同的学科体系中，有的注重研究方法，有的注重思想。然而，随着学科之间的不断发展，学科之间相互借鉴成为一种的趋势。例如，在社会学研究当中，越来越多的定量研究方法开始被应用到研究当中。在社会学体系中，心理学、经济学、管理学、社会学、法学、金融学、新闻学等不同学科逐渐开始采用大量的定量研究方法发展各自的研究体系，这有益地补充了社会学研究方法体系，极大地推动了社会学体系理论的发展。同样的，无论自然科学还是社会科学，都离不开计算。随着人们对计算的无限追求，人们逐渐形成了计算机科学体系，一直到今天的人工智能体系和数据科学体系。随着时间的推移，计算科学逐渐与社会学和其他自然学科不断融合发展。不同学科的互相借鉴与融合，促进了各自学科体系的不断完善。

（二）融合发展与政策引导

交叉学科与发展已经成为当前中国教育面临的重要问题，很多高校已经开始进行交叉学科的人才培养和科学研究的探索。为了引导和鼓励交叉学科的研究，教育部学位管理与研究生教育司公布了《普通高等学校自设二级学科名单》和《普通高等学校自设交叉学科名单》，共公示了508个交叉学科。交叉学科，顾名思义就是两种甚至多种学科交融的产物，如生物化学、计算材料学、进化金融学等。在未来很长一段时间之内，交叉学科将会成为一种趋势。随着学科交叉与融合发展，未来的学科体系将更加完整，也必将会涌现出更多的研究成果，将极大地推动人类社会的进步。

（三）学科交叉的现有模式

1. 会计学与法学交叉

从法律的宏观视角，立法改革会影响企业财务活动。例如，宏观经济因素和法律环境与公司财务行为存在密切关系。法律环境对企业资本结构调整具有显著效果。法律环境与资本结构调整速度显著正相关；同时，法律环境显著提高企业通过增加或减少债务的方式来调整资本结构的可能性，法律环境影响资本结构调整速度的主要路径是债务融资方式（黄继承等，2014）。2008年，中央第一次推行了大规模的省级司法机关领导干部异地交流轮岗活动，全国共有14个省级高级人民法院院长（法官）异地交流。高院院长的异地交流在提高高院院长身份独立的同时，也能够提升高院院长管辖下的地方法院系统的整体（外部）独立性（陈刚和李树，2013）。异地交流法官任职的地区，其结案率比其他地区高2%左右（陈刚，2012）。曹春方等（2017）以2008年省高院院长（法官）异地交流作为地方司法独立性提升的自然实验，检验了法官异地交流对上市公司违规的执法力度及执法可置信程度的影响。

会计学与法学的交叉还形成了法务会计这一重要学科，在实践中扮演着非常重要的角色。

2. 会计学与心理学交叉

心理学是实验科学，实验科学的意思是，所有理论的成立需要得到来自现实世界的支持：要么来自某些精心设计的真人实验，要么来自某种形式的现实世界的数据。数据的一个重要来源就是日常观察和思考，对人、对周围的社会现象观察越多、思考越多，接触心理学知识时就能更好地理解这些知识和现象。如果没有这些数据的积累，没有对这些现象的好奇心，心理学的理论和模型就缺乏意义。当然，日常观察和思考不是严谨的科学数据，它们有很强的偏见和局限性，学习心理学、学习如何思辨，会帮助你更好地处理这些数据，让你意识到可能存在的偏见和局限性，这反过来可以让你更好地认识和理解现实。

心理学的这些特征与会计学的学科特点有很多共同点，心理学的研究方法可以很好地为会计学的理论发展提供借鉴。

3. 会计学与其他学科的融合

随着医学和生物技术的发展，认知科学与人脑科学的相关研究逐渐与会计学科形成融合与交叉，国内部分学者开始关注神经会计。这主要是把神经学、人脑科学、认知科学与会计学进行融合交叉研究。

随着数据科学与人工智能技术、大数据区块链前沿技术的发展，未来的会计学科将是基于计算基础上的新的学科体系。

随着时间推移，会计学正在逐渐与其他各个优势学科不断融合发展。随着技术的不断进步，会计学必将成为人们经济生活当中必不可少的重要组成部分，在借鉴不同学科的成果基础上，会计学将焕发出更强的生命力。

思考与讨论题

1. 会计实践的定义。
2. 简述中国会计实践的发展历程。
3. 论述中国会计实践在各个时代的特点。
4. 简述中国会计制度的变迁历程。
5. 简述2006年制定的新会计准则体系。
6. 论述未来中国会计准则的发展方向。
7. 简述有效资本市场假说。
8. 简述决策有用性的信息观和计量观。
9. 简述有效契约理论。
10. 简述注册会计师审计。
11. 简述政府审计职能。
12. 论述中国改革开放40年间管理会计发展的历史阶段划分及其主要特征。
13. 简述管理会计的内涵及管理会计研究的独特特征。

14. 论述管理会计未来发展的重点。
15. 论述新时代与新会计。
16. 论述新技术对会计的影响。
17. 论述会计学与其他学科的融合。

推荐阅读文献

[1]【美】克里斯托弗·S. 查普曼、安东尼·G. 霍普伍德、迈克尔·D. 希尔兹：《管理会计研究》，中国人民大学出版社 2019 年版。

[2]【美】罗伯特·S. 卡普兰、安东尼·A. 阿特金森：《高级管理会计》（Advanced Management Accounting），东北财经大学出版社 1999 年版。

[3]【美】罗斯·L. 瓦茨著，陈汉文等译：《实证会计理论》，东北财经大学出版社 2006 年版。

[4]【加】威廉·R. 斯科特著，陈汉文等译：《财务会计理论》第 7 版，中国人民大学出版社 2018 年版。

主要参考文献

[1] 陈汉文：《审计理论》，机械工业出版社 2009 年版。

[2] 陈汉文，韩洪灵：《审计理论与实务》，中国人民大学出版社 2019 年版。

[3] 杜荣瑞，肖泽忠，周齐武：《中国管理会计研究述评》，载《会计研究》2009 年 9 月。

[4] 冯巧根：《改革开放 40 年的中国管理会计——导入、变迁与发展》，载《会计研究》2018 年 8 月。

[5] 胡玉明，叶志峰，范海峰：《中国管理会计理论与实践：1978 年至 2008 年》，载《会计研究》2008 年 9 月。

[6] 慕好东，彭睿，苏琪琪，朱炜：《会计与国有企业制度协同发展改革 70 年：基于信息和权力视角的考察》，载《会计研究》2019 年 11 月。

[7] 孔垂珉，李靠队，蒋雯，张济建：《中国管理会计研究回顾与述评：1978 年至 2018 年》，载《会计研究》2019 年 2 月。

[8] 李心合：《试论从会计实践出发构建会计理论体系》，载《会计研究》1992 年 5 月。

[9] 刘仲藜：《注册会计师行业改革发展若干重大事件的回顾》，载《中国注册会计师》2008 年 10 月。

［10］刘玉廷：《世界银行充分肯定中国会计审计准则改革成就——解读世界银行〈中国会计审计评估报告〉》，载《会计研究》2009 年 12 月。

［11］刘勤，杨寅：《改革开放 40 年的中国会计信息化：回顾与展望》，载《会计研究》2019 年 2 月。

［12］孟焰，孙健，卢闯，刘俊勇：《中国管理会计研究述评与展望》，载《会计研究》2014 年 9 月。

［13］【美】美国会计学会编，文硕，王效平，黄世忠等译：《基本会计理论》，中国商业出版社 1988 年版。

［14］王景新：《中国会计电算化事业的发展与回顾》，载《会计研究》1984 年 6 月。

［15］王满，于浩洋，马影，马勇：《改革开放 40 年中国管理会计理论研究的回顾与展望》，载《会计研究》2019 年 1 月。

［16］【加】威廉·R. 斯科特著，陈汉文等译：《财务会计理论》第 7 版，中国人民大学出版社 2018 年版。

［17］吴溪：《会计研究方法论》，中国人民大学出版社 2016 年版。

［18］吴溪，王春飞，李勃：《公共会计服务市场的竞争秩序——来自中国证券审计市场新设分所的证据》，载《会计研究》2018 年 12 月。

［19］徐玉德，韩彬：《新中国七十年企业会计改革发展的演进逻辑与理论》，载《会计研究》2020 年 1 月。

［20］张先治：《论管理会计的内涵与边界》，载《会计研究》2019 年 12 月。

［21］中央财经大学会计学院管理会计研究课题组：《管理会计研究方法体系框架的构建与应用——基于国内外现有研究成果的初步分析》，载《会计研究》2010 年 5 月。

［22］周守亮，唐大鹏：《智能化时代会计教育的转型与发展》，载《会计研究》2019 年 12 月。

［23］朱元午：《会计基础理论及其研究中的几个问题与思考》，载《会计研究》2019 年 9 月。

［24］Ball, R., P. Brown. 1968. An empirical evaluation of accounting income numbers. Journal of Accounting Research 6 (Autumn): 159–178.

［25］Defond, M. L., Zhang, J. 2014. A Review of Archival Auditing Research. Journal of Accounting and Economics 58 (2–3): 275–326.

［26］Fama, Eugene F. 1970. Efficient capital markets: A review of theory and empirical work. Journal of Finance 25: 383–417.

［27］Lennox, C., Wu, X. 2018. A Review of the Archival Literature on Audit Partners. Accounting Horizons 32 (2): 1 – 35.

[28] Lennox, C., X. Wu, T. Zhang. 2016. The effect of audit adjustments on earnings quality: Evidence from China. Journal of Accounting and Economics 61 (2 – 3): 545 – 562.

[29] Lennox, C., Z. – T. Wang, X. Wu. 2018. Earnings management, audit adjustments, and the financing of corporate acquisitions: Evidence from China. Journal of Accounting and Economics 65 (1): 21 – 40.

[30] Scott, W. R. 2015. Financial Accounting Theory. 7nd edition. Pearson Canada Inc.

第六章

用商业手段解决中国问题

经济是一个现代社会健康运转的基础,企业则是社会经济的基本单元。自 1927 年中国共产党建立第一个根据地伊始,中国就开始了社会主义经济体制下企业管理的伟大实践和理论探索。本章梳理了新中国成立以来我国企业管理方面的伟大实践,以及在企业管理制度、中国特色的企业管理理论等方面的探索,并在此基础上,指出现阶段中国企业管理理论与实践所面临的挑战和机遇。

第一节主要介绍新中国社会主义计划经济时期、改革开放社会主义市场经济时期以及新时代中国特色社会主义时期的企业管理实践。第二节以国有企业为重点,从宏观层面探讨了中国企业管理制度的变迁历程,介绍了中国国有企业的诞生和来源、计划经济时期的企业管理制度建设、改革开放初期的企业管理制度建设与探索、以及现代企业管理制度的探索。第三节则追溯了中国企业管理理论发展的思想基础,一是中国传统管理思想,它源自中国古代哲学思想,包括儒家和道家为主的管理、中庸、阴阳文化、"无为而治"等思想,二是西方管理思想和理论的引进,三是对中国企业管理实践经验的总结、提炼和创造。第四节总结了中国企业管理理论与实践面临的诸多难题。为了破解这些难题,必须坚持习近平新时代中国特色社会主义思想,从中国企业的实际情况出发,进行理论和方法上的创新,比如关于企业本质的思考,政府、企业、市场的关系,东西方文化的差异,以及技术变革对企业管理的影响。

第一节　新中国企业管理发展实践

企业是社会主义经济的基本单元。自 1927 年中国共产党建立第一个根据地伊始，中国就开始了社会主义经济体制下企业管理的伟大实践。在中国共产党的领导下中国先后历经了解放前新民主主义时期的企业管理实践、新中国社会主义计划经济时期的企业管理实践、改革开放社会主义市场经济时期的企业管理实践、新时代中国特色社会主义时期的企业管理实践四个发展阶段。本节重点摘述 1949 年之后三个阶段的中国企业管理发展实践。

一、新中国社会主义计划经济时期的企业管理实践

（一）自主探索与学习苏联实践（1949—1957 年）

首先是自主探索。1949 年新中国成立后，中央政府根据《共同纲领》对国民经济实施社会主义改造，大力推进企业民主改革，中国进入了国民经济恢复时期的国有企业管理时期。这一时期的企业管理实践主要是改变官僚资本主义的生产管理制度，建立社会主义国有企业的生产管理制度，包括建立责任制、对生产机构进行改革、进行生产能力查定、开展国有企业经济计划的编制工作、建立统计工作制度以及按指示图表组织生产等。

在自主探索时期，"合理化建议"和"创新纪录运动"是典型的企业管理实践。"合理化建议"是群众发明、技术改进及合理化建议群众运动工作的简称，旨在通过发挥工人群众的聪明才智，提出使生产更合理化的建议。"创新纪录运动"是普遍创造生产新纪录的群众运动工作的简称，是在东北地区广大工人群众合理化建议和劳动竞赛的基础上形成的，旨在使生产定额不断被突破，更高的生产记录不断被创造。

在国家的大力倡导下，自主摸索时期涌现了很多先进生产者与先进班组，总结了很多企业管理实践的经验，具体如表 6-1 所示。

其次是学习苏联。经过三年的艰苦工作，社会主义公有制企业逐渐增多，加上第一个五年计划开始实施，生产管理的各种矛盾开始凸显，集中表现为以往那套管理手工业的办法，不适合管理社会主义公有制企业，为此中国开始认真学习苏联经验，并引进苏联的管理制度与办法，以期探寻问题解决之道。学习苏联的企业管理实践旨在加强国家对企业的领导，健全计划管理体制，改革工资与劳动保险制度，组织技术革新与生产协作，加强群众性的经济核算等。

表 6-1　　　　　　　　　自主摸索时期企业管理实践经验

名称	代表人物	年份	地点	经验要点
李锡奎调车法	李锡奎	1949	中国长春铁路公司沈阳站	工作有计划，建立"上班记录制度"；分工明确，对每件事指定专人负责；建立联系制度，加强联系配合
马恒昌小组管理	马恒昌	1949	齐齐哈尔第二机床厂	组织技术研究会；建立技术互助组；建立首件检查制；做套子活；开生产研讨会；制定计划；加强劳动纪律
黄润萍仓库管理	黄润萍	1950	北京市华北农业机械总厂	及时了解生产；保证供应有计划用料；对积压材料和工具进行分析；统一各车间工具存量；制定切实可行的制度
郝建秀工作法	郝建秀	1951	国营青岛第六棉纺织厂	主动工作，有规律，有计划，按一定规律工作；生产合理化，把几种工作结合起来；抓住细纱工作的主要环节
苏长友砌砖法	苏长友	1951	东北工业部建设工程公司	由一个一等瓦工带领一个二等瓦工和两个徒工，编成一个小组，专砌一条线，分段砌砖
马六孩小组管理	马六孩	1951	山西大同煤矿	采用"两个半孔道循环掘进法"；小组分工明确；加强三班之间的团结合作；掘进工作与搬运工作相互配合
刘长福小组管理	刘长福	1951	天津钢厂	有计划、有记录、有核算；开展经济活动分析，建立各种制度；领导和群众结合，劳动和技术结合

资料来源：作者根据参考文献整理。

在学习苏联时期，中国开始引进苏联工业企业的管理方法，并在此基础上逐步开展适合中国的企业管理实践。一长制和党委领导下的厂长负责制是典型的企业管理实践。一长制是企业生产行政工作厂长负责制的简称，在一长制下，厂长拥有企业生产行政工作的全部领导权力，企业的党组织对生产行政工作进行监督保障。一长制便于生产行政工作的统一指挥，建立生产经营的责任制，从而有效地克服了当时企业管理中存在的多头领导与无人负责的问题。

虽然一长制的推广发挥了很大的积极作用，但是其弊端也开始暴露出来，集中表现在党的思想领导作用和职工的民主管理作用在某种程度上都有所被忽视，某些厂长从而开始出现官僚主义和命令主义的作风。弊端出现的根本原因在于监督和约束机制的不健全。为了纠正这一弊端，党的第八届全国代表大会决定实施党委领导下的厂长负责制。厂长负责制是党的集体领导和个人负责相结合的企业领导制度，表现在企业的重大问题需要经过企业党委的集体讨论来共同决定，而企业的日常工作分由专人分工负责，厂长需要接受党组织的领导，并在此基础上进行生产行政管理工作。

（二）自主创新与鞍钢宪法实践（1958—1965 年）

1958 年的党的八届二中全会提出了"鼓足干劲、力争上游、多快好省地建设社会主义的总路线"，中国进入了"大跃进"时期，在这一时期伴随着苏联单方面中断合作撤走专家，中国开始了自主发展的道路。这一时期企业管理实践的主要特点是自主创新，包括探索利润留成制度、进行群众核算与专业核算的结合、开创生产运动会与技术表演等竞赛形式、提出"鞍钢宪法"推广"两参一改三结合"的管理经验等，这其中最为突出的当属鞍钢宪法的企业管理实践。

"鞍钢宪法"源自鞍钢所进行的管理改革实践。1960年鞍山市委对鞍钢经验总结后，形成《关于工业战线上的技术革新和技术革命运动开展情况的报告》并上报中央，中央对此予以批复并提出管理社会主义企业的原则，从而形成"鞍钢宪法"。广义的"鞍钢宪法"包括坚持政治挂帅与群众性技术革命，实行党委领导下的厂长负责制，推行"两参一改三结合"。狭义的"鞍钢宪法"是指"两参一改三结合"，即工人参加管理，干部参加劳动，改革不合理的规章制度，实行工人、干部、技术人员三结合。"鞍钢宪法"体现了党的优良传统与社会化大生产的结合，"鞍钢宪法"的管理实践及广泛推广对当时的企业管理发挥了重要的积极作用。"鞍钢宪法"的企业管理实践从管理思想的演进历史角度来看，可谓是浓墨重彩的一笔。

"大跃进"期间由于受到"左"倾思想的影响，企业管理实践虽然强调的是"破字当头，先破后立"，而实际上却是"只破不立"，这导致企业生产秩序出现了混乱。为了解决生产实践中存在的问题，1961年的党的八届九中全会总结了学习苏联及"大跃进"期间的经验和教训，提出了"调整、巩固、充实、提高"的方针，同年中央制定和颁布了一系列企业管理方面的措施。包括制定和颁布各种企业管理条例、恢复和建立健全各种企业管理制度、总结和推广许多好的管理经验等。典型的管理条例包括《国营工业企业工作条例（草案）》（简称《工业七十条》）、《关于城乡手工业若干政策问题的规定（试行草案）》（简称《手工业三十五条》）等。

"工业学大庆"是这一时期最为突出的企业管理实践。1964年毛泽东提出"工业学大庆"的号召，大庆油田的经验得到广泛推广。大庆经验主要包括建立生产指挥、科学研究、后勤服务系统，建立以岗位责任制为中心的各级负责制，建立各项企业管理制度，开展社会主义劳动竞赛与评比活动，坚持独立自主、自力更生、艰苦奋斗、勤俭新中国成立的方针等。"工业学大庆"的大庆经验实际上与"鞍钢宪法"一脉相承。"工业学大庆"的典型事迹当属王进喜的先进事迹。王进喜提出"有条件要上，没有条件创造条件也要上""宁可少活20年，拼命也要拿下大油田"，坚持革命干劲与科学态度相结合，倡导不怕苦、不怕累、敢于斗争、敢于胜利的精神。

（三）"文化大革命"期间的企业管理实践（1966—1978年）

1966年中国进入"文化大革命"时期，由于受到"左"倾思想的影响，在这一时期很多科学的管理理论与管理制度遭到批判，新中国成立以来企业管理实践取得的很多成绩遭到破坏。这一时期具有建设性价值的企业管理实践工作,当属华罗庚倡导推广的"统筹法"和"优选法","统筹法"与 CPM、PERT 和项目管理类似,"优选法"与优化一脉相承。

二、改革开放社会主义市场经济时期的企业管理实践

(一)放权让利与两权分离实践(1979—1991 年)

党的十一届三中全会之后,企业管理实践开始贯彻对内搞活、对外开放以及调整、改革、整顿、提高等方针政策。一方面学习国外管理理论与经验,积极引进国外技术,另一方面大力推行经济责任制,不断扩大企业自主权。考虑到长期以来政府对企业生产经营管得过多的弊端,1978 年经国务院批准,中共四川省委、四川省人民政府选择了重庆钢铁公司、成都无缝钢管厂、宁江机床厂、四川化工厂、新都县氮肥厂和南充丝绸厂 6 家地方国营工业企业率先进行了"扩大企业自主权"试点。

而后,国务院于 1979 年颁布了《关于扩大国营工业企业经营管理自主权的若干规定》《关于国有企业实行利润留成的规定》《关于开征国有企业固定资产税的暂行规定》《关于提高国营工业企业固定资产折旧率和改进折旧费使用办法的暂行规定》《关于国营工业企业实行流动资金全额信贷的暂行规定》5 个文件,增加扩大企业自主权试点范围。扩大企业自主权的内容包括给予企业计划外产品的自销权,给予企业一定的计划自主权,给予企业一定的产品定价权,给予企业出口产品外汇分成权,给予企业一定留成资金的使用权等。

放权让利的一个重要内容当属国家与企业分配关系的调整,实践过程中总共试点了利润留成、盈亏包干和以税代利三种类型,包括全额利润留成、基数利润留成和增加利润留成、超计划利润留成、利润包干和利润递增包干、亏损包干、以税代利六种具体形式。基于大量的企业管理实践,将以税代利作为解决国家与企业分配关系的路径,为此两步"利改税"的管理实践开始实施。第一步"利改税"基于 1983 年国务院批转财政部的《关于国有企业利改税试行办法》,第二步"利改税"基于 1984 年国务院批转财政部的《国有企业第二步利改税试行办法》。通过"利改税"的推进,较好地解决了吃国家"大锅饭"的问题,为企业成为"独立经营、自负盈亏"的主体提供了必要的条件。

党的十二届三中全会通过的《中共中央关于经济体制改革的决定》指明了企业管理实践发展的方向,明确指出"增强企业活力是经济体制改革的中心环节",围绕着这个中心环节,企业经营自主权进一步增强,政企逐步分开,两权逐渐分离。广大企业所有权与经营权可以适当分开的原则,对企业扩大经营自主权进行了各种试点,包括

股份制（见专栏6-1）、承包经营责任制（见专栏6-2）、租赁制（见专栏6-3）等，并取得了一定的成绩。

专栏 6-1

股份制

股份制亦称"股份经济"，是指以入股方式把分散的、属于不同人所有的生产要素集中起来，统一使用、合理经营、自负盈亏、按股分红的一种经济组织形式，也是企业财产所有制的一种形式。股份制的基本特征是生产要素的所有权与使用权分离，在保持所有权不变的前提下，把分散的使用权转化为集中的使用权。股份制的功能是：（1）经济功能：一是快速有效地筹集资本；二是促进企业家阶层的形成；三是提高企业运营效果；四是优化社会资源配置；五是加强地区经济联系，平衡地区结构。（2）社会功能：一是增进公众的民主意识，推动政治民主化建设；二是强化市场经济文化如信誉观念、效益观念、竞争意识和创新意识等；三是有利于解决其他社会问题如环境污染、社会保障等。

资料来源：MBA智库百科，https://wiki.mbalib.com/wiki/股份制。

专栏 6-2

承包经营责任制

承包经营责任制是在社会主义公有制基础上，按照所有权与经营权分离的原则，通过签订承包合同，确定国家与企业之间的责、权、利关系，使企业具有自主权的经营管理制度。其基本形式是"两保一挂"，即企业保证完成承包合同规定的上缴税利指标，保证完成国家规定的技术改造任务，工资总额与实现利税挂钩。具体内容包括：（1）上缴税利递增包干；（2）上缴利润基数包干，超收分成；（3）微利企业上缴利润定额包干；（4）亏损企业减亏包干。承包经营责任制具有包死基数、确保上缴、超收多留、欠收自补的基本特征，较好地处理了国家与企业之间的利益关系，调动了企业的积极性，增强了企业的活力。实行承包经营责任制的一个关键问题是合理确定承包基数。此外，对工资总额如何与经济效益挂钩、企业自有资金如何使用等问题也都要做出符合实际的规定。

资料来源：百度百科，https://baike.baidu.com/item/承包经营责任制/2315073?fr=aladdin。

> **专栏 6-3**
>
> **租赁制**
>
> 租赁制是指企业资产所有者将企业有期限、有条件、有偿地出租给使用者的一种经营方式和企业经营制度,是中国国有企业的一种经营责任制。租赁制的基本特征是:所有权和经营权完全分离。国家作为资产所有者代表,将企业的经营权出租,取得"租金"收入。在租赁期间,承租人是企业的法人代表,享有企业内部机构设置权、干部任免权、劳动用工管理权、工资分配权等,企业的经营活动自主,承租人自主经营、自负盈亏、独立承担风险。出租方通过招标投标方式选择承租方,并在自愿、平等、协商原则的基础上,用书面形式订立租赁经营合同,合同具有法律约束力。社会主义条件下,实行租赁制必须兼顾国家、企业、职工和承租方的利益。无论是出租方还是承租方都必须执行国家的方针政策、法律法规,接受政府有关部门的监督。
>
> 资料来源:百度百科,https://baike.baidu.com/item/租赁制/10381797。

(二)国有企业的股份制改造与私营企业的全球价值链嵌入实践(1992—1999年)

1992年初邓小平南方视察并做出一系列精辟指示,同年10月召开的党的十四大对建设主义市场经济体制做出一系列重大决策,中国进入建设社会主义市场经济体制的新时期。党的十四大报告鲜明地指出要使市场在社会主义国家宏观调控下对资源配置起"基础性作用",使企业成为自主经营、自负盈亏、自我发展、自我约束的法人实体和市场竞争的主体。伴随着企业管理体制改革的推进,企业逐渐从转换经营机制,独立自主地进行生产经营活动。这一时期企业管理的典型实践包括股份制改革与企业经营机制转换实践。

1993年党的十四届三中全会在《中共中央关于建立社会主义市场经济体制若干问题的决定》中明确提出要探索国有企业的公司制改革。自从1990年和1991年分别设立上海和深圳两个证券交易所,特别是在邓小平的南方谈话对股份制进行了充分肯定之后,实施股份制的思想藩篱得以破除,全国范围内众多企业开展了股份制试点的实践探索。股份制的核心是建立股份有限公司,依托股份有限公司推动企业经营机制的转换(见专栏6-4)。

专栏 6-4

股份有限公司

股份有限公司是指公司资本为股份所组成的公司,股东以其认购的股份为限对公司承担责任的企业法人。《中华人民共和国公司法》规定,设立股份有限公司,应当有2人以上200以下为发起人。由于所有股份公司均须是负担有限责任的有限公司(但并非所有有限公司都是股份公司),所以一般合称"股份有限公司"。股份有限公司有以下特征:(1)股份有限公司是独立的经济法人;(2)股份有限公司的股东人数不得少于法律规定的数目,如法国规定,股东人数最少为7人;(3)股份有限公司的股东对公司债务负有限责任,其限度是股东应交付的股金额;(4)股份有限公司的全部资本划分为等额的股份,通过向社会公开发行的办法筹集资金,任何人在缴纳了股款之后,都可以成为公司股东,没有资格限制;(5)公司股份可以自由转让,但不能退股;(6)公司账目须向社会公开,以便于投资人了解公司情况,进行选择;(7)公司设立和解散有严格的法律程序,手续复杂。

资料来源:百度百科,https://baike.baidu.com/item/股份有限公司/575558?fr=aladdin。

改革开放进入这一时期,恰逢新的全球化萌芽。伴随着运输领域的革命性变革和信息技术的飞速发展,企业在全球范围内配置生产系统和贸易网络成为现实,全球价值链作为新的工业组织方式开始兴起,原有的垂直一体化的工业组织方式开始退出历史舞台。全球价值链基于比较优势原则,将分布在世界各个角落的企业组织起来,形成彼此协同的生产与贸易网络,实现生产全球化和贸易全球化。改革开放后中国开始全面参与国际分工并嵌入全球价值链,珠三角是成功嵌入的典型集群,珠三角集群的成功和输入输出结构与空间分布的优势密不可分。成功嵌入的典型模式当属代工生产,可以说加代工生产是当时中国私营企业参与国际分工的主要形式(见专栏6-5),仅以1992年为例来看中国代工生产的总额就占到了外贸总额的41.9%。

专栏 6-5

代 工

代工,即代为生产或称定牌加工,由OEM(初始设备制造商,original equipment manufacturer)来生产,再贴上其他公司的品牌来销售。代工现象在中国比较普遍,代工可以理解是国际大分工环境下,生产与销售分开的大潮流。相对而言,虽然代工方免却了对销售诸多环节的注意力分散,可以专注订单下的生产,但是却不能分享到品牌的价值。从而,在国际分工中代工方处于从属地位,利润率较低。

资料来源:百度百科,https://baike.baidu.com/item/代工/7449226?fr=aladdin。

（三）国有企业的改革调整与私营企业的跃迁升级实践（2000—2012年）

随着改革开放的深入，中国企业一直都在努力融入国际分工体系，并积极地参与国际市场竞争，只是在中国加入世界贸易组织之前的很长时间内，都无法在世界贸易组织这个"经济联合国"中享有发言权。以新千年伊始中国成功加入世界贸易组织为标志，中国搭乘信息科技、互联网、电子商务的快车，开始全面介入国际化分工协作体系，参与全球价值链的治理并不断实现产业的转型升级。

在国有企业管理实践中，现代企业制度的建立与完善步伐明显加快。在"抓大放小"政策的实施下，一方面，国有大中型企业通过规范上市、中外合资和互相持股等形式，不断进行股份制改造。在兼并重组等手段实施的基础上，一大批主业突出、核心能力强的大型企业不断涌现并进入国际市场参与全球竞争。另一方面，中小型企业不断向"专、精、特、新"的方向发展，众多中小型企业不断成长为专业化、精细化、特色化、新颖化的现代化企业。此外，2003年国务院国有资产监督管理委员会成立，政府的所有者职能与社会公共管理的职能得以分离，极大地保障了国有企业的改革与发展，国有企业的法人治理结构日趋完善，选人用人机制改革迈出重要的步伐，国有企业主辅分离（见专栏6-6）、改制分流、企业办社会等问题不断得到解决。

专栏6-6

主辅分离

主辅分离是指企业将生产经营过程中的原材料采购、产品运输、安装、包装、营销等非核心辅助性的业务从其主营业务中分离出来，集中力量发展主业的做法及模式。主辅分离是国有大中型企业改制的主要形式之一，其核心就是鼓励有条件的国有大中型企业在进行结构调整、重组改制中把主业和辅业分开，并利用非主业和闲置资产，通过多种方式分流安置企业富余人员。国有大中型企业在国民经济发展中具有重要的地位和作用。随着中国经济体制改革的不断深入，国有企业面临的体制环境和市场环境都发生了深刻变化。特别是加入世界贸易组织以后，中国经济在更大范围内、更深层次上融入了经济全球化之中，国有企业必须与外资企业在同等条件下参与市场竞争；另外，国内非公有制经济的迅速发展，对国有企业构成了强大的竞争压力，因此国有企业实施主辅分离、辅业改制的目的就是要做强做优主业，解决国有企业发展的深层次矛盾，提高国有企业的核心竞争力。

资料来源：百度百科，https://baike.baidu.com/item/主辅分离/5764342?fr=aladdin。

2002年党的十六大报告指出，要在"坚持和完善公有制为主体、多种所有制经济共同发展的基本经济制度"的基础上，"毫不动摇地巩固和发展公有制经济""毫不动摇地鼓励、支持和引导非公有制经济"，进而从根源上解决了很多约束私营经济发展的问题，私营经济发展具有了制度上的保障。为此，私营企业得以迅速发展，不仅参与国内市场的激烈竞争，而且进入国际化发展的行列，参与全球市场竞争。一方面，私营企业积极参与国内价值链的打造，例如，纵观中国电子商务的飞速发展与物流产业的快速演进，不难发现基于互联网平台打造的电商、物流与支付生态实际上就是国内价值链。另一方面，私营企业不断沿着全球价值链进行跃迁升级，如联想、华为、福耀等一大批私营企业的成功就是全球价值链跃迁攀升的典型案例。

三、新时代中国特色社会主义时期的企业管理实践（2013年至今）

新时代中国特色社会主义时期面对的世界经济发展形势错综复杂。这一时期全球化与"逆全球化"并存，中国基于"一带一路"倡议和金砖国家合作机制积极推动全球化，英国以"公投脱欧"、美国以"贸易战"唱响"逆全球化"。在此时期，中国经济表现为增速趋缓、结构趋优的"新常态"特征，经济建设的重点从追求高速度增长转换为追求高质量增长。此时，中国企业管理的实践不仅要强调对国外先进管理知识与经验的学习，更加强调依靠自身的全面创新来提升企业的现代化管理水平。通过近年来的努力，无论是国有企业还是私营企业都积累了大量的优秀实践经验，很多具有中国特色的企业管理理论不断出现，中国企业管理在世界范围的话语权得以加强，影响力不断得到提升。

2013年中共中央通过了《中共中央关于全面深化改革若干重大问题的决定》，指出产权是所有制的核心，公有制经济财产权不可侵犯，非公有制经济财产权同样不可侵犯，同时要求大力发展混合所有制经济，要推动国有企业完善现代企业制度，要完善国有资产管理体制，以管资本为主加强国有资产监管，同时鼓励非公有制企业参与国有企业改革，鼓励发展非公有资本控股的混合所有制企业，鼓励有条件的私营企业建立现代企业制度。这为新时代中国特色社会主义时期的企业管理实践指明了方向。

中国步入新时代中国特色社会主义时期恰逢"第四次工业革命（工业4.0）"（见专栏6-7）的兴起，受到"第四次工业革命"的影响，在众多企业管理实践中，平台组织与智能制造是最为突出的企业管理实践。平台组织是全球化、信息化与网络化三大发展趋势的集成，属于市场交易的新兴"撮合"中介。平台组织是互联网经济和平台商业模式兴起的产物，是中国企业管理的一个重要实践。按照应用的不同，平台组织可以分为两种类型：一种是面向外部应用，如阿里巴巴集团的淘宝平台，主要是为外部的买家和卖家提供嫁接服务；另一种是面向内部应用，如韩都衣舍的平台，主要是为内部成员提供提交交易嫁接服务。

智能制造是"第四次工业革命"的核心（见专栏6-8），伴随着世界工业大国纷纷出台振兴制造业的计划，工业互联网、物联网、人工智能、大数据与云计算成为企业管理实践的热门领域。不论是国有企业还是私营企业都纷纷加入智能制造的大潮中，中国企业智能制造的管理实践与世界发达国家企业基本是并驾齐驱，同场竞技。平台组织与智能制造实践正在诱发企业管理的新一轮变革，新的理念、工具与方法呼之欲出。一方面，平台组织的繁荣致使某些全球价值链退化以至消逝，使某些全球价值链新生并成长，另一方面，智能制造的发展会提升"微笑曲线"中间制造环节的附加值，并逐渐拉平"微笑曲线"，全球价值链正在面临着新一轮的肢解与重构。

专栏6-7

工业4.0（第四次工业革命）

所谓工业4.0（Industry 4.0），是基于工业发展的不同阶段作出的划分。按照目前的共识，工业1.0是蒸汽机时代，工业2.0是电气化时代，工业3.0是信息化时代，工业4.0则是利用信息化技术促进产业变革的时代，也就是智能化时代。这个概念最早出现在德国，在2013年的汉诺威工业博览会上正式推出，其核心目的是为了提高德国工业的竞争力，在新一轮工业革命中占领先机。随后由德国政府列入《德国2020高技术战略》中所提出的十大未来项目之一。该项目由德国联邦教育局及研究部和联邦经济技术部联合资助，投资预计达2亿欧元。旨在提升制造业的智能化水平，建立具有适应性、资源效率及基因工程学的智慧工厂，在商业流程及价值流程中整合客户及商业伙伴。其技术基础是网络实体系统及物联网。德国所谓的工业4.0是指利用物联信息系统（Cyber Physical System，CPS）将生产中的供应、制造、销售信息数据化、智慧化，最后达到快速、有效、个人化的产品供应。"中国制造2025"与德国"工业4.0"的合作对接渊源已久。2015年5月，国务院正式印发《中国制造2025》，部署全面推进实施制造强国战略。

资料来源：百度百科，https：//baike.baidu.com/item/工业4.0/2120694？fromtitle=第四次工业革命&fromid=2983084&fr=aladdin。

专栏 6-8

智能制造

智能制造（Intelligent Manufacturing，IM）是一种由智能机器和人类专家共同组成的人机一体化智能系统，它在制造过程中能进行智能活动，诸如分析、推理、判断、构思和决策等。通过人与智能机器的合作共事，去扩大、延伸和部分地取代人类专家在制造过程中的脑力劳动。它把制造自动化的概念更新，扩展到柔性化、智能化和高度集成化。谈起智能制造，首先应介绍日本在1990年4月所倡导的"智能制造系统IMS"国际合作研究计划。许多发达国家和地区如美国、欧洲共同体、加拿大、澳大利亚等参加了该项计划。该计划共计划投资10亿美元，对100个项目实施前期科研计划。毫无疑问，智能化是制造自动化的发展方向。在制造过程的各个环节几乎都广泛应用人工智能技术。专家系统技术可以用于工程设计、工艺过程设计、生产调度、故障诊断等，也可以将神经网络和模糊控制技术等先进的计算机智能方法应用于产品配方、生产调度等，实现制造过程智能化。

资料来源：百度百科，https://baike.baidu.com/item/智能制造/4753603?fr=aladdin。

第二节 新中国企业管理制度变迁历程

企业管理制度具有两方面含义：一是微观层面企业内部的管理制度；二是宏观层面对企业的制度安排。

从微观上看，企业管理制度是规范企业各项经营管理活动的规则，可以是管理者在实践过程中约定俗成的习惯，也可以是把这种约定俗成正式规定下来所形成的文字形式的规章、条例等。吴培良等（1998）指出，企业管理制度主要规定各个管理层、管理部门、管理岗位以及各项专业管理业务的职能范围、应负责任、拥有的职权，以及管理业务的工作程序和工作方法。企业管理制度是企业制度的重要组成部分，涵盖企业经营思想、经营战略等方面，具体可分为财务管理制度、生产管理制度、营销制度和人力资源制度等。

从宏观上看，企业管理制度是政府对企业经济活动进行的一系列制度安排。自企业在中国出现以来，政府对企业进行的制度安排在各个时代影响着企业的内部制度的形成，这一点在计划经济时期表现得尤为明显。

本节以国有企业为重点，从宏观层面探讨中国企业管理制度的变迁历程。

一、中国国有企业的诞生

从广义上讲,中国现代企业的诞生可以追溯到 19 世纪 60 年代。洋务派先后创办了江南制造总局(1865 年)、金陵制造局(1865 年)、福州船政局(1866 年)、天津机器制造局(1867 年)和各省的机器局官办的军工企业[①]。这些企业既是中国国有企业的发端,也成为新中国成立初期大型企业的前身。从狭义上讲,中国国有企业的诞生于第二次国内革命战争时期的革命根据地,主要是生产一些军需品,企业由共产党领导,职工多为农村的妇女和老人[②]。

新中国成立后,政府为了开展大规模经济建设,接管了旧中国的官僚买办企业、封建地主企业,对民族资产阶级的企业进行了改造。在第一个五年计划期间,国有企业已经初具规模,主要来源有 5 个。

(一)产生于战争年代的革命根据地的企业

诞生于第二次国内革命战争时期的国有企业主要以生产军需品为目的。1945 年,由共产党创建的企业达到 77 家,职工总人数也超过 1 万人[③]。总的来说,这些企业规模不大,但在中国企业发展史上具有重要意义。一方面,它成为中国国有企业的雏形;另一方面,这些企业培养出来的干部成为接管外国企业及旧政权企业、改造民族工商业的主力军。

(二)对外国企业的接管

新中国成立以前,外国在中国的企业数达 913 家,产值占当时工业总产值的 30% 以上,支配着中国经济。新中国成立后,政府接管了这些企业,花大力气将它们改造为国有企业。

(三)接收官僚资本企业

新中国成立前,国民党政府系列的企业占全国工业总产值的近 2/3。新中国成立后,政府接管了这些企业,并对之实行社会主义改造,使之成为社会主义经济建设的支柱。在旧中国,国民党政府和四大家族经营的企业是官僚资本最集中的部分,如"四行、两局、一库""资源委员会""中国纺织建设公司"国民党政府的"交通部",以及垄断性贸易公司等。

---

① 史际春:《国有企业法论》,中国法制出版社 1997 年版,第 140 页。
②③ 胡静林、王豹编:《中国国有企业改革理论与途径》,经济科学出版社 1995 年版,第 3 页。

(四) 对民族工商业的改造

旧中国存在一些私营的民族工商业,与外国企业和国民党政府企业相比,这些企业在国民经济中的地位比较低。中国政府通过实行限制、利用、改造的政策,逐步使之转变为国有企业。

(五) 政府投资建成的企业

新中国成立后,中国政府面临的重要任务是发展经济,增强国力。为了保卫国家安全,对发展重工业采用了倾斜政策。第一个五年计划期间,在军事、冶金、钢铁、石油、机械等领域建设156个大型项目,实际建成150项,初步奠定了工业基础。这些项目中的企业至今仍然是中国经济发展的主力军。

1953年12月,毛泽东亲自审定了中宣部关于过渡时期总路线的学习和宣传提纲,明确提出"党在过渡时期的总路线和总任务是要在一个相当长的时期内,逐步实现国家的社会主义工业化,并逐步实现国家对农业、对手工业和对资本主义工商业的社会主义改造",史称"一化三改""三大改造"。三大改造完成后,公有制在国民经济中的比重达到92.9%,社会主义公有制成为中国的经济基础[①]。

从管理制度变迁的角度看,国有企业的发展经历了三个阶段。第一阶段为1949—1978年,即计划经济体制阶段;第二阶段为1978—1992年,为改革开放阶段;第三阶段为1993年之后,即现代企业制度建设阶段。

二、计划经济时代的企业管理制度 (1949—1978年)

计划经济时代,中国企业管理的管理是生产管理,主要模仿苏联的管理方式,在制度建设方面从最初的照搬、模仿到逐步形成具有中国计划经济特色的管理制度。这一阶段,比较有代表性的制度有:工厂管理委员会、厂长负责制、鞍钢宪法、工业七十条等。

(一) 工厂管理委员会

新中国成立最初的三年是新民主主义革命向社会主义革命的过渡时期。要想完成对手工业、对资本主义工商业的改造,就需要做到"破旧立新",即通过民主改革和生产改革确立新的生产管理体制,而企业民主改革又是通过成立工厂管理委员会、推行厂长负责制、职工代表大会实现的。

---

① 陈佳贵等:《新中国管理学60年》,中国财政经济出版社2009年版,第19页。

工厂管理委员会制度建立的背景是对企业进行民主管理。过渡期为了迅速恢复生产，实行了"不要打乱旧机构""保存原职原薪原制度"的方针，以致于国民党时期官僚资本和帝国主义势力在企业内部实施的一些封建、腐败制度和许多不合理的制度，如"把头制""拿摩温""包工柜"等不得不暂时保留下来，广大职工的积极性受到严重压抑。

1950年2月，《人民日报》发表题为"学会管理企业"的社论，强调指出：工厂管理委员会是工厂企业中以厂长为首的统一领导机关，厂内一切重大问题，都要提到工厂管理委员会去讨论，真正吸收工人参加生产管理。工厂中的职工代表会议应当与工厂管理委员会相辅而行，成为工会领导下组织和领导群众生产运动、传达领导者意图和吸收群众意见的组织形式。

（二）党委领导下的厂长负责制

20世纪50年代，中国在企业管理制度建设方面得到了苏联的大力支持，如派出专家指导工业生产等。这一时期，中国组织力量翻译了大量苏联的管理书籍，而且在东北地区进行"一长制"试点，之后在全国范围内推广。厂长负责制的实质是党委集体领导与个人负责相结合的制度，即党委领导下的厂长负责制。

（三）鞍钢宪法

"鞍钢宪法"的提法源自毛泽东对《鞍山市委关于工业战线上的技术革新和技术革命开展情况的报告》的批示，使之与"马钢宪法"相对立[①]。鞍钢宪法的内容要点是："坚持政治挂帅，加强党的领导，大搞群众运动，两参一改三结合，大搞技术革新和技术革命。"从历史上看，鞍钢宪法是1949年以来中国企业第一次为自己进行经验总结和管理制度的探索，具有划时代的意义。其中，"两参一改三结合"是核心内容。"两参"是指"干部参与劳动、工人参与管理"；"一改"是指"改革不合理的规章制度"；"三结合"即"工人群众、领导干部、技术人员的结合"。

需要指出的是，鞍钢宪法中的两参一改三结合并非鞍钢首创，最初出现在齐齐哈尔国营建化机械厂，在北安庆华机械厂、长春汽车厂得到进一步发展，后为鞍钢采用。此外，鞍钢宪法是在当时中苏关系出现变化、大跃进的背景下产生的，因此带有鲜明的政治色彩和时代特点。

（四）工业七十条

"大跃进"带来了沉痛的教训，导致劳动生产率下降、产品合格率降低。于是，

---

① 马钢、鞍钢分别为马鞍山钢铁厂、鞍山钢铁厂的简称。马钢是在前苏联马格尼沃托尔斯克钢铁联合企业的支持下建成，建成之初就有一整套管理规程、规范，甚至上升到了法律高度，因此有"马钢宪法"一说。

1961年中央提出了"调整、巩固、充实、提高"的八字方针。1961年9月，中央组织了企业管理调查组，在对北京第一机床厂等企业进行系统调查后，制定了《国营工业企业工作条例》（草案），即《工业七十条》。

《工业七十条》包括总则和十章，涉及计划管理、技术管理、劳动管理、工资奖励、经济核算和财务管理、协作、责任制度、党委领导下的厂长负责制、工会和职工代表大会、党的工作等内容。之后在1965年又修订为《国营工业企业工作条例（修正草案）》，结构上调整为20章，仍为70条。该文件可以说是中国在企业管理方面第一部系统性章程，是当时整顿工业企业、改进企业管理的纲领性文件。

（五）革命委员会制

长达十年的"文化大革命"，使中国经济遭到一场严重浩劫，也破坏了逐渐形成的企业管理制度。当时，毛泽东对企业状况的估计是，多数企业的领导权不在真正的马克思主义者、不在工人群众手里。因此，在全国工矿企业，开展了"一个阶级推翻一个阶级"的"政治大革命"。上海《解放日报》连续发表批判《工业七十条》的文章。在这种大背景下，南昌飞机制造公司于1967年10月自上而下被"造反"群众夺权，党委、行政不能正常工作，陷入混乱。1968年，经江西省革命委员会批准，成立工厂革命委员会，下设办公室、生产指挥部、政治部、后勤部等办事机构。

1968年，瓦房店轴承厂实行革命委员会制。该厂在1967年1月发生群众夺权，党委陷入瘫痪，厂长行政指挥权由生产委员会代替，科室、车间的领导权掌握在"造反派"手中，党委领导下的厂长负责制解体，企业在15个车间成立的革命领导小组的基础上成立瓦房店轴承厂革命委员会，由军代表任主任，统揽一切大权，一直延续到1978年6月[①]。

三、改革开放初期的企业管理制度（1978—1993年）

中国特有的制度环境使国有企业管理制度的改革离不开国家政策。1976年，随着"四人帮"倒台，"文化大革命"宣告结束。1978年，党的十一届三中全会确定实施"改革开放"政策，企业管理制度也随之恢复。这一时期，出于对计划经济时代、尤其是"文化大革命"企业管理制度的反思，政府对国有企业进行了大刀阔斧的改革，同时积极发展民营经济，带来了企业管理制度的蓬勃发展，为建立现代企业制度打下了基础。

1979年起，中国开始在部分地区进行了扩大自主权的试点，扩大企业在生产、销

---

① 中国企业史编辑委员会：《中国企业史（现代卷、上）》，企业管理出版社2002年版，第706页。

售方面的自主性，并试行利润留成制度，提高国有企业经营的积极性。1981 年，又在全国范围内实行利改税政策，进一步扩大企业的经营自主权、提高企业积极性。1984 年，中国政府还通过了《关于经济体制改革的决定》，以建立有计划的商品经济体制的改革为目标，全面推行对国有企业管理制度的改革，包括计划管理体制的范围、价格制度、国家与企业的分配问题等。这一时期的企业管理制度改革不仅提高了企业的经营自主权，还实现了国有企业管理权和所有权的逐渐分离，为国有企业建立现代企业制度打下了坚实的基础。

这一阶段，企业管理制度改革的主要举措包括以下四个方面。

（一）扩大企业经营自主权

1978 年，国家试图逐步将生产计划权、产品销售权、利润提留权以及劳动人事权等下放到企业，以此来促进企业的活力。1978 年第四季度，四川省委选择重庆钢铁公司、四川化工厂等 6 家企业进行扩大企业自主权的试点。由于成效明显，1979 年初四川省委批转了省经委党组《关于扩大企业权力，加快生产建设步伐的试点意见》，试点企业扩大到 100 家。

1979 年 7 月，国务院选择首都钢铁厂、上海柴油机厂、天津自行车厂等 8 家企业作试点单位，就扩大企业经营自主权问题发出了五项通知，即《关于扩大国营工业企业经营自主权的决定》《关于实施国有企业利润提留的决定》《关于提高国有企业固定资产折旧率、修订折旧费使用办法的规定》《关于征收国营工业企业固定资产税的规定（试案）》，以及《关于国有企业流动资金的金额贷款的规定》。以后，又逐步扩大试点范围。可以说，扩大企业经营自主权是中国国有企业制度创新的开始。

1984 年，国务院下发了《国务院关于进一步扩大国营工业企业自主权的暂行规定》，在生产计划、产品销售、产品价格、物资选购、资金使用、资产处理、机构设置、人事劳动管理、工资奖金、联合经营等方面做出了明确规定，后被称为"扩权 10 条"。

（二）实施经济责任制

经济责任制是在 1981—1983 年实施的，包括两个环节：一是正确处理国家与企业的关系，即国家与企业之间形成的经济责任制；二是正确处理企业与职工的关系，即企业内部实行的经济责任制。

企业对国家的经济责任主要反映在企业向国家上缴利润的形式上。经济责任制大致可以分为三类，即上缴利润递增承包制、上缴利润定额承包制和亏损定额承包制等。政府根据企业所获利润的大小和增长率，来决定它适用何种责任制。

企业内部的经济责任制一方面是实现企业对国家的经济责任的保障，另一方面是调动企业各部门、各环节、各岗位积极性的重要手段。也就是说，企业的整体效益与部分、岗位、职工的经济利益直接挂钩。

可以说，经济责任制的实施是在扩大企业自主权的基础上进行的又一重要尝试，试图通过落实经济责任调动企业各方面的积极性，促使企业把工作的中心放到加强内部管理、促进技术进步上，而不是计划经济时代的"等""靠""要"。

（三）利改税

在利改税政策实施以前，国家向企业发出指令性计划，企业根据计划从事生产活动，向国家上缴利润。从1983年前后起，政府为了确立企业与国家之间正常的经济关系，将上缴利润改为企业向国家纳税，即国家向国有企业征收55%的法人税，对于信息产业和高技术产业再加征其他附加税。由于各种不同所有制的企业纳税率不同，与国有企业的55%的税率相比，其他所有制企业大约在35%甚至更低，这严重妨碍了国有企业经营者的积极性。

（四）经营承包责任制

在经过了一系列的企业改革之后，人们逐渐认识到政企不分是阻碍企业改革的一个重要原因。为了解决这个问题。经营承包责任制应运而生，其目的是为了明确国家、集体和个人三者之间的责、权、利关系。1988年国家颁布了《关于在全国全民所有制工业企业中实施经营承包责任制的规定》，规定了承包责任制的原则、内容、实施办法，以及国家与企业之间的分配关系，等等。

经营承包责任制在一定程度上起到了扩大企业经营自主权、调动企业和职工积极性的作用，但是并没有从根本上解决政企不分的问题。而且，在"承包"的名义下，一些企业出现了"内部人控制"现象，即企业经营者利用信息不对称，以各种名目寻租，肆意侵吞国家财产，导致国有资产流失。

值得一提的是，在这一阶段，中国在经济学、管理学领域的对外交流迅速发展，相关领域的研究区域繁荣，尤其是关于社会主义市场经济理论、产权理论的发展为下一阶段的企业管理制度探索奠定了基础。

四、现代企业管理制度的探索（1993年至今）

1993年，党的十四届三中全会通过了《关于建立社会主义市场经济体制若干问题的决定》，指出建立社会主义市场经济体制，就是要使市场在国家宏观调控下对资源配置起基础性作用。为实现这一目标，就必须寻求更加适合企业发展的管理制度，建立适应市场经济要求、产权清晰、权责明确、政企分开的现代企业制度。因此，中国国有企业逐渐向现代企业管理模式转变。

"国营企业"改称为"国有企业"意味着所有权和经营权的分离得到认可，代表国家行使权能的政府要从"经营者"的角色中退出来，充当"所有者"。所有者要同经营者分离，这无疑是促进政企分开的一个重要步骤。

（一）围绕企业管理制度的法制建设

早在1979年，中国就开始酝酿企业相关立法。1981年，第五届全国人大法律工作委员会就起草了《国营工厂法（草案）》，但由于当时企业领导体制改革刚刚起步，立法条件不够成熟。于是，国务院决定将该草案改为工业企业暂行条例，待积累经验后上升为法律。于是，1983年国务院颁布了《国营工业企业暂行条例》，加上之前已经颁发的关于职工代表大会、厂长工作、基层党建方面的条例，初步解决了企业管理无章可循的问题。之后，历经多次调研、修改，1988年全国人大审议通过了《中华人民共和国全民所有制工业企业法》。该法律明确了全民所有制工业企业的法律地位、规定了各方的权利义务、明确了企业的领导体制。

然而，颁布实施后发现，受内外部环境的制约，企业的经营机制不能适应社会主义商品经济的需求，急需制定实施细则来解决这一问题。在这种背景下，1991年国务院决定起草《全民所有制工业企业转换经营机制条例》，1992年颁布实施，为公司法的出台奠定了基础。

（二）现代企业制度的提出

1993年，《中华人民共和国公司法》获得通过。在这一过程中，国家经贸委等13个部委联合组织了调查团，花了近7个月的时间，走访了上海、广东、福建、山东、黑龙江等地100多家国有企业，征求了300多名经理和著名学者的意见，提出了题为《建立与社会主义市场经济体制相适应的现代企业制度》的报告，其核心是建立现代企业制度。

现代企业制度通常被概括为16个字，即"产权明晰，责权明确，政企分开，管理科学"。也就是说，现代企业必须具备四个基本特征，即自主经营、自负盈亏、自我发展、自我约束。然而，当时的情况证明，国有企业的自立、自律尚未实现。有学者指出，从现代企业制度的基本特征上看，国有企业政企分离还远远没有实现。从自主经营的角度上看，早就提倡过扩大企业经营自主权，但还谈不上普及，而且企业已到手的经营自主权又常常被上级主管部门收回。从自负盈亏的角度来看，多数国有企业取得利润之后独自决定分配方法，但在亏损时仍然依靠政府，实质上是"负盈不负亏"。从自我发展的观点上看，政府有关部门对于获得良好效益的企业，常常以各种各样的名目乱收费，同时，企业盲目进行机械设备的投资，导致设备使用率下降，造成企业收不抵债。从自我约束的意义上看，企业也没有做到这一点，企业领导者存在种种短期利益行为[①]。因此，建立现代企业制度的初衷就是要实现企业的自立与自律。

（三）公司治理与新老三会关系

随着1994年7月《中华人民共和国公司法》的实施，国有企业相继完成公司制改造，并按照公司法的要求成立了股东代表大会、董事会和监事会。然而，新制度必然会带来与旧制度的冲突，尤其是过去作为国有企业民主管理特征的"旧三会"，即党委会、职工代表大会、工会的地位问题不仅在实践中突出，还引起了理论界的关注。事实上，多数企业采取了"双向进入、交叉任职"来解决这一问题，但效果仍然有限。因为"双向进入、交叉任职"容易解决了人的问题，但不能从根本上解决机构间的关系问题。

与《中华人民共和国企业法》不同，《中华人民共和国公司法》的实施对其他所有制类型的企业产生了巨大影响，客观上推动了中国特色公司治理的形成。公司治理不仅需要确立治理结构，更重要的是发挥作用。然而，在现实中公司治理结构受关注较多，而治理机制相对被忽视。这也是中国企业制度建设中的难点。

（四）新时代党的建设与企业制度

进入21世纪以来，国有企业改革进入一个新阶段。尤其是伴随着中国加入世界贸易组织，越来越多的中国企业开始寻求海外发展。主辅分离、供给侧结构性改革、混合所有制改革都对现代企业制度提出了新的要求。党的十八大以后，国有企业尤其是中央企业的党建工作提升到一个新的高度。2016年，习近平在全国国有企业党建工作会议上指出："中国特色国有企业制度，特就特在把党的领导融入公司治理各个环节，把企业党组织内嵌到公司治理结构之中，明确和落实党组织在公司法人治理结构中的法定地位，做到组织落实、干部落实、职责明确、监督严格。"

在全国国有企业党建工作会议上，习近平进一步指出："公司章程是企业内部的根本法，要把党建工作要求写入公司章程。"2020年年底，国资委、财政部联合颁布了《国有企业公司章程制定管理办法》，共40条，内容涉及（一）总则；（二）经营宗旨、范围和期限；（三）出资人机构或股东、股东会（包括股东大会）；（四）公司党组织；（五）董事会；（六）经理层；（七）监事会（监事）；（八）职工民主管理与劳动人事制度；（九）财务、会计、审计与法律顾问制度；（十）合并、分立、解散和清算；（十一）附则。

章程的制定将促进国有企业管理制度建设迈上一个新的台阶。可以说，新时代中

---

① 周叔莲：《政企分开：国有企业改革的难题》，载《工业企业管理》1997年第3期。

国特色的企业管理制度通过进一步探索，将逐渐趋于完善，也有望为其他所有制企业提供借鉴。

第三节　新中国企业管理理论发展脉络[①]

一、中国企业管理理论发展的思想来源

中国企业管理理论的思想来源主要来自三个方面。一是中国传统管理思想，它源自中国古代哲学思想，包括儒家和道家为主的管理、中庸、阴阳文化、"无为而治"等思想。二是西方管理思想和理论的引进。三是中国管理实践的发展与创造。

（一）中国传统管理思想基础[②]

观念作为一种力量，不仅影响了人们的经济社会政治生活，而且影响了人类文明的每一个领域，人的世界在很大程度上是受观念支配的。中国的管理是建立在中国人有关宇宙人生的知识体系和意义系统之上的。

（1）中国人的宇宙观及其构成。宇宙观，又称世界观，是指人们对世界观的总的根本看法。体现中国人世界观的主要观念，有天人合一，整体观、中庸观、和合思维以及以"周易"为代表的对立统一的变化观，天人合一是人与大自然、与世界的统一。作为部分的人，应该与其他物类一样，遵循天地这一整体的共通的存在法则（即天地之道），尽到人这一物类和部分对于天地宇宙整体的责任（即尽人道）。效法天地，从天地之道中引出立人之道，既是中国哲学各流派共同的价值取向，也是中国哲学关于人的存在的基本价值取向。

中国人习惯从整体上把握事物，认为一切事物都是一个有机的整体，各局部之间相互作用，相互转化，最终受内在的平衡法则支配。注重事先的筹划和谋略，谋定而后动，注重长远利害关系，成为整体观念下中国人显著的思维观念。

中庸是儒家哲学的核心思想。事事处处追求恰如其分，恰到好处。中庸所说的度，除了程度上的适度，在时机上的把握也是至关重要的，即在此时此地合理的度，到了彼时彼地就不一定合适了。中庸保持了管理系统的和谐和稳定。

[①] 鉴于中国企业发展的状况，本节关于企业管理理论发展脉络的梳理主要以中华人民共和国成立后 70 年为时间节点进行阐述。特此说明。

[②] 本部分内容摘编自《中国式企业管理科学基础研究总报告》第 1 章之 2. 文化转型：中国传统思想的基础与发展（1）"中国传统管理思想基础"。见该书第 18—20 页。（机械工业出版社 2013 年 1 月第一版。）

与西方注重矛盾两极思维的传统相比,和合思维是一种求同存异的思维方式。一般说来,"和"是指异质因素的共处,而"合"是指异质因素的融会贯通。对立统一变化观或以《周易》为代表的变化观是中国古代系统思维的重要组成部分。"周易"被尊为"群经之首,诸子百家之源",讲究阴阳五行,相生相克,有较明显的对立,统一变化色彩。

(2)中国人的传统人生观。人生观是指对人生的看法,也就是对于人类生存的目的、价值和意义的看法。人生观是由世界观决定的,中国人的人生观包括入世精神、祖先崇拜、重生重情、执经达权、以义取利、实用理性几个方面。

入世,就是投入尘世的活动中积极进取有所作为,在有限中追求和实现无限。有面对困难百折不挠的勇气,坚持心中的理想,相信天生我才必有用,充分实现自己的自我价值和社会价值。

祖先崇拜,是家本位的组织原型所致。人们深信祖先的灵魂死后依然存在,并能以不同的方式对后代的生活产生影响。这种信仰依托和情感皈依,一方面是对祖宗的顶礼膜拜,另一方面是承继家族传承的使命感,同时也有望子成龙的殷切期待。

中国人重情感,人与人之间的信任不是建立在契约制度上,而是建立在血缘关系或者亲戚式的纯粹个人关系之上。家族成员彼此之间自然产生出一种信赖,相信自己的家长或同族等关系密切的人,认为"自己人"之间的相互帮助是应该的,否则就会被认为"见外",而对其他人形成了一种先天的隔阂。

"执经达权"中的经指基本的管理规则,"权"指随机应变的管理技巧。中国人首先强调"执经达权",要求管理者一方面要把握永恒不变的基本原则,另一方面,又要顺应瞬息万变的内外环境,因地制宜,因时制宜,因人制宜。其次,要求"通权达变",根据变化了的情况来调整已有的手段和方式,"穷则变,变则通,通则久"。另外,儒家理论上强调"权"要从属和服从于"经",但由于儒家强调的并不是"制度""法"的理性形式,而是"礼"的原则,是情感性极重的"经",使"执经达权"流变为"礼"高于法,人情胜过制度,形成人治的传统,形式化制度化管理体系框架始终未能真正建立起来。

"义",通常指社会伦理道德力指人们的经济利益,人们对"义"和"利"的追求都是客观存在的现象。儒家的义利观是义为利先。儒家并不反对"利",主要的是考虑所得之利是否合乎"义",即所谓的"以义取利",过分追求利是不利于个人修养的提高的。

与西方纯粹的理性不同,中国的理性是建立在现实观念基础上的实用理性。"实用理性"关注于现实生活,不做纯粹抽象的思辨,是事事强调"实用""实际"和"实行",满足于解决问题的经验论的思维水平。中国人在各种事物中,无论是政治、商业、经验科学、人事关系等方面都惯于深思熟虑,不动声色,冷静慎重、周密详细的计算估量，注意实际的可行性和现实的逻辑（可能性、必要性、秩序性等），不冲动，不狂热，重功能，重效果。

中国的企业管理离不开中国传统思想的影响。因此，中国企业管理的理论研究和实践必定具有深刻的中国印记。

（二）国外管理思想和理论的引进

现代管理思想的出现具有其历史必然性，因为生产力的发展需要更为系统的管理。大工业的出现使生产规模迅速扩大，专业化程度越来越高，对工人和管理者的需求与日俱增。当然，工业革命之后的管理思想成为现代管理理论的重要基础。

从管理思想发展的历史渊源上看，工业革命后重要的管理思想主要有：亚当·斯密的分工理论、对影响劳动报酬和资本利润的理论；欧文的空想社会主义理论与实践；巴贝奇的分工理论；亨利·汤的工资与利润分享的理论；麦克勒姆在管理制度方面的实践等。可以说，工业革命之后的西方管理思想已经形成一定的积累，无论是理论还是实践方面，对管理思想进行系统的归纳、整理和提炼的需求逐渐增强。在这种背景下，西方古典管理理论应运而生。这些管理思想和理论在中国的传播，促进了中国企业管理理论的发展。

二、中国企业管理理论发展的基本脉络[①]

（一）新中国成立后中国企业管理 50 年发展的脉络

郑海航教授带领的课题组通过对 1949 年中华人民共和国成立后 50 年中国企业管理理论的发展状况进行梳理研究，研究认为，中国企业管理理论的发展经过了一条曲折的道路。具体可以划分为"二大时期""五个阶段"，即从 1949 年新中国成立到 1978 年党的十一届三中全会为第一大时期，这一时期是在高度集中型经济管理体制下形成的企业管理理论。其基本特点是企业管理只注意研究企业内部的生产管理，而几乎不研究企业外部的流通领域，形成了生产型的管理理论。第二大时期，是在党的十一届三中全会以后，随着经济管理体制的改革和企业成为自主经营、自负盈亏的市场主体和法人主体，企业管理不仅要重视企业内部的管理，更要重视对企业环境，特别是市场的调查和预测。强调经营决策，注重流通领域。因而，市场调查、信息预测、研究与开发、经营决策、销售服务的研究便成为企业管理和企业管理理论的重要内容。这一时期可以称为经营型的企业管理理论。

[①] 本部分内容摘编自"首都经济贸易大学'中国企业理论 50 年'课题组：《中国企业管理理论 50 年的发展》"。原载于《中国工业经济》1999 年第 10 期。

具体地,中国管理理论的发展又可以分为五个阶段,即第一时期分为三个阶段:学习苏联科学管理阶段;开始形成中国社会主义企业管理学科阶段;"文化大革命"大破坏阶段。第二时期又可以分为二个阶段:体制转换期的企业管理理论阶段和进入市场经济的企业管理理论阶段。

第一阶段,全盘学习苏联企业管理阶段。新中国成立后,将官僚资本企业收归国有,同时开始了以156项重点工程为主的社会主义工业建设,建立了中国自己的大工业,却没有一套现成的管理社会主义现代企业的办法,没有一门自己的企业管理学。为此,开始了认真学习苏联企业管理经验和企业管理理论。以中国人民大学为代表的许多财经院校大量聘请苏联教师讲授苏联的《企业组织与计划》,并翻译了苏联的企业管理教科书和专著,按照苏联的理论和方法,在中国企业中普遍实行了计划管理制度,建立生产技术财务计划和原始记录、统计工作,推行生产作业计划;实行了总工程师制的技术管理,建立生产技术设备的组织与计划、工艺管理、技术检查制度,推行设备的预修制度等;建立劳动定额,实行按劳分配制度,实行了生产技术责任制,有的还实行了"一长制",建立了以厂长为首的生产行政指挥系统,以及广泛开展社会主义劳动竞赛和加强对职工的思想政治工作等,使中国企业管理初步进入科学管理的轨道,为企业管理学在中国的建立奠定了一定基础。

第二阶段,曲折地探索和开始建立中国社会主义企业管理学。在总结学习苏联企业管理经验基础上,人们开始探索适合中国国情的企业管理办法。当时从中国企业管理理论角度的经验总结,表现为两种截然不同的思路。一条思路是沿着"大跃进"的思维方式去总结。最有代表性的就是1960年3月毛泽东同志在鞍钢经验的基础上提出并给予高度评价的中国企业管理的"鞍钢宪法"。"鞍钢宪法"的内容要点就是"坚持政治挂帅,加强党的领导,大搞群众运动,'两参一改三结合',大搞技术革新和技术革命",这"五项基本原则",被称为管理社会主义企业的"根本大法"。应该说,"鞍钢宪法"概括了人民群众创造的一些诸如"两参一改三结合"等宝贵经验,但这一"根本大法",是在针锋相对地批判了"马钢宪法"(马钢是指苏联马格尼托哥尔斯克钢铁联合企业,50年代鞍钢从这个大钢厂学来一整套生产技术和管理办法)基础上提出来的。"鞍钢宪法"否定了马钢的科学管理,提倡"大搞群众运动"这种违反科学管理的做法。显然,这种管理是违背一般的管理原则的。

另一条思路则是"实事求是"的新思路。中央组织了企业管理调查组,通过对北京第一机床厂等企业管理的系统调查研究,坚持尊重科学管理的正确态度制定了《国营工业企业工作条例》(草案)即"工业七十条"。这个条例明确提出了国营工业企业的性质和基本任务,规定了企业与国家的相互关系(如"五定五保"),同时强调,在企业管理中既要解放思想,破除迷信,又要尊重科学,按照客观经济规律和技术规律办事;既要实行党委集体领导,又要建立以厂长为首的统一的生产指挥系统;既要依靠群众，走群众路线，又要建立责任制，严肃劳动纪律；既要加强思想政治工作，实行精神鼓励，又要贯彻按劳分配原则，实行物质鼓励。"工业七十条"的制定，在中国的企业管理和管理理论的发展史上有着重要的意义，是在计划经济体制内科学管理对主观蛮干的一次拨乱反正。

在"工业七十条"的思想指导下，中国科学院经济研究所和有关大专院校的同志组成编写小组，在调查研究的基础上由马洪任主编，编写了《中国社会主义国营工业企业管理》（上、下册），由人民出版社于1964年内部出版发行。与此同时，中国人民大学等单位也编写了许多企业管理教材，开始形成中国社会主义企业管理学的学科。特别是从20世纪60年代起大庆创造的岗位责任制等先进企业管理经验的出现，对建立和丰富中国社会主义企业管理学提供了许多新鲜经验。

第三阶段，"文化大革命"中企业管理理论受到了严重摧残。"文化大革命"破坏了企业管理，也摧残了已经形成的管理理论。当时，把科学的企业管理制度污蔑为资产阶级对工人的"管、卡、压"，把生产技术责任制污蔑为"专家治厂""反对党的领导"，把发展生产和提高经济效益污蔑为"唯生产力论"和"利润挂帅"，把学习外国企业管理经验污蔑为"洋奴哲学"和"爬行主义"，等等。与此同时，解散了所有财经院校和企业管理专业，把企业管理学教授和毕业生下放到"五七干校"和农村，使企业管理理论的发展在10年间出现了空白，造成了管理界的思想混乱。

第四阶段：1978—1984年，企业管理学进入恢复和重建时期。粉碎"四人帮"后，在全国范围内，对工业企业管理进行了一次恢复性整顿。对企业管理的指导思想进行拨乱反正，清除了"四人帮"在管理理论上的种种谬论。在实事求是的思想路线指导下，1978年7月中共中央制定了《关于加快工业发展若干问题的决定（草案）》，即"工业三十条"，为企业的科学管理提供了正确的方针政策。同时，从1982年起，党中央和国务院又规定要用二、三年时间，有计划、有步骤、点面结合、分期分批地对所有国有工业企业管理进行全面整顿，而且对企业整顿的目标提出了"三建六好"的系统要求，即建设起一种又有民主、又有集中的领导体制，建设起一支又红又专的职工队伍，建设起一套科学文明的管理制度，把企业建成"三者兼顾好、产品质量好、经济效益好、劳动纪律好、文明生产好、政治工作好"的"六好企业"。"三建六好"的思想推动了企业管理理论的系统化。在此基础上关于提高企业素质、增强企业活力等的研究进一步促进了企业管理理论的发展。

在推进企业管理理论发展方面，具体做了以下工作。一是于1978年经国务院批准成立了中国社会科学院工业经济研究所，并招收20名首届企业管理学和工业经济学的硕士研究生，专门研究企业管理理论。批准恢复全国高考，恢复中国人民大学和全国财经管理系科专业，在清华大学等工科大学增设企业管理系科，在全国设立企业管理专业硕士、博士制度。二是中国一批企业管理学专家、教授共同赴大庆总结大庆管理经验、撰写《大庆企业管理》专著。三是由中国社会科学院工业经济研究所主编，从1979年起由中国社会科学出版社陆续翻译出版了"国外经济管理名著丛书"，将泰罗的《科学管理原理》、法约尔的《工业管理与一般管理》、梅奥的《工业文明的人类问题》、孔茨等的《管理学》等37本管理学世界名著介绍给中国的广大读者。四是大批专家学者赴日本、美国考察，学习日、美企业管理的理论和经验。五是于1979年成立了中国企业管理协会，随后中国企业管理教育研究会等全国一大批企业管理理论学会和研究会相继成立，并连续举办企业管理高级研修班。由中美联合创办的大连企业管理培训中心，请美国著名教授连续举办高级培训班，培养了一批高层次的企业管理理论工作者和大企业经营者。六是由中国社会科学院工业经济研究所同香港定期举行企业管理理论研讨会，同国外学者举行国际研讨会，加强海内外和国内外的学术交流。同时，组织一批企业管理学专家陆续对最有代表性的5个国有大型企业的经营管理经验进行全面认真的调查和总结，完成了《首都钢铁公司经营管理考察》《第二汽车制造厂经营管理考察》《上海机床厂经营管理考察》《成都量具刃具厂经营管理考察》《青岛双星鞋业集团经营管理考察》5部企业管理专著的撰写，弄清了中国企业管理的现状、经验和问题，为建立和发展中国特色的企业经营管理理论奠定了坚实基础。

第五阶段：企业管理理论适应市场经济要求进入繁荣发展时期。自1984年开始实行"商品经济体制"的"市场取向"改革以来，特别是自1992年明确建立社会主义市场经济体制以来，中国的企业管理理论开始了革命性的变革，企业管理的研究也受到了国家的高度重视，其中一个重要标志是国家自然科学基金委员会于1996年将管理科学组升格，单独设立了管理科学部。当时朱镕基亲临祝贺，并发表了"管理科学，兴国之道"的讲话，指出"这标志着中国的管理科学将要进入一个新的阶段"。此后的第二年，即1997年国务院学位委员会重新审定的学科目录，首次将管理学改列为与经济学并列的学科门类。这样，就使企业管理的理论和实践进入了空前的繁荣发展时期。

（二）21世纪中国企业管理的发展

适应经济全球化要求的中国企业管理理论的国际化发展。适应中国加入世界贸易组织的要求，中国的企业管理也走向了与国际接轨的发展道路，大量引进了西方管理学的理论成果和研究方法，国际交流增加，外资企业大举进入中国，国内企业开始进入国际市场，这推动了我国企业管理理论的国际化发展。为了探索中国企业管理的发展，由国务院发展研究中心、中国企业联合会、清华大学联合进行了"中国式企业管理科学基础研究"项目的研究。该研究通过对中国有影响的30多家优秀企业案例的专题研究[①]，对中国的企业管理进行了初步的梳理和概括，取得了重要的研究成果，认为

---

① 参阅《中国式企业管理科学基础研究总报告》（机械工业出版社，2013年1月，第一版）。

中国的企业管理有深厚的中国传统文化的思想基础,对中国的企业管理实践有重要的指导作用。

三、中国企业管理理论发展的基本现状[①]

（一）中国企业管理理论研究逐步繁荣

在不同的经济体制下,企业管理的理论和模式截然不同。中国经历了从计划经济体制到市场经济体制的转变,企业管理的理论和模式也完成了"脱胎换骨"的改革。企业的功能变了,企业追求的目标变了,经营管理的观念变了,企业管理的方式变了,企业管理的手段也变了,这一切都是极为丰富的企业管理变革的内容。郑海航教授将这些转变概括为六大变化：一是管理内容上,由传统单一的生产管理,转变为复合的企业经营；二是管理范围由工厂围墙以里的封闭式管理转变为对外开放式,企业与市场、与社会一体化经营；三是管理对象,从以实物形态为中心的管理转变为以价值形态为中心的经营；四是管理目的,从为管理而管理转变为提高市场竞争力而加强管理；五是对待市场和政府的经济信息,从漠不关心到灵敏反应；六是对企业精神文明,从一般化号召到个性化地培育企业文化。在管理理论方面,许多学者提出了自己的理论见解。如李占祥提出了矛盾管理是管理学的理论基础,倡导矛盾管理学派；韩岫岚提出了管理创新理论,认为管理创新是制度创新、技术创新的保证；席酉民提出了和谐管理理论,认为组织与环境间的和谐是管理的基本运行机制；等等。

对于市场经济下的"管理科学"的内涵,陈清泰将许多企业的实践和学者的总结概括为 8 条：一是制定有远见、切实可行的战略目标；二是建立科学的企业领导体制；三是精心研究市场,并做出快速、灵敏、准确的反应；四是降低成本,提高质量,技术进步,增强企业和产品竞争力；五是注重价值形态的管理,注重资产经营,实现国有资产保值增值；六是建立与市场经济相适应的企业内部各项管理制度；七是开发人才资源,强化以人为中心的管理；八是倡导企业精神,塑造企业形象,提高企业整体素质。这 8 条大致勾画出了市场经济所要求的管理科学基本框架。

（二）中国特色企业管理理论探索取得初步成就

企业管理学是一门实践性很强的科学。中国企业管理理论在这个时期的发展,是建立在学者们总结许多典型企业的管理经验之上。其中宝钢创造的"集中一贯"管理组织理论、邯钢创造的"模拟市场""市场成本"理论和海尔创造的"海尔文化"理

[①] 该部分内容引用了"首都经济贸易大学'中国企业理论 50 年'课题组：《中国企业管理理论 50 年的发展》"。原载于《中国工业经济》1999 年第 10 期。

论就是其中典型代表。

青岛海尔在企业管理理论上做出了突出贡献，他们创造了一套独具现代管理特色的"海尔文化"。海尔"追求卓越、敬业报国"的企业精神；为民族创名牌的民族使命感，"斜坡球体论"的激励机制；"人人是人才""赛马不相马"的用人之道；独特的质量保证体系售后服务体系；"日事日毕、日清日高"的管理考核体系；"吃休克鱼""克隆"海尔的企业兼并策略等，构成了海尔集团的独特的企业文化，从而形成了扎根于中国自己的土地、又极具国际性、行之有效的现代科学管理的理论。特别是海尔的"人单合一"企业管理模式正在成为引领世界企业管理发展的新坐标。

中国式企业管理科学基础的研究为中国特色企业管理理论的发展指明了方向。

（三）企业管理理论研究在引进与发展创新中日益兴旺，呈现百花齐放、百家争鸣的繁荣景象

中国企业管理理论在引进国外相关理论的基础上，结合中国的企业管理实践，进行创新与发展，呈现出百花齐放、百家争鸣的繁荣发展景象。一是引进企业文化理论，提高企业竞争力和凝聚力。20世纪80年代中期，中国翻译出版了一系列国外企业文化的专著，企业文化理论在中国广泛传播，并产生了巨大影响。企业文化在中国的传播，不仅形成了系统的企业文化理论，而且在全国众多企业中已变成了充满生命力和鲜明个性特征的企业文化实践，对提高企业竞争力和凝聚力发挥着巨大作用。二是引进系统理论和集成理论，促进企业管理科学化和形成新的思维方法。集成管理则是一种以系统论为指导，广泛借鉴和吸取众多管理流派的思想精华，以形成适应时代发展要求的新的管理理论研究思路和新的管理模式的探索。三是引进企业战略理论，培养企业核心能力，提高企业竞争优势。多年来，迈克尔·波特的《竞争战略》和《竞争优势》以及他创造的行业引力——竞争环境理论和普雷哈莱德与哈默提出的企业核心能力理论，在中国管理学界引起了空前的关注和重视。

总之，中国的企业管理理论研究在行为科学理论、以人为本理论、知识管理型组织理论、学习组织理论、企业再造理论等诸多方面已同中国企业管理理论和实践紧密结合，并产生了许多新的理论成果。

四、以习近平"新时代中国特色的社会主义思想"指导管理的研究和实践

习近平新时代中国特色社会主义思想是马克思主义中国化的最新成果，是中国各项事业的指导方针。中国的管理研究和实践离不开马克思主义的指导，离不开中国经济社会发展的实际。因此，中国的管理研究和实际要在习近平新时代中国特色社会主

义思想的指导下进行。建设有特色的中国管理思想理论体系。

建设有中国特色的管理学理论需要坚持以下五大理念①。

（一）坚持管理创新

习近平指出："把创新摆在第一位，是因为创新是引领发展的第一动力。发展动力决定发展速度、效能、可持续性。"我们的管理理论和实践首先要体现创新的思想，不断创新发展才能促进管理思想的创新和实践的创新，推动中国企业的高质量发展，引领世界管理领域的进步。

（二）注重协调机制的研究

习近平指出："唯物辩证法认为，事物是普遍联系的，事物及事物各要素相互影响、相互制约，整个世界是相互联系的整体，也是相互作用的系统。坚持唯物辩证法，就要从客观事物的内在联系去把握事物，去认识问题、处理问题。""我们党在带领人民建设社会主义的长期实践中，形成了许多关于协调发展的理念和战略。……这些都体现了我们对协调发展认识的不断深化，体现了唯物辩证法在解决中国发展问题上的方法论意义。""协调发展，就要找出短板，在补齐短板上多用力，通过补齐短板挖掘发展潜力、增强发展后劲。"

事实上，管理协调非常重要。在每一个企业中都充满了需要协调的事与物。当企业中各种资源协调一致才能发挥出最大的效能。管理学的研究要注重协调机制的研究，创新出有中国特色的社会主义管理协调理论。

（三）坚持以绿色理念指导管理研究和实践

习近平认为："人类发展活动必须尊重自然、顺应自然、保护自然，否则就会遭到大自然的报复，这个规律谁也无法抗拒。""生态环境没有替代品，用之不觉，失之难存。我讲过，环境就是民生，青山就是美丽，蓝天也是幸福，绿水青山就是金山银山；保护环境就是保护生产力，改善环境就是发展生产力。在生态环境保护上，一定要树立大局观、长远观、整体观，不能因小失大、顾此失彼、寅吃卯粮、急功近利。"习近平的论述充分说明了绿色发展的重要性。管理学研究需要认真领会习近平关于绿色发展的思想，在企业可持续发展方面贡献中国的智慧。

---

① 2019年5月16日出版的第10期《求是》杂志发表习近平总书记的重要文章《深入理解新发展理念》。该文是习近平2016年1月18日在省部级主要领导干部学习贯彻党的十八届五中全会精神专题研讨班上讲话的一部分。文章对五大发展理念作出了系统阐释。这五大理念是习近平新时代中国特色社会主义思想的重要组成部分，对管理学研究有重要的意义。管理理论研究和实践都应体现这五大理念的要求。

（四）思想更加开放，推动管理研究与实践与国际接轨

习近平关于开放的问题这样指出："实践告诉我们，要发展壮大，必须主动顺应经济全球化潮流，坚持对外开放，充分运用人类社会创造的先进科学技术成果和有益管理经验。""今天看来，我们大胆开放、走向世界，无疑是选择了正确方向。"管理学的研究和管理实践也是在对外外开放中得到发展的。我们需要认真研究开放对管理发展的积极作用，推动管理学与国际接轨和中国优秀的管理思想和方法走向世界。

（五）把共享理念践行在管理的实践之中

习近平关于共享的理念体现了人类社会发展的基本要求，他指出："共享理念实质就是坚持以人民为中心的发展思想，体现的是逐步实现共同富裕的要求。共同富裕，是马克思主义的一个基本目标，也是自古以来中国人民的一个基本理想。"管理学的研究和发展必须要体现共享的理念，贯穿共享理念的管理思想和管理体系及其实践才能为企业的发展进而对人类的进步做出贡献。

第四节　新时代中国企业管理理论与实践发展展望

中国企业管理理论与实践发展，是一个不断继承、变革与创新的过程。经过40多年来的改革开放，中国企业管理不论是在理论上，还是在实践上，都取得了巨大的进步。理论发展支持了企业管理的实践活动，实践活动中的新的现象和规律的揭示，又推动着理论不断向前。总体而言，中国企业管理理论与实践发展进入了一个良性循环的发展阶段。

在肯定这个过程所取得进步的同时，我们也应当保持清醒的认识。在未来一个相当长的时期内，中国企业管理理论与实践发展所面临的问题和挑战仍然十分严峻，面对纷繁复杂的国内和国际市场格局，理论工作者和实践从业者，必须对企业管理理论发展的趋势以及实践中可能出现的问题有正确的认识，甚至需要具有一定的预见性，这样才能在竞争中保持主动地位。

中国企业管理理论与实践发展，必须坚持习近平新时代中国特色社会主义思想。从中国企业的实际情况出发，结合实践中面临的各项具体问题，立足于经济和社会发展的需要，进行理论和方法上的创新。

关于中国企业管理理论和实践发展在未来的走势，需要从以下三个方面来进行认真思考。

一、关于企业管理理论本身要解决的问题的思考

企业管理理论是对企业管理实践中的规律的总结与提升。在理论上，一般把企业理解为一个抽象的组织，具有生产、经营、安全、财务、会计、人力资源、日常办公、技术、研发、营销、后勤服务等职能的营利性组织机构。在企业发展的不同阶段，各种不同职能在企业中的受重视程度与具体位置有所差异。但是，不论是人数10多万的大企业，还是人数只有不足百人的小企业，企业管理工作中的这些基本职能都是必须具备的。这些职能就是从具体的管理实践中抽象出来的，因而在几乎所有的企业中都普遍存在。缺少任何一项职能，都可能使企业的运转产生问题。相应地，在理论上，相关研究也就围绕着这些职能而展开。例如，一个成熟的商学院的学科和专业设置中，就会与这些职能相一致，进而设立出生产管理、运营管理、安全管理、财务管理、会计学、人力资源管理、企业行政管理、技术管理、企业研究与开发管理、营销管理以及后勤服务管理等各个专业、课程体系。因此，一个商学院从理论上讲就是对商业组织特别是企业的在理论上的模仿，它与实践中的企业经管管理职能划分与流程设计相似程度越高，研究的针对性就越强，研究成果也越容易被企业所采用。反之，则会偏离企业管理研究的轨道。从这个意义上讲，实践中的企业是什么，理论上的企业管理研究就应当是什么。脱离了企业的发展现状而去研究与企业职能不相关的问题，会使整个企业管理理论的研究进入误区。所以这是中国企业管理理论与实践发展中，在未来一个较长时间段内必须认真思考的问题。

由于企业是不断地变化着的，新的企业组织形式不断涌现，因而上述各种职能在不断地推陈出新，这时如果不对企业管理理论研究的重点和方向做出调整，就会与实践出现不一致的问题，理论研究落后于实践活动。中国改革开放经历了40多年的发展，企业管理发生了巨大变化。这种变化不仅体现在企业的数量上，还体现在企业的质量上；不仅体现在企业的所有制格局上的变化，还体现在企业在国际分工合作领域的变化；不仅体现在管理思维上，还体现在管理方式和工具上。因此，上述职能与40年前相比，都在内容和形式上发生了根本改变。如果继续沿用传统管理理论来指导当代企业实践活动，就会处处碰壁。因此，理论创新是大势所趋，需要有变革的勇气，需要有智慧。

现在，关于企业管理理论的研究已经明显滞后。这主要表现在没有处理好对企业是什么的理解问题。在相当一部分领域中，一方面，企业管理实践仍然沿着行政组织管理的老路在狂奔，没有丝毫改善的迹象。把企业营利性组织的管理等同于行政非营利性组织管理，这无疑是一种原则性错误。这样的实践或者理论，必然会极大地扼杀企业的能动性和创造力，使企业无法在激烈的市场竞争中存续下来。要强调企业的独

特性，给予企业更多的自由空间，这是保证企业上述基本职能正常履行的前提条件。给企业松绑，还权力于市场，这是认识企业是什么的重要基础。企业家不同于政府人员，也不同于普通消费者，不应把他们捧得太高，也不故意去贬低他们，这是保持对企业正确认识的又一客观基础。

在理论上认识企业管理这一客观事物，就要对实践中的企业是什么，企业家是什么，以及企业需要怎样的生存和发展环境等问题有一个明确的、一致的看法。企业是市场所哺育的，它不是政府的下属单位，也不是社会的普通机构。在中国企业管理理论与实践发展中，应当首先还企业以本来面貌，把它放在市场中，放到行业里，而不是让政府部门来包办其行为，或者成为共事机构。这是未来要解决的根本问题。因此，理论上迫切需要回答的三个问题是：企业是什么？中国企业是什么？当代中国企业是什么？而在实践中则需要进一步厘清政府、企业、市场三者之间的关系，在法制社会背景下，明确政府与企业之间的关系，企业与市场之间的关系，政府与市场之间的关系，即明确在哪些领域和范围内，政府是不能干涉企业行为以及市场行为的，以及在哪些领域和范围内，企业和市场的行为不得触及。这需要在法制条件下，在政府、企业和市场之间形成共识，建立法制政府、法制企业和法制市场。这样才能从一般性的原理学习中走出来，提出具有针对性的解决问题方法，把文章写在中国大地上。

二、关于企业管理理论中的继承与发展

中国企业怎样继承中国传统管理文化，又怎样学习外国管理文化，并将这些学来的东西进行发展，这是需要思考的第二个问题。在现行的企业管理理论知识体系中，相当比例的知识来自西方发达国家，中国传统管理文化知识比较少。这就形成了一种现象，在理论上主要学习西方发达国家的近代以来的企业管理理论及现代企业制度管理方法，而在实践中又要面对中国企业的一系列现实问题。这种理论学习和实践工作的偏差，使企业管理理论知识在实际工作中的有效性大大降低，甚至在一些重要问题上不断地误导着中国企业。而中国管理理论研究的贫乏，以及从传统文化中很难提炼出有用的知识体系，也是造成这种直接拿来就用现状的主要原因。客观地讲，中国近代企业和现代企业中能够成形的管理理论和体系并没有完全建立起来，因此在未来一个较长的时期内，企业管理理论工作者和实践从业者的一项重要任务就是通过理论与实践的相互激荡来升华、提炼属于中国企业的管理理论和实践经验。这是一个艰巨的、重大的工程。它需要解决的重要问题之一，就是如何对待传统文化的继承与发展，以及对西方发达国家企业管理理论和实践经验的借鉴。

西方发达国家的企业管理理论与实践是资本主义世界的产物，其中包含了资本主义的世界观、人生观和价值观。这里面涉及人性的假定、大机器生产、计时工资制、

财经中国

计件工资制、生产流水线作业、工作时间的设计、劳资纠纷、劳动保护、车间管理、机器管理、动作管理、技术应用、生产流程再造、学习型组织、团队合作、组织系统等一系列问题。它从理论上是一个完整的体系，尽管分离出不同的学派，而且越分越多。中国企业与西方企业从组织形态上可能具有相似性，但是从所有制性质、人员构成、文化属性等方面则有根本区别。这种区别表现在，中国企业产生的制度背景不同于西方企业；中国企业中的员工不同于西方员工；中国企业文化不同于西方企业文化。所有这些差异使西方管理理论在中国企业中应用会引发一系列问题，因为中国企业不具有西方企业所赖以生存、发展、壮大的外围人员构成、社会制度和文化环境。中国企业是在中国的人员构成、社会制度和文化环境中发展的。这里我们暂时不考虑跨国公司所面临的特殊情形。这些外围环境，就是人员构成情况、政府治理水平、技术发展水平、法制化水平、市场化程度以及社会文化氛围等。缺乏这种外部适用条件而直接引用西方企业管理理论，就是把中国企业当作一个可以孤立存在的个体进行管理，那样势必会出问题。比如，在人性假定上，如果完全沿用西方管理理论的人性假定，就可能与中国社会的情况不符；在社会制度和文化上，我们是社会主义制度，倡导集体主义文化，这与西方有着根本的区别。因此，完全照搬西方企业管理理论与最佳管理实践是根本行不通的。中国企业必须依靠自己的努力来建立自己的理论体系并探索出实践路径。当然，西方企业管理理论的一些好的做法和经验值得认真借鉴。尤其是生产力、技术层面上的企业管理因素，应当加大学习和借鉴力度；而对于生产关系层面的企业管理因素，则应当区别对待。

此外，还有一个很重要的问题，就是如何对待中国传统文化中的企业管理方法。在中国企业管理理论与实践探索中，有一种认识上的误区是一说到继承就从最古老的文化中去汲取知识与经验，有的甚至直接从老子、孔子、孟子、庄子、孙子等思想中来获取营养，实际上大可不必。客观地讲，这些只是一种思想上的火花，非常零散，很难形成体系。因为这些思想家所处的年代并没有现代企业，甚至没有企业这个概念，如果非要汲取一些的话，那也只能是片言只语。由于现代企业是与现代社会、现代制度、现代文化紧密地结合在一起，因此在继承和发展中国企业管理理论和实践经验方面，一定要本着实事求是的态度，把企业管理放在整个中国社会宏大的改革开放时代背景中来研究。理论工作者要走进企业，了解行业，了解市场，总结中国当代企业的管理制度和方法，进而提升到理论认识层面上。这需要一种客观务实的工作作风，需要科学研究与生产实践相结合的工作思路。因此，把中国企业管理理论与实践推向新的高度，客观上需要一支真正具有时代精神的研究工作队伍，能够走出校门、教室和实验室，融入社会与企业实践中，到企业中去，把中国企业的管理理论与实践写清楚、写明白，用来进一步指导企业面向未来的管理行动。

三、关于技术变革对企业管理理论与实践的影响

科学技术是第一生产力。计算机、互联网、人工智能等现代技术革命，已经在某种意义上颠覆了传统管理学理论中的许多假设。因此，在技术日新月异的 21 世纪，必须创建新的企业管理理论来适应这种技术变革。传统管理学理论有一个重要的条件假定，即市场中的信息是不完整、不对称的，因而企业家很难获得完全信息或者对称性信息。由于对产品供应、市场需求等重要信息的把握不准，因而会导致供给过剩或者库存积压，并最终导致整个社会生产要素的闲置和浪费，进而引发经济危机。由于技术手段落后无法获取充分信息，兼之整个营销渠道环节过多而截留了大量信息，因而在传统管理模式下所做的管理预测具有很大的主观性和不准确性。这也是这门学科缺乏科学性而显得空泛与抽象的一个重要表现。但是，在信息技术高度发展的当今社会，信息已经在某种意义上出现过载现象，人们生活在大量信息的包围之中。现在所需要做的就是把这些信息中有价值的东西提取出来，进而为企业管理服务。这与没有充分信息来源的传统管理模式有着根本的区别。

企业管理者必须顺应这种新技术革命所引起的管理模式变革，而不应当成为传统管理模式的守护者和辩护者。除了市场信息渠道多元化、信息资源充分，获取更加便捷之外，在企业管理中，还有一个重要的技术变革，就是管理的层级正在压缩，扁平化的管理结构正在取代高耸型的结构，团队合作的结构正在取代职能分割式的结构。通过层层加压式的"以人管人"，强调中间管理层级传导作用的管理方式，比如推行管理结构中的"命令链式"管理，已经作用空间十分有限。这是由于在新技术条件下，企业最高层的指令和要求，可以通过企业内部的网络社区迅速地传递给每一位员工，而无须层层传达，除非为了实现在每层中截留一部分信息的目的。但是，截留信息与管理信息透明化要求相违背，从某种意义上意味着管理操纵，并不利于企业的稳定和发展，因而设立不同的管理层级来传达一项无须截留任何信息的管理政策和制度，就会显得效率极低而且容易出错。信息的群收、群发，使企业管理中的政令十分畅通，决策层与执行层中间的信息传导距离被大幅压缩，时间缩短，甚至没有明显的时间间隙，而且所有群体所接触的信息都是一致的无差异信息。

新媒体技术对管理结构的影响是极其深远的，它在倒逼着凭经验、凭感觉的"拇指规则"等旧式行政命令式、层层传送、层层加压的企业管理制度，向着尊重员工的首创精神、及时知情权和主动参考决策的新式管理制度转变。从信息截留型向着透明化方向发展的同时，也预示着现代企业在应对未来技术变革中，需要把新技术更充分地应用到管理制度变革中，除旧布新，减少管理层级和命令链条，提升管理效率。同时，在横向职能部门设计上，也应当加大管理跨度，即每个职能部门容纳更多的工作

人员。推行"大职能部门、少管理层级"的新式企业管理结构,能够减少企业管理队伍中的富余人员,让闲置的人力资源用到一线工作岗位上,直接为企业创造更多的销售额和利润,而不是在管理岗位上无所事事只能参与企业利润的二次分配。

面向未来的企业管理理论与实践,必须顺应新技术变革潮流。现代企业在面向未来的管理部门设立上,应当突破传统劳动分工理论所设置的僵化的职能部门格局的束缚,更多地着眼于管理效率和效果的提升。由于传统劳动分工理论产生于机器工业时代,在信息时代已经显示出其严重缺陷。在未来的企业管理实践中,由于信息沟通渠道十分畅通,管理者和被管理者之间可以实现互联网上"零距离"接触,已经由"一对一"或"一对多"的传统层级管理沟通方式,发展为"一对众多"和"一对全员"直接面对一线员工的管理模式,因而企业管理者应当鼓励员工承担专业职能之外的更多职能,在制度上有条件地打破专职和兼职的分工界限划定,更大程度上提升整个企业的管理效率。这需要在企业制度设计上把面向未来的组织结构向着更加"虚化"的网络结构方向发展,让更多的职能科室能够利用互联网技术条件而无须占用实地场景来开展实际业务工作。依托信息技术大力推进"虚化"业务与"实际"业务的有效结合,促使管理更多地向着"虚化"和"柔性化"的方向发展,并对企业管理中各个职能进行重组,对管理人员与业务人员职能界线进行淡化,从而最终达到超越传统理论约束的管理理论创新与实践应用的新境界,这应当是中国企业管理理论与实践创新的又一前沿领域。

思考与讨论题

1. 为什么新中国会出现自主探索的企业管理实践?
2. 请比较"两参一改三结合"与日本精益管理的理论贡献。
3. 请阐释放权让利与两权分离的效果。
4. 请论述中国企业嵌入全球价值链的过程。
5. 请阐述平台组织对中国经济的影响。
6. 请分析智能制造给中国经济发展所带来的机会。
7. 新中国建国初期,国有企业的来源主要有哪些?
8. 计划经济时代的国有企业管理制度有哪些特点?
9. 现代企业制度的建立对国有企业改革产生了哪些影响?
10. 试述中国企业管理理论的思想来源。
11. 试论建设有中国特色的中国管理思想理论体系。
12. 典型的企业组织包括哪些具体职能?企业管理作为一门科学,如何在学科体系设计上与之相匹配?

13. 传统劳动分工理论和市场要素配置理论有哪些局限性？中国企业在面向未来的改革创新中如何克服这些局限性？

14. 新技术革命对传统企业管理理论的最大冲击是什么？为什么必须顺应这一潮流而进行企业管理理论创新？

推荐阅读文献

［1］中国企业史边界委员会编：《中国企业史（现代卷）上、中、下》，企业管理出版社2002年版。

［2］王国刚：《中国企业组织制度的改革》，经济管理出版社1997年版。

主要参考文献

［1］嵇尚洲：《中国企业制度变迁研究》，经济管理出版社2010年版。

［2］吴培良，郑明，王凤彬：《组织理论与设计》，中国人民大学出版社1998年版。

第七章

全球化与国际经贸合作

改革开放40多年来,中国积极参与全球化的进程,对外贸易发展取得了举世瞩目的成就。2001年中国经历15年的漫长谈判,加入世界贸易组织,为中国改革开放开启新的征程。2013年中国货物贸易总额超过美国,成为全球制造业中心和全球第一大贸易国。在当今世界百年未有之大变局中,面对日趋复杂多变的国内外环境,中国国际贸易发展面临着新的机遇和挑战。本章基于中国特色的国际贸易实践和理论,总结中国货物贸易、服务贸易、引进外资和对外投资的特征和经验,梳理和分析中国国际贸易政策演进,梳理分析中国国际贸易政策体制的变迁,厘清中国国际贸易理论发展脉络,对中国贸易理论与制度改革前景和挑战进行展望。

第一节　新中国国际经济与贸易发展实践

一、国际贸易发展的中国实践

对外开放是中国的基本国策。以开放促改革、促发展，是中国现代化建设不断取得新成就的重要法宝。习近平总书记强调，要主动参与和推动经济全球化进程，发展更高层次的开放型经济，推动形成全面开放新格局。改革开放40多年以来，中国国际贸易发展在规模增长、结构升级、市场主体等方面取得了辉煌的成就。2013年中国货物贸易总额超过美国，成为全球制造业中心和国际贸易大国。接下来，我们从中国货物贸易和服务贸易两个维度，分别对中国改革开放以来的中国国际贸易发展历程和特征进行总结。

（一）中国货物贸易发展阶段与特征

1. 中国国际货物贸易发展阶段

（1）1978—1991年，改革探索阶段。党的十一届三中全会开启了中国改革开放的进程，一方面中国积极应对国际产业转移的浪潮，主动融入世界分工体系；另一方面中国政府积极探索设立经济特区、沿海开放城市等"飞地"经济试点，开展贸易承包经营责任制、海关特殊监管区等，中国对外贸易发展战略由进口替代逐步向进口替代与出口导向相结合的转型。中国货物贸易总额从1978年的206.38亿美元，增长到1991年的1356.34亿美元，其中1991年的货物出口额为718.43亿美元，仅占世界出口总额的2%（见图7-1）。中国利用劳动力资源优势，积极发展加工贸易①。贸易产品类型实现了以初级产品出口为主向工业制成品出口为主的转变，但这一时期工业制成品中主要以劳动密集型的轻纺织品为主（见图7-2）。对外贸易主体构成突破单一，由国营公司的垄断经营实现了多元化，1991年外商投资企业的进出口额在中国进出口总额中的占比已经达到21%。

（2）1992—2001年，开放突破阶段。1992年，邓小平同志视察南方中国对外开放再提速。中国国际贸易发展战略由进口替代与出口导向相结合开始向出口导向转型，经济特区、工业园区、出口加工区等的设立与发展也从沿海地区向内陆推进。这一阶段，国际贸易规模进一步扩大，2001年货物进口总额2435.53亿美元，货物出口总额

---

① 加工贸易常见的形式包括进料加工、来料加工、装配业务和协作生产。

2660.98 亿美元（见图7-1）。中国加工贸易增长迅速，逐步占据对外贸易的半壁江山（见图7-3）。加工贸易主体由内资企业转变为外资企业的同时，资本密集型的机电产品出口占比快速上升，在20世纪90年代中期超过纺织品成为加工贸易出口最多的产品（见图7-2）。中国经济增长对外贸的依存度由1992年的33%提升至2000年的44%，出口每增长10%能带动中国GDP增长1%（林毅夫、李永军，2003）。

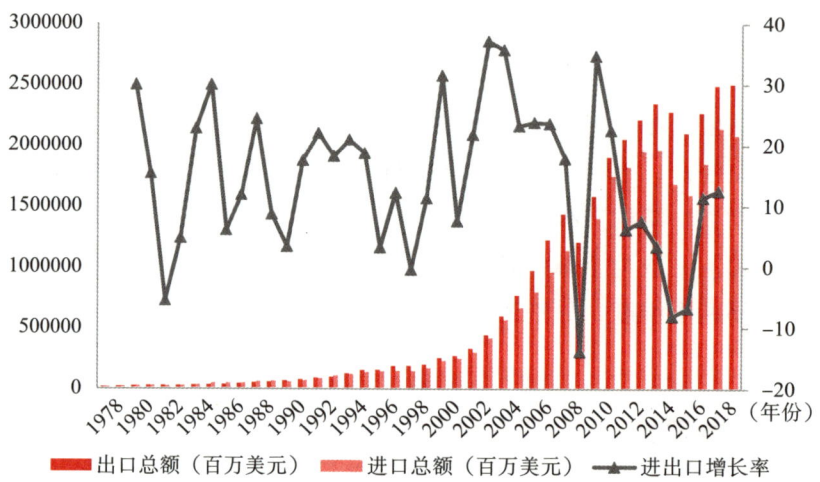

图7-1　1978—2019年中国货物进、出口总额与进出口增长率

资料来源：国家统计局。

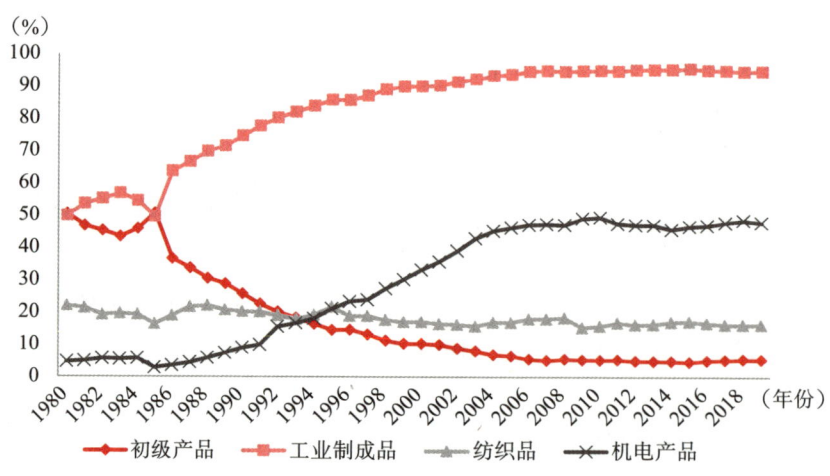

图7-2　1980—2019年中国出口产品比例

资料来源：国家统计局。

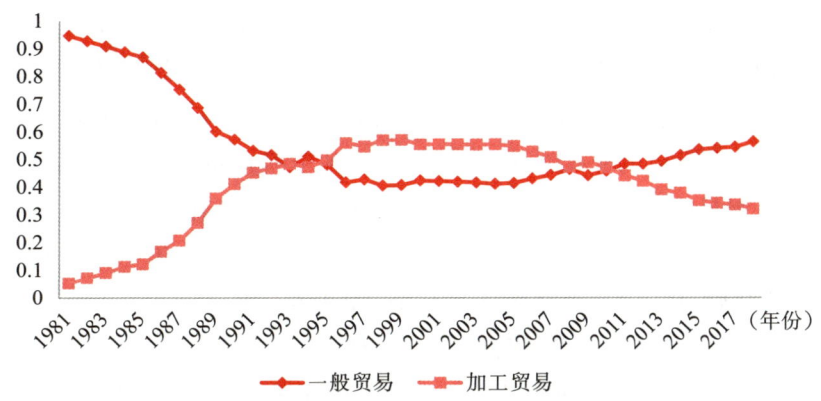

图 7-3　1981—2018 年中国一般贸易与加工贸易占比

资料来源：国家统计局。

（3）2002—2007 年：全面深化阶段。2001 年 12 月，中国正式加入 WTO。此后，中国全面融入全球价值链生产，进一步开放市场、削减贸易壁垒。中国进口加权平均关税税率由 2001 年的 14.11% 降至 2002 年的 7.71%，到 2007 年平均进口关税率仅为 5.07% 左右（见图 7-4），期间，进出口贸易平均增长率高达 27.53%。但中国加工贸易长期处于价值链低端、加工贸易产业链短、附加值低的弊端逐渐显现。中国开始引导加工贸易转型升级，向全球价值链的高端环节发展，延长出口产业价值链。同时，中国出口结构不断优化，出口商品从普通机电产品为主日益向高新技术产品为导向变化①。

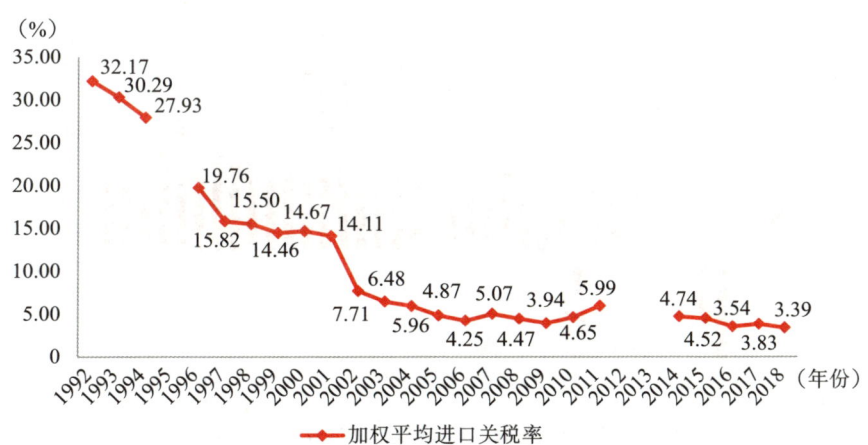

图 7-4　1992—2018 年中国进口关税加权平均税率

资料来源：World Integrated Trade Solution（WITS），AHS Weighted Average（%）。

---

① 裴长洪：《中国对外贸易 60 年演进轨迹与前瞻》，载《改革》2009 年第 7 期总第 185 期。

（4）2008—2012年，调整与转型阶段。2008年全球金融危机以后，中国继续坚持"互利共赢"、稳定外贸的方针，建立自由贸易试验区，实行"优进优出"的高质量发展战略，并在2009年成为世界第一出口大国和世界第二进口大国，货物出口与进口分别占世界货物出口与进口的9.62%和7.93%。受到金融危机和世界市场需求不足的影响，中国进出口贸易在2009年有所下降，但2010年之后开始出现回升；在2008—2012年，货物贸易顺差不断减少。根据WTO报告显示，2012年中国货物进、出口总额分别达到世界货物进、出口总额的9.78%和11.13%。

（5）2013年至今：高质量发展阶段。2013年，中国开启了新一轮高水平对外开放的新阶段。党的十八大以来，以习近平同志为核心的党中央总揽战略全局，推进对外开放理论和实践创新，确立开放发展新理念，实施共建"一带一路"倡议，加快构建开放型经济新体制，倡导发展开放型世界经济，积极参与全球经济治理，更高水平的开放格局正在形成。党的十九大报告也提出了"推进贸易强国建设""推动形成全面开放新格局"的要求。面对"逆全球化"的抬头与国际贸易保护主义的加剧，全球贸易环境的不确定性增加，中国正在积极开展"培育贸易新业态"新模式，促进国际市场更加多元化、商品结构进一步优化，保持对外贸易较快增长，积极扩大进口。2013年，中国出口产品中资源、劳动、资本和技术密集型占比分别为6.94%、26.62%、36.84%和29.49%①，资本与技术密集型的出口产品占比已经超过2/3。到2019年，中国货物贸易进出口总额为45761.26亿美元，比2018年稍有回落，贸易顺差占GDP比重为2.96%，且顺差增速较低（见图7-5）。

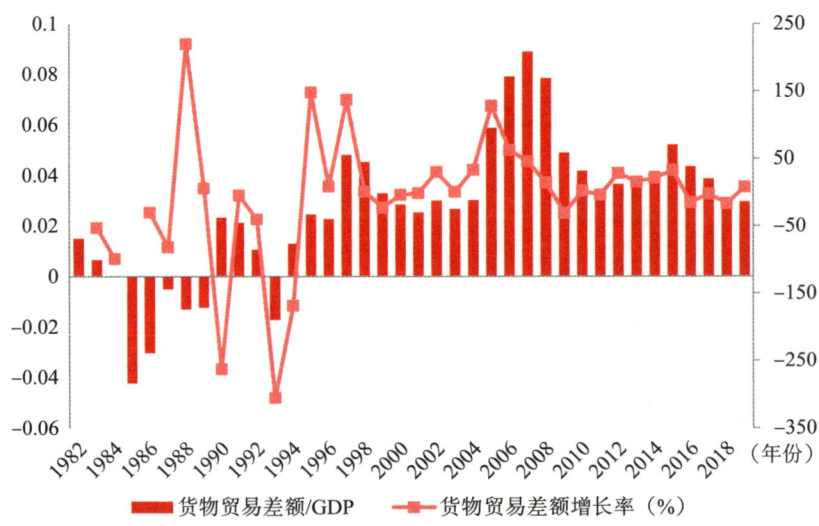

图7-5 1982—2019年中国经常项目货物差额占GDP比重与经常项目货物差额增长率
资料来源：国家统计局。

---

① 陈万灵：《中国从外贸大国迈向外贸强国的探讨》，载《国际经贸探索》2017年第33卷第4期。

2. 改革开放以来中国货物贸易发展特征

（1）贸易规模扩大，扩展边际①贡献增加。从 1978 年至 2019 年，中国进出口总额从 355.04 亿人民币增长到 31.55 万亿人民币，贸易规模扩大近 889 倍，且年均增长率为 14.84%，超过同期 GDP 增长速度。根据 WTO 官方统计，中国已经连续 11 年位于世界第一大货物出口国和世界第二大货物进口国，是名副其实的贸易大国。此外，中国出口贸易增长的主要驱动因素也由集约边际上的数量扩张，向扩展边际上的产品多元化与质量提升进行转变。

（2）贸易结构优化，对外贸易趋于平衡。货物出口方面，中国出口的商品主要是资源密集型与劳动密集型产品。进口方面，中国更加依赖于对能源资源产品、机电产品和高新技术产品的进口。进口和出口产品结构不断优化，既保持了中国出口的增长速度，也使中国贸易平衡状况得到改善。中国货物贸易顺差从 2007 年开始呈现下降趋势，货物贸易顺差额占 GDP 的比重也由 2007 年的 8.89% 下降到 2019 年的 2.96%。

（3）贸易转型升级，全球价值链地位攀升。在改革开放初期，中国劳动力相对丰裕、资本相对短缺，中国通过加工贸易的方式"以进养出"，积累资本。随着中国劳动力成本上升、人口红利逐渐消失，2008 年金融危机以来，加工贸易在中国的产业链环节有所提升，并不断向产业链的上游研发、制造和下游服务、配套的环节发展。中国出口商品的附加值不断增加，中国参与全球价值链的地位不断攀升。加快货物贸易优化升级，鼓励高新技术、装备制造、品牌产品出口，引导加工贸易转型升级，是中国加快贸易强国建设的重要经验。

（4）贸易伙伴多元，新兴市场加速成长。中国实施"市场多元化"战略以来，贸易伙伴数量由改革开放之初的不到 50 个，增加到目前的 230 多个。中国已成为超过 60 个国家或地区的最大贸易伙伴，其中中国与新兴经济体的贸易增长较为迅速。此外，中国不断提升对全球资源的配置能力，在参与全球一体化的同时，积极推动区域贸易自由化建设。追求全面开放是提高开放水平的必然。习近平总书记指出，中国将继续全面对外开放，推进同世界各国的互利合作。中国全面开放的经验举措体现在，推进"一带一路"建设，坚持自主开放与对等开放，加强走出去战略谋划，统筹多双边和区域开放合作，加快实施自由贸易区战略等。

（二）改革开放以来国际服务贸易发展阶段与特征

1. 改革开放以来中国服务贸易发展阶段

（1）1978—2001 年，服务贸易平稳增长。相比于发达国家，中国服务贸易起步较

---

① "扩展边际"在这里特指出口产品种类或质量；与之相对应的"集约边际"则表示同质产品出口的数量。

晚,与同期货物贸易发展相比,服务贸易增长较快,其进出口总额在1982年为46.11亿美元,到2001年增加到439.01亿美元,年均增长率高达42.6%(见图7-6)。除1982—1991年和1993年的经常项目服务为顺差外,其余年份中国服务贸易均为逆差,且逐年增加,2001年达到59.31亿美元。在该阶段,中国服务贸易主要集中在传统服务行业,比如旅游、建筑和其他商业服务;贸易结构也主要集中在资源密集型(如旅游)和劳动密集型(如建筑)服务领域(见图7-6)。

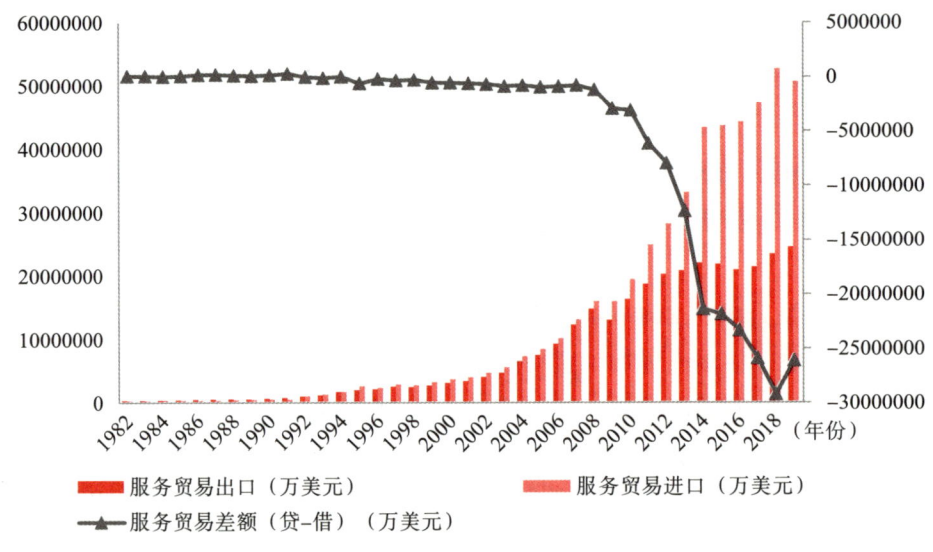

图7-6 1982—2019年中国经常项目服务差额(万美元)

资料来源:国家统计局。

(2)2002—2012年,服务贸易高速发展阶段。中国在2001年加入WTO以后,服务业与服务贸易的开放也受到来自WTO国际化的压力而进一步加快。在"入世"时,中国承诺对《服务贸易总协定》中12大类中的9大类、近100个小类逐渐开放,其中金融、通信、旅游、运输和分销服务业成为开放的重点行业[①]。2002年之后,中国服务贸易进、出口迅速增长,服务贸易逆差增速加快。2002年,服务贸易逆差为67.84亿美元,到2012年该值已增加到797.25亿美元,增加了10倍多。其中,保险、金融、计算机和信息行业服务出口占比开始呈现逐步增长趋势,运输服务出口占比上升迅速;相反,旅游出口占比则出现下降(见图7-7)。

(3)2013年至今,服务贸易发展新阶段。2013年以来服务贸易成为中国经济增长与对外贸易的重要领域。党的十八大报告明确指出,要推动服务业特别是现代服务业

---

① 朱福林:《中国服务贸易发展70年历程、贡献与经验》,载《首都经济贸易大学学报(双月刊)》2020年第22卷第1期。

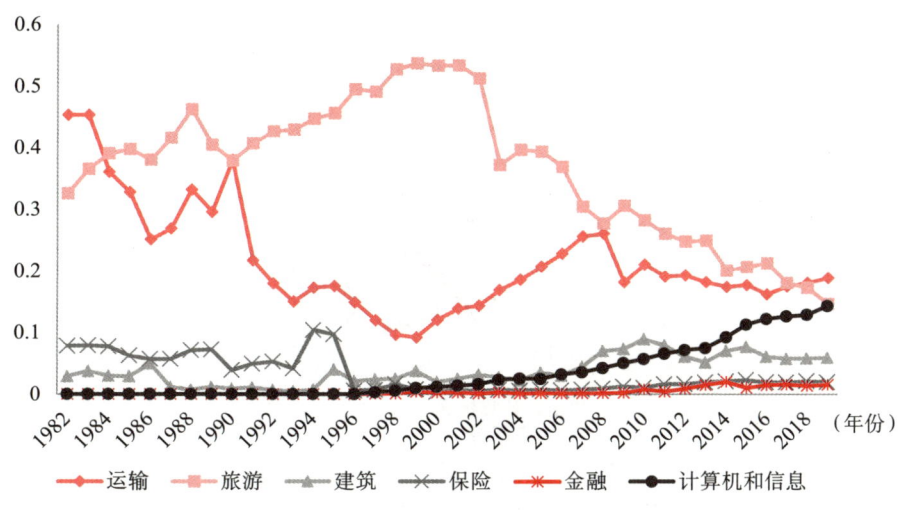

图 7-7　1982—2019 年中国服务贸易各项出口占比

资料来源：国家统计局。

发展壮大，今后要大力发展服务贸易；十八届三中全会《中共中央关于全面深化改革若干重大问题的决定》将推进金融、教育、文化、医疗等服务业领域有序开放，放开育幼养老、建筑设计、会计审计、商贸物流、电子商务等服务业领域外资准入限制。党的十九大报告强调，要"扩大服务业对外开放"；2013 年，上海自贸试验区在浦东挂牌成立，中国开启了以服务业为主导的新征程。在此期间，中国服务贸易逆差进一步扩大，到 2019 年已增加到 2611.49 亿美元（见图 7-6），中国服务贸易逆差增速明显超过货物贸易增速。其中，生产者服务业占比增多，资本和技术密集型的现代物流业与电子商务开始出现较快增长。特别是计算机和信息服务领域增长较快，2019 年计算机和信息服务出口占比基本赶超传统的旅游服务出口占比（见图 7-7）。以 2018 年服务贸易结构为例，中国服务贸易出口占比较高的领域集中在传统的其他商业、建筑、运输和旅游服务（见图 7-8）；进口占比较高的领域是旅游、运输和其他商业服务（见图 7-9）。

2. 改革开放以来中国服务贸易发展特征

（1）服务贸易规模扩大，贸易逆差不断扩大。中国服务贸易总额由 1982 年的 46.11 亿美元，增加到 2019 年的 7498.67 亿美元，扩大了 163 倍。其中，服务贸易进口增速快于服务贸易出口增速，但服务贸易出口增速与货物贸易出口增速的差距逐年缩小。中国的服务贸易规模相比于货物贸易规模仍有很大发展空间。与此同时，经常项目服务逆差在 2008 年以来显著增加，服务贸易逆差也已高达 2611.49 亿美元。

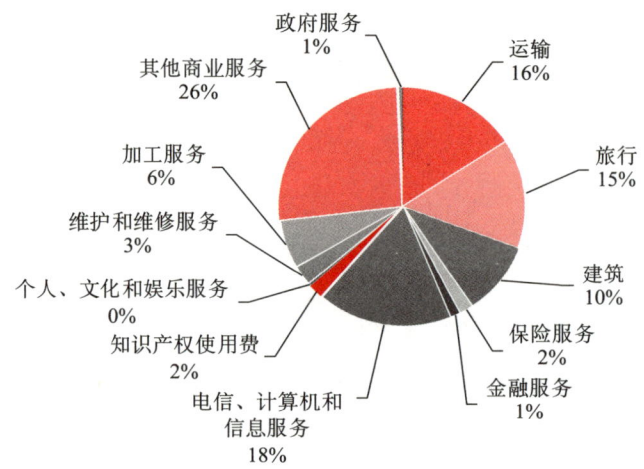

图 7-8　2018 年中国服务贸易出口组成

资料来源：《中国贸易外经统计年鉴 2019》。

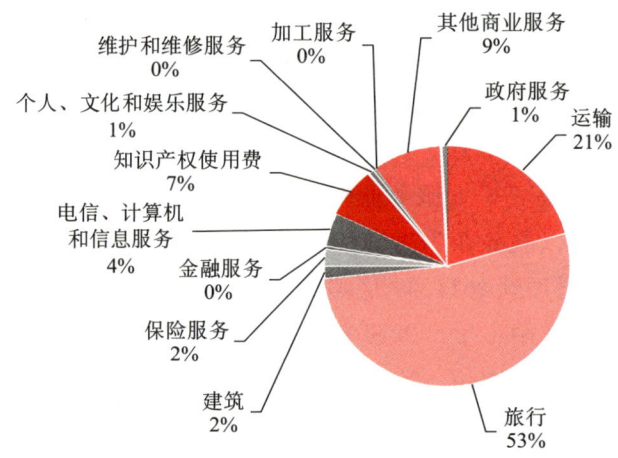

图 7-9　2018 年中国服务贸易进口组成

资料来源：《中国贸易外经统计年鉴 2019》。

（2）贸易结构转型升级，电子商务迅猛发展。改革开放初期，中国服务贸易主要集中在具有比较优势的传统服务行业。随着中国加入 WTO 开启自由贸易新时代后，服务贸易也更加倾向于生产性服务贸易的发展。科技进步促使数字贸易崛起，电子商务逐渐作为服务贸易的重要组成部分，知识、技术密集型服务贸易为中国服务贸易的发展开辟了新的空间。中国将积极培育贸易新业态新模式，支持跨境电子商务、市场采购贸易、外贸综合服务等健康发展，打造外贸新的增长点。

（3）服务贸易地位不断提升，但服务贸易的国际竞争力仍有待提高。中国的服务贸易在改革开放初期相对落后，但 40 多年的发展使中国服务贸易出口占世界服务贸易出口的 4.59%，进口占比则高达 9.49%。根据 WTO 统计，2019 年中国继续保持世界服务贸易进口第二大国、服务贸易出口第五大国的地位。然而中国服务贸易显性比较优势指数①（RCA）在0.6附近，远小于1，且总体呈现逆差，服务贸易的国际竞争力水平仍有待提升。中国将促进服务贸易创新发展，改革服务贸易发展机制，大力发展服务外包，打造"中国服务"国家品牌。

改革开放40多年以来，中国的国际贸易发展取得了规模增长、结构升级、市场多元化与国际地位提升等辉煌成就，成为名副其实的贸易大国。中国对外贸易改革的规律性经验是，从以货物贸易为主向货物和服务贸易协调发展转变，从依靠模仿跟随向依靠创新创造转变，从大进大出向优质优价转变。改革开放初期的中国，发挥廉价劳动力的比较优势，以货物贸易发展为引擎，不断积累资本与技术升级，带动服务贸易走向国际化；随后，服务贸易的发展又成为推动中国高质量增长的"新引擎"，反向助力货物贸易转型升级，成为提升中国对外开放水平的重要力量。当今时代，面对日趋复杂的国内外环境与激烈的国际竞争，中国不断扩大贸易范围，完善贸易伙伴关系，巩固与提升贸易大国地位，逐步实现从贸易大国向贸易强国转变。

专栏7-1

中国制造

开始于1998年前后的"中国制造"在2002年受到全球市场的广泛认可，物美价优的中国商品开始加快走向世界市场的步伐。2002年年初，美国零售业巨子沃尔玛决定把它的亚洲采购中心从中国香港搬到深圳的罗湖区，中国区总裁张嘉声对记者说："我们找到了最大的卖家。"在2002年5月份举办的韩日世界杯足球赛上，中国足球队颗粒无收，中国商品却出尽了风头。江苏扬州的玩具工厂制造了30万只世界杯吉祥物，浙江义乌的服饰公司生产了225万面球迷呐喊旗和数十万件"球迷假发"，福建的工厂则提供了上百万件球迷服、护腕及足球袜等。从此，一个真实的笑话开始以各种版本流传起来：很多人出国旅游买回一大堆纪念品和时髦的商品，回到家后扒开商标一看，都是"Made in China（中国制造）"。这种让人哭笑不得的笑话背后，却洋溢着一种特别的自豪。事实上，从一开始，"中国制造"的全部优势就在于价格的低廉。"芭比"是迪士尼公司最热销的儿童品牌玩具，每年在全球120个国家销售，其中最主要的制造基地在中国。一个在北美市场零售价为20美元的芭比娃娃，中国工厂的离岸价格为1美元，这1美元里包括了制造商和渠道商的成本、利润以及各项税收。

——摘自《激荡三十年》，吴晓波著

---

① 计算公式为 $RCA_{ij} = (X_{ij}/X_{tj}) \div (X_{iW}/X_{tW})$ 其中，X_{ij} 表示国家 j 出口产品 i 的出口值，X_{tj} 表示国家 j 的总出口值；X_{iW} 表示世界出口产品 i 的出口值，X_{tW} 表示世界总出口值。RCA 大于1，说明一国国际服务贸易具有比较优势，小于1则处于比较劣势。

二、引进外资与对外投资的中国实践

（一）改革开放以来中国引进外资发展阶段与特征

自 1978 年改革开放以来，中国吸收外商直接投资（FDI）持续增长。从开放初期的几千万美元，增加到 2019 年的 1381 亿美元，40 年累计吸收 FDI 超过 2 万亿美元。图 7-10 描述了中国历年实际利用外资额不断增长的趋势。40 年来，中国吸收外资从中小型项目到大型跨国公司并举，从生产劳动密集型产品到生产技术和资本密集型产业同步，从制造业为主到制造业服务业并重。中国已经成为吸收外资大国，近年来吸收外资额一直位居全球第二，并始终保持着发展中国家最大东道国的地位。

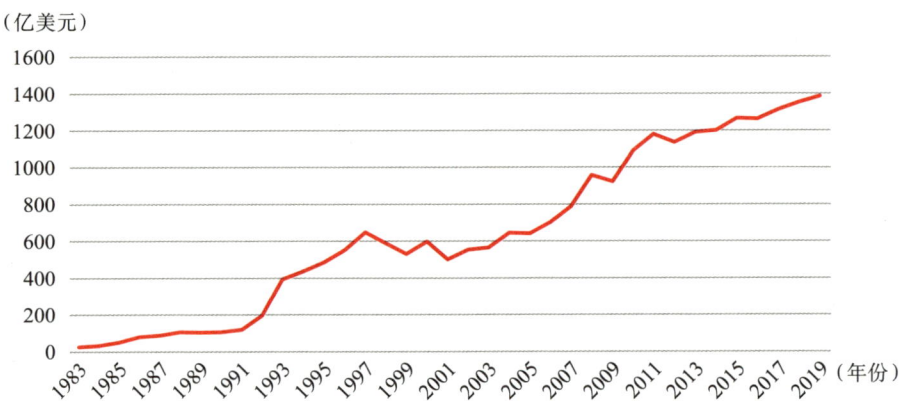

图 7-10 中国历年实际利用外资额

资料来源：国家统计局。

自 1978 年以来，中国吸引外商直接投资经历了起步阶段（1978—1991 年）、加速发展阶段（1992—2000 年）、入世后全面发展阶段（2001—2007 年）和全球金融危机后的制度完善阶段（2008 年至今）。

1. 1978—1991 年：起步阶段

改革开放前，中国几乎完全没有外商投资企业。1978 年中共中央召开十一届三中全会后，中国相继出台"外资三法"，分别为 1979 年全国人民代表大会通过的《中外合资经营企业法》，1986 年颁布的《外资企业法》和 1988 年颁布的《中外合作经营企业法》，为中国引进外资提供了有利的制度保证。在改革开放起步阶段，吸引外商直接投资的主要措施包括设立经济特区，并在特区范围内试点更多的市场调节手段，引进外资和扩大出口。外资企业主要从事"三来一补"业务，以扩大出口为主。由于制度的保障和有效地实施，中国经历了 1979 年至 1991 年外国直接投资流入的快速增长。1991 年，中国实际利用外资额达到 115.54 亿美元，比改革开放之初增加了几十倍。

2. 1992—2000 年：加速阶段

这个阶段沿海沿边地区已全线开放，外资主要流向制造业，中国允许国有企业与外资合资合作，银行和保险等服务部门通过取消对市场准入的限制逐步开放。在加入世贸组织的谈判期间，中国对贸易和外国直接投资的法律法规进行了修订。1995 年 6 月，中央政府颁布了《外商投资产业指导目录》，并于 1997 年进行了修改。该目录将产品分为：支持，允许，限制，和禁止外国直接投资四类，成为规范外商直接投资的重要指导方针。

2000 年，中国实际利用外资额达到 594 亿美元，较 1991 年增长了 480 亿美元。这一时期，进入第二产业的外商直接投资占比保持在 70% 左右，而流入第三产业的外商直接投资占比在 30% 左右。广东省是吸引外商直接投资最多的地区，占全国外商直接投资额的 28%，随后依次为江苏省（16%）、福建省（8.4%）、上海市（7.8%）、山东省（7.3%）、辽宁省（5%）和北京市（4.1%）。在外资来源方面，中国香港一直是外商直接投资的最主要来源地，贡献了全部外资的 40%，来自美国的外资占比为 10% 左右，之后依次是来自日本、新加坡、中国台湾、韩国、德国等国家和地区的外资。

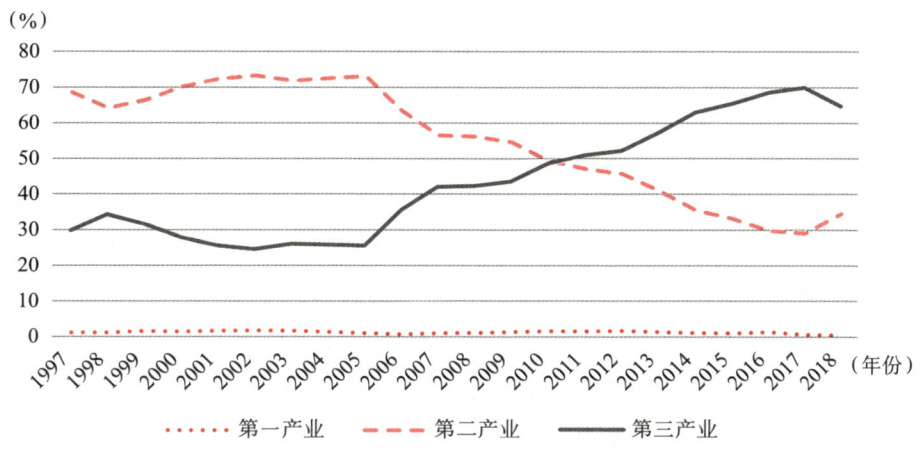

图 7-11 分行业实际利用外资占比

资料来源：国家统计局。

3. 2001—2007 年：入世后全面发展阶段

这个阶段中国的开放从区域递进向普遍开放推进、从制造业开放向服务业开放推进，扩大外资的市场准入，进一步落实国民待遇。按照入世承诺，中国在包括银行、保险、证券、电信、建筑、分销、法律、旅游、交通等在内的众多服务部门，修改和新制定了一系列对外开放的法律法规。中国政府在 2002 年 3 月对《外商投资产业指导目录》进行了大幅修改，并于 2004 年 11 月再次进行修改。到 2005 年年底，在 WTO 分类的 160 多个服务贸易部门中，中国已经开放了 100 个，接近发达国家成员的平均水平。

2007年，中国实际利用外资额达到783亿美元。自2005年开始，流入第三产业的外商直接投资显著增加，在2007年，第三产业外资占比超过40%，而第二产业外资占比下降到57%。江苏省是吸引外商直接投资最多的地区，占全国外商直接投资额的18%，随后依次为广东省（16.6%）、上海市（12.2%）、浙江省（6.9%）、辽宁省（5.2%）、福建省（4.9%）和山东省（4.6%）。这一时期，外资来源地更加广泛，但是主要投资国并无明显变化，来自中国香港的外资占比有小幅下降，但是仍保持在30%以上。

4. 2008年至今：全球金融危机后的制度完善阶段

这一阶段中国保持着第二大东道国的地位，引进技术普遍按照国际先进水平要求。在全地域全行业普遍开放的基础上，这个阶段中国的开放有两个重点，一是内资外资竞争地位的统一：2007年中国通过《中华人民共和国企业所得税法》，实现了内外资企业所得税的统一；2019年3月，十三届全国人大第二次会议通过了《中华人民共和国外商投资法》，内外资企业待遇得到统一，中国营商环境的市场化、国际化、法治化水平达到新的高度。二是开始进行自贸区试点，推动国内开放向着更高标准更高水平推进：上海自由贸易试验区等18个自由贸易试验区创新了若干进一步优化营商环境、推动贸易和投资自由化的政策；2020年6月1日，中共中央、国务院印发了《海南自由贸易港建设总体方案》，将建立以贸易自由便利和投资自由便利为重点的自由贸易港政策制度体系，成为中国开放型经济新高地。

2019年，中国实际利用外资额达到1381亿美元。流入第三产业的外资不断增加，占比达到70%左右，而第二产业的外商直接投资占比逐步下降到30%左右。广东省成为吸引外商直接投资最多的地区，占全国外商直接投资额的25%，随后依次为江苏省（13.6%）、上海市（11.4%）、北京市（7%）、浙江省（5.7%）、辽宁省（4.9%）和山东省（4.4%）。这一时期，来自中国香港的外资也明显增加，在所有外资中占比超过65%，之后依次为新加坡、韩国、日本、美国、德国和中国台湾。

外商投资企业对国民经济做出了诸多贡献，主要包括以下几个方面。（1）对国内资本形成的贡献。40年来，外资在中国固定资本形成总额中的比重呈现几个阶段性特点。1979—1991年外资比重较小，平均为2.4%；1992—1997年外资比重显著增高，平均为14.8%；2000年以来虽然外资数额仍在增加，但所占比重下降，在8%—9%。（2）对工业增加值的贡献。外商投资企业增加值在全国工业增加值中的比重超过20%，其中外商投资企业在电子及通信设备制造业中所占比重高达77%。最近10年，外商投资企业所占的比重有所下降，2018年外商投资企业工业增加值占全部工业增加值的比重约为23%。（3）对技术进步的贡献。在改革开放初期，外资企业以中小项目为主，使用的技术标准不高。由于大型跨国公司在中国的投资增加较快，外商投资的技术水平明显上升，并于2000年后引进了较多的国际先进技术。外资企业带来了技术的转移,尤其是对上下游行业的技术进步发挥了明显的带动和推动作用。(4)对税收的贡献。随着外商投资企业规模增加,涉外税收逐年上升,在最高点的2006年,外资企业税收占全国税收总额的比重达到23.7%。此后,随着外商投资企业产出占比的下降,税收占比也相应下降,至2017年该比重为18.7%。(5)对贸易总额和出口结构提升的贡献。外商投资企业的进出口占全国进出口总额的比重由低到高,2018年占比为43%,其中2005年前后占比最高,将近60%。外商投资企业逐渐成为高新技术产品出口的主力军,所占份额从1996年占58.6%,上升到2005年的88%,此后比重逐渐回落并稳定在50%左右。

改革开放以来,中国一直积极吸引外商直接投资,引资规模持续增加;引资结构不断优化,逐步从最初的以制造业为主,转变为以服务业为主;外资企业质量不断提升,从引入中小企业为主,变为大型企业为主。外商直接投资有力推动形成了中国的开放新格局,在资本形成、工业增加值、技术进步、税收和进出口贸易等方面发挥了重要作用。党的十九大报告指出,中国要实行高水平的贸易和投资自由化便利化政策,全面实行准入前国民待遇加负面清单管理制度,大幅度放宽市场准入,扩大服务业对外开放,保护外商投资合法权益。优化区域开放布局,加大西部开放力度。赋予自由贸易试验区更大改革自主权,探索建设自由贸易港。

(二)改革开放以来中国对外投资发展阶段与特征

在积极利用外商直接投资的同时,中国也积极开展对外直接投资。党的十七大报告明确指出:"坚持对外开放的基本国策,把'引进来'和'走出去'更好地结合起来,扩大开放领域,优化开放结构,提高开放质量,完善内外联动、互利共赢、安全高效的开放型经济体系,形成经济全球化条件下参与国际经济合作和竞争的新优势。"过去20年,中国对外直接投资取得了较大幅度的增长。根据中国对外直接投资的规模变化,可以将发展历程分为初始阶段、高速发展阶段和稳步发展阶段。

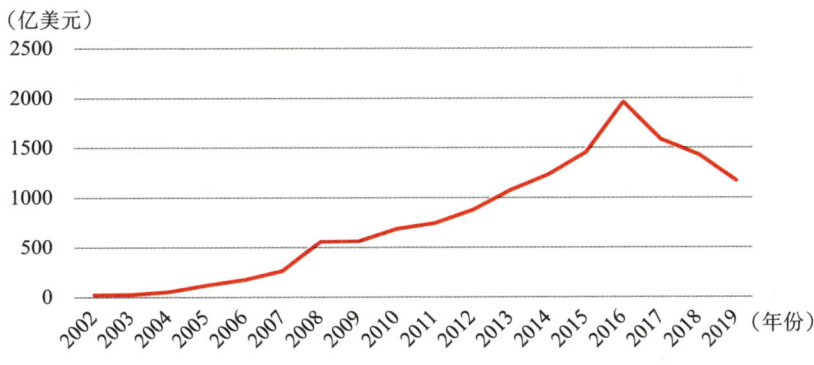

图7-12 中国对外直接投资净额

资料来源:国家统计局,商务部。

1. 1978—2000 年：初始阶段

1979 年国务院提出"出国办企业"，中国进入对外直接投资的初步探索阶段。这段时期中国对外直接投资的特点是规模小，投资领域相对狭窄。随着对外投资管理逐渐规范化，对外投资也因此得以有序发展。这一时期，国家领导人提出要充分利用国内和国外两个市场，要将"引进来"和"走出去"有机结合起来，鼓励中国在有比较优势的行业进行对外投资，组织有实力的优势国有企业开拓国际市场，中国对外投资发展逐渐上升至国家发展战略高度。

2. 2001—2016 年：高速发展阶段

这一阶段，中国对外直接投资净额处于不断上升趋势。如图 7-12 所示，投资净额从 2002 年的 27.5 亿美元，上升到 2016 年的 1961 亿美元。其中，2006 年之前，对外直接投资主要集中在采矿业和制造业。2006 年之后第三产业的对外直接投资占比不断上升，达到 70%甚至 80%以上（见图 7-13）。对美欧投资快速增长。2016 年，流向中国香港、美国、开曼群岛、英属维尔京群岛的投资共计 1570.2 亿美元，占当年流量总额的 80.1%。对美国直接投资 169.81 亿美元，同比增长 111.5%；对欧盟投资为 99.94 亿美元。中国对外投资存量的八成以上（84.2%）分布在发展中经济体，在发达经济体的存量占比为 14.1%，另有 1.7%的存量在转型经济体。八成以上非金融类投资来自地方企业，上海、广东和天津位列前三。中国境外企业对东道国税收和就业贡献明显，对外投资双赢效果显著，2016 年我境外企业向投资所在国缴纳的各种税金总额近 300 亿美元，年末境外企业雇佣外方员工 134.3 万人。

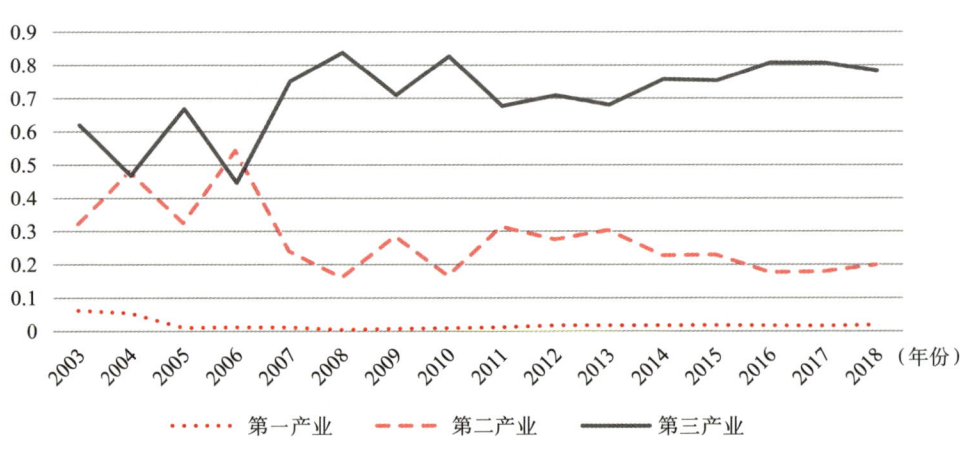

图 7-13 分行业对外直接投资占比

资料来源：国家统计局，商务部。

3. 2017 年至今：稳步发展阶段

自 2017 年至今，对外直接投资更加注重投资项目的质量。政府开始规范对外直接投资活动中的非理性行为，国家发改委2018年发布了《境外投资敏感行业目录》，明确限制无实体项目的股权投资基金和平台等类别的境外投资。2017年中国对外直接投资1582.9亿美元，同比下降19.3%，自2003年中国发布年度对外直接投资统计数据以来，首次出现负增长。2018年中国对外直接投资为1430.4亿美元，2019年进一步下降到1171亿美元。

这一阶段，中国对外直接投资呈现几个特点。一是对外直接投资流量下降，但全球占比再创新高，成为第二大对外投资国。2018年年末，中国对外直接投资存量达1.98万亿美元，是2002年末存量的66.3倍，在全球分国家地区的对外直接投资存量排名由第25位升至第3位，仅次于美国和荷兰。中国在全球外国直接投资中的影响力不断扩大，流量占全球比重连续3年超过一成。

二是投资覆盖全球188个国家和地区，全球80%以上国家（地区）都有中国的投资。中国在一带一路沿线国家（地区）设立境外企业超过1万家，2018年当年直接投资流量为178.9亿美元，年末存量为1727.7亿美元，占比分别为12.5%和8.7%。

三是投资行业分布广泛，门类齐全。2018年，中国对外直接投资涵盖国民经济的18个行业大类，其中租赁和商务服务、金融、制造、批发零售四行业投资占比超七成，流向信息传输、科学研究和技术服务、电力生产、文化教育等领域的投资也在快速增长。

四是地方企业对外直接投资逆势上扬，非公经济控股主体对外投资占比提升，2018年对外投资755.7亿美元，占对外直接投资总额的62.3%。广东、上海、浙江位列2018年地方对外直接投资前三甲。

五是境外企业对东道国税收和就业贡献明显。2018年境外企业向投资所在国缴纳的各种税金总额达594亿美元，雇用外方员工187.7万人，占境外企业员工总数的一半以上。

综上所述，中国对外直接投资的结构不断优化，从采矿业、制造业为主扩展到多个行业类别。投资质量不断提升，既有对发达的投资和先进技术的学习，也有积极参与发展中国家的经济建设，并有效规避了投机性等类型投资。这对国内的转型升级、东道国的发展和全球经济的健康运行做出了积极的贡献，促进了国内国际双循环相互促进的新发展格局的形成，推动了中国开放型经济向更高层次发展。党的十九大报告指出，中国要创新对外投资方式，促进国际产能合作，形成面向全球的贸易、投融资、生产、服务网络，加快培育国际经济合作和竞争新优势。

> **专栏 7－2**
>
> ### 外商投资法
>
> 　　《中华人民共和国外商投资法》由第十三届全国人民代表大会第二次会议通过，自 2020 年 1 月 1 日起施行。该法律取代了改革开放以来制定的"外资三法"（中外合资经营企业法、外资企业法和中外合作经营企业法）。《中华人民共和国外商投资法》由总则、投资促进、投资保护、投资管理、法律责任和附则 6 个部分组成，全文共 42 条。
>
> 　　该法律的一大特点是，国家对外商投资实行准入前国民待遇加负面清单管理制度。准入前国民待遇，是指在投资准入阶段给予外国投资者及其投资不低于本国投资者及其投资的待遇。负面清单，是指国家规定在特定领域对外商投资实施的准入特别管理措施。国家对负面清单之外的外商投资，给予国民待遇。负面清单将简化外商在清单外领域投资的审批流程，为其营造开放、公平、透明、可预期的营商环境。
>
> 　　《中华人民共和国外商投资法》针对外商特别关切的一些法律问题，包括投资审批问题、知识产权问题、技术转让问题等给予了直接的回应，做出明确的规定。国家保护外国投资者和外商投资企业的知识产权，保护知识产权权利人和相关权利人的合法权益；对知识产权侵权行为，严格依法追究法律责任。国家鼓励在外商投资过程中基于自愿原则和商业规则开展技术合作。

第二节　新中国国际贸易制度变迁历程

一、中国国际贸易体制与政策的演进

　　中国国际贸易体制与政策的演进可以分为五个阶段。第一阶段是 1978—1991 年，这一阶段的特点是：兼顾进口保护和出口鼓励的开放贸易政策。第二阶段是 1992—2000 年，这一阶段的特点是：出口导向的贸易自由化政策。第三阶段是 2001—2007 年，这一阶段的特点是：履行入世承诺的贸易自由化政策。第四阶段是 2008—2012 年，这一阶段的特点是：应对金融危机冲击的调整政策。第五阶段是 2013 年至今，这

一阶段的特点是：以高质量发展为导向的高水平、全方位开放政策[①]。

（一）1978—1991 年：兼顾进口保护和出口鼓励的开放贸易政策

1978 年 12 月，党的十一届三中全会明确了对外贸易在中国经济发展中的战略地位和指导思想。1982 年 1 月党中央书记处会议为对外经济工作确定了理论基础和指导思想，1986 年"七五"计划的公开发表为中国对外贸易战略设计了明确的蓝图。中国在 1986 年 7 月正式向关贸总协定（General Agreement on Tariffs and Trade，简称 GATT）递交了申请，提请恢复中国在 GATT 中的创始缔约国地位。

在这一时期，中国实行了鼓励出口、限制进口的国际贸易政策，对外经济战略从进口替代型逐渐向出口扩张型转变。中国开始鼓励吸收外商直接投资，中国政府提倡利用两种资源、两个市场、引进先进技术，为中国经济发展服务。政府有条件地逐步放开对国际贸易的管制，开始允许非国有经济参与到中国对外贸易中。

（二）1992—2000 年：出口导向的贸易自由化政策

1992 年 1 月 1 日中国采取了按照《国际商品名称和编码协调制度》调整的关税税则，并降低了 225 个税目的进口税率。以 1992 年邓小平南方谈话为标志，中国进入改革开放深化期。中国进口关税历经几次下调，在 1996 年平均进口关税已下降至 23%。在汇率方面，中国实现汇率并轨，开始实行有管制的单一浮动汇率制度。在涉外法律体系建设中，中国也积极参考国际惯例，与国际规则相协调。

1997 年亚洲爆发金融危机。亚洲金融危机从泰国开始，逐渐蔓延到马来西亚、新加坡、日本、韩国、中国等地。泰国、印度尼西亚和韩国是受此金融风暴波及最严重的国家，但中国经济经受住了金融危机的考验，中国政府在金融危机期间，坚持货币不贬值，充分发挥了大国的责任担当。

在这一时期，中国继续实行出口退税政策，并大力加强各种出口援助，刺激出口。经过自 1978 年至 1992 年的积累，中国出口额大幅提高，贸易顺差及外汇储备得到迅速增长。中国贸易顺差及外汇储备的持续增加引发了各方关注，并加大了中国与主要贸易伙伴国的贸易摩擦风险。中国在这一时期，积极谋求加入世界贸易组织（World Trade Organization，简称 WTO），以期更全面、深入、平等地融入世界贸易。

（三）2001—2007 年：履行入世承诺的贸易自由化政策

2001 年 12 月中国正式加入世界贸易组织，中国国际贸易进入全方位、宽领域、国际化阶段。加入 WTO 之后，中国国的国际贸易政策不仅要适应中国改革与发展的需

[①] 盛斌：《新中国对外贸易发展 70 年：回顾与展望》，载《财贸经济》2019 年第 10 期，第 34—49 页。

要，同时也必须与世贸规则相一致。中国国际贸易体制从自主单向开放向相互多边开放转变，从政策导向开放向按世贸组织规则开放转变。

2004年4月，第十届全国人大常委会第八次会议通过了《中华人民共和国对外贸易法》修订草案。新外贸法于2007年正式实施。新外贸法修改了原外贸法与中国入世承诺及与世界贸易组织规则不相符的内容，对中国享受世贸组织成员权利的实施机制和程序做了规定。同时中国修改和销毁了两千多种与世贸规则相冲突的法律文件和规章。中国还出台了《反垄断法》，完善《反不正当竞争法》，参加多边贸易谈判，积极开展双边自贸区建设，开放服务贸易市场。

2003年10月，党的第十六届三中全会通过的《关于完善社会主义市场经济体制的若干重大问题的决定》指出："继续实施'走出去'战略……'走出去'战略是建成完善的社会主义市场经济体制和更具活力、更加开放的经济体系的战略部署，是适应统筹国内发展和对外开放的要求的，有助于进一步解放和发展生产力，为经济发展和社会全面进步注入强大动力"。中国逐渐从吸收外商直接投资为主的国家转变为资本流入与资本流出双向流动的国家。

（四）2008—2012年：应对金融危机冲击的调整政策

2008年美国次贷危机迅速演化为席卷全球的经济危机。全球经济发展以及世界贸易都面临严峻挑战。在全球化大背景下，没有任何经济大国能够在世界范围内的经济危机中独善其身。中国的对外贸易因为此次经济危机也面临巨大困难和挑战，2009年中国进出口贸易自改革开放以来首次出现负增长。此次金融危机对中国出口的打击尤为严重。针对中国出口大幅下降，国内经济发展速度受出口下降影响而整体放缓的现实，中国政府积极采取增加出口退税、增强贸易便利化等措施大力保障中国对外出口额。随着对外贸易额的逐步恢复及平稳增长，中国有惊无险地度过了此次全球性经济危机，进入后危机时代。

在后危机时代，中国对外贸易增速有所趋缓，但仍高于全球平均水平。虽然后危机时代中国对外贸易不复往日的强劲势头，但在中国对外贸易在艰难调整中也不断出现新的向好特征。例如，贸易结构不断优化，出口产品中的科技含量逐渐提升，非国有企业在对外贸易中的比重进一步提高。中国在后危机时代积极发展与欧美国家之外国家的经贸合作，中国与东盟之间的贸易额得到显著提升。相较于加工贸易，一般贸易在对外贸易总额中的比重逐渐提高。

（五）2013年至今：以高质量发展为导向的高水平、全方位开放政策

2013年中国开启了新一轮高水平对外开放的新阶段，对外贸易发展进入新时代，连续多年保持世界第一大出口国和第二大进口国的地位。中国对外贸易的发展不再仅

局限在对贸易规模的规模,同时也把更多的关注点放在对贸易结构的关注及优化方面,力求实现从贸易大国到贸易强国的转变。与经济发展战略相匹配,中国对外贸易发展也进一步强调高质量发展导向。对外开放的战略重点不仅放在东部沿海地区,中西部地区同样是中国对外开放的重要组成部分。中国将构建立体式、全方位开放的新格局。

当今世界,经济全球化面临不少挑战,贸易保护主义抬头,世界主要经济大国发生贸易摩擦的风险不断加剧。在错综复杂的世界经济新格局下,中国也在不断修改完善国际贸易贸易体制和贸易政策,在坚定切实维护自身经济利益的同时,为维护世界经济秩序及促进世界经济发展尽一份大国之力。

中国当前取得的对外贸易成绩不是一蹴而就的,自改革开放以来,中国国际贸易体制及政策主要经历了五个阶段。中国国际贸易体制及政策的演进过程,体现出从单纯重视贸易规模到兼顾对外贸易质量、从重点关注货物贸易到同时关注服务贸易、从仅考虑自身贸易利益和经济发展到兼顾世界各国经贸协调发展等特点。

二、中国参与多边贸易体制的历程与成果

(一) 中国与世界贸易组织的渊源

世界贸易组织(World Trade Organization,简称WTO)的前身是关贸总协定(General Agreement on Tariffs and Trade,简称GATT),自1948年5月21日起,中国正式成为关贸总协定缔约国,是23个创始缔约国之一。1949年新中国成立后,中国台湾在1950年3月6日照会联合国秘书长,提出退出关贸总协定,自1950年5月5日起"退出决定"生效。1986年7月10日,中国正式提出"复关"申请并开始谈判。1994年,"复关"谈判未果,中国未能成为世界贸易组织的创始成员。1995年1月1日世界贸易组织成立后,中国"复关"谈判转为加入世界贸易组织谈判。直到2001年12月,中国才正式加入了世界贸易组织。可以说,中国从"复关"到"入世",走过了一条漫长而不平坦的道路。

(二) 中国在世界贸易组织中的立场和角色

加入世贸组织以来,中国始终坚定支持多边贸易体制,全面参与世贸组织各项工作,不断推动世贸组织重视并帮助发展中成员,反对单边主义和保护主义,维护多边贸易体制的权威性和有效性,与各成员共同推动世贸组织在经济全球化进程中发挥更大作用。同时,中国积极推动贸易投资自由化便利化。全面参与多哈回合各项议题谈判,积极推动诸边贸易自由化进程,有力促进世贸组织对新议题的讨论,切实履行《贸易便利化协定》。另外,中国积极维护争端解决机制的有效运转。中国主张通过世

贸组织争端解决机制妥善解决贸易争端。根据各项统计，截至2018年4月，中国在世贸组织起诉案件17项，已结案8项；被诉案件27项，已结案23项。中国也认真接受成员的贸易政策监督，积极敦促其他成员遵守多边贸易协定。作为世界上最大的发展中国家，中国积极支持世界贸易组织将发展作为工作重心，确保发展中国家尤其最不发达国家从国际贸易中获益。当前，面临世界贸易组织的新挑战，中国坚决反对单边主义和保护主义，中国倡导通过加强合作、平等对话和协商谈判来解决国际贸易中的问题。

（三）入世对中国和世界的影响

2019年6月28日，中国国务院新闻办公室首次发布了《中国与世界贸易组织》白皮书，总结了中国入世的成果和贡献。中国自加入世界贸易组织以来，对外贸易和国民经济都取得了快速发展，对世界做出了重要贡献。2001年中国加入世界贸易组织，是中国深度参与经济全球化的里程碑，标志着中国改革开放进入历史新阶段。中国积极践行自由贸易理念，全面履行加入承诺，大幅开放市场，实现更广互利共赢，在对外开放中展现了大国担当。

1. 中国切实履行加入世贸组织承诺

入世以来，中国不断完善社会主义市场经济体制，全面加强同多边贸易规则的对接，切实履行货物和服务开放承诺，强化知识产权保护，中国的对外开放政策的稳定性、透明度、可预见性显著提高，为多边贸易体制有效运转做出了积极贡献。

2. 中国坚定支持多边贸易体制

以世贸组织为核心的多边贸易体制是国际贸易的基石，为推动全球贸易发展、建设开放型世界经济发挥了中流砥柱作用。加入世贸组织以来，中国始终坚定支持多边贸易体制，全面参与世贸组织各项工作，推动世贸组织更加重视发展中成员的关切，反对单边主义和保护主义，维护多边贸易体制的权威性和有效性，与各成员共同推动世贸组织在经济全球化进程中发挥更大作用。

3. 中国加入世贸组织后对世界做出重要贡献

中国坚定不移奉行互利共赢的对外开放战略，遵循世贸组织自由贸易理念，在对外开放中展现大国担当。加入世贸组织后，中国改革开放和经济发展进入加速期，中国的发展有力促进了世界经济发展，拉动世界经济复苏和增长。以世贸组织为核心的多边贸易体制是国际贸易的基石，是全球贸易健康有序发展的支柱。中国坚定地遵守和维护世贸组织规则，支持开放、透明、包容、非歧视的多边贸易体制，全面参与世贸组织工作，为共同完善全球经济治理发出中国声音、提出中国方案，是多边贸易体制的积极参与者、坚定维护者和重要贡献者。中国对外贸易持续发展，惠及14亿中国人民，也惠及世界各国人民。中国推动构建公正、合理、透明的国际经贸投资规则体系，促进生产要素有序流动、资源高效配置、市场深度融合，双向投资造福世界各国。中国的发展得益于国际社会，也愿为国际社会提供更多公共产品。中国致力于打造开放型合作平台，维护和发展开放型世界经济，与其他国家共同构建广泛的利益共同体。

专栏 7-3

中国汽车产业在阵痛中调整

加入世贸组织前，中国汽车产业在行业规模、产品质量、技术水平、研发能力、成本价格和品牌建设等方面，远落后于发达成员。加入世贸组织后，中国严格履行加入承诺，在汽车领域大幅削减关税。2006年7月1日过渡期结束后，整车最高关税税率从加入前的100%降至25%。开放后，中国汽车工业深受价格冲击、竞争加剧的影响。以排气量在1.5L至3L的乘用车为例，2001—2017年进口额从8.9亿美元增至379.1亿美元，年均增长26.4%，贸易逆差由8.7亿美元增至343.5亿美元。面对压力，中国汽车产业主动适应开放要求，进行大规模资产重组，不断对外资开放市场，在激烈的竞争中，提升技术、管理、服务能力，逐步融入全球价值链。

摘自：中央政府网站《中国与世界贸易组织》白皮书

（四）WTO改革与中国方案

1. WTO改革的必要性

近年来，多边贸易体制陷入停滞，WTO谈判模式亟须变革。首先，从多边贸易体制的现实情况看，WTO规则体系已远落后于世界经济贸易发展现实。WTO建立20余年来，全球科技革命蓬勃发展，数字经济迅速扩展，全球产业链布局深刻变化，新兴经济体群体崛起。但WTO规则供给不足，在现代农业、新兴服务业、电子商务、跨境数据流动等领域还有待WTO规则进一步探讨。另外，WTO"协商一致"原则导致多边贸易谈判只在有限程度上取得进展，完整的多边谈判迄今未能实现。世界贸易组织应有的贸易谈判功能仍有待进一步提高。

其次，发展中成员的身份确定及其特殊差别待遇遭到美国政府的指责。世界贸易组织中有超过2/3的成员声称自己是发展中成员身份，但是WTO并未有一个公认的判定标准，而是采取了成员方"自定义"的方式，从而导致许多发达国家仍然在WTO中声称自己是发展中成员（例如，10个二十国集团G20成员在世贸组织中声称具有发展中国家地位），从而享受发展中国家的特殊差别化待遇。然而经济现实表明，其中许多国家有能力承担更全面的义务。这一问题遭到了美国政府的极大反对，要求WTO推动改革。

再次，一些国家（主要是美国）对 WTO 争端解决机制存在担忧。争端解决机制的设立被认为是世界贸易组织的最大成就之一，其实施主体争端解决机构在受理争端后设立专家组进行调查并出具专家组报告。争端各方若对专家组报告有异议，可向上诉机构提出上诉，上诉机构调查后形成的裁决经争端解决机构批准后，争端各方需无条件接受。根据争端解决机构协商一致的原则，美国在 2016 年一票否决任命新的上诉机构（Appellate Body）大法官，随后连续 12 个月阻挠现任大法官的合理连任，并且拒绝任期已满的大法官继续完成手头案件的审理，使争端解决机制的上诉机构目前仅剩 3 名大法官，而这是审理案件所需法官数量的最低要求。2019 年 12 月会有另外两名法官任满，届时如果美国继续阻挠，那么上诉机构将无以为继，而作为世贸组织核心的争端解决机制也将失去效力。

2. WTO 改革的中国方案

为保障 WTO 争端解决机制的正常运行以及消除 WTO 现行体系的一系列不合理现状，中国与欧盟等国家和组织于 2018 年年底开启了 WTO 改革进程。改革的首要目标是要解决争端解决机制停摆的问题。争端解决、贸易谈判和贸易政策审议是 WTO 的三项主要功能，而争端解决机制是 WTO 的核心功能。

2019 年 5 月 13 日，中国向世界贸易组织正式提交了《中国关于世贸组织改革的建议文件》。中国认为，世贸组织改革的行动领域主要包括如下四个领域，共 12 条细化建议。

一是解决危及世贸组织生存的关键和紧迫性问题：（1）打破上诉机构成员遴选僵局；（2）加严对滥用国家安全例外的措施的纪律；（3）加严对不符合世贸组织规则的单边措施的纪律。二是增加世贸组织在全球经济治理中的相关性：（1）解决农业领域纪律的不公平问题；（2）完善贸易救济领域的相关规则；（3）完成渔业补贴议题的谈判；（4）推进电子商务议题谈判开放、包容开展；（5）推动新议题的多边讨论。三是提高世贸组织的运行效率：（1）加强成员通报义务的履行；（2）改进世贸组织机构的工作。四是增强多边贸易体制的包容性：（1）尊重发展中成员享受特殊与差别待遇的权利；（2）坚持贸易和投资的公平竞争原则。

总的来说，WTO 改革的中国方案有以下几个特点。首先，欧盟、日本等发达国家比较关注消除补贴等扭曲市场经济的行为、强制技术转移、发展中国家定位等问题。与这些发达国家主张不同的是，中国的 WTO 改革方案更加关注与维护非歧视和开放性的 WTO 核心价值观，更加维护发展中国家的权益，强调发展中国家发展权的维护。其次，中国还强调，要解决个别成员国滥用世贸组织规则，增加关税，搞单边主义等问题。最后，中国方案还侧重于提高 WTO 谈判与行政运行效率、提高透明度和健全监督体制等。

三、中国参与区域经济合作的历程与成果

改革开放 40 多年来，中国的对外经贸发展取得了举世瞩目的显著成就，这不仅得益于中国正确的外贸方针政策，更得益于中国参与区域经济合作的发展。从最早的双边经济协定到"一带一路"倡议以中国为主导的大国外交，区域经济合作已经成为中国对外政策中的一项非常重要的内容。本部分将回顾中国参与区域经济合作及签订区域贸易协定（Regional Trade Agreement，简称 RTA）的主要历史阶段与成果，中国如何逐步深入区域经济合作（见表 7–1）以及中国采取方略的逻辑及效果。

（一）中国参与区域经济合作的主要方略和成果

中国已经充分认识到参与区域经济合作的重要性，基于平等互利共赢的基础，中国积极参与 RTA 是"走出去"战略的拓展与延伸，有力地推动了区域内经济体之间双边经贸的发展，并形成了共同抗御金融风暴与经济动荡的合作机制。

中国参与 RTA 的主要方略是以亚太地区特别是东亚地区的各类区域经济合作为核心及立足点逐步向外发展。早在东亚"10+3"合作框架形成之前，中国就积极参与了多个次区域及双边或多边的合作项目，为后续参与区域经济合作取得显著成效打下了坚实的基础。中国在明确地把区域合作重点放到东亚并成为推动"10+3"重要动力的同时，也积极参与上海合作组织，加强与中亚国家的区域合作。以中国—东盟自贸区为突破口，中国正以前所未有的开放姿态和力度积极投入到区域合作的历史大潮中去，并开创从积极参与区域合作到"一带一路"引领区域合作的新时代。截至 2020 年 12 月，中国区域全面经济伙伴关系协定谈判加速推进，累计已与 26 个国家和地区达成 19 个自贸协定，多双边经贸合作进一步深化，具体见表 7–1。目前中国还有 12 个 RTA 处于正在谈判和正在研究阶段。

表 7–1　　　　　　　　　　中国参与的主要 RTA 总结

签订时间	区域贸易协定的名称或区域经济合作组织的名称	成员国
1991 年 11 月	中国加入亚太经合组织（APEC）	澳大利亚、文莱、加拿大、智利、中国、中国香港、印度尼西亚、日本、韩国、墨西哥、马来西亚、新西兰、巴布亚新几内亚、秘鲁、菲律宾、俄罗斯、新加坡、中国台北、泰国、美国和越南
1992 年 1 月	大湄公河次区域经济合作（GMS）	中国、缅甸、老挝、泰国、柬埔寨和越南

续表

签订时间	区域贸易协定的名称或区域经济合作组织的名称	成员国
1994年11月	《APEC经济领导人共同决心宣言》（又称《茂物宣言》）	澳大利亚、文莱、加拿大、智利、中国、中国香港、印度尼西亚、日本、韩国、墨西哥、马来西亚、新西兰、巴布亚新几内亚、秘鲁、菲律宾、俄罗斯、新加坡、中国台北、泰国、美国和越南
1997年12月	东盟十国与中、日、韩三国即"10+3"框架	东盟10个成员国（文莱、柬埔寨、印度尼西亚、老挝、马来西亚、缅甸、菲律宾、新加坡、泰国、越南）与中国、日本、韩国
2001年5月	《曼谷协定》	中国、孟加拉国、印度、老挝、韩国、斯里兰卡和泰国
2001年11月	世界贸易组织（WTO）	中国正式成为世贸组织第143个成员
2001年6月	上海合作组织	哈萨克斯坦、中国、吉尔吉斯斯坦、俄罗斯、塔吉克斯坦和乌兹别克斯坦
2002年11月	《中国与东盟全面经济合作框架协议》	文莱、柬埔寨、印度尼西亚、老挝、马来西亚、缅甸、菲律宾、新加坡、泰国、越南和中国
2004年11月	《货物贸易协议》	文莱、柬埔寨、印度尼西亚、老挝、马来西亚、缅甸、菲律宾、新加坡、泰国、越南和中国
2005年11月	《曼谷协定》更名为《亚太贸易协定》	印度、韩国、孟加拉国、老挝、斯里兰卡和中国
2007年1月	《服务贸易协议》	文莱、柬埔寨、印度尼西亚、老挝、马来西亚、缅甸、菲律宾、新加坡、泰国、越南和中国
2009年6月	《"金砖四国"领导人俄罗斯叶卡捷琳堡会晤联合声明》	巴西、俄罗斯、印度和中国
2010年1月	中国—东盟自贸区	文莱、柬埔寨、印度尼西亚、老挝、马来西亚、缅甸、菲律宾、新加坡、泰国、越南和中国
2010年12月	"金砖四国"（BRIC）	巴西、俄罗斯、印度、中国和南非
2013年9月和10月	"一带一路"倡议	中国与"一带一路"沿线的65个经济体
2016年9月	中国—东盟（"10+1"）升级版	文莱、柬埔寨、印度尼西亚、老挝、马来西亚、缅甸、菲律宾、新加坡、泰国、越南和中国
2019年10月	《中华人民共和国政府与新加坡共和国政府关于升级〈自由贸易协定〉的议定书》（简称《升级议定书》）	中国与新加坡
2019年10月	《中华人民共和国政府和毛里求斯共和国政府自由贸易协定》	中国与毛里求斯
2020年11月	《区域全面经济伙伴关系协定》（RCEP）	中国、东盟10国、日本、韩国、澳大利亚与新西兰

续表

签订时间	区域贸易协定的名称或区域经济合作组织的名称	成员国
2020年12月	中欧双边投资协定（BIT）又称中欧全面投资协定（中欧CAI）	中国与欧盟

专栏 7-4

《区域全面经济伙伴关系协定》（RCEP）

2020年11月15日正式签署的《区域全面经济伙伴关系协定》，简称 RCEP，是由东盟十国、中国、日本、韩国、澳大利亚以及新西兰组成的全球最大的自由贸易区。这个扩大了的"朋友圈"开启了区域经济合作的新篇章，为疫情下的全球经济复苏注入强劲的动力。

资料来源：商务部网站 http://www.mofcom.gov.cn/，作者整理。

2020年的政府工作报告[①]中关于对外经贸的部分进一步明确了中国坚定维护多边贸易体制，积极参与世贸组织改革，推动签署区域全面经济伙伴关系协定，推进中日韩等自贸谈判，共同落实中美第一阶段经贸协议。中国致力于加强与各国的经贸合作，实现互利共赢。

（二）中国参与区域经济合作的主要阶段和特征

1. 第一阶段（2000年以前）：以双边经贸协定为基础的起步阶段

从1978年改革开放到2000年这一时期，中国参与区域经济合作的范围仅限于与相关国家签订经济协定。1991年，中国加入亚太经合组织（APEC），APEC 也成为中国加入的第一个区域经济合作组织。尽管按照区域经济一体化的定义，APEC 不是一个一体化的组织，但就其影响而言，亚太经合组织最能代表整个亚太地区的经济一体化现状。同年，在第24届东盟外长会议上，中国开始与东盟对话，中国参与区域经济合作的意识日益增强。

1992年邓小平南方谈话，中国进入了改革开放的崭新时期。同年，中国参加了促进次区域的经济和社会发展的大湄公河次区域经济合作（Great Mekong Subregion Cooperation，简称 GMS）。1993年以来，中国领导人曾多次在 APEC 领导人非正式会议上表明了中国改革开放、积极参与亚太经济合作的决心。1994年在印度尼西亚茂物举行的

[①] 2020年政府工作报告（全文），新华社，新华号半月谈新媒体，2020年5月30日。

APEC 领导人非正式会议上，各国一致通过了《APEC 经济领导人共同决心宣言》（又称《茂物宣言》），从而确立 APEC 在亚太地区实现贸易和投资自由化的目标。为了达到《茂物宣言》的贸易投资自由化和便利化目标，中国做出了一系列具体承诺和实际行动。

1997 年的亚洲金融危机使东南亚各国深刻地认识到在金融全球化时代下协调合作共同抗御金融风暴与经济动荡的重要性。随着 1997 年东盟十国与中、日、韩三国即"10＋3"框架的形成，东亚区域经济合作进入了一个前所未有的快速发展时期。

2. 第二阶段（2001—2007 年）：以 WTO 多边贸易体系为基础

2001 年 11 月 10 日，在多哈举行的世界贸易组织第四届部长级会议审议通过了中国加入世贸组织的决定。12 月 11 日，中国正式成为世贸组织第 143 个成员。加入 WTO 以后，中国为了突破国际多边体制和区域经济集团的双重制约，避免被边缘化的风险，开始积极参与制度性区域贸易安排。

2002 年 11 月中国与东盟签署了自由贸易协定，2004 年 11 月，双方签署了《货物贸易协议》，并于 2005 年 7 月开始实施全面降税。

2001 年 5 月，中国正式加入《曼谷协定》，这是中国加入的第一个制度性区域安排。《曼谷协定》是亚太区域唯一的一个由发展中国家组成的关税互惠组织，其宗旨是通过该协定，成员国相互对进口商品给予关税和非关税优惠，不断扩大成员国之间的经济贸易作与共同发展。

2005 年《曼谷协定》更名为《亚太贸易协定》，迄今为止已经进行了四轮关税减让的谈判。2006 年 1 月，中国对东盟所有国家的早期收获产品实现零关税，东盟老成员也对中国的早期收获产品给予了零关税待遇。2007 年 1 月，双方签署了《服务贸易协议》，并于 2007 年 7 月顺利实施。

3. 第三阶段（2008—2012 年）：全面深入参与全球一体化

2009 年 6 月，"金砖四国"（BRIC）即巴西、俄罗斯、印度、中国领导人在俄罗斯首次会晤，并发表《"金砖四国"领导人俄罗斯叶卡捷琳堡会晤联合声明》，2010 年 12 月，吸收南非作为正式成员，组织更名为"金砖五国"（BRICS）。其意义在于增进世界和平与发展、提高发展中国家的话语权、推动发达国家与发展中国家之间加强沟通、利于金砖国家机制的自身建设。

2010 年 1 月 1 日，中国—东盟自贸区正式全面启动。自贸区建成后，中国与东盟的贸易占世界贸易的 13%，成为一个涵盖 11 个国家、19 亿人口、GDP 达 6 万亿美元的巨大经济体，是目前世界人口最多的自贸区，也是发展中国家间最大的自贸区。中国—东盟自由贸易区是在经济全球化、区域经济一体化的大背景下建立的，符合中国与东盟成员国都是发展中国家、经济增长对外部市场的依赖程度高等特点。建立中国—东盟自由贸易区是中国和东盟合作历程中历史性的一步，充分体现了中国和东盟之间不断加强的经济联系，是中国与东盟关系发展中新的里程碑，对中国与东盟都有着积极的意义。

4. 第四阶段（2013年至今）:"一带一路"引领区域经济一体化

2013年,"一带一路"倡议的提出标志着以中国为主导的区域经济一体化的形成,进一步引领中国主动融入国际经济合作新格局,并在参与完善全球经济治理体系的进程中获得更有力的话语权。目前,中国同很多国家建立了沟通协调机制,一批双边或多边合作项目正稳步推进,亚洲基础设施投资银行、丝路基金等平台正积极发挥重要的作用。面对2020年严峻的新冠肺炎疫情,"一带一路"进程并未因疫情而严重受阻。"一带一路"倡议以构建人类命运共同体为目标,在全球经济合作新阶段中发挥中国经济与产业发展的新比较优势。

四、中国建设"一带一路"的历程与成果

（一）"一带一路"倡议的提出

2013年9月7日,中国国家主席习近平在哈萨克斯坦纳扎尔巴耶夫大学发表题为《弘扬人民友谊,共创美好未来》的重要演讲,倡议共同建设"丝绸之路经济带"。2013年10月3日,习近平主席在印度尼西亚国会发表题为《携手建设中国—东盟命运共同体》的重要演讲,倡议筹建亚洲基础设施投资银行,与东盟国家共同建设"21世纪海上丝绸之路"。2013年11月,十八届三中全会通过的《中共中央关于全面深化改革若干重大问题的决定》明确提出"加快同周边国家和区域基础设施互联互通建设,推进丝绸之路经济带、海上丝绸之路建设,形成全方位开放新格局",同年12月,中央经济工作会议也明确提出"推进丝绸之路经济带建设,建设21世纪海上丝绸之路"。自此,"一带一路"倡议基本思想正式形成。

作为国家级顶层合作规划,"一带一路"倡议依靠中国与有关国家既有的双边/多边机制,借助既有的、行之有效的区域合作平台,借用古代"丝绸之路"的历史符号,高举和平发展的旗帜,积极发展与沿线国家的经济合作伙伴关系,共同打造政治互信、经济融合、文化包容的利益共同体、命运共同体和责任共同体。致力于亚欧非大陆及附近海洋的互联互通,建立和加强沿线各国互联互通伙伴关系,构建全方位、多层次、复合型的互联互通网络,实现沿线各国多元、自主、平衡、可持续的发展。"一带一路"倡议以"恪守联合国宪章宗旨和原则、坚持开放合作、坚持和谐包容、坚持市场运作、坚持互利共赢"为共建原则;以和平合作、开放包容、互学互鉴、互利共赢为核心理念;以"把'一带一路'建设成为和平之路、繁荣之路、开放之路、绿色之路、创新之路、文明之路"为建设目标;以"六廊（即六大国际经济合作走廊:新亚欧大陆桥、中蒙俄、中国—中亚—西亚、中国—中南半岛、中巴、孟中印缅经济走廊)""六路（公路、铁路、航运、航空、管道、空间综合信息网络)""多国（一批先期合

作国家,争取示范效应,体现合作成果)""多港(共建一批重要港口和节点城市,繁荣海上合作)"为平台;以"政策沟通""设施联通""贸易畅通""资金融通""民心相通"作为合作内容。

(二)"一带一路"倡议的实施和主要成果

在"一带一路"倡议科学、包容的合作理念下,愿意回应倡议,与中国友好合作共同发展的地区与国家不断增加,中国与各沿线国家经贸合作不断加强。根据中国"一带一路"网提供的官方数据,截至 2020 年 1 月底,中国已经同 138 个国家和 30 个国际组织签署 200 份共建"一带一路"合作文件,范围由亚欧地区扩展至非洲、拉美、南太平洋、西欧等地区,以中老铁路、中泰铁路、雅万高铁、匈塞铁路、瓜达尔港、汉班托塔港、比雷埃夫斯港、哈利法港、空中丝绸之路等为代表的标志性合作建设项目取得顺利进展。中国与"一带一路"沿线国家贸易额占外贸总额比重不断提升,由 2013 年的 25% 上升至 2019 年的 29.4%[①],其中出口比重为 30.5%,进口比重为 28%,具体见表 7-2 和表 7-3。中国与 50 多个国家签署了双边投资协定,双边直接投资额及其占比不断增加,2019 年中国对"一带一路"沿线国家直接投资额为 150 亿元,占中国对外直接投资总额 13.6%;"一带一路"沿线国家对中国的直接投资额为 46 亿元,占对华直接投资比重为 6%。"中白工业园""中阿(阿联酋)产能合作园""中埃苏伊士经贸合作区"等多个境外共建合作园区顺利建成;"丝路基金""亚投行"及各大保险集团等金融机构与安排不断为有需求的沿线国家企业提供资金支持与保险保障;中国与沿线国家货币合作也顺利开展,先后与 21 个沿线国家建立了双边本币互换安排,与 7 个沿线国家建立了人民币清算安排,与 35 个沿线国家的金融当局签署了合作文件;人民币跨境支付系统(CIPS)业务范围已经覆盖 60 多个沿线国家与地区[②]。

表 7-2   2016—2019 年中国对"一带一路"沿线国家出口额及比重

年份	2016	2017	2018	2019
出口至"一带一路"沿线国家贸易额(亿元)	38319	43045	46478	52585
占中国货物出口额比重	27.7%	28.1%	28.3%	30.5%

资料来源:国家统计局历年《国民经济和社会发展统计公报》。

表 7-3   2016—2019 年中国对"一带一路"沿线国家进口额及比重

年份	2016	2017	2018	2019
从"一带一路"沿线国家进口贸易额(亿元)	24198	30700	37179	40105
占中国货物进口额比重	23.1%	24.6%	26.4%	28.0%

资料来源:国家统计局历年《国民经济和社会发展统计公报》。

---

① 资料来源:国家统计局《中华人民共和国 2019 年国民经济和社会发展统计公报》。
② 资料来源:中国"一带一路"网,https://www.yidaiyilu.gov.cn/。

表 7-4　2015—2019 年中国对"一带一路"沿线国家直接投资额及比重

年份	2015	2016	2017	2018	2019
中国对"一带一路"沿线国家直接投资额（亿美元）	148	145	144	156	150
占中国对外投资额比重	12.5%	8.5%	12.0%	12.9%	13.6%

资料来源：国家统计局历年《国民经济和社会发展统计公报》。

表 7-5　2015—2019 年"一带一路"沿线国家对华直接投资额及比重

年份	2015	2016	2017	2018	2019
"一带一路"沿线国家对华直接投资额（亿美元）	85	71	56	64	84
占对华直接投资额比重	6.7%	5.6%	4.3%	4.7%	6.1%

资料来源：国家统计局历年《国民经济和社会发展统计公报》。

专栏 7-5

"一带一路"高质量发展成果

2020 年以来，面对复杂的国际形势特别是新冠肺炎疫情的冲击，中国同"一带一路"沿线国家不断深化经贸合作，贸易往来、对外投资保持增长。其中，2020 年，中国与"一带一路"沿线国家货物贸易额 1.35 万亿美元，同比增长 0.7%，占中国总体外贸的比重达到 29.1%；中国对"一带一路"沿线国家投资 177.9 亿美元，增长 18.3%，占全国对外投资比重上升到 16.2%；中国企业在"一带一路"沿线的 61 个国家新签对外承包工程项目合同额 1414.6 亿美元，占同期中国对外承包工程新签合同额的 55.4%；完成营业额 911.2 亿美元，占同期总额的 58.4%。同时，沿线国家企业也看好中国发展机遇，在华新设企业 4294 家，直接投资 82.7 亿美元。"一带一路"建设保持上升势头，截至 2021 年 1 月，中国已与 171 个国家和国际组织，签署了 205 份共建"一带一路"合作文件，机制平台更加健全。未来，中国将着力提升贸易质量，扩大与共建国家的双向贸易；创新对外投资合作方式、推动对外承包工程升级等，鼓励国内企业走出去、吸引沿线国家企业来华投资，推动构建互利共赢的产业链供应链和价值链。

摘自：中华人民共和国商务部网站"走出去"公共服务平台。

第三节　新中国国际贸易理论发展脉络

一、对外开放理论是中国特色社会主义的重要组成部分

（一）中国特色对外开放理论的形成和确立

对外开放理论是邓小平有中国特色社会主义理论的重要组成部分。十一届三中全会以来，以邓小平同志为主要代表的中国共产党人，总结新中国成立以来正反两方面的经验，解放思想，实事求是，实现全党工作重心向经济建设的转移，实行改革开放，开辟了社会主义事业发展的新时期，逐步形成了建设中国特色社会主义的路线、方针、政策，阐释了在中国建设社会主义、巩固和发展社会主义的基本问题，创立了邓小平理论[①]。邓小平同志指出"我们的原则是把马克思主义同中国的实践相结合，走中国自己的道路，我们叫作建设有中国特色的社会主义"[②]"一九七八年我们党的十一届三中全会对过去作了系统的总结，提出了一系列新的方针政策。中心是从以阶级斗争为纲转到以发展生产力为中心，从封闭转向开放，从固守成规转到各方面的改革"[③]。

基于中国历史教训与世界发展经验，邓小平深刻指出，"现在的世界是开放的世界。中国在西方国家产业革命以后变得落后了，一个重要原因就是闭关自守。新中国成立以后人家封锁我们，在某种程度上我们也还是闭关自守，这给我们带来了一些困难。三十几年的经验教训告诉我们，关起门来搞建设是不行的，发展不起来"[④]"现在任何国家要发达起来，闭关自守都不可能。我们吃过这个苦头，我们的老祖宗吃过这个苦头"[⑤]。在中国共产党第十二次全国代表大会开幕词中邓小平指出："我们坚定不移地实行对外开放政策，在平等互利的基础上积极扩大对外交流。"[⑥]

改革开放以来取得一切成绩和进步的根本原因在于开辟了中国特色社会主义道路，形成了中国特色社会主义理论体系。这一理论科学地阐明社会主义本质，第一次比较系统地回答了像中国这样经济文化落后的国家如何建设社会主义，如何巩固和发展社会主义的一系列基本问题。对外开放理论是邓小平有中国特色社会主义理论的重要组成，他倡议兴办经济特区，开放14个沿海城市，开发开放上海浦东新区，推动中国全面对外开放格局的形成。1992年视察中国南方的武昌、深圳、珠海、上海等地，发表重要谈话，总结改革开放以来的基本经验，从理论上回答了一些重大问题，中国的改

[①]　《中国共产党党章》，人民出版社2017年版。
[②]—[⑥]　邓小平：《邓小平文选（第三卷）》，人民出版社1993年版。

革开放和现代化建设进入了一个新阶段。

改革开放成就了中国跻身世界贸易大国的地位,"摸着石头过河"指引中国选择了一条对外开放的正确道路,闯出了一条符合中国国情的对外开放之路。邓小平多次提到对外开放是一个试验,要敢"闯",需要在"干中学","深圳经济特区是个试验,路子走得是否对,还要看一看。它是社会主义的新生事物。搞成功是我们愿望,不成功是一个经验嘛。搞社会主义,中心任务是发展社会生产力。一切有利于发展社会生产力的方法,包括利用外资和引进先进技术,我们都采用。这是一个很大的试验,是书本上没有的"[1]。"我们的整个开放政策也是一个试验,从世界的角度来讲,也是一个大试验。总之,中国的对外开放政策是坚定不移的,但在开放过程中要小心谨慎,我们取得了一些成绩,但一定要保持谦虚态度"[2]"我们的改革不仅在中国,而且在国际范围内也是一种试验,我们相信会成功。如果成功了,可以对世界上的社会主义事业和不发达国家的发展提供某些经验"[3]"改革、开放是一个新事物,没有现成的经验可以照搬,一切都要根据中国的实际情况来进行"[4]"我们现在所干的事业是一项新事业,马克思没有讲过,我们的前任没有做过,其他社会主义国家也没有干过。所以没有现成的经验可学。我们只能在干中学,在实践中摸索"[5]"深圳的重要经验就是敢闯。没有一点闯的精神,没有一点'冒'的精神,就干不出新的事业"[6]。

改革开放以来,邓小平同志在发展对外贸易、兴办经济特区、引进外资等方面都提出了开创性意见,并把这些思想运用于实践。在邓小平理论指引下,中国的对外开放循序渐进,稳步推进。经济特区发挥了对全国开放的探索、引领、示范、带动作用,"特区是窗口,是技术的窗口,管理的窗口,知识的窗口,也是对外政策的窗口。从特区可以引进技术,获得只是,学到管理,管理也是知识。特区成为开放的基地,不仅在经济方面,培养人才方面使得我们得到好处,而且会扩大中国的对外影响"[7]"沿海地区要加快发展起来,从而带动内地更好地发展,这是一个事关大局的问题"[8]。

邓小平同志多次强调,对外贸易在社会主义建设中的重要地位,发展生产力,进行现代化建设,需要利用两种资源打开两个市场,学会两套本领,这些都离不开对外贸易。1981年政府工作报告首次提出要利用好"两种资源和两个市场",学会"两套本领"。20世纪90年代以来,中国始终坚持对外开放的基本国策,始终将中国特色社会主义道路与经济全球化进程紧密相连,尤其是在1992年邓小平南方谈话以后,对外开放的步伐大大加快。

(二) 中国特色对外开放理论的丰富和发展

江泽民同志结合新的实践,集中全党智慧,进一步发展了中国特色社会主义的改

---

[1]—[8] 邓小平:《邓小平文选(第三卷)》,人民出版社1993年版。

财经中国

革开放思想，不仅创造性地提出了建立社会主义市场经济体制的改革目标和实施"引进来"和"走出去"相结合的开放战略，而且全面阐述了在新时期进一步深化改革、扩大开放的基本方略、方法步骤和重点任务，丰富和发展了马克思列宁主义、毛泽东思想和邓小平理论，对中国改革开放和现代化建设具有重大而深远的指导意义。

江泽民同志强调要积极推进全方位、多层次、宽领域的对外开放，指出"继续办好积极特区、沿海开放城市和沿海开放区。扩大开放沿边地区，加快内陆省、自治区对外开放的步伐"[1]，特别强调要积极推动东西部地区的对外开放，倡导"加快能源、交通等基础设施的开放步伐""有步骤地开放银行、保险、电信、贸易等服务领域"[2]。

江泽民同志明确提出实施"引进来"和"走出去"相结合的开放战略，根据中国新时期发展的要求，进一步发展邓小平同志的对外开放思想，提出了实施"走出去"战略的重大举措，强调指出"'引进来'和'走出去'是我们对外开放基本国策两个紧密联系、相互促进的方面，缺一不可"[3]。

21世纪新阶段，国际国内形势发生广泛深刻的变化。以胡锦涛为总书记的党中央在带领全党全国人民推进中国特色社会主义的伟大历史进程中，把握大势、准确判断中国发展的战略机遇，顺应形势变化、努力争取战略机遇，多手施策、积极维护战略机遇，坚持科学发展、用好战略机遇，形成了一整套富有时代特色的战略机遇思想，极大地丰富和发展了中国特色社会主义理论和实践。

胡锦涛在纪念中国共产党十一届三中全会召开30周年大会上的讲话指出"我们不断扩大对外开放，使中国成功实现了从封闭半封闭到全方位开放的伟大历史转折。我们坚持对外开放的基本国策，打开国门搞建设，加快发展开放型经济。从建立经济特区到开放沿海、沿江、沿边、内陆地区再到加入世界贸易组织，从大规模'引进来'到大踏步'走出去'，利用国际国内两个市场、两种资源水平显著提高，国际竞争力不断增强。从1978年到2007年，中国进出口总额从206亿美元提高到21737亿美元、跃居世界第三，外汇储备跃居世界第一，对外投资大幅增长，实际使用外资额累计近10000亿美元。广泛深入的国际合作加快了中国经济发展，也为世界经济发展作出了重大贡献"[4]。

胡锦涛同志在中国共产党第十八次全国代表大会上的报告指出"这十年，我们紧紧抓住和用好中国发展的重要战略机遇期，战胜一系列重大挑战，奋力把中国特色社会主义推进到新的发展阶段。进入21世纪新阶段，国际局势风云变幻，综合国力竞争空前激烈，我们深化改革开放，加快发展步伐，以加入世界贸易组织为契机，变压力

---

[1] 《江泽民文选》（第一卷），人民出版社2006年版。
[2] 《江泽民论有中国特色社会主义》（专题摘编），中央文献出版社2002年版。
[3] 《江泽民文选》（第二卷），人民出版社2006年版。
[4] 胡锦涛在纪念中国共产党十一届三中全会召开30周年大会上的讲话。

为动力，化挑战为机遇，坚定不移推进全面建设小康社会进程"①。面向未来，全面提高开放型经济水平，胡锦涛同志指出"适应经济全球化新形势，必须实行更加积极主动的开放战略，完善互利共赢、多元平衡、安全高效的开放型经济体系。要加快转变对外经济发展方式，推动开放朝着优化结构、拓展深度、提高效益方向转变。创新开放模式，促进沿海内陆沿边开放优势互补，形成引领国际经济合作和竞争的开放区域，培育带动区域发展的开放高地。坚持出口和进口并重，强化贸易政策和产业政策协调，形成以技术、品牌、质量、服务为核心的出口竞争新优势，促进加工贸易转型升级，发展服务贸易，推动对外贸易平衡发展。提高利用外资综合优势和总体效益，推动引资、引技、引智有机结合。加快走出去步伐，增强企业国际化经营能力，培育一批世界水平的跨国公司。统筹双边、多边、区域次区域开放合作，加快实施自由贸易区战略，推动同周边国家互联互通。提高抵御国际经济风险能力"②。

（三）新时代中国特色对外开放理论的升华和创新

党的十八大以来，以习近平同志为核心的中共中央，团结领导全国各族人民，紧紧围绕实现"两个一百年"奋斗目标和中华民族伟大复兴的中国梦，坚持和发展中国特色社会主义，统筹推进"五位一体"总体布局、协调推进"四个全面"战略布局，中国特色社会主义进入新时代。习近平同志关于经济全球化和全球经济治理、对外开放、双边经贸关系、对台港澳经贸关系、自由贸易区战略、自由贸易试验区建设、开放经济新体制、"一带一路"倡议、推动构建人类命运共同体等对外开放领域深刻而重要的论述，成为习近平新时代中国特色社会主义理论的重要组成部分。

2013年，习近平总书记提出了共建丝绸之路经济带和21世纪海上丝绸之路的倡议，引起了国际社会的广泛热议和沿线国家的普遍支持。习近平总书记从理念到规划、从原则到方案、从历史到未来等方面对"一带一路"倡议作了全面深刻论述。作为习近平新时代中国特色社会主义思想的重要组成部分，"一带一路"倡议具有重大理论与实践价值，不仅描绘了新时代中国改革开放再出发的壮丽前景，也对当今经济全球化和世界发展具有重要意义。坚持推动构建人类命运共同体，是习近平新时代中国特色社会主义思想的重要内容，习近平同志站在人类历史发展进程的高度，以大国领袖的责任担当，正确把握国际形势的深刻变化，顺应和平、发展、合作、共赢的时代潮流，深入思考"建设一个什么样的世界、五国建设这个世界"等关乎人类命运前途命运的重大课题，高瞻远瞩地提出构建人类命运共同体的重要论述，体现了中国将自身发展与世界发展相统一的全球视野、世界胸怀和大国担当。

习近平总书记在庆祝改革开放四十周年大会上的讲话中指出"必须坚持扩大开放，

---

①② 胡锦涛在中国共产党第十八次全国代表大会上的报告。

不断推动共建人类命运共同体。改革开放 40 年的实践启示我们：开放带来进步，封闭必然落后。中国的发展离不开世界，世界的繁荣也需要中国。我们统筹国内国际两个大局，坚持对外开放的基本国策，实行积极主动的开放政策，形成全方位、多层次、宽领域的全面开放新格局，为中国创造了良好国际环境、开拓了广阔发展空间"[①]。

2020 年 8 月 16 日出版的第 16 期《求是》杂志发表中共中央总书记、国家主席、中央军委主席习近平 2015 年 11 月 23 日在十八届中央政治局第二十八次集体学习时的重要讲话《不断开拓当代中国马克思主义政治经济学新境界》，文章指出"坚持对外开放基本国策。马克思主义政治经济学认为，人类社会最终将从各民族的历史走向世界历史。现在，中国同世界的联系空前紧密，中国经济对世界经济的影响、世界经济对中国经济的影响都是前所未有的。在经济全球化深入发展的条件下，我们不可能关起门来搞建设，而是要善于统筹国内国际两个大局，利用好国际国内两个市场、两种资源。要顺应中国经济深度融入世界经济的趋势，发展更高层次的开放型经济，积极参与全球经济治理，促进国际经济秩序朝着平等公正、合作共赢的方向发展。同时，我们要坚决维护中国发展利益，积极防范各种风险，确保国家经济安全。这其中有很多理论和实践问题需要深入研究"。文章进一步指出"马克思主义政治经济学要有生命力，就必须与时俱进。实践是理论的源泉。我们用几十年的时间走完了发达国家几百年走过的发展历程，中国经济发展进程波澜壮阔、成就举世瞩目，蕴藏着理论创造的巨大动力、活力、潜力。当前，世界经济和中国经济都面临许多新的重大课题，需要作出科学的理论回答。我们要立足中国国情和我们的发展实践，深入研究世界经济和中国经济面临的新情况新问题，揭示新特点新规律，提炼和总结中国经济发展实践的规律性成果，把实践经验上升为系统化的经济学说，不断开拓当代中国马克思主义政治经济学新境界，为马克思主义政治经济学创新发展贡献中国智慧"。

二、国际贸易理论与中国对外贸易

（一）国际贸易理论概述

经济学理论是对经济规律的总结，能够解释经济现象，预测经济变化的趋势，并且制定经济政策。因此，经济学理论在学术以外，也有着重要的现实意义。对于国际贸易学科而言，其理论的发展与整个经济学同源，历史悠久。早在 1776 年，亚当·斯密在《国富论》中，就已经提出了"绝对优势贸易理论"。数百年来更是不断有新的思想涌现，来解释和指导国际贸易的发展。尤其是进入 21 世纪以后，严格的数学方法和

[①] 习近平：在庆祝改革开放四十周年大会上的讲话。

计算机辅助计算大范围地涌入了国际贸易学科，帮助国际贸易理论从简单"讲道理"的定性阶段推进到了"算数值"的定量阶段，和国际贸易实践的结合愈发紧密。因此，首先对于国际贸易理论的历史演变进行梳理，而后结合理论对中国对外贸易的发展进行分析讨论。

西方国际贸易理论的发展，可以简单地分为四个阶段：一、古典贸易理论包括亚当·斯密的绝对优势理论和大卫·李嘉图的比较优势理论；二、新古典贸易理论，将数学工具引进到分析之中，将传统理论如比较优势理论严谨化、正式化，也提出了新理论如赫克歇尔—俄林模型；三、新贸易理论即克鲁格曼模型，强调规模效益；四、国际贸易理论研究在新千年后的新进展，包括新新贸易理论即梅里兹模型，以及基于结构方程的量化分析，开始定量地分析贸易得利和贸易政策——尤其是关税政策。

亚当·斯密在对重商主义的批判中建立起绝对优势理论。斯密认为重商主义把金银财宝和真正的财富混淆起来是错误的，财富应当以生产的多少来衡量，而分工提高了劳动生产率从而促进了国民财富的增长。参与国际贸易即参与国际分工，能够在更高层面上扩大生产，因此，国际贸易并非零和博弈，而是正回报的非零和博弈，即贸易是互利的，正是这一点各个国家都有积极性参与到国际贸易中。

绝对优势理论第一次从生产领域阐述了国际贸易的基本逻辑，但是其分析的基础"绝对优势"在现实中普遍存在。现实情况往往是部分国家，如发达国家，在各个行业上都占据生产率的优势，但是这种情况并不意味着发展中国家不能从贸易中得利。因此李嘉图提出了比较优势理论。其基本内容是一国出口在劳动生产率上具有比较优势的产品，进口在劳动生产率上具有比较劣势的产品。比较优势首先是一个国家内部跨行业的比较。因此无论这个国家总体科技生产水平如何，总是会有相对而言比较不那么低效的行业，那么这些行业就可以成为其在国际贸易中的"优势"产业。赫克歇尔—俄林模型认为比较优势不一定来自技术，也可以来自其他因素，如资源禀赋。根据此模型，一个国家出口密集使用其丰裕要素生产的商品，进口密集使用其稀缺要素生产的商品。也就是说人力资源丰裕的国家生产并出口劳动密集型的商品，进口资本密集型商品，而资本丰裕的国家则恰巧与此相反。

"二战"以后数十年的经济发展使国际贸易的模式发生了变化，主要是发达的工业国家之间的贸易量大大增加，其同类产品之间的贸易量也大大增加。1980年，保罗·克鲁格曼提出"新贸易理论"，以规模经济和产品差异化来解释这些新现象。在其理论中，不同国家生产不同的商品，由此来提供差异化的商品供全世界消费者消费，但与此同时，同一种商品由少数国家来生产，由此通过规模经济来降低生产成本。进入21世纪以后，马克·梅里兹提出"新新"贸易理论，开始分析在企业层面资源的配置和调整以及与贸易的相互作用，并被进一步广泛用于量化分析中。

(二) 中国对外贸易的历史实践高度把握西方国际贸易理论的核心思想

回首过去，中国改革开放 40 多年来所创造的经济与贸易奇迹，完全符合国际贸易理论的分析，尤其得益于对比较优势理论的灵活运用。在中国改革开放早期，中国的比较优势主要来自丰富的劳动要素和自然资源，与西方发达国家相比，中国在劳动密集型和资源密集型产品的生产中有较大的比较优势，而在资本和技术密集型的产品生产中处于比较劣势。因此在对外贸易初期，中国承接了发达国家和地区转移出来的劳动密集型产业，发展了轻纺和机电等产业的加工贸易。最初，由于中国的基础设施非常不健全，经济基础薄弱，政府则以务实的方式，设立工业园区、经济特区，在园区内"几通一平"改善基础设施，提供一站式服务，大幅降低交易成本，快速把符合比较优势的产业变成竞争优势，进而利用后来者优势，进行产业升级，加速经济增长。随着中国经济的发展和资本、技术的积累，部分资本密集型甚至是技术密集型的行业也大规模成长起来。例如，中国已经是世界第一造船大国，而造船业正是典型的资本密集型行业。

在此过程中，中国逐级成长为"世界工厂"，将规模效应带来的优势也发挥得淋漓尽致。中国制造的产业显现出高度集群的特点，在沿海地区形成了很多的集聚生产的典型，并且逐渐开创出自有品牌。如浙江温州的桥头镇，号称"中国纽扣之都""中国拉链之乡"，生产了全球 60% 的纽扣和 80% 的拉链。规模经济促进资源的融合，信息的交换，推动市场内部分工的专业化与多样化，促进了创新，催生出新的经济形态，为社会创造出更多收益。

与此同时，中国经济在企业层面进行了充分的资源再配置。首先，国有企业做大做强，大规模进入世界顶级企业的行列。美国《财富》杂志发布的 2020 年世界 500 强排行榜中，中国上榜公司数量在历史上首次超过美国。而在这些世界级的中国公司中，像中石油、国家电网、中石化更是高居前五位，而这些企业绝大多数都是高度参与到国际贸易中的国有企业，在世界市场上证明了自己的实力。其次，改革开放释放了民营经济的活力，民营企业从小到大、由弱变强，尤其是东部沿海地区的民营企业，充分利用了海外市场的机会，蓬勃发展。尤其是在生产效率上，民营企业效率较高，而且对于市场高度灵敏，所以对国有经济进行了有效的补充。

(三) 中国对外贸易的未来发展仍需紧扣国际贸易理论的基本实质

2008 年金融危机过后，中国纺织、服装等典型的劳动密集型型出口产业虽然仍保持贸易顺差，但比较优势明显收缩。这表明伴随中国产业升级的持续推进，传统的建立于人口红利的劳动密集型产品在国际市场的竞争力正在逐渐减弱。而随着经济的不断发展，中国的比较优势也开始随着中国内部加工贸易的变化而呈现动态变化的趋势。

首先，在区域布局上加工贸易开始从东部沿海向中西部转移。经过几十年的发展，东部沿海地区的加工贸易已拥有资金、技术、人才、管理上的优势，并形成了比较完整的产业链，出现了一批技术先进的大型项目，并带动了相关的基建、物流、金融、通讯等产业的发展，除在传统加工方式上仍占据主要优势外，东部沿海地区已经开始实施产业升级和转移。其次，产业结构上加工贸易产业结构从劳动密集型为主转变为劳动密集和技术、资金密集型并重，产品结构不断改善，产业链不断延伸，机电和高新技术产品在加工贸易中的占比不断提高。

2018年中美贸易战打响，全球贸易政策不确定性不断提高，国际贸易领域的竞争逐渐升级为企业技术和创新能力的竞争。2020年，新冠肺炎疫情在全球暴发，给中国和世界国际贸易的发展带来严峻的挑战。面向未来，中国贸易发展之路仍需要在传统比较优势基础上，运用现代创新技术培育出新的竞争优势，从而使"中国制造走向中国智造"。随着中国国际地位和经济实力的提升，中国已成为全球第二大经济体、第一大工业国，也是第一大货物贸易国、第一大外汇储备国，在众多的主要工业产品的产量中，中国都位居世界第一。不过中国制造业产业链的综合竞争力一直受到外界热议，中国制造业大而不强的问题也十分突出。中国制造业在当前的竞争力，包括低成本的优势，是中国自改革开放以来长期所拥有的优势，但是这种优势在近几年，正在被越南等东南亚国家取代。对于制造业而言，其竞争力来自于它的核心技术、核心品牌，而在中国大部分企业还不具备自己的核心技术、核心品牌，这是当前中国制造业面临的整体问题。因此对于核心技术的掌握、核心品牌的培育正是中国制造业在未来的发展方向。

新的技术进步和生产力的发展直接促进了新的交换方式的出现和扩大，并深刻地影响一国经济和世界经济。在新一轮技术革命和全球产业重构的新形势下，中国制造业可以借助创新技术的东风向全球产业链的中高端迈进。坚持巩固传统优势，加快培育中高端的装备制造业，如新的电子产业、材料产业、精密仪器等；积极开发互联网新业态，如互联网金融、电子商务、快递物流等，通过互联网向传统产业的不断延伸，使互联网交易成为新的市场活动。在未来，世界经济数字化转型是大势所趋，中国制造业也需要充分利用数据化、信息化等新技术来实现转型升级，从而实现中国制造走向中国制造业。

第四节　新时代中国国际贸易理论与实践发展展望

一、构建中国特色国际贸易理论体系

在中国特色社会主义理论指导下，以社会主义初级阶段为基础，明确的对外开放

的指导原则，以马克思主义国际经贸理论和研究方法的指导，充分借鉴西方国际经贸学说和研究方法，基于中国社会主义建立和发展对外经贸的丰富实践，构建中国特色国际贸易理论体系，揭示中国国际贸易的产生、发展和作用规律。

中国特色国际贸易理论体系主要包括以下几个方面的内容构建。第一，不断丰富和发展中国特色社会主义国际经贸的产生、发展与作用机制；第二，加强中国特色社会主义国家对外经济关系职能；第三，根据中国发展的战略和趋势，调整和发展中国特色社会主义的国际经贸政策与措施；第四，构建中国特色社会主义的国际分工模式与理论；第五，中国特色社会主义对世界市场的开拓与维护，提升中国在国际市场的主导地位；第六，根据本国国情，依据新型国际金融市场的形成，探索金融发展规律，确立具有中国特色的国际金融理论。第七，构建和发展中国特色社会主义对外直接投资和跨国公司的运行机制；第八，探索中国特色社会主义与国际经贸法规和国际经贸组织的关系；第九，推动中国特色社会主义参与全球经贸治理。

2008年国际金融危机，2018年中美贸易战以及2020年新冠肺炎疫情全球蔓延，世界经济贸易发展不稳定、不确定因素增多，全球发展不平衡加剧，国际贸易保护主义和反全球化浪潮抬头，地区主义加强，以世界贸易组织为基础的多边贸易体制遭受严重挑战。面临新的国内国外经济形势，中国特色国际贸易理论体系在机遇和挑战中不断发展，坚持以开放促改革，以改革促开放的理念，坚持互利共赢的开放理念，坚持开放包容的文明观，不断创新发展开放型经济新体制，为对外开放提供制度保障，积极参与全球治理，推动构建人类命运共同体。

二、加快形成对外开放新格局

（一）自贸区与自贸港建设的新发展

建设自贸试验区是以习近平同志为核心的党中央在新时代推进改革开放的一项战略举措，主要目的是为全面深化改革和扩大开放探索新途径、积累新经验。2013年9月，中国在上海设立了首个自由贸易试验区，并迅速成为中国改革开放的新试验田。2018年，中国自贸试验区建设迎来五周年之际，习近平做出重要指示，强调继续解放思想积极探索，加强统筹谋划改革创新，把自由贸易试验区建设成为新时代改革开放新高地。截至目前，中国已经批准设立了21个自由贸易试验区（港），每个自由贸易区的战略定位各不相同，如，广东自贸区定位依托港澳、服务内地、面向世界，将自贸试验区建设成为粤港澳深度合作示范区、21世纪海上丝绸之路重要枢纽和全国新一轮改革开放先行地；浙江自贸区定位成为东部地区重要海上开放门户示范区、国际大宗商品贸易自由化先导区和具有国际影响力的资源配置基地。在中央层面，自贸试验区已累计向全国或特定区域复制推广了260项制度创新成果。2018年4月，习近平在庆祝海南建省办经济特区30周年大会上宣布党中央决定宣布支持海南全岛建设自由贸易试验区，支持海南逐步探索、稳步推进中国特色自由贸易港建设。2020年6月1日，中共中央、国务院印发了《海南自由贸易港建设总体方案》，海南自由贸易港正式扬帆启航。

未来，除海南外的其他20个自由贸易区将继续发挥中国改革开放前沿阵地的功能，不断缩短外商直接投资领域的负面清单，改革商事制度、提高贸易投资便利化水平，并将自贸区的经验分批次推广至全国，以制度创新推动中国经济的进一步发展和高水平的对外开放。

海南，则将进一步对标国际水平，建设商品、要素、人才自由流动的中国对外开放新高地和新窗口，致力于形成全球顶尖的营商环境，打造全球领先的物流、商贸、金融服务和科技创新中心，并积极拓展与全球自贸港的经贸往来合作。

专栏7-6

海南自贸港：打造改革开放新标杆

2018年4月13日，在庆祝海南建省办经济特区30周年大会上，习近平总书记代表党中央郑重宣布："支持海南全岛建设自由贸易试验区，支持海南逐步探索、稳步推进中国特色自由贸易港建设，分步骤、分阶段建立自由贸易港政策和制度体系。"

2020年6月1日，中共中央、国务院印发了《海南自由贸易港建设总体方案》，方案提出了贸易自由便利、投资自由便利、跨境资金流动自由便利等11个方面、共39条具体政策，把海南岛打造成具有较强国际影响力的高水平自由贸易港，这标志着这一重大战略进入全面实施阶段。

从自贸试验区到自贸港，海南已成为中国新一轮对外开放的标杆。建设海南自贸港，把开放推向更高水平，是推动经济高质量发展的应有之义。

（二）服务业引领开放的新格局

在中国新一轮对外开放中，服务业作为其中的重要组成部分，正展现出巨大的潜力和乐观的前景。中国服务业对经济增长贡献率接近60%，服务贸易在对外贸易中占比接近15%。然而中国服务业的发展和服务业开放程度与世界平均水平和主要发达国家相比依然存在较大差距，这不仅表明了中国扩大服务业开放的必要性，同时也意味着中国的服务业蕴含着巨大的发展潜力。

近年来，中国在服务业深入精准开放，不断推行准入前国民待遇加负面清单的开放模式,以金融业深度开放为先行,在北京等 17 个地区继续深化服务贸易创新发展试点,在自由贸易区和海南自由贸易港打造服务业开放的新高地。2018 年 6 月,国务院批复同意深化试点,范围扩大到北京、雄安新区等 17 个地区[①]。2020 年 7 月,为了发挥服务贸易对稳外贸稳外资的作用,商务部将于近期及时发布新一轮服务贸易创新发展试点名单,深化服务贸易创新发展试点。结合区域发展战略,商务部将服务贸易创新发展试点扩大到全国 21 个省份部分地区,围绕拓宽开放领域、提升便利水平进行改革探索,包括发展跨境商业医疗保险、推进中外合作办学、扩大技术进出口经营者资格范围、在常态化防控下加强旅游和体育国际合作等,促进更高水平对外开放。

中国金融业高水平对外开放的步伐不停。2018 年 4 月博鳌论坛期间,中国人民银行行长易纲代表金融业宣布多项对外开放措施;2019 年陆家嘴论坛期间,中国证监会主席易会满代表中国证监会宣布 9 项进一步扩大资本市场对外开放的政策措施。进入 2020 年,新冠肺炎疫情蔓延全球加剧了国际贸易形势的恶化,但中国金融业对外开放的步伐不仅没有因此放缓,反而进一步加快,中国将继续执行中美第一阶段经贸协议,落实好近年来宣布的金融改革和开放措施,如取消证券、基金管理、期货、人身险等领域外资的股比限制,取消合格境外投资者和人民币合格境外投资者的投资额度限制,批准运通、万事达卡、惠誉等机构进入中国市场等,并继续推动全面落实准入前国民待遇加负面清单管理制度,统一债券市场对外开放的外汇管理政策等。根据中国银保监会的数据,从 2018 年至 2020 年 6 月,银保监会共批准外资银行和保险公司来华设立 80 多家各类机构。银行业保险业共有 34 条对外开放措施陆续落地,形成了一批有示范性的实例,比如首家外资控股的理财公司、首家外资独资保险控股公司等均获准设立,2020 年上半年中国又批复友邦保险在内地设立首家外资独资寿险公司等。

中国服务业开放和发展正处于一个关键历史过程,在不断深化开放的同时,中国应当加强制度保证,营商环境建设和服务业的监管。随着大批改革开放的政策被提出、被强化,服务业对外开放的规则等已有了明显进展,2020 年通过的《外商投资法》就确立了中国服务业对外开放规则。在政策限制逐一取消后,如何完善配套措施,改善营商环境,提高政府监管能力和服务水平,在鼓励服务业发展和防范风险中寻找平衡点等问题,对服务业监管机构也提出了前所未有的挑战。

(三)"一带一路"的共商共建共赢机制

自 2013 年习近平主席提出"一带一路"倡议以来,与中国友好合作共同发展的地区与国家不断增加,截至 2020 年 1 月底,中国已经同 138 个国家和 30 个国际组织签署

---

① 2016 年,根据《服务贸易创新发展试点方案》,国务院批复同意在天津、上海、海南、深圳、杭州、武汉、广州、成都、苏州、威海和哈尔滨新区、江北新区、两江新区、贵安新区、西咸新区等省市(区域)开展服务贸易创新发展试点。

200份共建"一带一路"合作文件,范围由亚欧地区扩展至非洲、拉美、南太平洋、西欧等地区。可以说,朋友圈越来越大、合作质量越来越高,发展潜力无限。未来,大力落实加强与"一带一路"沿线国家的"共商、共建、共赢"机制,将是中国经济保持健康持续发展的关键,也是沿线国家利用中国庞大市场潜力与资金优势发展本国经济的双赢战略。

"共商"方面,首先,未来应将"一带一路国际合作高峰论坛""中国国际进口博览会"及中国与各区域国家博览会等活动打造成中国与"一带一路"沿线国家的特色共商国际化平台。其次,要利用并强化现有的二十国集团、亚太经合组织、上海合作组织、亚欧会议、亚洲合作对话、亚信会议、中国—东盟(10+1)、澜湄合作机制、大湄公河次区域经济合众多作等多边合作机制共商大事,积极同各国开展共建"一带一路"实质性对话与合作。最后,除政府间对话共商以外,应与沿线国家通过政党、议会、智库、地方、民间、工商界、媒体、高校等建立"二轨"甚至"多轨"对话与交往机制。其内容可以不仅限于经济合作,还可扩展至区域安全、环境保护、科技创新、文化交流等全方位领域。

"共建"方面,未来应继续加强利用"亚洲基础设施投资银行""丝路基金""一带一路PPP工作机制"等机制,努力打造"一带一路"沿线国家共建合作的融资平台。同时推动开放包容、务实有效的第三方市场合作,促进中国企业和各国企业优势互补,实现"1+1+1>3"的共赢。中国优秀的基建企业也应积极通过国际投资或合作建设项目帮助各沿线国家改善国内基础设施建设。

"共赢"方面,未来中国将通过国际贸易与直接投资,在互惠互利、平等自愿的原则上与"一带一路"沿线国家共同构新中国成立际分工新体系,将中国经济发展成果通过产品、资金与生产要素的流动惠及沿线国家。同时在力所能及的范围内为沿线国家提供减贫脱困、农业、教育、卫生、环保等领域的民生援助;以科技合作协定与交流等方式促进科技创新成果在沿线国家之间转移与共享。最后,通过与沿线国家签署生态环境保护合作协议,共建"一带一路"的绿色责任和绿色标准,推动沿线国家经济实现绿色发展,共享人类命运共同体。

"一带一路"建设不仅是为了解决经济问题,更是促进中国融入世界,扩大对外开放,进一步拓展发展空间,引领国际新型合作,纠正区域和世界发展的不平衡,做建设性新型大国的重要战略举措。"一带一路"建设是形成全面开放新格局的战略依托,是深化改革开放的有效载体,是推进完善全球治理权的重要平台,是构建人类命运共同体的重要保证。中国大力推进"一带一路"建设,反映了习近平新时代中国特色社会主义思想之中"中国特色大国外交要推动构建新型国际关系,推动构建人类命运共同体"的伟大战略任务。"一带一路"倡议之所以被越来越多热爱和平与发展的国家支持和积极参与,正是因为其站在人类命运共同体的高度,超越国家间经济文化差异与隔阂，坚持以各国人民共同繁荣富裕为核心的良好愿景，必将成为未来世界各国基于互惠互利经济合作的优秀模板。

（四）人民币国际化新发展

2010年以来，在中国政府的大力促进下，人民币国际化进程不断加快，开始逐步在国际交易中履行支付手段、价值尺度、储藏手段等职能。2009年7月，广东省4个城市启动跨境贸易人民币结算试点工作，第一批试点企业正式获批开展出口货物贸易人民币结算业务；2010年6月至2011年7月，境内外所有地区被许可使用人民币跨境结算，但仍有试点企业资格限制；2011年1月，允许境内企业以人民币进行对外直接投资；2011年年末允许合格境外投资者在批准额度范围内对华进行人民币直接投资和证券投资；2012年年初，人民币结算业务解除试点企业限制；2014年年末，允许国内经批准的投资者的人民币资金流向境外人民币计价产品。近年人民币双向资金池、点心债、沪深港通、中港基金互认等新投资渠道的不断开拓，人民币在中国对外贸易、直接投资、证券投资方面的内外循环愈发顺畅，国际化程度稳步提高。根据央行金融数据统计报告，从2012年年初至2019年年末，货物进出口中人民币结算比重从几乎为零波动上升至15%左右，2015年3月和8月甚至一度达到约34%的最高点；服务贸易领域人民币结算比重则直线稳步上升，由2014年不到20%上升至2019年的35%—45%。2019年年末境外机构和个人持有境内人民币金融资产已经达到64128亿元；根据SWIFT的统计数据，人民币在全球支付中的比重已经由2011年10月的0.31%上升至2019年年末的1.94%，人民币交易量占全球外汇市场份额则从2016年的4%上升至4.3%。其对中国对外经贸的各层面影响正在逐渐显示出来。

未来，人民币国际化在"一带一路"倡议等政策环境配合下，将对中国经济恢复与振兴发挥以下重要作用。首先，与"一带一路"沿线友好国家推行人民币直接结算等功能，相比通过美元进行中介，能大幅度节约汇兑成本与时间，同时降低人民币汇率波动给双边贸易与投资活动带来的汇率风险，以及由此导致的汇率保险等支出，显著促进双边经贸往来。其次，人民币国际化也便利银行向中国出口商提供出口信贷，从而增大潜在出口贸易可能性及出口竞争力，还可增加中国银行对出口对象国进口商提供卖方信贷从而增加贸易可能性。再次，随境外贸易商持有人民币存量的不断增长，其"价值储存"功能显著降低了人民币汇率变动下外商与中国进行交易的兑换成本变动幅度，从而降低了人民币汇率变动对中国贸易收支的冲击幅度。最后，人民币国际化，如广大人民币清算行、代理行的设置以及2015年10月建立的人民币跨境支付系统（CIPS）等，降低了中国及其潜在贸易伙伴对美国主导的SWIFT等依赖，有助于在未来打破美国等国在国际结算领域的垄断，保障中国与广大贸易投资伙伴的交易与结算通过人民币直接结算顺利进行。

从发展目标与前景来看，央行发布的《2020人民币国际化报告》明确指出，未来将继续以服务实体经济为导向，坚持市场化原则，稳步推进人民币国际化。具体而言，一是要坚持市场驱动，推进更高水平的贸易投资便利化，消除境内外人民币使用障碍，为人民币与其他主要可兑换货币创造公平竞争的环境。二是要继续推动国内金融市场开放和基础设施互联互通，便利境外投资者使用人民币投资境内资产。三是应引导离岸人民币市场健康发展，提升人民币自由使用水平，促进离岸与在岸市场良性互动、深度整合。四是应完善宏观审慎管理，加强对跨境资金流动的监测、分析和预警，做好逆周期调节，防范跨境资金流动风险。可以预计，未来人民币支付货币功能将不断增强，人民币投融资货币功能将持续深化，人民币储备货币功能将进一步显现，人民币计价货币功能将有更多发展，与各国双边货币合作将稳步推进。放眼未来，人民币国际化必将为中国与"一带一路"沿线国家全面合作提供坚实的金融货币保障。

必须认识到，加快推动人民币国际化建设，增强中国在国际金融与货币体系中的话语权，是贯彻习近平新时代中国特色社会主义思想，实现社会主义现代化和中华民族伟大复兴的应有之义。它将与"一带一路"建设一起，成为推行中国特色大国外交、推动构建新型国际关系与人类命运共同体的重要举措。

三、实施贸易强国战略

党的十九大报告提出，推动形成全面开放新格局，拓展对外贸易，培育贸易新业态新模式，推进贸易强国建设。"要加快从贸易大国走向贸易强国，巩固外贸传统优势，培育竞争新优势，拓展外贸发展空间，积极扩大进口。"习近平总书记的重要论述，为推动外贸高质量发展指明了方向。

从"贸易大国"到"贸易强国"，不仅意味着中国贸易结构的不断优化，还意味着中国经贸即将进入全新时代。中国对外贸易能否实现由"贸易大国"转为"贸易强国"，关键取决于能否培育起对外贸易竞争新优势。这种新优势，是以全方位提升生产要素质量为核心、以提升产品质量为基础、以技术创新为依托、以体制改革和政策优化为保障的系统性优势。

从"贸易大国"转变为"贸易强国"，意味着加工贸易要逐渐由加工组装环节向产前研发、产后营销的价值链高端攀升，技术创新则是价值链升级的关键。首先，加大国家对新技术的基础研究投入，促进传统制造业转型升级，缓解制造业日益趋紧的要素约束。其次，在深化对外开放中，加强与发达国家、新兴市场国家的经济技术合作与交流，鼓励中外联合研发新技术。最后，加大知识产权保护力度，消除企业创新的制度瓶颈，鼓励企业技术研发投入，形成创新型人才的培育机制，全方位推动技术结构升级。

建设贸易强国需要树立全球视野，拓展外贸多元化、优化国际市场布局是推进贸易高质量发展必由之路。在推动形成全面开放新格局的过程中，中国将以"一带一路"与自由贸易港建设为重点推动形成全面开放新格局，坚持引进来和走出去并重，遵循共商共建共享原则，加强创新能力开放合作，形成陆海内外联动、东西双向互济的开放格局。

近年来，外贸新业态是中国外贸发展的新动能、新亮点。党的十九大报告中提出，要"拓展对外贸易，培育贸易新业态新模式，推进贸易强国建设"。数字贸易是近年来蓬勃发展的一种新业态、新模式，它不仅包括基于信息通信技术开展的线上宣传、交易、结算等促成的实物商品贸易，还包括通过信息通信网络传输的数字服务贸易，如数据、数字产品、数字化服务等的贸易。根据 UNCTAD 的统计，数据传输服务贸易在全球服务贸易中的占比不断上升，至 2018 年已超 50%。2019 年 11 月，中共中央、国务院《关于推进贸易高质量发展的指导意见》正式提出，要加快数字贸易发展，提升贸易数字化水平，推进文化、数字服务等领域特色服务出口基地建设。中国跨境电子商务等新业态新模式快速发展，已经形成了一定的产业集群和交易规模，为促进外贸回稳向好和创新发展发挥了积极作用。一大批企业通过跨境电商平台打造自主品牌，开拓国际市场。新业态已成为促进外贸供给侧结构性改革、培育竞争新优势、建设贸易强国的重要动力。未来，推进跨境电商综试区建设，扩大市场采购贸易方式试点都将成为新业态发展的重要方向。

改革开放以来，中国通过发展外贸积累了宝贵的外汇资金，吸引了大量外资企业来华经营，引进众多先进技术和管理方法，融入全球生产体系，成为世界经济发展的一员。党的十八大以来，在习近平新时代中国特色社会主义思想的指引下，中国已通过发挥中国超大规模市场优势、建立良好的营商环境、全面扩大开放、多元化市场格局、汇聚全球资源要素、加强科技创新、发展数字经济来获得更多的市场计划和技术进步，以此来增强中国产品、中国企业的国际竞争力，进而实现中国成为贸易强国的目标。

四、积极参与全球经济治理

第二次世界大战之后形成的全球经济治理体系是以美国为主导的发达国家掌控的。尽管随着新兴经济体的兴起与壮大，发展中国家在世界多边贸易体制中的话语权有所增强，但总的来说其制定规则、谈判和结盟的能力依然有限，其内部分歧有时也难以调和。国际经济格局的深刻变化也将为中国参与全球经济治理提供了机遇和挑战。新一轮技术革命将给中国赶超带来重大机遇，世界多极化发展和经济治理架构改革将拓展中国发展的空间、提升国际影响力。与此同时，全球经济增速低迷、国际竞争加剧、针对新兴大国的疑虑与打压等，将给中国带来诸多严峻挑战。

全球经济治理需要与时俱进、因时而变。在深入了解世界经济发展演变过程中，在全球经济结构深度调整，全球经济秩序正在被重塑的背景下，习近平总书记提出的以平等、开放、合作、共享为理念原则的全球经济治理中国方案，是巩固和凝聚世界力量、实现人类命运共同体的根本价值所在。在更深层次上，习近平全球经济治理中国方案聚焦于促进发展中国家利益，实现世界经济协调，缩小南北经济差距，力使世界经济健康发展。

全球治理的中国方案强调和谐包容。中国继续坚定维护世界多边贸易体制，并积极参与WTO改革。在区域层面，积极参与区域经济合作，推动区域全面经济伙伴关系协定（RCEP）、中日韩自贸协定谈判，同时积极参与二十国集团首脑会议，不断完善金砖国家峰会、亚投行、"一带一路"等合作平台。在双边层面，积极商谈自由贸易协定（FTA）和投资协定（BIT）。

全球治理的中国方案强调多元平衡，充分体现广大发展中国家和不发达国家的利益和诉求。发展中国家在全球贸易投资活动中所占的份额均已超过30%，且比重不断上升，其利益诉求自然不容忽视。中国在参与全球经济治理过程中始终强调多元平衡，强调要充分尊重不同发展水平国家的意见，求同存异，要在全球推进贸易投资自由化进程中有效维护发展中国家的正当利益，为发展中国家争取更多话语权。

全球治理的中国方案倡导互利共赢。中国将坚持互利共赢原则，促进全球贸易投资的自由化和便利化，坚定反对各种形式的贸易保护主义。中国将与沿线国家围绕"五通"（政策沟通、设施联通、贸易畅通、资金融通、民心相通）共建"一带一路"，目标在于"促进经济要素有序自由流动、资源高效配置和市场深度融合，推动沿线各国实现经济政策协调，开展更大范围、更高水平、更深层次的区域合作，共同打造开放、包容、均衡、普惠的区域经济合作架构"。

全球治理的中国方案力求务实合作。全球经济治理是个浩大工程，要把现有的诸多机制和平台充分调动起来，必须本着务实合作精神，切实推动各类机制和平台提高效率、加强约束。中国在引领全球经济治理方面的经验相对不足，尤其是在提供制度性公共产品、设定国际经贸新议题和新规则以及管理利益联盟方面亟待提高。

根据"十四五"规划，中国将积极参与全球经济治理体系改革。坚持平等协商、互利共赢，推动二十国集团等发挥国际经济合作功能。维护多边贸易体制，积极参与世界贸易组织改革，推动完善更加公正合理的全球经济治理体系。积极参与多双边区域投资贸易合作机制，推动新兴领域经济治理规则制定，提高参与国际金融治理能力。实施自由贸易区提升战略，构建面向全球的高标准自由贸易区网络。

习近平总书记指出，要为改革和优化全球治理注入中国力量；推动经济全球化朝着更加开放、包容、普惠、平衡、共赢的方向发展。习近平总书记的重要论述，为我们参与全球经济治理体系改革提供了行动指南。以新发展理念为指引，着力构建新发展格局，不仅将引领中国新发展阶段走深走实走稳，也将给世界带来更多机遇，是对习近平新时代中国特色社会主义思想的进一步丰富和发展。

五、构建全球经济安全体系

经济安全是指国家经济发展和经济利益处于自主掌控状态，能够有效应对国内外各种经济风险和动荡的冲击，主要表现为国家的经济主权独立，经济发展所需的各种物质资源供给能得到及时有效保障，国家和人民的根本利益能得到切实维护。

2020年年初暴发的新冠肺炎疫情给世界经济带来了巨大影响，威胁着全球经济安全。新冠肺炎疫情的全球蔓延从供给侧和需求侧对全球供应链系统造成影响。在这样的背景下，构建全球经济安全体系尤为重要。随着疫情的蔓延，要维护全球经济安全，就要使全球产业链、供应链恢复稳定。中国不仅是全球重要的生产基地和消费市场，也是重要的研发基地和产业枢纽，在全球产业链、供应链中占据重要地位。因此，中国要在构建全球经济安全体系上发挥重要作用。中国需要：（1）从领导保证、制度保证等方面着手，坚持和发展党对经济的有力领导，依法坚持社会主义初级阶段基本经济制度，有效防范、管理和处理经济安全风险，从根本上保障国家经济安全；（2）重新审视全球供应链系统的稳定性，在全球经济形势不确定的情况下，积极准备国内替代供应链，寻找合格的国内供应商化解供应链断裂危机，运用大数据、人工智能等技术降低供应链系统的不稳定性与风险；（3）进一步推进"一带一路"高质量建设和区域经济合作，与"一带一路"沿线国家互帮互助，保障全球供应链节点安全；（4）坚定不移地扩大开放，不断推动共建人类命运共同体，优化营商环境，主动扩大进口，放宽市场准入，促进贸易和投资自由化便利化；加快形成以国内大循环为主体、国内国际双循环相互促进的新发展格局，通过发挥内需潜力，使国内市场和国际市场更好联通，更好地利用国际国内两个市场、两种资源，实现更加强劲可持续的发展。

构建全球经济安全体系，还需要世界各国共同参与。世界各国需要采取以下举措：（1）进一步探讨现行的和未来的国际合作机制、现行的国际贸易与投资及其争端处理机制，并携手共同去优化；因为一个设计良好、良性运维的国际经济规则是抵御共同经济风险的机制；（2）从全球供应链的角度来看，基于资源禀赋和比较优势的国际产业链分工与贸易投资合作依然是抵御外部风险的最有效的战略选择，各国应推动市场开放，减少贸易限制性措施，维护贸易畅通，健全贸易摩擦解决机制，扩大自由贸易"朋友圈"；（3）疫情当前，各国应联手加大宏观政策对冲力度，采取协调一致的、有力有效的财政政策和货币支持政策应对，加强金融监管协调，改善消费者信心；（4）后疫情时代，全球医疗产业的兴起是一种基本共识，各国应调整医疗及其关联产业的发展规划和支持政策体系，补足短板。

习近平总书记指出，越开放越要重视安全，越要统筹好发展和安全；发展是安全的基础，是安全的保障；不断扩大对外开放、提高对外开放水平，以开放促改革、促发展，是中国发展不断取得新成就的重要法宝。这些重要论述，对我们在参与经济全球化过程中贯彻总体国家安全观，在扩大开放中动态谋求更高层次安全，提高参与和引领经济全球化能力，提供了根本遵循。经济安全是关涉中国社会主义现代化建设的重大经济问题，是国家安全的基础，是经济社会发展的条件。构建全球经济安全体系十分重要，疫情当前，尤为如此。通过以邻为壑和损人利己的行为来构建自私自利的经济安全体系，是不稳固的，也是不可持续的；在各个经济体相互依存的21世纪，相互依靠、相互尊重、相互支撑，才是最佳战略选择。

思考与讨论题

1. 改革开放以来，中国国际贸易发展的主要阶段和特征是什么？
2. 改革开放以来，中国吸引外资和对外投资的主要阶段和特征是什么？
3. 自1978年改革开放至今，中国国际贸易体制与政策的演进经历了哪几个阶段？请简述每个阶段的主要特征。
4. 简述中国区域合作的进程和成果。
5. 简述中国参与WTO改革的方案。
6. 简述中国"一带一路"建设的成果和机制。
7. 论述中国国际贸易理论发展的主要理论。
8. 简述中国如何实施贸易强国战略。
9. 简述中国参与全球治理的中国方案。
10. 简述中国加快建设对外开放新格局的重要举措。

推荐阅读文献

［1］程惠芳：《WTO与中国经济》，浙江大学出版社2010年版。

［2］【美】克罗格曼等著，丁凯等译：《国际经济学：理论与政策》（第10版），中国人民大学出版社2016年版。

［3］林毅夫：《解读中国经济》，北京大学出版社2012年版。

［4］裴长洪：《共和国对外贸易60年》，人民出版社2009年版。

［5］卢进勇，杜奇华，杨立强：《国际投资学》，北京大学出版社2013年版。

［6］商务部国际贸易经济合作研究院：《中国对外贸易史》（下卷），中国商务出

版社 2016 年版。

[7] 薛荣久：《国际贸易》，中国人民大学出版社 2008 年版。

[8] 余淼杰：《国际贸易学：理论、政策与实证》，北京大学出版社 2013 年版。

[9] 余淼杰：《中国对外贸易的奇迹：40 年开放强国之路》，上海人民出版社 2019 年版。

[10] Dunning, J. H., 1981. International Production and the Multinational Enterprise. Allen and Unwin, London.

[11] Krugman P., Obstfeld, M., Melitz, M., 2018. International Economics: Theory and Policy, 11th Edition. Pearson.

主要参考文献

[1]《邓小平文选》（第三卷），人民出版社 1993 年版。

[2]《江泽民论有中国特色社会主义（专题摘编）》，中央文献出版社 2002 年版。

[3]《江泽民文选》（第一卷）（第二卷），人民出版社 2006 年版。

[4]《中国共产党党章》，人民出版社 2017 年版。

[5]《中国与世界贸易组织》白皮书，新华社，2008 年。

[6] 东艳，邱薇：《中国参与区域经济合作的历程回顾与战略思考》，载《2008 年中国经济特区论坛：纪念改革开放 30 周年学术研讨会论文集》2008 年。

[7] 傅朝阳，陈煜：《中国出口商品比较优势：1980—2000》，载《经济学（季刊）》2006 年第 1 期。

[8] 高海红，余永定：《人民币国际化的含义与条件》，载《国际经济评论》2010 年第 1 期。

[9] 郭凌威，卢进勇，郭思文：《改革开放四十年中国对外直接投资回顾与展望》，载《亚太经济》2018 年第 4 期。

[10] 黄陈刘，张晓，孟夏：《中国货物贸易发展：历程、特点和展望》，载《价格月刊》2019 年总第 501 期。

[11] 纪崴：《服务金融市场更高水平开放作者》，载《中国金融》2019 年第 22 期。

[12] 江小涓：《新中国对外开放 70 年：赋能增长与改革》，载《管理世界》2019 年第 12 期。

[13] 焦继军：《人民币跻身于国际货币之列的效应分析》，载《财经问题》2005 年第 1 期。

[14] 李光辉，王芮：《中国自贸区建设的成就与今后重点发展方向》，载《国际

贸易》2017 年第 7 期（总第 427 期）。

［15］李坤望：《改革开放三十年来中国对外贸易发展评述》，载《经济社会体制比较》2008 年第 4 期。

［16］陆建人：《论中国的区域合作政策》，载《当代亚太》2005 年第 10 期。

［17］吕越，陈帅，盛斌：《嵌入全球价值链会导致中国制造的"低端锁定"吗?》，载《管理世界》2018 年第 8 期。

［18］倪月菊：《WTO 要改革，中国给出了什么方案》，载《进出口经纪人》（EB/OL）2020 年 8 月，www. tradetree. cn/content/7014/4. html? from = singlemessage，2020 - 8 - 10。

［19］裴长洪：《中国对外贸易 60 年演进轨迹与前瞻》，载《改革》2009 年第 7 期总第 185 期。

［20］盛斌，钱学锋，黄玖立，东艳：《入世十年转型：中国对外贸易发展的回顾与前瞻》，载《国际经济评论》2011 年第 5 期。

［21］盛斌，魏方：《新中国对外贸易发展 70 年：回顾与展望》，载《财贸经济》2019 年第 10 期。

［22］孙玉琴，孙倩，王辉：《中国加工贸易的历史考察》，载《国际贸易问题》2013 年第 4 期。

［23］屠新泉，娄承蓉：《改革开放 40 年：中国与多边贸易体制关系的演变》，载《东南学术》2018 年第 5 期。

［24］吴晓波：《激荡三十年》（中国企业 1978—2008），浙江人民出版社 2007 年版。

［25］薛荣久，杨凤鸣：《对中国特色社会主义国际经贸理论构建的思考》，载《国际贸易》2014 年第 4 期。

［26］尹忠明，姚星：《改革开放三十年中国服务贸易发展回顾与思考》，载《经济纵横》2009 年第 1 期。

［27］余淼杰，张睿：《中国制造业出口质量的准确衡量：挑战与解决方法》，载《经济学（季刊）》2017 年第 2 期。

［28］余淼杰：《四十年中国对外贸易奇迹：成就与路径》，载《国际贸易》2018 年第 12 期总第 444 期。

［29］朱福林：《中国服务贸易发展 70 年历程、贡献与经验》，载《首都经济贸易大学学报（双月刊）》2020 年第 22 卷第 1 期。

［30］Gerber D. Global competition: law, markets, and globalization, London: Oxford University Press, 2010.

［31］Khandelwal A.: The long and short (of) quality ladders, Review of economic studies, 2010, 77 (4): 1450 – 1476.

[32] Krugman P. R.: Increasing returns, monopolistic competition, and international trade, Journal of international economics, 1979, 9: 469 – 479.

[33] Li J., Chen L., Yi J., et al: Ecosystem – specific advantages in international digital commerce, Journal of International Business Studies, 2019, 50 (1).

[34] Melitz M. J.: The Impact of Trade on Intraindustry Reallocation and Aggregate Industry Productivity, Econometrica, 71, 1695 – 1725.

第八章

新中国资本市场法治建设的发展与完善

自20世纪80年代起，以经济体制改革为契机，我国开始了当代证券市场法治建设。从萌芽起步、奠定基础，到规范发展、日臻完善，证券市场的基本法律、行政法规、部门规章、地方性法规、业务规则、自律规范等层出叠见；从"强调管制为主"到"监管与发展并重"和进一步强调、完善投资者保护，逐渐建立起具有中国特色的资本市场法治体系。党的十八大以来，习近平总书记对资本市场做出了一系列重要指示批示，深刻回答了新时代需要什么样的资本市场、怎样建设好资本市场的重大课题，为新时代资本市场改革发展指明了方向。在习近平新时代中国特色社会主义思想的引领和指导下，我国的资本市场法治建设也要坚持"道路自信、理论自信、制度自信、文化自信"，即使借鉴域外资本市场的具体制度和做法、经验，也不能照搬照抄，而是要根据中国的国情大胆探索中国道路、中国模式、中国学派，注重总结资本市场改革、资本市场法治建设中的中国独特做法与经验，努力探索出既符合国际经验和惯例又符合中国实际国情的资本市场法治建设道路。现阶段，中国资本市场法治建设已取得一系列丰硕制度成果：明确了证券范围的界定及证券法与金融相关部门法的衔接；全面实施注册制改革；进一步完善多层次资本市场建设；加大控股股东、实际控制人的责任追究力度；完善了上市和退市制度；完善了证券违法行为类目；加大了证券违法行为的行政法律责任力度；进一步完善并形成了有中国特色的投资者保护制度。中国资本市场法治建设，应以习近平法治思想为精神引领和指导，以建设资本市场强国、实现中华民族伟大复兴为理想，以"推动建立现代金融体系，构建金融有效支持实体经济的体制机制，完善资本市场基础制度，提高直接融资比重"为改革方向。

第一节 新中国资本市场法治建设沿革

中国证券市场在政府的支持与培育下产生，自成立之初便具有政府介入的特征。政府介入有助于建立合理的规则体系与良好的市场经济环境，在最大程度上减少证券市场发展初期的混乱①。政府的支持与培育也是中国证券市场发展的重要原因。新中国成立后，证券市场一度被取消。改革开放以后，市场的价值逐渐被认可，与市场经济相配套的金融需求也随之产生、增长。为了满足这种需求，在"摸着石头过河"的渐进主义改革路线的指导下，政府有意识、有节奏地培育证券市场②。自20世纪80年代始，以经济体制改革为契机，中国当代证券市场法治正式拉开帷幕，历经萌芽起步、奠定基础、规范发展、日臻完善等阶段，基本法律、行政法规、部门规章、地方性法规、业务规则、自律规范等层出迭现，逐渐建立起具有中国特色的资本市场法治体系。

一、萌芽起步阶段（1980—1992年）

1. 萌芽阶段

1980年6月15日，经成都市政府批准，成都工业展销信托股份公司成立，并于12月25日定向募股集资2000万元；1980年8月，中国农业银行武汉分行东西湖支行慈惠分理处（时称营业所）受托代理东西湖农工商联合企业花木有限股份公司（"武汉东花"），发行公司股票191股（含个人股1股），筹资19.1万元；中国人民银行抚顺分行新抚办事处代理两家砖厂发行股票280股（偿还期为2年），筹资280万元。股份公司的兴起及其"股票"发行，是当代中国证券市场复苏，尤其是证券发行复苏的重要标志③。

1981—1987年，中国共累计发行了362.9亿元的国库券。从1984年开始，上海等地开始发售企业债券，1986年共计有1500余家上海企业发行了债券和国库券。为了保障证券商品发行后广大投资者的合法权益，监管部门先后采取了两种措施：首先是开放国债市场。从1988年开始，在全国61个大中型城市开放国债流通市场，并于1990

---

① 参见弗里特·艾利茨：《证券监管与新兴经济的成长》，伐木人译，伐木人主编：《证券市场与上市公司研究文集》，浙江大学出版社1996年版，第47页。转引自董炯，彭冰：《公法视野下中国证券管制体制的演进》，载罗豪才主编：《行政法论丛》（第5卷），法律出版社2002年版，第22页。
② 与之形成对比的是俄罗斯（苏联）为代表，以"先破后立""乱而后治"为代表的激进式改革。参见张建伟：《法律、经济学与国家治理——法律经济学的治理范式与新经济法理学的崛起》，法律出版社2008年版，第168页。
③ 余丽霞：《中国证券市场发展的回顾和展望》，载《西南金融》2009年第9期。

年扩大到了全国市场的范围内。其次是设立证券运营主体。在1988年，经过中国人民银行的批准同意，全国成立了34家证券公司，主要经营证券发行和证券转让业务。1989年，经过中国人民银行的批准，全国共计成立了400余家信托投资公司。这两项政策的出台，促进了中国证券流通市场逐步走向了正轨[①]。

这一时期，中国资本市场法治建设的萌芽主要表现在以下两个方面。

第一，国务院出台了与债券、股票相关的条例。1981年1月16日，国务院颁布了《中华人民共和国国库券条例》，共11条。政府机构采用摊派发行的方式分配国库券发行指标，并在经济体制改革伊始发行了第一只债券，不但彰显了国家信用的重构，也标志了中国证券发行市场的重启。1987年3月27日，国务院颁布了《企业债券管理暂行条例》。该暂行条例共计共5章30条，对债券开始统一管理，并要求企业就债券还本付息和风险责任进行详细的信息披露。该暂行条例的公布，解决了多种信用形式的发展问题，要求建立更加健全的资金市场，确定由人民银行进行统一管辖，并对利率上限问题进行了明确的规定，形成了清晰的法律规范[②]。为纠正证券发行中的不良现象，国务院于1987年3月28日颁布了《关于加强股票、债券管理的通知》，对股票、债券的发行主体、发行程序、发行用途、审批部门等问题进行了总结和明确。

第二，地方颁布了与股票管理相关的办法。1984年8月10日，上海市政府批准颁布了《关于发行股票的暂行管理办法》，共计有8条，是新中国成立以后首次颁布的涉及证券领域的地方政府规章。同时，中国人民银行上海分行组建了金融行政管理处，逐步在证券发行管理方向走向了正轨。1984年11月18日，经中国人民银行上海分行批准，中国第一只真正意义上的股票"飞乐股份"（上海飞乐音响公司）向社会公众公开发行[③]。到1987年8月，经中国人民银行上海分行金融行政管理处批准发行的股票、债券、大面额可转让存款证的价值总额近30亿元。1987年5月23日，上海市政府发布《上海市股票管理暂行办法》，共6章35条。1988年11月2日，西安市政府发布《西安市股票管理暂行办法》，共6章38条。以上两则地方法规对股票的发行管理、交易管理、红利和股息分配、罚则均列出具体实施细节，可看作是证券方面立法的雏

[①] 钮立新：《中国证券市场发展的回顾与展望》，载《浙江金融》1997年第10期。转引自封涌：《中国当代证券法制变迁研究》，华东政法大学博士学位论文，2017年。

[②] 胡正华：《尽快制定实施细则完善债券管理条例》，载《武汉金融》1987年第11期。转引自封涌：《中国当代证券法制变迁研究》，华东政法大学博士学位论文，2017年。

[③] 在中国资本市场史上，曾有4只股票在不同场合和时期都曾被冠以中国改革开放后"第一只"的名号。分别是：1980年，成都市工业展销信托公司成立发行的股票；1983年，深圳宝安联合投资公司发行的"股金证"；1984年9月，北京天桥百货股份有限公司发行的股票；以及1984年11月，上海飞乐音响股份有限公司向社会公开发行的股票。其中，只有"飞乐股份"是真正意义上的公开发行的股票，不仅面向公司职工亦面向社会公众发行，总股本1万股，每股面值50元，共筹集50万元股金，最符合证券法律制度对于"股票"的传统界定。"飞乐股份"公开发行后，在工行上海市信托投资公司静安证券业务部（新中国第一家代理和转让股票的证券公司）进行交易，上海证券交易所成立后，则成为首批在上海证券交易所挂牌交易的八只股票之一。参见北京日报《纪事》采写组：《共和国震撼镜头：看得见的历史》，中国工人出版社2016年1月版。

形。在此阶段,经过国务院批准,地方开始制定实施企业股份制试点规定①。总之,在这一时期,地方政府担起了主导证券市场发展的责任,并成为证券市场的主要监管者,制定了相应的地方法规,这获得了中央政府的认可②。中央政府也通过《关于加强股票、债券管理的通知》等规范性文件,对证券市场试点的范围、节奏进行控制。

2. 起步阶段(1990—1992 年)

1990 年 12 月,中共十三届七次会议在北京召开,全会审议并通过了《中共中央关于制定国民经济和社会发展十年规划和"八五"计划的建议》,强调要"逐步扩大债券和股票的发行,严格加强管理。发展金融市场,鼓励资金融通,在有条件的大城市建立和完善证券交易所,并形成规范的交易制度"。这将证券市场的发展列入国民经济发展计划中,从而肯定了证券市场应有的地位。

在这一指导思想下,中国沪、深两大交易所先后成立。1990 年 11 月 26 日,上海证券交易所由中国人民银行总行批准建立,并于同年 12 月 19 日开始正式营业;1991 年 4 月 16 日,深圳证券交易所成立。这两个证券交易所的成立标志着中国证券市场正式形成。同年 4 月,经国务院批准,由中国人民银行牵头的股票市场办公会议正式成立。同年 8 月,经中国人民银行批准,中国证券业协会在北京正式成立。

1992 年春,邓小平同志在南方视察时发表了对中国证券市场发展至关重要的谈话,明确提出"证券、股市,这些东西究竟好不好,有没有危险,是不是资本主义独有的东西,社会主义能不能用?允许看,但要坚决地试"③。"东方风来满眼春",邓小平的南方谈话,"犹如一股强劲的东风,驱散了人们思想上的迷雾,丛理论上深刻回答了长期困扰和束缚人们思想的许多重大问题"④"……为证券市场的发展创造了良好的舆论环境和政治气候"⑤。

这一时期,中国资本市场法治建设的起步主要表现在以下三个方面。

第一,企业股份制改造启动;中央政府颁发规范管理证券市场的文件。1992 年 3 月,李鹏同志在七届人大五次会议的《政府工作报告》中指出,"实行股份制是筹集建设资金和监督企业管理的一种有效形式,要积极进行发行股票和证券交易市场的试点工作,使股份制经济为社会主义建设服务"。国务院随后于 1992 年 5 月 15 日颁布了《企业股份制试点办法》和《股份有限公司规范意见》,标志着中国企业股份制改造和企业融资市场化正式启动。

---

① 参见封涌:《中国当代证券法制变迁研究》,华东政法大学博士学位论文,2017 年。
② 参见洪艳蓉:《金融监管治理——关于证券监管独立性的思考》,北京大学出版社 2017 年版,第 285 页;另参见沈朝晖:《证券法的权力分配》,北京大学出版社 2016 年版,第 113—115 页。
③ 《1992 年邓小平南方谈话(全文)》,中国经济网 2012 年 1 月 6 日。网络来源:腾讯网,https://news.qq.com/a/20120118/001693.htm,2021 年 4 月 14 日最后访问。
④ 《中国共产党简史》,中共党史出版社、人民出版社 2021 年版,第 281 页。
⑤ 余丽霞:《中国证券市场发展的回顾和展望》,载《西南金融》2009 年第 9 期。

1992年12月17日，国务院下发《国务院关于进一步加强证券市场宏观管理的通知》，这是中国第一个有关证券市场管理与发展的比较系统的指导性文件。该通知涉及理顺和完善证券市场管理体制；严格规范证券发行上市程序；1993年的证券发行；进一步开放证券市场；抓紧证券市场法制建设；研究制定证券市场发展战略和规划，加强证券市场基础建设；加强证券市场管理，保障证券市场健康发展七个方面的内容。该通知的发布，标志着中国证券市场的管理进入规范化轨道。

第二，沪、深地方政府颁布规章规范股票市场。1990年11月27日，上海市人民政府发布《上海市证券交易管理办法》，对证券发行、交易主管部门、证券交易所、证券商、发行单位之间的权利义务作了划分，并确立了诚信原则、公开原则、禁止原则。此外，上海市政府于1991年11月22日颁布了《上海市人民币特种股票管理办法》、1992年5月18日颁布了《上海市股份公司暂行规定》。上述地方政府规章的出台，对当时上海证券市场行政监管杂乱无章的局面，起到了正本清源的作用，步入了依法对证券市场进行管理的法制轨道①。

1991年6月15日，深圳市政府发布《深圳市股票发行与交易管理暂行办法》，规定："股票发行与交易应遵守公开、公平、公正的原则"，首次提出了"三公"原则，并为后来证券法正式制度所采用并沿袭至今。深圳市于1992年3月17日开始实施《深圳市股份有限公司暂行规定》，对股份有限公司的适用范围进行了全面的规定，具体涉及其设立、合并、终止与清算，对股东的权利义务、盈余分配和罚则也进行了规定②。

第三，证券交易所层面制定业务规则。随着证券市场的发展③，交易所的业务规则也不断推陈出新。根据上海证券交易所网站信息，这两年时间共颁布各类业务规则共计55件，充分体现了中国证券市场建立之初按照国际惯例来构建股票市场的组织、管理和运行框架的思路④。

二、奠定基础阶段（1993—1998年）

1993年第八届人大一次会议上的《政府工作报告》针对股份制改造热潮中出现的

---

①② 参见封涌：《中国当代证券法制变迁研究》，华东政法大学博士学位论文，2017年。

③ 上海证券交易所开业之初，只有8支上市股票，市值只有2.1亿元；在之后短短两年内，不论是从市场规模还是交易规模，上海证券市场均取得了较快的发展。截至1992年年底，在上海证券交易所的上市证券数量达73种（上市股票38种，国债4种，金融债11种，企业债20种），上市总额150.51亿元，市值总值646.75亿元，分别比1991年增长82.5%、104.52%和525.5%。在上市的38种股票中，本地A股有27种，外省市A股2种，本地B股9种，比1991年末增加30种。这38支股票上市总额达到46.94亿元，市价总值558.40亿元，1992年全年股票交易总量达494亿元，比1991年增长29.44倍，股票交易占证券交易量的比重从1991年的17.7%提高到76.3%。参见刘逖著：《上海证券交易所史（1910—2010）》，上海人民出版社2010年版，第190页。转引自封涌：《中国当代证券法制变迁研究》，华东政法大学博士学位论文，2017年。

④ 参见封涌：《中国当代证券法制变迁研究》，华东政法大学博士学位论文，2017年。

不规范现象指出,"股份制是适应市场经济发展的一种企业组织形式,要使之健康发展",强调"在宏观调控下""健康"发展证券市场。1996年3月,李鹏同志在八届人大四次会议的《政府工作报告》中,又提出"积极稳妥地发展债券和股票融资,进一步完善和发展证券市场"。这一精神也被正式写入《国民经济和社会发展"九五"计划和2010年远景目标纲要》(以下简称《九五纲要》)。《九五纲要》明确提出要"坚持以间接融资为主,适当扩大直接融资""积极稳妥地发展债券和股票融资""对银行、信托、保险和证券业实行分业经营,依法管理"。之后,在1997年《政府工作报告》中,亦提出了"规范证券、期货市场,增强风险意识"的要求。

在这一阶段,政府将证券市场纳入正式的国家发展计划中,并形成了清晰明确的发展战略和方针,以高效便捷的方式介入证券市场管理,出台了多部涉及证券市场的法规。更为重要的是,公司法出台、刑法中开始涉及证券相关犯罪行为,初步奠定证券市场法律制度的基础。

1. 大量行政法规、部门规章出台

这个阶段,国务院颁布的证券行政法规及其所属部门颁布的部门规章最多,包括《企业债券管理条例》《可转换公司债券管理暂行办法》《证券交易所管理办法》《证券投资基金管理暂行办法》《公开发行股票公司信息披露实施细则》《禁止证券欺诈行为暂行办法》《证券市场禁入暂行规定》等。据统计,此时已发布的证券法规、规章有250余件[①],加上其他相关规范性文件,共300余件。

1993年4月22日,国务院颁布《股票发行与交易管理暂行条例》,共九章84条,对股票的交易与发行进行了全面的规范与管理,是新中国第一部关于证券市场的行政法规,自此启动中国资本市场法治化基础设施建设进程。该条例允许已成立和经批准拟设立的股份有限公司依法发行股票,从而在行政法规上确认了企业股票融资的合法性,掀起了企业融资市场化的热潮。在很长一段时间,《股票发行与交易管理暂行条例》都发挥了类似于证券市场基本法律制度的作用。同年6月,中国证监会根据《股票发行与交易管理暂行条例》和《股份公司规范意见》制定又公布了《公开发行股票公司信息披露实施细则》,主要内容包括:总则、招股说明书与上市公告书、定期报告、临时报告、其他信息披露、信息事务管理和附则等章节。

根据《股票发行与交易管理暂行条例》,成立于1992年10月的"国务院证券委员会"是全国证券市场的主管机构,中国人民银行不再主管证券市场,从此结束了中国20世纪八九十年代以银行为主导的"金融混业",开始了中国长达30年的金融"分业监管"模式。

1993年9月2日,国务院证券委员会就证券发行、交易买卖,以及内幕交易、暗

---

① 参见董炯,彭冰:《公法视野下中国证券管制体制的演进》,载罗豪才主编《行政法论丛》(第5卷),法律出版社2002年版,第25页。

箱操作、欺诈交易、弄虚作假等行为，发布了《禁止证券欺诈行为暂行办法》，根据各种不同的违法行为，划分了不同的行政责任和民事责任。在涉及刑事责任时，该办法规定对违反本办法的证券管理监督人员，证监会有权建议有关部门依法追究其行政、刑事责任。

总之，这一时期虽有《股票发行与交易管理暂行条例》这一标志性的、为我国资本市场法治建设打下良好基础的法规存在，但缺少由立法机关制定的、以法律形式出现的证券法律制度。为了对证券市场进行监督管理，政府部门不得不颁布大量的行政法规、部门规章。这些行政法规、部门规章填补了证券法律制度的空白，为建设公平、公正、公开的证券市场提供了基本的制度框架，促进了证券市场的发展，并为《证券法》的制定积累了经验，奠定了基础①。但由于没有统一的证券法，有的法律法规、部门规章缺乏衔接，甚至彼此冲突，致使证券业发展不太规范，法律空白为证券投机分子提供了可乘之机，1996年的证券市场危机验证了这点。

2.《公司法》的颁布和《刑法》中的规定

（1）《公司法》的颁布。与1993年《股票发行与交易管理暂行条例》配套"出炉"的是1993年12月29日第八届全国人民代表大会常务委员会第五次会议通过的《中华人民共和国公司法》（以下简称"1993年《公司法》"），二者初步构成了规制中国上市公司的法制框架。1993年《公司法》共11章227条。作为新中国成立以来第一部涉及公司成立、经营、组织、解散、清算的法律规范，第一次以基本法律的形式将股份有限公司和有限责任公司纳入中国企业的法定常态模式，同时确定了证券市场的法律地位，为公司股票和债券的发行上市提供了法律依据。该法作为中国社会主义法制建设的重要成果，在中国经济法律体系中有着举足轻重的地位，对促进中国市场经济发展有着重要作用。

值得一提的是，如果说1993年《公司法》主要是服务于中国当时的国有企业改制、帮助国有企业"建立现代企业制度"的话②，1993年《股票发行与交易管理暂行条例》就不啻是一部旨在服务于国有企业上市交易的法规③。这样一个立法宗旨也决定了《股票发行与交易管理暂行条例》在资本市场基础法律制度建设方面的局限性，例如，仅着眼于股票市场的建立（关于公司债券的相关规定在1993年《公司法》中），作为股票上位概念的"证券"尚未界定于法律层面；对证券市场违法行为的认知不够

---

① 参见吴志攀：《〈证券法〉：证券市场、政府与法律的互动（一）》，载北京大学金融法研究中心主编：《金融法苑》第12、13辑合刊，法律出版社1999年版，第7页。

② 参见1993年《公司法》第1条。"为了适应建立现代企业制度的需要"在2005年10月27日全国人民代表大会常务委员会第十八次会议修订通过的《公司法》（以下简称"2005年《公司法》"）第1条中被删除。

③ 1993年《股票发行与交易暂行条例》第4条规定："股票的发行与交易，应当维护社会主义公有制的主体地位，保障国有资产不受侵害。"与之相对应的企业IPO现实是，民营企业在上市过程中受到一定"歧视"；从1993年至1998年，中国民营上市公司数量始终有限，不超过上市公司总量的10%。参见陈斌等：《中国民营上市公司发展实证研究》，载《证券市场导报》2008年4月，第43页。

深入；投资者保护制度更是付之阙如等。当然，当时中国股票市场处于萌芽发展期，法律制度单一或简化是符合事物发展规律的。

(2)《刑法》中涉及证券犯罪条款。1997年刑法增设证券犯罪改变了证券刑事立法的空白状况，规定了各类主要证券犯罪行为的刑事法律责任，对其进行必要的刑法调控做到了罪刑法定。1997年，中国修订的刑法增加了欺诈发行股票、债券罪；提供虚假财务会计报告罪；擅自发行股票和公司、企业债券罪；内幕交易、泄露内幕信息罪；编造并传播证券交易虚假信息罪；操纵证券市场罪等证券犯罪及刑事责任的规定。对于证券犯罪刑罚设计，1997年刑法规定最高刑期为10年有期徒刑（擅自发行股票和公司、企业债券罪、操纵证券市场罪最高为5年有期徒刑），并处或单处相当数额的罚金。

三、规范发展阶段（1999—2011年）

"世纪之交，西方国家一些人鼓噪所谓中国经济崩溃论。然而，事实证明，中国经济不仅没有崩溃，而且成为全球经济发展的重要力量。"[①] 在这一阶段，中国的资本市场得到不断发展，法治完善亦齐头并进。

1. 1999年《证券法》出台

1997年，首起于泰国泰铢大幅贬值的亚洲金融危机迅速蔓延至马来西亚、新加坡、菲律宾和中国香港等地，亚洲各地区主要货币大幅贬值，同时各地区股票市场出现恐慌性下跌，继而冲击实体经济，造成大量失业甚至政治动荡。尽管当时中国大陆地区并未向国际开放资本市场、波及面较小，但中国香港地区港币和股市却遭到巨大冲击。这促使中国立法者和政府重新审视证券市场的风险程度，并希望加快出台相关法律，以规范证券市场，毕竟在面对破坏力度大、影响面巨幅的金融危机时，1993年《股票发行与交易管理暂行条例》以及其他零散的相关法规显然是捉襟见肘的。

1998年12月29日，第九届全国人民代表大会常务委员会第六次会议通过了《中华人民共和国证券法》（以下简称"1999年《证券法》"），并自1999年7月1日起施行。这是中国第一部真正意义上的"证券法"，从起草到审议通过历时7年，亦在中国立法史上开创了很多第一次——"是中国最贴近市场脉搏、最触动权益行为的第一部经济法律，也是新中国成立以来第一部按照国际上通行的做法，由国家最高立法机构组织起草而不是主要由政府一个行政部门组织起草的经济法律，同时也是第一部首先由大专院校的专家学者牵头组织起草、而后提交全国人大常委会审议通过的经济法

[①] 《中国共产党简史》，中共党史出版社、人民出版社2021年版，第345页。

律"①。1999年《证券法》是在总结市场管理第一手经验基础上制定的法律，符合当时中国的国情，具有较强的操作性②。该法出台，意味着中国证券市场依法治市进入了一个崭新的阶段，标志着中国当代证券法律制度正式确立。

1999年《证券法》共12章214条，对中国证券市场、证券发行、证券上市及退市、禁止某些证券交易行为、证券交易中介机构、证券结算机构、证券监管机构等均做出了法律规定。该法在借鉴国外先进国家的立法技术及立法经验（包括投资工具、管理机关、自律机构、发行制度、交易制度、中介机构以及法律责任等）的同时，也充分注重本国国情，对证券市场中存在的现实问题做出了有针对性的规定。

1999年《证券法》结束了中国证券市场部门法长期空白的状态，标志着中国证券法制的建设开始步入一个新的发展时期，在中国证券市场的发展中具有重要的历史和现实意义。

2. 2005年修订《证券法》

"2000年年底，一篇《基金黑幕——关于基金行为的研究报告》引发了市场的关注，暴露了许多上市公司存在不规范、造假行为等问题。为了严厉打击上市公司的虚假陈述、内幕交易和操纵市场行为，监管部门加强了对上市公司和证券市场的监管。"③

2002年年底，根据中国证监会提供的修改草案，全国人大常委会开始在小范围内讨论修改证券法，在214条中有150处修改建议。2003年6月，全国人大常委会将1999年证券法修改列入了立法计划，并在当年年底交由全国人大常委会审议通过。

2004年1月31日，国务院发布《关于推进资本市场改革开放和稳定发展的若干意见》（国发〔2004〕3号）（以下简称"国九条"）。"国九条"提出了推进资本市场改革和发展的九大原则："充分认识大力发展资本市场的重要意义""推进资本市场改革开放和稳定发展的指导思想和任务""进一步完善相关政策，促进资本市场稳定发展""健全资本市场体系，丰富证券投资品种""进一步提高上市公司质量，推进上市公司规范运作""促进资本市场中介服务机构规范发展，提高执业水平""加强法制和诚信建设，提高资本市场监管水平""加强协调配合，防范和化解市场风险""认真总结经验，积极稳妥地推进对外开放"。"国九条"的推出反映了国家层面对资本市场的高度重视，为《证券法》在2005年的大幅修订指引了方向。

2005年4月，在经过两年的修改，并积极学习域外相关的积极经验，多方面征求社会意见，证券法的修改草案通过了十届全国人大"一读"审议，共计有229条法律条文，新增条款29条，修订95条，删除14条。同年8月，证券法"二读"如期开

---

① 参见《〈证券法〉风雨五周年 起草者话"蓝天法"》，2004年7月1日。搜狐财经：https://business.sohu.com/2004/07/01/72/article220797217.shtml。
② 参见吴志攀：《〈证券法〉：证券市场、政府与法律的互动（一）》，载北京大学金融法研究中心主编：《金融法苑》第12、13辑合刊，法律出版社1999年版，第7页。
③ 曹凤岐：《中国资本市场30年破浪前行》，载《中国金融》2020年第22期。

展。相较于一稿，二稿将修改的重点集中于对司法权进行的约束和必要的监管上，并将公司法中规定股票发行、上市交易监管的相关内容划入证券法的修订草案中。同年10月，证券法修订草案提交"三读"。2005年10月27日，第十届全国人民代表大会常务委员会第十八次会议对《中华人民共和国证券法》作了大幅修订后予以重新颁布（以下简称为"2006年《证券法》"），自2006年1月1日起施行。

较之1999年《证券法》，2006年《证券法》主要在八处进行了大幅修改：相对放松管制，例如，出现了"证券衍生品种"的概念；完善证券发行制度，规定了"非公开发行"的概念；加强对证券公司的监管及风险防范；完善证券上市、交易制度，如降低上市门槛、为非集中交易和场外交易市场预留法律空间；完善信息披露制度；完善上市公司董监事、高管人员、控股股东的信息担保和短线交易归入权的规定。

以历史的眼光来看，2006年《证券法》最突出的亮点之一就是确立了（股票＋公司债券）发行核准制，由中国证监会负责股票、公司债券的发行审核；发行公司债券的，还应接受国务院授权部门的审核监管。而根据1999年《证券法》，尽管股票公开发行已经采取了核准制，但债券发行仍然是审批制。

《证券法》在2005年的这次大幅度修改，是立法机关对中国多年以来证券市场的改革和发展进行的深度总结，亦对中国证券市场运行二十多年来规律的全面回顾，更对中国证券市场的进一步建设进行了规划。在2006年《证券法》的基础上，国务院、中国证监会对相关的证券法律法规进行了完善，交易所的业务规则和协会的自律规范建设也取得一定程度的进展。

3. 行政法规等其他法律渊源更加丰富

这个时期，国务院出台多部行政法规，依法管理证券市场。例如，为了进一步促进证券市场的健康发展，国务院于2008年4月颁布了《证券公司监督管理条例》和《证券公司风险处置条例》，对证券法、公司法、破产法等涉及证券公司监管和风险领域的法律法规进行了补充。

4. 自律规则不断丰富

证券业自律组织的重要性同样得到肯定，尤其体现在自律规范制定方面。如果说，立法者和监管者逐渐意识到行政监管和投资者的民事诉讼是公开市场证券法律制度实施（enforcement）的两大核心机制的话[1]，那么证券交易场所及其他自律组织（SROs）的自律管理就是介乎两者之间的必不可少的有益"补充"。因此，这一阶段，证券交易场所的自律管理意识得到加强。2004年，《证券法》为落实《行政许可法》确立的市场自律优先的原则，进行了应急修改，授权交易所审核公司债券上市。之后2006年《证券法》明确了证券交易所对股票、公司债券上市申请的审核权限。根据2006年

---

[1] 参见汤欣：《私人诉讼与证券执法》，载《清华法学》2007年第3期。

《证券法》强调的"证券监管和市场自律管理相结合"的原则,证券交易所不断根据市场需要更新其业务规则,"近年来,上海、深圳两地证券交易所已经形成了以章程为主导,由相应的上市规则、交易制度、会员管理制度等一类的基本规则为基础,并由相应的业务实施业务操作实施细则、业务规则指引以及一般性的通知相结合的配套体系,在内容上对上市、发行、交易、会员、服务等不同领域都有涉及"①。

四、日臻完善阶段（2012 年起至今）

2012 年 10 月始,中国股票市场开始了第八次 IPO 暂停②,这次暂停一直延续至 2013 年 12 月底。所谓 IPO 暂停,即中国证监会暂停接收审核企业的招股说明书,在暂停期间,企业无法通过 IPO 并上市的方式进行公开融资③。

2013 年 11 月 9 日至 12 日,中共十八届三中全会在北京召开并通过了《中共中央关于全面深化改革若干重大问题的决定》（以下简称《决定》）。在《决定》中,明确提出了"健全多层次资本市场体系,推进股票发行注册制改革"。2014 年 1 月,A 股市场 IPO 重启,同时也启动了证券法的新一轮修改。

2014 年 5 月 9 日,国务院发布《国务院关于进一步促进资本市场健康发展的若干意见》（国发〔2014〕17 号）（以下简称"新国九条"）。"新国九条"提出,进一步促进资本市场健康发展,健全多层次资本市场体系,对于加快完善现代市场体系、拓宽企业和居民投融资渠道、优化资源配置、促进经济转型升级具有重要意义。这对中国资本市场的发展和《证券法》的后续修改起了巨大的推动作用。

2015 年 4 月 20 日,十二届全国人大常委会第十四次会议举行第一次全体会议,"一读"审议了全国人大财政经济委员会提请审议的《证券法》修订草案。其中最引人注目的,就是明确了股票发行注册制。注册制改革为市场所带来的"制度红利"是非常明显的,在 2015 年上半年,沪、深两市快速上涨,上证综指 6 月 12 日盘中达到全年最高 5178.19 点。

但是,此次证券法修改进程由于之后的股市下跌式震荡而放缓。2015 年 6 月 15 日,沪、深两市开始快速下跌,上证综指于 8 月 26 日盘中触及全年最低 2850.71 点,

---

① 封涌:《中国当代证券法制变迁研究》,华东政法大学博士学位论文,2017 年。
② 参见《A 股历史上 8 次 IPO 暂停及重启:3 次下跌》,2015 年 7 月 4 日,新浪财经:http://finance.sina.com.cn/stock/y/20150704/195622592273.shtml。
③ 值得一提的是,正是因为无法通过 IPO 实现融资,这一段时间中国股票市场上的重大资产重组现象,尤其是通过借壳上市"曲线救国"进行 A 股市场融资的行为,非常活跃。根据网络资料,从 2013 年至 2014 年 2 月 25 日,A 股市场上的上市公司完成重组和获得证监会批准的并购案达到 98 宗,涉及金额 2214.8 亿元,其中 2013 年的并购额达 1474 亿元,是 2012 年的 3 倍。参见江欢:《2013 年并购创五年新高 海澜之家 150 亿借壳上市》,载《投资者报》2014 年 3 月 2 日,新浪财经:http://finance.sina.com.cn/stock/s/20140302/232818379512.shtml。但 2016 年《上市公司重大资产重组管理办法》修改之后,"借壳上市"的审核标准与 IPO 审核标准已基本等同。

较全年最高点下跌 44.95%；深证成指于 9 月 15 日盘中触及全年最低 9259.65 点，较全年最高点下跌 49.17%；随后两市维持震荡走势①。2015 年 12 月 27 日，全国人大常委会通过《全国人民代表大会常务委员会关于授权国务院在实施股票发行注册制改革中调整适用〈中华人民共和国证券法〉有关规定的决定》，授权国务院对拟在上海证券交易所、深圳证券交易所上市交易的股票的公开发行，调整适用《中华人民共和国证券法》关于股票公开发行核准制度的有关规定，实行注册制度，具体实施方案由国务院作出规定，报全国人大常委会备案。《授权决定》实施期限为二年，将于 2018 年 2 月 28 日到期。

2017 年 4 月 24 日，证券法修改草案提请全国人大常委会进行"二读"，但注册制具体内容暂不规定。2018 年 2 月 23 日，《关于延长授权国务院在实施股票发行注册制改革中调整适用〈中华人民共和国证券法〉有关规定期限的决定（草案）》提请十二届全国人大常委会第三十三次会议审议。根据决定草案，股票发行注册制授权决定在实施期限届满后，拟延长二年至 2020 年 2 月 29 日。

2019 年 4 月 20 日，《证券法（修订草案）》（三读稿）经全国人大常委会第十次会议审议。2019 年 12 月 28 日，十三届全国人大常委会第十五次会议闭幕会上终于表决通过最新修订的《中华人民共和国证券法》（以下简称"2019 年《证券法》"），并自 2020 年 3 月 1 日起施行。此次修订在证券定义、注册制改革、投资者保护和证券违法行为规制方面都有较大突破。

第二节　新中国资本市场法治理论及其发展

中国资本市场迄今为止 30 年，发展时间并不长，也学习和借鉴了境外成熟市场的一些经验和做法，在资本市场法治思想、基本原则乃至具体制度等方面与域外资本市场法制或多或少有一些相似之处。但同时应当看到，"一个被广泛承认的事实是，处于全方位经济模式转型过程之中的金融市场所承载的复杂性和不可预测性也许是其他经济体所不能比拟的"②。中国资本市场是在特定国情和市场环境下成长发展起来的，指导资本市场建设和完善的理论和基本原则在变迁过程中具有其自身的发展机理，尤其是已逐渐形成具有中国特色社会主义的资本市场法治理论。

---

① 参见中国人民银行金融稳定分析小组：《中国金融稳定报告 2016》，中国金融出版社 2016 年版，第 82 页。中国政府网：http://www.gov.cn/xinwen/2016-06/27/content_5086110.htm。

② 黄韬：《"金融抑制"与中国金融法治的逻辑》，法律出版社 2012 年版，第 3 页。

一、中国资本市场法治实践的理论

1. 从"强调管制为主"转向"监管与发展并重"

以规范或管制为主的法治理念是由资本市场本身性质决定,资本市场必须有着良好的法律秩序。世界各国、各地区的证券法律制度犹如一道枷锁,牢牢地掌控证券市场的发展动向,并严格规制证券交易行为。

1990 年至 1991 年沪深两地先后成立证券交易所,为中国证券市场的发展起了强大的助推作用。短短几年间,中国证券市场就弯道超车走完了证券市场成熟国家多年来的发展历程。虽然中国证券市场发展极为迅速,但其中暴露出监管体系、法律体系的严重不成熟,实践中违反证券市场交易规则的行为屡禁不绝。

20 世纪 90 年代的中国证券市场与 1929 年前美国的金融市场具有相似性。美国在出现经济危机以前,证券市场秩序混乱,银行业与证券行业缺乏明确的界限,并且银行兼管证券市场。20 世纪 90 年代中国证券市场也呈现这番景象,中国人民银行作为证券市场监管主体,同时又积极兴办证券公司与信托公司,导致了证券业与银行业混业经营,银行业的大量资金流向了收益丰厚的证券行业。加之市场投机行为、内幕交易行为的屡屡发生,证券市场陷入混乱之中。

1992 年 6 月在七届全国人大委员长会议上,与会人员讨论制定《证券交易法》,当时万里委员长提出要制定一部专业性很强的《证券交易法》,由北京大学教授厉以宁负责组织起草,其余成员还包括王连洲和曹凤岐教授等人。1992 年 8 月 12 日,起草组正式开始起草工作。由于当时对起草《证券交易法》尚未有清晰的概念,所以起草工作并没有想象中来得顺利。由于《证券交易法》迟迟无法出台,1993 年 4 月 22 日,国务院颁布了《股票发行和交易暂行条例》。这部条例深深地打上了当时历史环境和思想观念的烙印,确立以行政管制为主的功能定位。

在 1997 年至 1998 年的亚洲金融风暴期间,虽然由于中国证券市场未对外开放,没有受到金融风暴的影响,但却给了我们一个警醒。此外,该时期国内的金融市场开始出现股票发行乱象,"包装"公司扎堆上市,操作市场等行为频发。这些行为无疑扰乱了证券市场的正常秩序,接二连三地侵犯到了投资者的利益。外部因素的警醒与内部因素的催化,使《证券法》的制定又一次被提上了日程。金融危机的爆发给我们的警示在于,中国资本实力、金融环境以及相关从业人员的素质等各个方面都暂时难以跟上资本市场强国的步伐,所以此时中国不能过早实行金融自由化,也不能过早地将金融市场、证券市场向国际资本开放。因此,当时的证券法制指导思想立足于规范,强调要采取防范措施，加强对证券市场的管控①。

1999年《证券法》的审议通过，是为防范1997年亚洲金融危机带来的不利影响，其指导思想在于以法制化的形式，实现对证券市场风险的规制和防范。1999年《证券法》立法指导思想定位于全国证券市场秩序的稳定发展。

随着证券市场的日渐成熟，原先出于对资本市场系统性风险的控制而对证券市场施以的严苛管制，逐渐成为证券市场发展的绊脚石。立法者和监管层在汲取域外金融改革经验教训的同时，充分认识了到此时的证券市场需要放松管制、寻求发展，重新审视了《证券法》的功能定位，并在2005年进行修订，即以"监管与发展并重"为理念的2006年《证券法》。这种理念后续也持续体现在了2019年《证券法》中。

2000年国际证监会组织（IOSCO）发布了《证券监管的目标和原则》，确立了证券法制"发展与规范并举"的功能定位。2006年6月8日国际证监会组织召开的第31届年会上，时任中国证监会主席尚福林在年会上表示，中国证监会正在按照IOSCO的《证券监管的目标和原则》，对内地资本市场的监管制度进行完善②。

2006年《证券法》促进了中国经济体制的改革，还缩小了与发达资本市场法制基础制度建设的距离。相较于1999年《证券法》，2006年《证券法》依旧强调政府对于证券市场的监管，但再次重申政府监管与自律管理相结合的原则。2006年《证券法》第8条规定"在国家对证券发行、交易活动实行集中统一监督管理的前提下，依法设立证券业协会，实行自律性管理"；第102条规定"证券交易所是为证券集中交易提供场所和设施，组织和监督证券交易，实行自律管理的法人"；第174条规定"证券业协会是证券业的自律性组织，是社会团体法人"，构建了较为完善的证券市场监管框架。

之后，证券法制秉承"发展理论"继续发展。"发展理论"的意义在于：为提高市场主体之间的竞争力；为创造良好且自由的证券市场环境；为进军国际市场做足准备。立法者意识到一味的管制只能削弱市场发展的潜能以及投资者的积极性和主动性，以促进发展为主的证券法制才能使中国证券市场迸发出更加惊人的能量。

2013年6月29日，第十二届全国人大常委会第三次会议对《证券法》进行第二次修正。2014年8月31日根据第十二届全国人大会常务委员会第十次会议对《证券法》进行第三次修正。上述两次修正是为改变证券市场在实践中的不适应之处，为经济的发展提供更好的环境。

2014年5月9日，国务院发布了《关于进一步促进资本市场健康发展的若干意见》，提出了"积极发展债市、强化信用约束、深化互联互通、加强监管协调"等解决

---

① 郭锋：《新证券法：国家干预与放松管制之平衡》，载《21世纪经济报道》。参见 http://blog.sina.com.cn/s/blog_ 47558079010003o4.html。
② 陆泽峰、李振涛：《证券法功能定位演变的国际比较与中国〈证券法〉的完善》，载《证券法苑》（第五卷），法律出版社2011年版。

方案。证监会新闻发言人将其归纳为"一手抓发展、一手抓规范","发展与规范并举"。

以历史的眼光来看,2006年《证券法》及2013年、2014年的修正,其所蕴含的"发展"理念对于中国资本市场发展的促进作用是较明显的。截至2000年年底,中国境内上市公司数量(含A、B股)仅1088家①。但截至2018年年底,中国境内主板上市公司数(含A股和B股)达至3584家(其中,中小板上市公司数为922家,创业板公司数为730家)②。

2. 投资者保护

投资者是证券市场的资金供给者,也是活跃整个证券交易市场、保证证券发行和交易连续性的重要参与者。中国证券市场虽然日渐壮大,可是在发展历程中,还是出现了许多的问题,如上市公司、中介机构等市场参与主体对投资者(尤其是中小投资者)的恶意误导,因而投资者利益受损等事件屡屡发生。加之投资者自身的证券专业素养参差不齐,对证券领域专业性知识极其匮乏,这也是导致在证券市场中屡次"踩雷"的原因之一。所以加强对投资者的保护势在必行,这不仅有利于树立投资者对证券交易市场的信心,也是发展证券市场的必由之路。

对中小投资者的保护于中国证券市场来说尤具重要意义。目前,中国拥有全球规模最大、交易最为活跃的投资者群体。根据中国证券登记结算有限责任公司披露的数据,截至2021年3月,中国证券市场自然人账户数为18352.81万户,非自然人账户数仅为42.80万户③。自然人账户数占市场总开户数的绝大部分,自然人投资者构成中国证券市场的主力军,自然人投资者又多为中小投资者。

重视投资者保护(尤其是中小投资者保护)具有以下重大意义。

第一,保护中小投资者会鼓励更多的直接投、融资行为。在现代股份公司的构成中,投资者购买公司的股份为公司注入资本金而成为公司的股东。股东与公司之间的契约是一个不完全契约,契约中既无归还本金的规定,也无股利的事先确定,股东拥有的是剩余索取权。股东的索取权排在债权人本息、雇员薪金、供应商账单和政府税收之后,承担着边际风险。从这个意义上讲,股东的利益最没有保障:员工付出努力后就会得到工资,甚至可以威胁公司停止工作;贷款者拥有把公司资产作为贷款抵押品的权力,拖欠债务是明显的违反债务合约,法庭会受理。而投资者一旦投入资金就不能撤回,实际上他们的投资基本上已经沉没,资产专用性程度高,再利用的价值很低,这对投资者十分不利。为鼓励投资者最初的投资和不断的投资,需要对投资者权

---

① 参见中国证券监督管理委员会编:《中国证券监督管理委员会年报2013》,中国财政经济出版社2014年版,第84页附表1。

② 参见中国人民银行金融稳定分析小组:《中国金融稳定报告2019》,附表18。中国政府网:http://www.gov.cn/xinwen/2019-11/26/content_5455673.htm。

③ 参见中国证券登记结算有限责任公司,http://www.chinaclear.cn/zdjs/tjyb2/center_tjbg.shtml。

益进行有效的保护。

第二，重视投资者保护能加强抵挡资本市场系统性风险、金融危机的能力。对投资者保护程度与金融危机的深度相关，尤其是在危难时期更需要对投资者进行保护。研究表明，在亚洲金融危机期间，对投资者保护较弱的法域，如印度尼西亚，货币贬值和股市下跌的幅度最大；对投资者保护标准较高的法域能更好地抵挡市场的骚乱。

第三，重视投资者保护能促进资本市场的发展。投资者凭藉一系列的法律维护他们的合法权利，以及权利被侵犯时获得赔偿的权利，如自由转让股份，不受经理阶层的约束选举董事，当董事违背信托职责时有权起诉董事，等等。这些法律法规促使社会公众积极参与股票市场，推动了资本市场的发展。如果投资者的利益受到侵犯而又无法诉诸法律时，将严重地打击投资者的信心，投资者会选择"用脚投票"退出市场，从而导致资本市场的萎缩。因此，没有强有力的投资者保护制度，资本市场不可能得到充分的发展，整个市场经济体制也难以有效运转。

2006年《证券法》在加强投资者权益保护力度领域进行了两个方面的重要调整：一是建立证券投资者保护基金制度。2005年6月30日，经国务院批准，中国证监会、财政部、中国人民银行联合发布了《证券投资者保护基金管理办法》，设立中国投资者保护基金，这是保护中小投资者合法权益的体现，更是中国证券市场监管制度的创新。同时，在2006年《证券法》第134条规定："国家设立证券投资者保护基金。证券投资者保护基金由证券公司缴纳的资金及其他依法筹集的资金组成，其筹集、管理和使用的具体办法由国务院规定"，以立法方式确定了投资者保护基金制度。二是建立证券投资者的损害赔偿制度。第76条"内幕交易行为给投资者造成损失的，行为人应当依法承担赔偿责任"，以及第77条"操纵证券市场行为给投资者造成损失的，行为人应当依法承担赔偿责任"等，赔偿制度犹如一颗"定心丸"，给投资者提供法律救济的同时，也增加了投资者的信心，避免其因证券市场上不法行为，对证券市场望而却步。

2019年《证券法》更是设专章规定投资者保护制度，明确规定了投资者适当性制度、明确投资者保护机构的法律地位、明确证券支持诉讼、规定先行赔付制度、建立证券代表人诉讼制度（尤其是特别代表人诉讼）。这些都堪称"具有中国特色"的投资者保护制度，是中国现阶段资本市场法治建设成果的重要表现[①]。

二、形成中国特色社会主义资本市场法治理论

习近平总书记曾指出，"党的领导是中国特色社会主义法治之魂，是我们的法治同

---

① 详见本章第三部分"现阶段中国资本市场法治建设的成果"。

西方资本主义国家的法治最大的区别"①。中国的资本市场法治建设同样要坚持党的领导。邓小平理论、"三个代表"重要思想和科学发展观，以及习近平新时代中国特色社会主义思想，蕴含着丰富的法治思想，形成并不断发展了中国特色社会主义法治理论，在中国资本市场发展的每一关键步骤、每一重要阶段都提供了精神指导、方向引领和原则保障。

党的十一届三中全会以来，以邓小平同志为主要代表的中国共产党人，总结新中国成立以来正反两方面的经验，解放思想，实事求是，实现全党工作中心向经济建设的转移，实行改革开放，逐步形成了建设中国特色社会主义的路线、方针、政策，阐明了在中国建设社会主义、巩固和发展社会主义的基本问题，创立了邓小平理论②。

党的十三届四中全会以来，以江泽民同志为主要代表的中国共产党人，在建设中国特色社会主义的实践中，加深了对什么是社会主义、怎样建设社会主义和建设什么样的党、怎样建设党的认识，积累了治党治国新的宝贵经验，形成了"三个代表"重要思想③。

1992年10月，江泽民同志在党的十四大上作了题为《加快改革开放和现代化建设步伐 夺取有中国特色社会主义事业的更大胜利》的工作报告。该报告确定中国经济体制改革的目标是建立社会主义市场经济体制，并明确提出要积极培育债券、股票等有价证券的金融市场。

党的十六大以来，以胡锦涛同志为主要代表的中国共产党人，坚持以邓小平理论和"三个代表"重要思想为指导，根据新的发展要求，深刻认识和回答了新形势下实现什么样的发展、怎样发展等重大问题，形成了以人为本、全面协调可持续发展的科学发展观④。

2007年10月15日，胡锦涛同志在党的十七大报告指出："优化资本市场结构，多渠道提高直接融资比重。加强和改进金融监管，防范和化解金融风险。"在这一思想的指导和引领之下，中国资本市场以2006年《证券法》为制度基础，既重视市场监管、防范系统性风险，又着眼于发展市场、改革发行制度和保护投资者权益。

2012年11月8日，胡锦涛同志在党的十八大报告指出："深化金融体制改革，健全促进宏观经济稳定、支持实体经济发展的现代金融体系，加快发展多层次资本市场……"在这一思想的指导和引领之下，中国开始了真正意义的多层次资本市场建设步伐。国务院陆续发布《国务院关于清理整顿各类交易场所、切实防范金融风险的决定》（国发〔2011〕38号）、《国务院办公厅关于清理整顿各类交易场所的实施意见》

---

① 习近平：《在省部级主要领导干部学习贯彻党的十八届四中全会精神全面推进依法治国专题研讨班上的讲话》（2015年2月2日），载中共中央文献研究室编《习近平关于全面依法治国论述摘编》，中央文献出版社2015年版，第35页。

②③④ 王晨：《习近平法治思想是马克思主义法治理论中国化的新发展新飞跃》，载《中国法学》2021年第2期。

（国办发〔2012〕37号）、《国务院关于全国中小企业股份转让系统有关问题的决定》（国发〔2013〕49号）等文件，在清理整顿各类交易场所、区域性股权交易市场的同时，于2013年1月建立了全国中小企业股份转让系统。

2013年11月，党的十八届三中会全在《中共中央关于全面深化改革若干重大问题的决定》中指出，"要建立公平开放透明的市场规则，完善主要由市场决定价格的机制，建立城乡统一的建设用地市场，完善金融市场体系，深化科技体制改革""经济体制改革是全面深化改革的重点，核心问题是处理好政府和市场的关系，使市场在资源配置中起决定性作用和更好发挥政府作用。市场决定资源配置是市场经济的一般规律，健全社会主义市场经济体制必须遵循这条规律，着力解决市场体系不完善、政府干预过多和监管不到位问题"，并明确提出了"健全多层次资本市场体系，推进股票发行注册制改革"这一重要指示，由此拉开中国注册制改革的序幕。可以说，没有党的十八届三中会全的精神引领，就没有现阶段注册制改革的阶段性成果出现。

党的十八大以来，以习近平总书记为主要代表的中国共产党人，顺应时代发展，从理论和实践结合上系统回答了新时代坚持和发展什么样的中国特色社会主义、怎样坚持和发展中国特色社会主义这个重大时代课题，创立了习近平新时代中国特色社会主义思想[①]。党的十八大以来，习近平总书记对资本市场做出了一系列重要指示批示，深刻回答了新时代需要什么样的资本市场、怎样建设好资本市场的重大课题，为新时代资本市场改革发展指明了方向[②]。

2017年10月18日，习近平总书记在党的十九大报告中指出，"中国特色社会主义进入新时代，意味着近代以来久经磨难的中华民族迎来了从站起来、富起来到强起来的伟大飞跃，迎来了实现中华民族伟大复兴的光明前景；意味着科学社会主义在21世纪的中国焕发出强大生机活力，在世界上高高举起了中国特色社会主义伟大旗帜；意味着国特色社会主义道路、理论、制度、文化不断发展，拓展了发展中国家走向现代化的途径，给世界上那些既希望加快发展又希望保持自身独立性的国家和民族提供了全新选择，为解决人类问题贡献了中国智慧和中国方案"。习近平总书记在党的十九大报告中进一步指出，"深化金融体制改革，增强金融服务实体经济能力，提高直接融资比重，促进多层次资本市场健康发展。……健全金融监管体系，守住不发生系统性金融风险的底线"。

党的十八届四中全会《决定》明确提出，全面推进依法治国、建设社会主义法治国家，必须坚持中国共产党的领导、坚持人民主体地位、坚持法律面前人人平等、坚

---

① 王晨：《习近平法治思想是马克思主义法治理论中国化的新发展新飞跃》，载《中国法学》2021年第2期。
② 易会满：《努力建设规范透明开放有活力有韧性的资本市场》，载《证券日报》2019年9月12日第A01版。

持依法治国和以德治国相结合、坚持从实际出发五项基本原则。习近平总书记指出，"全面推进依法治国，必须从中国实际出发，同推进国家治理体系和治理能力现代化相适应，既不能罔顾国情、超越阶段，也不能因循守旧、墨守成规""坚持从中国实际出发，不等于关起门来搞法治。法治是人类文明的重要成果之一，法治的精髓和要旨对于各国国家治理和社会治理具有普遍意义，我们要学习借鉴世界上优秀的法治文明成果。但是，学习借鉴不等于是简单的拿来主义，必须坚持以我为主、为我所用，认真鉴别、合理吸收，不能搞'全盘西化'，不能搞'全面移植'，不能照搬照抄"①。因此，在习近平新时代中国特色社会主义思想的引领和指导下，中国的资本市场法治建设也要坚持"道路自信、理论自信、制度自信、文化自信"，即使借鉴域外资本市场的具体制度和做法、经验，也不能照搬照抄，而是要根据中国的国情大胆探索中国道路、中国模式、中国学派，注重总结资本市场改革、资本市场法治建设中的中国独特做法与经验，努力探索出既符合国际经验惯例又符合中国实际国情的资本市场法治建设道路。一方面，习近平总书记在党的十八届四中全会《决定》的说明中指出，应当深入推进民主立法、科学立法。"深入推进科学立法、民主立法、抓住提高立法质量这个关键"②"科学立法的核心在于尊重和体现客观规律"③。中国资本市场法治建设需要完善《证券法》，提升《证券法》的立法质量。2019年《证券法》不是对旧版《证券法》的小修小改，也并非是对他国证券法的移植，"而是一个反映中国证券市场发展阶段性特点、充满中国元素和中国方案、勾画中国资本市场跨越式改革蓝图的版本"④。该《证券法》"具有中国特色"的投资者保护制度，例如先行赔付、特别代表人诉讼制度等，就是"中国模式"的具体体现。在拥有庞大规模自然人投资者数量的中国资本市场探索投资者权益保护，绝对会为其他法域提供有益经验。中国资本市场的法治建设，同样以"为人民谋幸福、为民族谋复兴、为世界谋大同"为目标。另一方面，中国资本市场法治建设需要证监会等监管机构"不忘初心、牢记使命"，需要证监会"组织专门力量，围绕市场反映比较集中的关键性方向性问题进行研究论证，加强资本市场顶层设计，成熟一项推出一项"⑤。

总之，中国资本市场的法治建设，是在党的领导下，以邓小平理论、"三个代表"重要思想和科学发展观，以及习近平新时代中国特色社会主义思想为引领的，具有中国特色的社会主义资本市场法治建设。

---

①② 习近平：《加快建设社会主义法治国家》，载《求是》2015年第1期。
③ 习近平：《关于〈中共中央关于全面推进依法治国若干重大问题的决定〉的说明》（2014年10月20日），载中共中央文献研究室编《十八大以来重要文献选编（中）》，中央文献出版社2016年版，第150页。
④ 叶林：《〈证券法〉修改：中国资本市场法制建设的一次飞跃》，载《投资者》2020年第1期。
⑤ 易会满：《努力建设规范透明开放有活力有韧性的资本市场》，载《证券日报》2019年9月12日第A01版。

第三节　现阶段中国资本市场法治建设的制度成果

习近平总书记说，"人民群众对立法的期盼，已经不是有没有，而是好不好、管不管用、能不能解决实际问题；不是什么法都能治国，不是什么法都能治好国。越是强调法治，越是要提高立法质量"①。2019年《证券法》着力解决中国自己的现实问题，最大限度地凝聚了既有共识，从全面深化改革、防范市场风险、切实保护投资者权益以及提高上市公司质量等多个方面，进一步完善了我国资本市场法律制度，为打造规范、透明、开放、有活力、有韧性的资本市场，提供了坚强的法治保障。该《证券法》在证券定义、注册制改革、投资者保护和证券违法行为规制方面都有较大突破，堪称中国资本市场法治建设的阶段性成果，也必将成为引领中国证券法制发展方向的重大标志。

一、关于证券范围的界定及证券法与金融相关部门法的衔接

根据2019年《证券法》第2条的规定，2019年《证券法》的适用范围主要如下：

（1）股票、公司债券、存托凭证和国务院依法认定的其他证券的发行和交易，适用2019年《证券法》；

（2）政府债券、证券投资基金份额的上市交易，适用2019年《证券法》（其他法律、行政法规另有规定的，适用其规定）；

（3）资产支持证券、资产管理产品发行、交易的管理办法，由国务院依照2019年《证券法》的原则规定。

因此，目前属于2019年《证券法》调整范围的证券品种有：股票、公司债券、存托凭证、政府债券、证券投资基金份额，以及国务院依法认定的其他证券。其中，国债的发行不属于2019年《证券法》调整范畴，由《国库券发行条例》予以规制。证券投资基金份额的发行则由《证券投资基金法》予以调整。

与2005年《证券法》第2条相比，明确被扩张的证券品种是存托凭证。存托凭证，或称为存托证券、存券收据，作为一种让境外上市公司得以实现境内证券出售目的的金融工具，在美国、日本、韩国、中国香港地区、中国台湾地区等域外证券法制中都明确属于"证券"。2018年3月22日《国务院办公厅转发证监会关于开展创新企业境内发行股票或存托凭证试点若干意见的通知》（国办发〔2018〕21号，以下简称

---

① 习近平：《在十八届中央政治局第四次集体学习时的讲话》（2013年2月23日），载中共中央文献研究室编《习近平关于全面依法治国论述摘编》，中央文献出版社2015年版，第43页。

《存托凭证试点若干意见》）明确"试点企业在境内的股票或存托凭证相关发行、上市和交易等行为，均纳入现行证券法规范范围"。中国证监会亦于2018年6月4日发布了《存托凭证发行与交易管理办法（试行）》。根据《存托凭证试点若干意见》和《存托凭证发行与交易管理办法（试行）》的规定，存托凭证具有如下法律特征。

第一，存托凭证是由存托人签发。存托凭证，是指由存托人签发、以境外证券为基础在中国境内发行、代表境外基础证券权益的证券。

第二，基础证券发行人负有参与发行存托凭证、履行信息披露的义务。基础证券发行人应符合证券法关于股票等证券发行的基本条件，参与存托凭证发行，依法履行信息披露等义务，并按规定接受证监会及证券交易所监督管理。

第三，基础证券发行人参与存托协议的签订，且存托协议是规范基础证券发行人、存托人和存托凭证持有人之间权利义务的基础协议。"存托人应按照存托协议约定，根据存托凭证持有人意愿行使境外基础证券相应权利，办理存托凭证分红、派息等业务"；凭证持有人享有基础证券权益，应"按照存托协议约定，通过存托人行使其权利"。

2019年《证券法》第2条第三款还规定，"资产支持证券、资产管理产品发行、交易的管理办法，由国务院依照本法的原则规定"。

由于金融监管区隔，中国金融实务中存在两类资产证券化业务，即有两大类金融机构发售的资产支持证券：一类是由信托公司开展、并受银保监会监管的信贷资产证券化业务，另一类则是由证券公司、基金公司子公司开展、并受证监会监管的企业资产证券化业务①。这两类资产支持证券，有"证券化产品的证券属性"，如果进行公开发售的话，应参照《证券法》的相关规定，"充分利用证券法的强制信息披露和反欺诈制度更好地保护投资者……"②

2005年《证券法》第10条关于"公开发行"的规定为后续同步"证券"与"资管产品"的公开发行规制提供了初步的法律基础③。2005年《证券法》第10条第二款规定，"有下列情形之一的，为公开发行：……（二）向特定对象发行证券累计超过二百人的……"权益持有人累计是否超过200人，由此成为公开发行与非公开发行（私

---

① 根据《证券公司及基金管理公司子公司资产证券化业务管理规定》（中国证券监督管理委员会公告〔2014〕49号）第3条第三款规定，"基础资产可以是企业应收款、租赁债权、信贷资产、信托受益权等财产权利，基础设施、商业物业等不动产财产或不动产收益权，以及中国证监会认可的其他财产或财产权利。"其中，亦包括"信贷资产"。但根据《金融机构信贷资产证券化试点监督管理办法》（中国银行业监督管理委员会令2005年第3号）第8条的规定，金融机构的信贷资产应委托给特定目的信托受托机构，而特定目的受托机构"由依法设立的信托投资公司或者银监会批准的其他机构担任"。

② 洪艳蓉：《重启资产证券化与中国的发展路径》，载《证券市场导报》2011年9月，第12页。

③ 2019年《证券法》第9条亦基本沿袭了2005年《证券法》第10条以"200人"为界区分公开发行与否的思路，但2019年《证券法》第9条第二款第（二）项对"向特定对象发行证券累计超过二百人的"情形加了一个"但书"，即"但依法实施员工持股计划的员工人数不计算在内"。

募）的界限①。"200 人"的界限，不仅适用于证券公开发行，而且在多年的学术争议和监管部门利益博弈后被监管者一致认可亦适用于资管产品的公开发行。在《资管新规》中就明确了《证券法》中关于公开发行的规定对资管产品的适用性，"资产管理产品按照募集方式的不同，分为公募产品和私募产品。公募产品面向不特定社会公众公开发行。公开发行的认定标准依照《中华人民共和国证券法》执行。私募产品面向合格投资者通过非公开方式发行"。

二、关于注册制的改革及其实施

2019 年《证券法》第 9 条规定，"公开发行证券，必须符合法律、行政法规规定的条件，并依法报经国务院证券监督管理机构或者国务院授权的部门注册。未经依法注册，任何单位和个人不得公开发行证券。证券发行注册制的具体范围、实施步骤，由国务院规定"。

根据 2019 年《证券法》第 21 条的规定，中国显然采用的是"向证监会注册、交易所审核"的模式。国务院证券监督管理机构或者国务院授权的部门依照法定条件负责证券发行申请的注册。证券公开发行注册的具体办法由国务院规定。按照国务院的规定，证券交易所等可以审核公开发行证券申请，判断发行人是否符合发行条件、信息披露要求，督促发行人完善信息披露内容。依照前两款规定参与证券发行申请注册的人员，不得与发行申请人有利害关系，不得直接或者间接接受发行申请人的馈赠，不得持有所注册的发行申请的证券，不得私下与发行申请人进行接触。

中国最早适用注册制的是上海证券交易所科创板。2018 年 11 月 5 日，习近平总书记在进博会上宣布在上海证券交易所设立科创板并试点注册制，这为股票发行注册制指明了基本方向。2019 年 3 月 1 日，中国证监会制定并公布《科创板首次公开发行股票注册管理办法（试行）》。根据《科创板首次公开发行股票注册管理办法（试行）》的规定，首次公开发行股票并在科创板上市，应当符合发行条件、上市条件以及相关信息披露要求，依法经上海证券交易所发行上市审核并报经中国证券监督管理委员会履行发行注册程序。按照 2019 年《证券法》第二章的规定，中国证券公开发行审核制度为注册制，这意味着在上海证券交易所主板、深圳证券交易所主板和创业板，以及证券交易所根据证券品种、行业特点、公司规模等因素所设立的其他层次的市场板块的首次公开发行及上市都将适用注册制。

---

① 随着一系列行政法规和规范性文件的解读，"200 人"由"公开发行"与"非公开发行"间的界限，最后实际又变成了"公开"（发行或交易）与"非公开"（发行或交易）之间的界限。例如，《关于严厉打击非法发行股票和非法经营证券业务有关问题的通知》（国办发〔2006〕99 号）第三条第（二）项规定，"严禁如下变相公开发行股票：……向特定对象转让股票，未依法报经证监会核准的，转让后，公司股东累计不得超过 200 人。严禁任何公司股东自行或委托他人以公开方式向社会公众转让股票"。"转让"其实属于交易范畴。

科创板于 2019 年 6 月 13 日正式开板，首批 25 家公司于 7 月 22 日正式上市交易。截至 2021 年 4 月 14 日，科创板上市公司数量已达 261 家，上市股票为 261 只[①]。

2020 年 4 月 27 日，中央全面深化改革委员会第十三次会议审议通过了《创业板改革并试点注册制总体实施方案》（以下简称《创业板注册总体方案》）。中国证监会于 6 月 12 日公布《创业板上市公司证券发行注册管理办法（试行）》。截至 2021 年 4 月，已有 129 家企业创业板 IPO 注册已生效[②]。

在注册制改革试点的过程中，证监会从中国国情出发，初步建立了"一个核心、两个环节、三项市场化安排的"注册制架构[③]，为全市场施行注册制积累了经验。其中，一个核心是指以信息披露为核心；两个环节是指将审核注册分为交易所审核与证监会注册两个各有侧重、但相互衔接的环节；三项市场化安排是指设立多元包容的发行上市条件、建立市场化的新股发行承销机制与构建公开透明可预期的审核注册机制。

三、关于多层次资本市场制度的建设和变革

早在 2003 年 10 月，党的十六届三中全会通过的《中共中央关于完善社会主义市场经济体制若干问题的决定》中就提出"扩大直接融资，建立多层次的资本市场体系，完善资本市场结构，丰富资本市场产品，规范和发展主板市场，推进风险投资和创业板市场建设。"这是中国在政策层面关于"多层次资本市场体系"的第一次正式表述。2012 年 11 月 8 日，胡锦涛同志在党的十八大报告中再次指出，"……加快发展多层次资本市场……"

但是，立法者和监管者对于"多层次资本市场"的理解其实是逐步加深。从中国资本市场结构的建设过程来看，监管者显然曾经简单地仅将一个证券交易所理解为一个层次[④]。但是，一个证券交易场所就是一个市场本身，市场本身就是多层次的。2019 年《证券法》第 97 条规定，"证券交易所、国务院批准的其他全国性证券交易场所可以根据证券品种、行业特点、公司规模等因素设立不同的市场层次"。这意味着允许证券交易场所自身将设置"多层次"市场板块。

区分市场板块层次的标准主要是上市条件的严苛程度或上市门槛的高低与否，依据这一标准，目前中国上海证券交易所的主板、深圳证券交易所的主板是中国的

---

① 资料来源：上海证券交易所：http://www.sse.com.cn/market/stockdata/statistic/，2021 年 4 月 14 日最后访问。

② 资料来源：深圳证券交易所：http://listing.szse.cn/projectdynamic/ipo/index.html，2021 年 4 月 14 日最后访问。

③ 参见易会满：《国务院关于股票发行注册制改革有关工作情况的报告》，载《全国人民代表大会常务委员会公报》2020 年第 5 期。

④ 例如，将上海证券交易所打造成所谓"主板"，将深圳证券交易所打造成所谓"二板"。

主板市场[①]，深圳证券交易所的创业板和上海证券交易所的科创板是中国的二板市场。

上海证券交易所的科创板有一定特殊性，将其理解为上海证券交易所的二板市场（或中国二板市场的一部分），有合理性或可取之处。虽然从上市条件的严苛程度或上市门槛的高低这一标准来看，似乎很难仓促或完全地将科创板直接定性为二板市场，因为与主板上市标准相比，科创板的发行上市条件更加多元化且富包容性，似乎不在一个评价体系。但是，结合注册制的改革进程来看，发行上市条件的多元化、多样性和包容性，应该是中国多层次各板块发行上市条件的发展趋势。

两大证券交易所市场属于传统理论中的场内交易市场，与之相对的则是场外市场。在传统理论中，场外市场又分为三板市场和四板市场；中国目前三板市场即全国中小企业股份转让系统（以下简称"全国股转系统"），四板市场则主要指区域性股权交易市场。全国股转系统自2013年1月即已建立，但由于2005年《证券法》第六章题为"证券交易所"，以致全国股转系统在很长一段时间内于证券法上都找不到明确其法律地位的依据（最多只能通过2005年《证券法》第10条关于"200人"即已构成"公开"市场的理解，将其归为公开市场）。2019年《证券法》将2005年《证券法》中的"证券交易所"改为"证券交易场所"，就旨在将场外市场亦纳入证券法规制范围。2019年《证券法》第96条明确了"国务院批准的其他全国性证券交易场所"作为证券公开交易场所的法律地位；第98条明确了区域性股权交易市场是为非公开发行证券提供发行和转让服务的场所的法律地位。

2021年3月，《全国中小企业股份转让系统挂牌公司向上海证券交易所科创板转板上市办法（试行）》和《深圳证券交易所关于全国中小企业股份转让系统挂牌公司向创业板转板上市办法（试行）》出台，全国中小企业股份转让系统精选层与场内市场之间的转板制度初步建立，多层次资本市场的架构进一步完善。

四、控股股东、实际控制人责任的加大

相比2005年《证券法》，2019年《证券法》明显加大了控股股东、实际控制人的责任，主要表现在如下三个方面。

其一，控股股东、实际控制人的回购责任。2019年《证券法》第24条规定，"国务院证券监督管理机构或者国务院授权的部门对已作出的证券发行注册的决定，发现不符合法定条件或者法定程序，尚未发行证券的，应当予以撤销，停止发行。已经发

[①] 2021年2月，经国务院同意，中国证监会正式批复深圳证券交易所合并主板与中小板。参见《证监会批准深圳证券交易所主板与中小板合并》，http：//www.csrc.gov.cn/pub/newsite/zjhxwfb/xwdd/202102/t20210205_392296.html。

行尚未上市的，撤销发行注册决定，发行人应当按照发行价并加算银行同期存款利息返还证券持有人；发行人的控股股东、实际控制人以及保荐人，应当与发行人承担连带责任，但是能够证明自己没有过错的除外。股票的发行人在招股说明书等证券发行文件中隐瞒重要事实或者编造重大虚假内容，已经发行并上市的，国务院证券监督管理机构可以责令发行人回购证券，或者责令负有责任的控股股东、实际控制人买回证券"。因此，当出现欺诈发行时，发行人负有责任的控股股东和实际控制人可能需要承担购回已发行证券的责任。

其二，2019年《证券法》第84条第二款规定，控股股东、实际控制人等作出公开承诺的，应当披露。不履行承诺给投资者造成损失的，应当依法承担赔偿责任。

其三，在虚假陈述民事责任的承担方面，2019年《证券法》第85条将2005年《证券法》第69规定的过错责任归责原则改为过错推定。当发行人因虚假陈述而承担赔偿责任时，发行人的控股股东、实际控制人与发行人一起承担连带赔偿责任，除非能够证明自己没有过错。

五、上市和退市制度的改革

结合发行注册制改革，2019年《证券法》对中国的上市制度亦进行了重大改革。2019年《证券法》第47条规定，"申请证券上市交易，应当符合证券交易所上市规则规定的上市条件。证券交易所上市规则规定的上市条件，应当对发行人的经营年限、财务状况、最低公开发行比例和公司治理、诚信记录等提出要求"。证券上市的条件不再由《证券法》规定，而是由证券交易所来进行具体规定。一方面，增加了证券交易所在上市条件/门槛方面的自主决定权；另一方面，也便于证券交易所结合招股说明书等公开发行申请文件进行全面核查。

退市制度的实质是对上市公司进行"优胜劣汰"。在2019年《证券法》进行相应修改之前，中国上市公司退市的大致流程是：退市风险——*ST——暂停上市——终止上市决定——退市整理期——摘牌。根据2005年《证券法》第55条和第56条规定，如果上市公司连续三年亏损，则导致暂停上市；如果在其后一个年度内未能恢复盈利，则导致终止上市，即连续四年亏损才退市。不仅退市程序复杂、退市期亦非常漫长，这在某种程度上导致中国很长一段时间内"退市难"。

2019年《证券法》取消了暂停上市、恢复上市制度。由于上市条件由证券交易所规定，相应的退市条件也由证券交易所自主决定，充分尊重市场自身的意愿。

六、证券违法行为类目的完善

1. 明确程序化交易规范原则

程序化交易是一个比较宽泛的概念,其内涵在不断演化。纽约证券交易所曾将程序化交易定义为"包括购买或卖出的股票在 15 只以上,且成交额在 100 万美元以上广泛的组合交易策略",但在 2013 年删除了交易规模的限制。这一定义主要强调组合投资者策略,与电脑系统的程序化交易关系不大。随着量化投资者理论的发展和电子计算机的应用,市场开始运用电脑从事证券分析、建模、组合选择和交易执行,即所谓的系统化交易,从而形成现代意义的程序化交易的雏形。随着技术的进一步发展,新的市场接口模式、费用结构调整、速度延迟的大幅降低以及不同交易所指令流的相互竞争,使程序化交易发展到更为广泛的算法交易和高频交易领域。

程序化交易是技术进步与市场创新的表现,既体现出改善市场流动性、提高市场价格发现效率的积极作用;也可能存在加大市场波动、影响市场公平性、增加技术系统压力等消极影响。中国程序化交易起步较晚,但近年来快速发展,形成一定规模,也出现了程序化交易技术风险导致市场大幅波动、利用程序化交易从事违法违规行为等情况。其中,"光大乌龙指事件"是近年来发生的较为典型的因为程序化交易而导致市场大幅波动的事件。2013 年 8 月 16 日 11 时 05 分,光大证券在进行 ETF 申赎套利交易时,因策略交易系统程序错误,造成以 234 亿元的巨量资金申购 180ETF 成分股,实际成交 72.7 亿元,引发市场剧烈波动,造成恶劣社会影响[①]。

总体来看,基于中国资本市场自然人投资者多、交易换手率高、价格波动性大等特点,对程序化交易需要进行规范管理。2005 年《证券法》没有对于程序化交易做出规定,使程序化交易缺乏可遵循的基本行为规范。2019 年《证券法》第 45 条明确了有关程序化交易管理的规定,为程序化交易的合法性提供了法律基础。

2019 年《证券法》第 45 条规定,"通过计算机程序自动生成或者下达交易指令进行程序化交易的,应当符合国务院证券监督管理机构的规定,并向证券交易所报告,不得影响证券交易所系统安全或者正常交易秩序"。

一是明确进行程序化交易的原则要求。程序化交易是市场利用技术进行创新的成果,在境外证券期货市场使用较为普遍,交易量占比较高,是未来证券市场发展的一个重要方向。中国程序化交易处于快速发展阶段,应当支持程序化交易进行规范发展。在允许进行程序化交易的同时,也不得影响证券交易所系统安全或者正常交易秩序。

二是进行程序化交易应当符合国务院证券监督管理机构的规定。基于程序化交易

---

① 参见中国证监会(2013)59 号《行政处罚决定书》。

的两面性和复杂性，2019年《证券法》通过授权监管机构做出规定的方式，对程序化交易实施监管。

三是进行程序化交易应当向证券交易所报告。程序化交易投资者由于程序化交易使用复杂计算机软件和系统进行交易，实现自动化运作，容易出现技术故障、重大差错等异常事件，对市场秩序和交易安全造成较大冲击。因此，进行程序化交易应当向证券交易所报告，并且不得影响证券交易所系统安全或者正常交易秩序。证券交易所将根据证券监督管理机构的规定制定有关进行程序化交易报告的具体业务规则，明确程序化交易管理的具体内容和报告要求。2020年3月20日修改的《证券交易所管理办法》（中国证券监督管理委员会令第166号）第48条也规定，证券交易所应当制定业务规则，对程序化交易进行监管。

2. 明确利用未公开信息交易的违法性

利用未公开信息交易，即所谓"老鼠仓"行为。在中国，利用未公开信息交易某种意义上是一种"执法先于立法"的证券违法行为①。

2009年《刑法修正案（七）》在《刑法》第180条"内幕交易、泄露内幕信息罪"项下新增第四款，即"利用未公开信息交易罪"。2013年，《证券基金法》也进行修改，在第21条项下新增第（六）项，规定公募基金的基金管理人及其董事、监事、高级管理人员和其他从业人员不得泄露利用职务便利获取的未公开信息，也不得利用该信息从事交易或明示、暗示他人从事交易；第124条也明确规定，针对"老鼠仓"行为可以责令改正、没收违法所得并处一倍以上五倍以下罚款。

但是，由于在证券法层面一直未能予以规定，导致证券执法实践中曾出现适用内幕交易条款解决利用未公开信息交易行为的案例，并引发不少争议。"光大证券乌龙指案"即是如此。"2013年8月16日11时05分，光大证券股份有限公司（以下简称光大证券）在进行交易型开放式指数基金（以下简称ETF）申赎套利交易时，因程序错误，其所使用的策略交易系统以234亿元的巨量资金申购180ETF成分股，实际成交72.7亿元。经测算，180ETF与沪深300指数在2013年1月4日至8月21日期间的相关系数达99.82%，即巨量申购和成交180ETF成分股对沪深300指数、180ETF、50ETF和股指期货合约价格均产生重大影响。同时，巨量申购和成交可能对投资者判断产生重大影响，从而对沪深300指数、180ETF、50ETF和股指期货合约价格产生重大影响。"② 据此，证监会在进行行政处罚时，将"光大证券在进行ETF套利交易时，因程序错误，其所使用的策略交易系统以234亿元的巨量资金申购180ETF成分股，实

---

① 早在2007年，中国证监会就查处了一些"老鼠仓"案件（例如，证监会发（2008）15号《行政处罚决定书》、证监会发（2008）22号《行政处罚决定书》），但在当时，由于证券法中未有专门规定，因此相关案件查处存在法律适用的问题。

② 参见中国证监会（2013）59号《行政处罚决定书》。

际成交 72.7 亿元"这一错单交易信息,定性为内幕信息;将光大证券认定为"《证券法》第二百零二条和《期货交易管理条例》第七十条所规定的内幕信息知情人";将"光大证券 2013 年 8 月 16 日下午将所持股票转换为 180ETF 和 50ETF 并卖出的行为和 2013 年 8 月 16 日下午卖出股指期货空头合约 IF1309、IF1312 共计 6240 张的行为"认定为内幕交易①。在之后关于该行政处罚的行政诉讼中,原告提出,光大错单交易信息不构成《证券法》及《期货交易管理条例》所规定的内幕信息,二审法院最后认为"本案的错单交易信息产生于证券市场,虽然《证券法》第七十五条第二款明确列举的内幕信息主要是与发行人自身相关的信息,但该法第七十五条第二款第(八)项规定,内幕信息包括国务院证券监督管理机构认定的对证券交易价格有显著影响的其他重要信息"②。学界亦对此案亦多有讨论,例如,"本案中,光大公司是证券市场的机构投资者,光大事件所涉信息不是其所购买的 ETF 基金所指向的标的证券公司的相关信息,不涉及标的公司本身的运营质量,因而不构成标的证券公司的内幕信息"③。

2019 年《证券法》第 54 条明确了利用未公开信息交易,由此将其与内幕交易予以区分处理也有了明确的法律依据,有利于更有效地打击和遏制证券市场上的违法行为。

根据 2019 年《证券法》第 54 条规定,利用未公开信息交易的特征表现为以下几点。

第一,主体范围为证券交易场所、证券公司、证券登记结算机构、证券服务机构和其他金融机构的从业人员、有关监管部门或者行业协会的工作人员。

第二,行为表现为两类:利用未公开信息从事与该信息相关的证券交易活动,或者明示、暗示他人从事相关交易活动。

值得一提的是,"职务便利"在这一条款具体适用中的意义。根据文义理解,相关主体得以利用的未公开信息应是其因职务便利而获取的信息。对于处于特定位置的主体来说,可基本推定其所利用的未公开信息就是"因职务便利"而获取的,除非行为人能举证推翻这种推定。

第三,行为客体为内幕信息以外的其他未公开信息。

2019 年《证券法》第 52 条将"价值性"或"关联性"明确为内幕信息的特征,因此内幕信息以外的其他未公开信息则通常表现为市场性信息。《最高人民法院最高人民检察院关于办理利用未公开信息交易刑事案件适用法律若干问题的解释》(法释〔2019〕10 号)第 1 条规定:"刑法第一百八十条第四款规定的'内幕信息以外的其他未公开的信息',包括下列信息:(一)证券、期货的投资决策、交易执行信息;(二)证

---

① 参见中国证监会(2013)59 号《行政处罚决定书》。
② 参见杨剑波与中国证券监督管理委员会其他二审行政诉讼,北京高级人民法院行政判决书(2015)高行终字第 943 号。
③ 陈洁,曾洋:《对"8·16 光大事件"内幕交易定性之质疑》,载《法学评论》2014 年第 1 期,第 187 页。

券持仓数量及变化、资金数量及变化、交易动向信息；（三）其他可能影响证券、期货交易活动的信息。"

3. 完善内幕交易的主体范围

从证券法理来看，如何确定内幕交易主体的范围，其实取决于禁止内幕信息立法的理论基础和价值取向。如果立法者或执法者倾向于追求证券市场信息平等，就会认为所有拥有内幕信息的人都有信息优势，影响市场公平交易，应予以全面禁止。如果倾向于追求市场效率，就会认为市场信息天然地分布不均衡，那么法律并不会要求交易人向其交易对象披露所有信息，除非交易一方对另一方负有某种信息披露的义务。例如，在存在受信关系（受信义务）的情况下，受托人有义务在与受益人交易前披露相关信息，只有在存在这种特殊关系的情况下，交易一方的隐瞒才构成不公平，需施以禁止内幕交易的法律救济。

2019 年《证券法》第 50 条明确了内幕交易的主体是两类，一类是"内幕信息的知情人"，另一类则为"非法获取内幕信息的人"。对于何谓"内幕信息的知情人"，从字面意思理解来看，可以简单理解为知悉内幕信息的人。2019 年《证券法》第 51 条接下来即以列举 + 兜底规定的方式对"内幕信息的知情人"进行了规定。与 2006 年《证券法》第 74 条相比，2019 年《证券法》第 51 条扩充了"内幕信息的知情人"的范围。例如，将发行人自身亦明确至"内幕信息的知情人"的范围。从立法精神的角度来分析的话，可以看出中国禁止内幕交易的理论基础倾向于保护市场公平。

与 2006 年《证券法》第 74 条相比，2019 年《证券法》第 50 条将"内幕信息的知情人"的范围做了如下扩充。

第一，将发行人明确至"内幕信息的知情人"的范围。2006 年《证券法》第 74 条第（一）项的规定为"发行人的董事、监事、高级管理人员"，并没有将发行人或上市公司自身界定为"内幕信息的知情人"。虽然从理论上来说，上市公司自己成为内幕交易的主体显然是没有问题的，但由于上市公司回购/收购本公司股份多年来受法律限制（2005 年《公司法》第 143 条、2013 年《公司法》第 142 条），因此，除了早年曾出现过相关案例外（例如 1997 年的张家界案和 1999 年的北大车行案），中国上市公司利用自身内幕信息买卖自身股票进行内幕交易的情形其实是比较少见的。2018 年 10 月，全国人大常委会对《公司法》第 142 条进行了修正，允许"上市公司为维护公司价值及股东权益所必需"而收购本公司股份，将发行人明确至"内幕信息的知情人"的范围，即是对上市公司回购本公司股份过程中可能存在的内幕交易予以遏制。

第二，除了发行人控股的公司及其董事、监事、高级管理人员外，发行人以股权或协议或其他方式实际控制的公司及其董事、监事、高级管理人员也属于"内幕信息的知情人"的范围。

第三，除了因在诉争内幕信息相关的发行人或上市公司任职而可获取该信息的人员外,因与诉争内幕信息相关的发行人或上市公司业务往来而可获取该信息的人员亦属于"内幕信息的知情人"。需要注意的是,"业务往来"其实并不是一个法律界定明晰的用语,可能表现为交易法律关系,也可能表现为非交易型的其他关系。

第四,将上市公司收购、重大资产重组过程中涉及的相关主体明确为"内幕信息的知情人"。这些主体包括:对目标公司进行收购的收购人及其控股股东、实际控制人、董事、监事和高级管理人员;参与重大资产交易的各方主体及其控股股东、实际控制人、董事、监事和高级管理人员。

第五,因所处职务或工作关系可以获取内幕信息的证券交易场所、证券公司、证券登记结算机构、证券服务机构的有关人员,以及证券监督管理机构工作人员,因法定职责对证券的发行、交易或者对上市公司及其收购、重大资产交易进行管理可以获取内幕信息的有关主管部门、监管机构的工作人员,亦属于"内幕信息的知情人"。

4. 完善短线交易的规定

相比 2005 年《证券法》第 47 条,2019 年《证券法》第 44 条第三款明显扩大了短线交易的主体范围,除了董事、监事、高级管理人员、持有或者通过协议、其他安排与他人共同持有该公司股份百分之五以上的股东之外,这些人员的配偶、父母、子女如果持有及利用他人账户持有股票或者其他具有股权性质的证券时,在六个月内买入又卖出,或卖出又买入,亦构成短线交易。

2019 年《证券法》第 44 条还将短线交易的客体进行了扩充,不再局限于股票,而是股票和其他具有股权性质的证券。

在涉及短线交易的豁免时,2006 年《证券法》第 47 条第一款仅规定了一种情形,即"证券公司因包销购入售后剩余股票而持有百分之五以上股份"的除外。这种规定显然过于机械,根据法理分析,因司法强制执行、继承、遗赠、依法分割财产等非交易转让导致股份变动的也应不属于短线交易的"买入"和"卖出"情形。另外,随着证券交易模式的多元化,以及电子交易技术发展,未来还可能出现其他的不应被界定为短线交易的股票转让情形①。因此,除了"证券公司因包销购入"这种情形之外,2019 年《证券法》第 44 条第一款还增加了"国务院证券监督管理机构规定的其他情形除外",即将其他豁免情形的规定权授权给证监会。

5. 完善操纵市场的行为类型

操纵市场属于证券市场上的传统禁止性行为,因其对证券市场发展的危害性是非常明显的。尽管监管者竭力打击操纵证券市场的违法行为,但证券市场本身所蕴含的

---

① 例如,最高人民法院在相关案例中即认为股票质押回购所涉及的"卖"和"买"不属于短线交易:"股票质押回购是指符合条件的资金融入方以所持有的股票或其他证券质押,向符合条件的资金融出方融入资金,并约定在未来返还资金、解除质押的交易。本院认为,融入方返还资金是用于解除标的证券的质押,不涉及股权转让,而《中华人民共和国证券法》第四十七条系关于股权转让的规定。"参见徐州丰利科技发展投资有限公司、毛凤丽证券回购合同纠纷案,最高人民法院(2019)最高法民终 709 号民事判决书。

巨大利益决定了操纵证券市场行难以被消灭。随着证券市场的发展，操纵市场的行为表现形式多样，其本身与证券市场的交易制度、发达程度、信息技术水平以及证券监管主体水平、监管力度等多种因素直接相关。操纵证券市场的行为随着证券市场的发展具有动态变化的特征。

为了应对证券市场本身蕴含的巨大经济利益以及快速发展的信息技术带来的操纵行为的日趋多样化，2019年《证券法》第55条沿袭了2005年《证券法》第77条"列举+兜底"的方式，并在2006年《证券法》第77条所列表的行为表现基础上新增了4种操纵市场行为（虚假申报操纵、蛊惑交易操纵、抢先交易操纵、跨市场操纵）。因此，操纵市场的行为表现为如下。

第一，联合或连续交易型操纵；第二，约定交易型操纵；第三，洗售型操纵；第四，虚假申报操纵；第五，蛊惑交易操纵；第六，抢先交易操纵；第七，跨市场操纵；第八，操纵证券市场的其他手段。

以上操纵行为中，前三种为操纵证券市场行为的基本类型，也是2005年《证券法》第77条即已明确规定的违法行为。

第四至第七种则是中国证券市场上经常出现的、证监会常态查处的操纵行为。

最后的兜底条款，则意味着规制未来可能出现的其他技术型或复杂甚至是跨境的操纵行为。例如，全国股转系统的做市商操纵市场行为，其表现就与集中竞价交易模式下的操纵市场表现形式不同，但其违法性也是毋庸置疑的。2019年根据《证券法》第9条以及第七章"证券交易场所"的规定，证券法的适用范围不仅包括证券交易所，亦包括国务院批准的其他全国性证券交易场所，因此，全国股转系统的做市商操纵行为完全可以根据法律解释方法被认为属于2019年《证券法》第55条第一款第（八）项所规定的"操纵证券市场的其他手段"。

6. 明确主动编造、传播虚假信息或误导性信息的违法性

与2006年《证券法》第78条相比，2019年《证券法》第56条第一款将编造、传播虚假信息行为的行为主体由"国家工作人员、传播媒介从业人员和有关人员"扩至"任何单位和个人"，因此，任何主体在证券市场上都负有不得编造、传播虚假信息或误导性信息的消极义务。

除了主体范围被扩充外，被编造、传播的信息也由2006年《证券法》第78条规定的"虚假信息"而扩充至"虚假信息或者误导性信息"。误导性信息并不等同于虚假信息，后者是指在信息真实性上属于完全虚假的信息，前者则尤指信息被碎片化或截面化，由于未披露信息的全貌，这种碎片化或截面化信息极可能误导市场上的投资者，让其对投资行为发生错误判断。

2019年《证券法》第56条第三款还新增了对证券媒体从业人员的规制，"传播媒介及其从事证券市场信息报道的工作人员不得从事与其工作职责发生利益冲突的证券

买卖"。然而，由于未进行进一步解释，"利益冲突"的规定显得过于宽泛，而且没有对这种禁止性行为规定期限。

七、证券违法行为行政法律责任力度的加大

2019年《证券法》第十三章"法律责任"明显加大了对证券违法行为的行政责任即行政处罚力度。例如，在对违法行为规定没收违法所得的基础上，还给予数额比较大的罚款；对虚假陈述、内幕交易、操纵市场等违法行为，都大幅度提高了行政处罚力度；对行政处罚实行双罚制，如欺诈发行，除了要对发行人进行处罚，对发行人直接负责的主管人员和其他直接责任人员也要给予处罚；对于发行人的控股股东、实际控制人组织指使导致欺诈发行的，对发行人的控股股东、实际控制人也要给予高额的行政处罚。

2019年《证券法》第221条进一步完善了证券市场禁入制度，扩大了市场禁入的范围。2005年《证券法》第233条引入了证券市场禁入制度的规定，即违反法律、行政法规和证监会规定，情节严重的，证监会可以采取一定期限直至终身的证券市场禁入制度，即不得从事证券业务，不得担任上市公司的董事、监事、高级管理人员。2019年《证券法》第221条在此基础上进一步扩大范围，增加了一定期限直至终身不得在证券交易所、不得在国务院批准的其他全国性证券交易场所（即全国股转系统）进行证券交易的规定。

2019年《证券法》第215条还增加了关于诚信档案的规定，证券市场行为人遵守本法的情况要列入诚信档案。该负责人解释，这意味着违反本法会导致违法者的社会信用评价降低。

八、投资者保护制度的进一步完善

自LLSV在《法律与金融》一文中提出其"法律渊源论"后[①]，投资者保护法律制度的配置与否、完善与否成为衡量各国公司、证券法制是否先进、是否有利于本国证券市场发展的（主要）标准（之一）。世界银行亦将"少数股东保护（protecting minor-

---

① LLSV按照法律输出和移植形成的法系概念，最初采用了49个国家和地区的数据，探讨法律制度和经济绩效之间的关系——将其公司法、证券法及相关破产法中的制度进行分类并拆分量化，通过对各国资本市场发展程序的衡量，判断哪个法律体系更好地保护了投资者和债权人的利益。最后的结论是：在英美法、德国法、斯堪的维亚法和法国法四大法系中，英美法对投资者、债权人的保护最好，其资本市场也最发达，斯堪的维亚法系次之，德国法之次之，法国法最次之。LaPorta, Rafael, Florencio Lopez – de – Silanes, Andrei Shleifer, and Robert W Vishny. 1998. "Law and Finance." Journal of Political Economy 106 (6): 1113 – 1155.

ity shareholders)"作为营商环境指数之一①。2019 年《证券法》在投资者保护完善又有了显著进步。

1. 投资者适当性制度的明确建立

投资者适当性义务起源于美国,最早规定于美国证券经纪商协会(National Association of Securities Dealers,NASD)的自律规范中。2007 年前后,中国在应对金融危机中,出于支持和鼓励金融创新、防范金融风险、保护投资者权益的需要,开始尝试建立证券市场适当性制度。中国证券业协会于 2012 年 12 月颁布实施的行业自律性规范《证券公司投资者适当性制度指引》首次对投资者进行了分类,并划定了专业投资者的范围。2015 年股市波动,暴露出部分证券经营机构适当性管理不严格、执行不到位的问题。鉴于此,中国证监会在总结各类市场、产品、服务的适当性管理要求的基础上,于 2016 年 12 月发布了《证券期货投资者适当性管理办法》(以下简称《适当性管理办法》)。2018 年的《资管新规》中对资产管理业务中的金融消费者适当性制度亦做了规定。2019 年,最高人民法院发布《全国法院民商事审判工作会议纪要》(法〔2019〕254 号),在加强适当性管理监管的背景下,对经营机构提出了更高的义务,司法层面完善了投资者适当性的民事责任救济机制。

2019 年《证券法》在充分吸收现有适当性制度安排的基础上,进行了进一步创新和发展,主要体现在以下几个方面。

一是将适当性义务法定化,为民事责任认定提供法律依据。2019 年《证券法》将适当性义务规定为证券公司法定义务,并明确证券公司应负的民事责任,为投资者民事权益救济提供了实体法依据,为投资者提供了法律维权工具,也为司法机关审理相关民事纠纷提供了审判法律依据。

二是明确过错推定原则,强化证券公司证明责任。《适当性管理办法》中规定经营机构违反适当性义务承担赔偿责任的,原则上适用过错责任原则。2019 年《证券法》第 88 条第 3 款删除了"存在过错"的条件,进一步结合第 89 条第二款,明确了证券公司与普通投资者发生纠纷的,适用过错推定原则,这也是对《民商事审判会议纪要》关于违反适当性义务民事赔偿责任规定在法律层面的确认。

三是确认了证券公司拒绝提供服务的权利,有利于双方权利义务的平衡。适当性规则主要是对证券公司的规范和约束,对投资者实施倾斜性保护。但实践中存在投资者不配合证券公司履行适当性义务,或拒绝提供相关资料信息,或拒绝接受风险测评,或不配合签署风险揭示书等,导致证券公司陷入被动。2019 年《证券法》赋予证券公司在符合规定条件时拒绝提供证券或服务的法定权利,是对证券公司履行"卖者尽责"

---

① 《营商环境报告》涵盖 12 个领域的商业法规。营商环境便利度分数和营商环境便利度排名涵盖了其中的 10 个领域:开办企业,办理施工许可证,获得电力,登记财产,获得信贷,保护少数投资者,纳税,跨境贸易,执行合同和办理破产。

义务和适用过错推定责任的一种权利义务平衡，体现了买卖双方权利义务相适应原则。

四是规范投资者分类，突出对普通投资者的特别保护。2019年《证券法》第89条区分普通投资者与专业投资者，并将专业投资者认定标准授权证券监管部门予以规定，有助于对投资者分类施策、分层保护。同时，新证券法规定举证责任倒置，可以有效解决普通投资者掌握信息、资料不全面，相对于证券公司信息获取能力、取证能力较弱等问题，实现对普通投资者的倾斜性保护。

2. 明确投资者保护机构的法律地位、确立证券支持诉讼

中国目前有两大投资者保护机构，分别是中国证券投资者保护基金有限责任公司（以下简称"投保基金公司"）和成立于2014年中证中小投资者服务中心有限责任公司（以下简称"中证中小投服中心"）。

投保基金公司成立于2005年，根据2005年《证券法》第134条设立。2005年《证券法》第134条现为2019年《证券法》第126条，"国家设立证券投资者保护基金。证券投资者保护基金由证券公司缴纳的资金及其他依法筹集的资金组成，其规模以及筹集、管理和使用的具体办法由国务院规定"。根据《证券投资者保护基金管理办法》、2019年《证券法》第94条、第171条以及《行政和解试点实施办法》，投保基金公司的职能主要表现为：筹集、管理和使用证券投资者保护基金；管理先行赔付的基金；管理行政和解金；进行纠纷调解等。

中证中小投服中心成立于2014年，其股东为上海证券交易所、深圳证券交易所、上海期货交易所、中国金融期货交易所和中国证券登记结算有限责任公司。根据2019年《证券法》第90条、第94条第一、二、三款的规定，中证中小投服中心的职能主要表现为：在中国证券市场全面持股、行权；参与表决权征集；有权提起股东派生诉讼，且不受《公司法》持股比例和持股期限限制；提起证券支持诉讼；进行证券纠纷调解；投资者教育等。

2019年《证券法》第94条第二款规定，"投资者保护机构对损害投资者利益的行为，可以依法支持投资者向人民法院提起诉讼"，即关于证券支持诉讼的规定。该规定既是对民事诉讼法支持诉讼制度在证券领域的具体化规定，也丰富和完善了该制度在证券司法案件中的适用条件，使该制度更具实践性和可操作性。在民事诉讼制度中，为保护个人合法权益，由机关、团体或者企业事业单位支持个人提起诉讼的支持诉讼制度由来已久。1982年《民事诉讼法（试行）》第13条规定："机关、团体、企业事业单位对损害国家、集体或者个人民事权益的行为，可以支持受损害的单位或者个人向人民法院起诉。"上述规定历经民事诉讼法的修改均未变化（现为《民事诉讼法》第15条）。

证券支持诉讼始于2016年，由中证中小投服中心尝试在证券领域采取支持诉讼的方式帮助中小投资者维护权益。中证中小投服中心"选择特定案件"（一般都是涉及中小投资者众多、矛盾比较突出、社会影响较大的典型证券侵权纠纷），接受中小投资者

的申请、委托，由投服中心作为支持机构，委派诉讼代理人，支持权益受损的中小投资者依法诉讼。2016年7月，投服中心接受9名因"匹凸匹"虚假陈述行为受损的投资者委托，将该公司原实际控制人及其他7名负责任高管以及"匹凸匹"公司作为共同被告，向上海市第一中级人民法院提起诉讼，是证券领域的首件支持诉讼案件。截至2020年4月底，中证中小投服中心提起支持诉讼案件达25起①。

3. 明确先行赔付制度

2019年《证券法》第93条规定，发行人因重大违法行为给投资者造成损失的，其控股股东等主体可以对受到损失的投资者予以先行赔付，即关于先行赔付制度的规定。

先行赔付制度是中国证券市场投资者损失赔偿制度的重大实践创新。所谓"先行"，是指先于民事赔偿诉讼程序，由先行赔付人（虚假陈述民事赔偿责任可能的连带责任人之一/侵权行为"代理"主体）和被侵权人达成协议，先行垫付资金对投资进行赔偿（之后，再在真正的责任主体之间进行赔偿责任的分配）。

早在2015年，中国证监会在其出台的《公开发行证券的公司信息披露内容与格式准则第1号——招股说明书》（2015年修订）中，即要求招股说明书扉页应载有"保荐人承诺因其为发行人首次公开发行股票制作、出具的文件有虚假记载、误导性陈述或者重大遗漏，给投资者造成损失的，将先行赔偿投资者损失"。目前，中国已有三起先成赔付的成功案例，分别是万福生科案、海联讯案和欣泰电气案。三例投资者赔付工作均采用由先行赔付人出资设立专项基金的模式，其中，海联讯案中的先行赔付人是大股东，万福生科案和欣泰电气案中的先行赔付人都是保荐人。投保基金公司作为第三方中立机构，接受出资人委托，担任专项基金管理人，负责管理、运作和处分基金资产。三案累计赔付投资者34306人，达到适格投资者总人数的95%以上，共计支付补偿金509374055元，占赔付总金额比例的99%以上②。

九、证券代表人诉讼制度的建立

习近平总书记指出，"法律的生命力在于实施，法律的权威也在于实施。'天下之事，不难于立法，而难于法之必行。'如果有了法律而不实施、束之高阁，或者实施不力，做表面文章，那制定再多法律也无济于事"③。2019年《证券法》完善了证券法的实施机制，该法第95条规定了中国的证券代表人诉讼制度，这一制度是中国在证券诉讼制度领域的另一大创新，有助于落实《证券法》。

---

① 参见中证中小投资者服务中心：http://www.isc.com.cn/html/wqfw/。
② 巩海滨、王旭：《证券市场先行赔付制度研究》，载《财经法学》2018年第6期，第154页。
③ 习近平：《关于〈中共中央关于全面推进依法治国若干重大问题的决定〉的说明》（2014年10月20日），载中共中央文献研究室编：《十八大以来重要文献选编（中）》，中央文献出版社2016年版，第150页。

根据 2019 年《证券法》第 95 条第一款规定，一定数量的投资者可以委托投资者保护机构进行代表人诉讼。第三款进而规定，"投资者保护机构受五十名以上投资者委托，可以作为代表人参加诉讼，并为经证券登记结算机构确认的权利人依照前款规定向人民法院登记，但投资者明确表示不愿意参加该诉讼的除外"，即赋予投资者保护机构作为全体权利人的代表人资格，再采取"默示加入、声明退出"的方式确定参加诉讼的当事人范围。该规定整合了"代表人诉讼+退出制+机构公益诉讼"等诸多制度的特点，堪称极具中国特色的集体诉讼制度：

第一，在特别代表人诉讼程序的启动上，根据 2020 年 7 月 31 日最高人民法院出台的《最高人民法院关于证券纠纷代表人诉讼若干问题的规定》（以下简称《证券代表人诉讼规定》）第 32 条，"投资者保护机构只能通过加入已受理的普通代表人诉讼的方式启动特别代表人诉讼程序"。

第二，在特别代表人诉讼的调解程序中，法院除应当审查调解内容的合法性、适当性及可行性外，还需兼顾有效性和便捷性。

2020 年 7 月，中证中小投服中心公布了《中证中小投资者服务中心特别代表人诉讼业务规则（试行）》，对特别代表人诉讼案件选定、投资者特别授权获取、代为登记及参与诉讼活动等进行了规定。

第四节 新中国资本市场的现实成就和法治建设未来方向

一、中国作为资本市场大国的现实成就

在发展中国家和转轨国家中，促进资本市场的建设相当艰难。中国资本市场三十年，筚路蓝缕启山林、栉风沐雨砥砺行。"三十年臻于至善，春华秋实满庭芳"，在党中央、国务院的坚强领导下，中国资本市场发展迅速。可以说，中国已迈入资本市场大国之列。主要有以下表现。

第一，中国股票交易数量（上市公司数量）得到长足发展。根据两大证券交易所披露的数据，截至 2021 年 4 月，中国上海证券交易所和深圳证券交易所股票数量已达（含 A 股和 B 股）为 4304 只。其中，上海证券交易所上市公司数量为 1863 家，上市股票共 1906 只（主板上市公司数量为 1602 家，上市股票为 1645 只；科创板上市股票 261 只）；深圳证券交易所上市股票数量共 2442 只（主板 A 股数量为 1465 只，主板 B

股数量为45只)①。

第二，中国证券交易所在全球资本市场的竞争力已得到显著提高。根据全球证券交易所联合会（WFE）披露的数据，截至2021年1月，中国上海证券交易所和深圳证券交易所的境内股票市值分别为6540亿美元和4900亿美元，分别位居全球证券交易所境内市值排名的第三、第六名②。

第三，中国居民对资本市场的参与度大大提高，以证券化产品为代表的金融产品已广泛渗入中国居民的资产序列。1990年以前，中国居民金融资产的结构中，通货及存款形态的非证券化资产一直保持在90%以上；1990—2011年，金融资产结构发生微小变化，除2007年股价大幅上涨，引起居民部门的证券化资产规模迅速上涨，非证券化资产占比由2006年的77.19%下降到67.12%外，其余年份均保持在70%以上；但自2012年开始，居民部分持有的金融资产结构开始发生趋势性的重大变化，非证券化资产比重开始进入50%—60%的区位，证券化资产比重则高至40%左右波动③。

总之，自改革开放以来，中国资本市场从无到有、从小到大，实现了跨越式发展，取得了历史性的成就。特别是党的十八大以来，资本市场保持快速发展，股票市场、债券市场和商品期货市场规模均位居世界的前列。但是，同时应当清醒地认识到，中国资本市场新兴加转轨特征明显、发展仍然不够充分、制度包容性有待增强，在融资结构、产品结构、投资者结构等方面，还存在不完善不平衡不适应的问题④。

习近平总书记在党的十九大报告中指出，"不忘初心，方得始终。中国共产党人的初心和使命，就是为中国人民谋幸福，为中华民族谋复兴。这个初心和使命是激励中国共产党人不断前进的根本动力。全党同志一定要永远与人民同呼吸、共命运、心连心，永远把人民对美好生活的向往作为奋斗目标，以永不懈怠的精神状态和一往无前的奋斗姿态，继续朝着实现中华民族伟大复兴的宏伟目标奋勇前进"。要努力发挥资本市场在建设社会主义现代化强国和实现中华民族伟大复兴历史征程中的作用，仅仅成为资本市场大国是远远不够的，还需向资本市场强国迈进。

---

① 以上数据来自上海证券交易所网站：http://www.sse.com.cn/market/stockdata/statistic/，深圳证券交易所网站：http://www.szse.cn/market/overview/index.html。

② 纽约证券交易所（NYSE）境内股票市值为25182亿美元；纳斯达克（美国）（Nasdaq-US）境内股票市值为19335亿美元；香港交易所（HKEX）境内股票市值为6475亿美元；日本证券交易所集团（Japan Exchange Group）境内股票市值为6347亿美元。参见WFE：https://focus.world-exchanges.org/issue/april—2021/market-statistics。

③ 吴晓求，方明浩：《中国资本市场30年：探索与变革》，载《财贸经济》2021年第4期。

④ 易会满：《优化监管方式 提升监管效能 努力实现新时代资本市场高质量发展》，载《中国信用》2020年第4期。

二、以习近平法治思想为指导建设资本市场强国

实现中华民族伟大复兴是近代以来中华民族最伟大的梦想,中国资本市场法治建设的方向就是要为实现中华民族伟大复兴"增砖加瓦""添柴加薪"。"经过鸦片战争以来一百七十多年的持续奋斗,中华民族伟大复兴展现出光明的前景。现在,我们比历史上任何时期都更接近中华民族伟大复兴的目标,比历史上任何时期都更有信心、有能力实现这个目标。"① 建设资本市场强国,既有"建设与国家政治经济地位相匹配的强大的资本市场"之意,也有"依靠强大资本市场支持强国梦想"之意。大国崛起、大国强盛必须通过强大的资本市场取得全球市场资源配置中的竞争优势。

习近平总书记在中央政治局第十三次集体学习时强调强调深化金融供给侧结构性改革、增强金融服务实体经济能力。深化金融供给侧结构性改革要建设一个规范、透明、开放、有活力、有韧性的资本市场,完善资本市场基础性制度,把好市场入口和市场出口两道关,加强对交易的全程监管。2020 年 10 月 29 日,中国共产党第十九届中央委员会第五次全体会议审议通过了《中共中央关于制定国民经济和社会发展第十四个五年规划和二〇三五年远景目标的建议》(以下简称"十四五规划建议")。"十四五规划建议"提出:"推动建立现代金融体系,构建金融有效支持实体经济的体制机制,完善资本市场基础制度,提高直接融资比重,坚持金融创新必须在审慎监管前提下有序进行。"

深化金融改革应当妥善处理金融改革与金融立法的关系。习近平总书记指出,"当前,我们要着力处理好改革和法治的关系。改革和法治相辅相成、相伴而生……我们要坚持改革决策和立法决策相统一、相衔接,立法主动适应改革需要,积极发挥引导、推动、规范、保障改革的作用,做到重大改革于法有据,改革和法治同步推进,增强改革的穿透力"②"凡属重大改革都要于法有据。在整个改革过程中,都要高度重视运用法治思维和法治方式,发挥法治的引领和推动作用,加强对相关立法工作的协调,确保在法治轨道上推进改革"③。

因此,中国资本市场法治建设,应以习近平法治思想为精神引领和指导,以建设资本市场强国、实现中华民族伟大复兴为理想,以"推动建立现代金融体系,构建金融有效支持实体经济的体制机制,完善资本市场基础制度,提高直接融资比重"为改革方向。具体可体现在如下几个方面。

---

① 习近平:《实现中华民族伟大复兴是中华民族近代以来最伟大的梦想》,载《当代党员》2021 年第 6 期。
② 习近平:《在省部级主要领导干部学习贯彻党的十八届四中全会精神全面推进依法治国专题研讨班上的讲话》(2015 年 2 月 2 日),载中共中央文献研究室编:《习近平关于全面依法治国论述摘编》,中央文献出版社 2015 年版,第 51—52 页。
③ 习近平:《在中央全面深化改革领导小组第二次会议上的讲话》,载《人民日报》2014 年 3 月 1 日第 1 版。

第一,进一步加强金融投资工具的研究,完善证券法与其他金融市场部门法、金融投资工具法的衔接。作为规范中国投资领域的主要基础法律制度,《证券法》的适用范围相对还是比较狭窄的,仅明确适用于公开市场上公开发行和交易的股票、公司债券、存托凭证,以及上市交易的政府债券、投资基金份额等。虽然2019年《证券法》亦提及了资产管理产品、资产支持证券,但后续应考虑与银行、保险、信托等金融领域部门法的衔接;推动制定期货法,完善衍生品交易制度;助力稳妥有序推进资管行业转型发展。

第二,进一步推进以信息披露为核心的注册制的全面改革和落实。信息披露是注册制的核心。建立健全以信息披露为核心的股票发行上市制度,明确以投资者需求为导向的信息披露要求,不断完善上市公司信息披露的具体规则。抓住注册制改革的"牛鼻子",根据科创板、创业板改革实践,进一步梳理完善注册制改革相关的各项制度规则,为全面实施注册制做好法制准备。

第三,进一步完善相关法律法规,提高对证券市场违法违规行为的震慑力。完善证券法实施机制,构建行政执法、刑事惩戒与民事追偿相结合的立体化的追责体系。

在行政执法方面,应强化事中事后监管,切实保护投资者合法权益。充实监管力量并优化监管资源配置,强化对证券市场的事中事后监管,加大对违法违规行为的查处力度。

在刑事惩戒,2019年《证券法》已大幅提高欺诈发行等违法行为处罚力度,但现行《刑法》对欺诈发行、信息披露违法等证券期货犯罪的处罚仍然偏轻,未完全体现"罪刑相适应"原则。建议尽快修订完善《刑法》,提高对欺诈发行、信息披露违法、操纵市场等犯罪行为的刑罚力度①。

第四,进一步完善多层次资本市场建设。完善证券交易所场内市场的交易机制。鼓励证券交易场所进行自身的多层次建设,结合市场分层,设定差异化的信息披露和公司治理监管要求。建设交易所场内市场层次之间的"升板"制度,完善场内市场与场外市场之间的转板机制。

第五,进一步健全公开市场的退出制度。与公开发行上市制度相呼应,退出制度属于资本市场的基础制度之一,健全的退市制度才能实现优胜劣汰,营造一个公平公正的交易环境,加强投资者合法权益保护,提升投资者对资本市场长期发展信心,引导投资者改变投机炒作的风气,回归理性,关注上市公司长期投资价值。

退市制度的完善应与多层次资本市场建设相结合,着眼于退市标准的合理改革和优化、退市程序的完善、退市过程中小投资者的权益保护、健全完善交易所市场与其他公开的市场对接机制,疏通退市公司转板挂牌交易和重新上市渠道。

---

① 中国人民银行金融稳定分析小组:《中国金融稳定报告2020》,中国金融出版社2020年版,第65页。中国政府网:http://www.gov.cn/xinwen/2020-11/07/content_5558567.htm。

第六，进一步加强投资者保护，建设有中国特色的投资者保护制度。突出控股股东、实际控制人的信息披露责任。强调中介机构的"看门人"责任。健全证券先行赔付制度和证券示范诉讼机制。完善虚假陈述民事赔偿制度，推动内幕交易、操纵市场民事赔偿制度的出台。发挥好投资者保护机构的代表人诉讼职能，建设好有中国特色的中小投资者权益保护机制。

思考与讨论题

1. 如何理解证券发行核准制和注册制？
2. 如何理解中国的多层次资本市场？
3. 如何理解中国《证券法》所调整的"证券"范围？如何理解"证券"与资产管理产品和资产证券支持证券之间的关系？
4. 如何理解行政监管与民事诉讼赔偿制度在证券法实施中各自的功能和作用？
5. 如何理解"有中国特色"的投资者保护制度？
6. 纵观我国《证券法》的历次修订，其贯穿的理念是什么？

推荐阅读文献

[1]《中国共产党简史》，中共党史出版社、人民出版社2021年版。
[2] 吴晓求等：《中国资本市场三十年30年（探索与变革）》，中国人民大学出版社2021年版。
[3] 郭锋等：《中华人民共和国证券法制度精义与条文评注》，中国法制出版社2020年版。
[4] 李东方：《证券监管法论》，北京大学出版社2019年版。
[5] 洪艳蓉：《金融监管治理——关于证券监管独立性的思考》，北京大学出版社2017年版。
[6] 沈朝晖：《证券法的权力分配》，北京大学出版社2016年版。
[7] 汤欣：《公司治理与资本市场法制》，法律出版社2015年版。
[8] 黄韬：《"金融抑制"与中国金融法治的逻辑》，法律出版社2012年版。
[9] 张建伟：《法律、经济学与国家治理——法律经济学的治理范式与新经济法理学的崛起》，法律出版社2008年版。
[10] 席涛：《〈证券法〉的市场与监管分析》，载《政法论坛》2019年第6期。
[11] 王晨：《习近平法治思想是马克思主义法治理论中国化的新发展新飞跃》，载《中国法学》2021年第2期。

［12］郭雳：《新时代国际法律风险应对与全球治理推进》，载《中外法学》2021年第4期。

主要参考文献

［1］董炯，彭冰：《公法视野下中国证券管制体制的演进》，载罗豪才主编《行政法论丛》第5卷，法律出版社2002年版。

［2］张建伟：《法律、经济学与国家治理——法律经济学的治理范式与新经济法理学的崛起》，法律出版社2008年版。

［3］余丽霞：《中国证券市场发展的回顾和展望》，载《西南金融》2009年第9期。

［4］钮立新：《我国证券市场发展的回顾与展望》，载《浙江金融》1997年第10期。

［5］封涌：《中国当代证券法制变迁研究》，华东政法大学博士学位论文，2017年。

［6］胡正华：《尽快制定实施细则完善债券管理条例》，载《武汉金融》1987年第11期。

［7］洪艳蓉：《金融监管治理——关于证券监管独立性的思考》，北京大学出版社2017年版。

［8］洪艳蓉：《重启资产证券化与我国的发展路径》，载《证券市场导报》2011年第9期。

［9］沈朝晖：《证券法的权力分配》，北京大学出版社2016年版。

［10］《中国共产党简史》，中共党史出版社、人民出版社2021年版。

［11］吴志攀：《证券法：证券市场、政府与法律的互动（一）》，载《金融法苑（12－13）》，法律出版社1999年版。

［12］陈斌等：《我国民营上市公司发展实证研究》，载《证券市场导报》2008年第4期。

［13］《〈证券法〉风雨五周年 起草者话"蓝天法"》［EB/OL］. https：//business. sohu. com/2004/07/01/72/article220797217. shtml, 2004－07－01。

［14］曹凤岐：《中国资本市场30年破浪前行》，载《中国金融》2020年第22期。

［15］汤欣：《私人诉讼与证券执法》，载《清华法学》2007年第3期。

［16］中国人民银行金融稳定分析小组：《中国金融稳定报告2016》，中国金融出版社2016年版。

［17］黄韬：《"金融抑制"与中国金融法治的逻辑》，法律出版社2012年版。

[18] 郭锋：《新证券法：国家干预与放松管制之平衡》[EB/OL].https://business.sohu.com/20060108/n241329736.shtml,2006-01-08。

[19] 陆泽峰，李振涛：《证券法功能定位演变的国际比较与我国〈证券法〉的完善》，载《证券法苑（5）》，法律出版社 2011 年版。

[20] 中国证券监督管理委员会：《中国证券监督管理委员会年报 2013》，中国财政经济出版社 2014 年版。

[21] 中国人民银行金融稳定分析小组.中国金融稳定报告 2019[EB/OL].http://www.govhcn/xinwen/2019-11/26/content_5455673.htm,2019-11-26。

[22] 中共中央文献研究室编：《习近平关于全面依法治国论述摘编》，中央文献出版社 2015 年版。

[23] 王晨：《习近平法治思想是马克思主义法治理论中国化的新发展新飞跃》，载《中国法学》2021 年第 2 期。

[24] 习近平：《加快建设社会主义法治国家》，载《求是》2015 年第 1 期。

[25] 叶林：《〈证券法〉修改：中国资本市场法制建设的一次飞跃》，《投资者》2020 年第 1 期。

第九章

提升国家治理能力背景下的政府管理

　　政府管理是政府对社会公共事务和政府自身的管理互动，政府管理质量的高低，是衡量国家治理体系和治理能力现代化的重要标志。20世纪80年代以来，随着新公共管理为主导的行政改革的推进，建立绩效型政府成为政府管理的重要方向。绩效型政府将绩效管理的理念和方法引入传统政府管理中，重塑政府治理流程、方式和方法，成为崭新的政府治理形态。本章尝试从绩效型政府的视角梳理中国政府管理的发展历程、理论脉络、实践模式和未来展望。

　　绩效管理是现代科学管理的重要工具之一，对政府战略、公共政策、公共项目、人力资源和预算资金等方面行政决策与活动具有重要的牵引和约束作用，是现代政府治理体系和治理能力不可或缺的组成部分。提升政府绩效管理科学水平和实际成效，是实现国家治理体系和治理能力现代化的必然要求和关键任务。充分发挥政府绩效管理的工具价值，对于有效应对复杂环境形势的压力挑战，把握科技迅速发展进步的机遇、破解经济社会治理的政府困境和圆满实现新时代宏伟战略目标任务具有重要意义。本章从历史观的纵向维度梳理政府绩效管理的发展历程及其主要阶段；从理论演进的横向维度绘制政府绩效管理的理论研究进展、学术流派和前沿动态；从现实导向总结中央和地方政府探索的多元实践模式经验以及探索试点情况。在此基础上，按照新时代国家发展战略、国家治理体系与能力现代化、经济社会高质量发展、现代财税体制改革对绩效管理的新要求，以时代的眼光、战略的高度、前瞻的视角剖析全面实施绩效管理的深刻内涵和运行逻辑，提出未来模式的路径建议。我们希望描绘一幅有关中国政府绩效管理的全景图卷，揭示政府绩效管理研究和实践的前沿发展态势，帮助读者了解其过去、现在与未来。

第一节 新中国绩效型政府管理的发展历程

中国拥有世界上最早的政府管理文明,"中国西部的秦孝公和谋臣商鞅,奠基了世界上第一个真正现代的国家"①。官僚制作为现代国家的重要特征,具有效率优势和能力优势,成为中国绩效型政府的源头。

规划(计划)绩效管理、干部(组织人事)绩效管理、预算绩效管理是支撑绩效型政府建构的三大支柱。以时间为轴线,大体上可以划分为以下几个阶段,具体如图9-1所示。

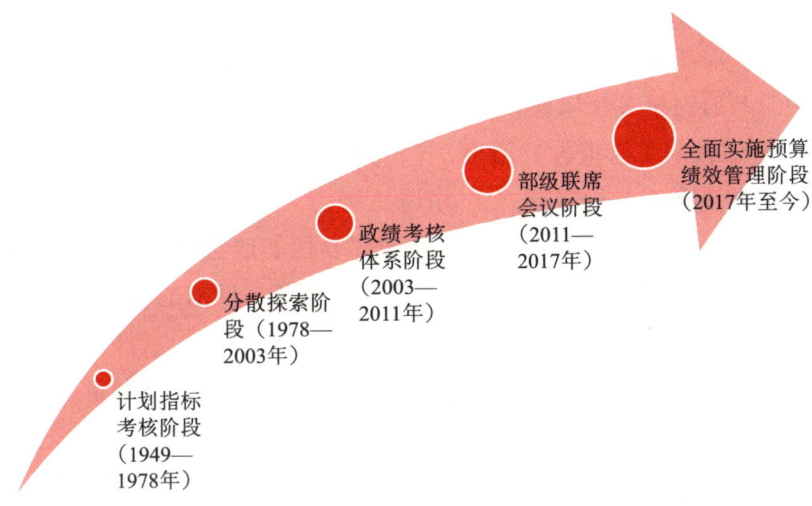

图9-1 新中国成立以来绩效型政府的发展阶段

一、计划指标考核阶段(1949—1978年)

新中国成立以来,从1953年开始,中国已经编制实施了13个五年规划(计划),其中改革开放以来编制实施了8个,有力推动了经济社会发展、综合国力提升、人民生活改善,创造了世所罕见的经济快速发展奇迹和社会长期稳定奇迹。

1949—1978年,中国建立了与计划经济体制相适应的国民经济计划管理制度。针对计划的绩效管理是国民经济计划管理的重要组成部分,其基本特点是国家制定发展计划,并将计划分解到各部门和地区,形成考核指标,执行过程中监控计划执行情况,

---

① 弗朗西斯·福山:《政治秩序的起源:从前人类时代到法国大革命》,广西师范大学出版社2014年版,第95页。

年度和中期对计划指标实现情况进行考核。将绩效管理嵌入计划管理是中国国家治理制度的优势，绩效管理也确保了将制度优势转化为治理效能。通过编制和实施五年规划，有效解决各阶段面临的突出矛盾问题，接力落实社会主义现代化建设的长远战略目标。"一五"到"五五"计划的编制实施，为中国建立比较完整的工业体系和国民经济体系做出了重要贡献。

这一阶段组织人事方面的绩效管理主要是开展干部考核工作和机关作风建设。干部考核叫"鉴定"或"考察"。这一时期干部鉴定的目的主要是促进干部素质的提高和干部工作的改进，鉴定内容重点是立场、观点、作风、掌握政策、遵守纪律、联系群众、学习态度等；鉴定采取个人自我检讨、群众会议讨论、领导负责审查相结合的方式进行。1966年开始的"文化大革命"，使干部鉴定制度严重扭曲，考核工作几乎陷于停滞。

机关作风是政府机关及其工作人员精神面貌、领导水平、办事效率、服务质量的外在表现。中央政府对机关作风建设的重视程度可以从政府工作报告对它的论述中体现出来。1955年《政府工作报告》指出，"一切国家机关的工作人员，一切企业部门的工作干部，都应该进一步地改进工作作风，努力克服工作中的各种缺点和错误"。1960年《政府工作报告》强调，"各级领导干部要切实改进领导作风，贯彻执行勤俭办社、勤俭办一切事业的方针，反对贪污，反对浪费，反对官僚主义、命令主义作风"。

总体而言，这一阶段中国绩效型政府的主要特点是建立了较为完备的针对发展计划的完整绩效管理体系，并嵌入了计划管理体系。组织人事绩效管理处于萌芽状态，尚未提出预算绩效管理的概念。

二、分散探索阶段（1978—2003年）

20世纪80年代以来，随着行政学的恢复，行政管理学者开始从行政效率的角度研究政府绩效问题。当时还没有统一在"政府绩效管理"这一概念之下，尚未形成统一的理论框架、知识体系和实践模式。各部门、各行业、各领域为了实现提高效率的需要，针对特定对象的绩效考评、评估和管理实践，呈现"百花齐放"的局面。这一阶段的主要特征包括以下几点。

一是地方自主探索为主。这一阶段中国尚未形成政府绩效管理的全国性的政策要求，各地为了提高各方面工作效率、规范管理、提升服务质量，开展形式多样的绩效评价和管理活动，形成了众多的制度、机制、方式。各地也将自身的探索冠以"模式"的称号。比如以目标管理责任制为主的"青岛模式"、效能建设的"福建模式"、以效能监察为主的"深圳模式"、公民评议的"杭州模式"等。详见本章第二节。

二是推动主体多元。这一阶段各个部门都在各自职能管辖范围内开展系统内的绩效管理。例如有劳动人事部门部门主导的岗位责任、国务院办公厅主导的专项督查、各地人大的主导的执法评议等（见表9-1）。

表9-1　　　　　　　　绩效管理的分散探索（1978—2003年）

评估对象	典型代表	开始时间（年份）	主导部门
岗位责任	青岛模式	1982	劳动人事部
专项督查	全国	1985	国办等
执法评议	全国	1986	各地人大
效能监察与效能建设	福建省	1989	纪检监察部门
领导干部的考核评估	全国	1989	地方人大
领导干部的考核评估	全国	1995	中组部
社会服务承诺	烟台市	1994	中宣部
经济社会综合评价与考核	全国	1996	各级政府
公民评议	沈阳、珠海、南京等	1998	政府
预算绩效评价	教育和科技等	2001	财政部

三是形式多样。这一阶段各地开展绩效评价和管理没有统一的概念框架、流程制度、共性指标、实施机制，实践形式多样。

四是继承和创新统一。在计划和组织人事领域的绩效管理，具有一定的延续性，同时也根据改革开放的新形式不断创新。在干部考核领域：1978年十一届三中全会后干部考核工作重新受到重视。1979年11月，中央组织部《关于实行干部考核制度的意见》指出："干部考核的标准和内容，要坚持德才兼备的原则，按照各类干部胜任现职所应具备的条件，从德、能、勤、绩四个方面进行考核。"1993年国务院颁布了《国家公务员暂行条例》，标志着中国公务员制度正式建立，并取代了传统的干部制度。在发展计划领域。改革开放后，"六五"计划和"七五"计划的完成，使中国一些重要工农业产品产量跃居世界前列，基本解决了温饱问题，提前实现国民生产总值比1980年翻一番的第一步战略目标。"八五"计划和"九五"计划推动实现了总体小康的现代化建设第二步战略目标，特别是"九五"计划是社会主义市场经济条件下的第一个中长期计划，提出了实行经济体制和经济增长方式"两个根本性转变"。"十五"计划推动了中国经济总量从世界第八跃升为第四，主要工农业产品产量位居世界前列。在预算绩效管理领域，这一阶段从2001年开始试行财政支出项目绩效评价。

三、政绩考核体系阶段（2003—2011年）

在党的代表大会和中央全会的决议中，政府高层对绩效管理的提法经历了"绩效评价""绩效管理""全面实施绩效管理"的转变,将绩效管理上升为国家治理的基本机制始于十六届三中全会(2003年),经过近20年的发展,中国政府实施绩效管理的"战略牵引"先后经历了"用人"绩效、"办事"绩效到"预算"绩效三个阶段。"战略牵引"一词用来描述特定时期实施政府绩效管理的工作重点、发展动力、推进主体方面的结构性特征。特定时期对绩效管理的主要矛盾认识不同,在政策、人事和预算绩"谁主谁次"的矛盾主要方面定位也不同。

党的十六届三中全会提出树立科学发展观和正确的政绩观,要求建立科学的政绩衡量体系和考核体系。党的十七届二中全会(2014年)指出:"推行政府绩效管理",推动了从绩效考核评估向绩效管理的跃升。期间中组部和人事部门在领导班子和领导干部考核、地方政府绩效评估等方面做了大量的推进工作,制定了相关的规范。总体而言,这一阶段横跨了"十五"(2001—2005年)和"十一五"(2006—2010年)两个规划时期,"十一五"规划将五年计划名称改为五年规划,准确体现了社会主义市场经济条件下中长期规划的功能定位,反映了发展理念、经济体制、政府职能的重大变革,中国经济总量跃升为世界第二。这一阶段中国政府实施绩效管理是以"用人"的绩效考核和管理为重点和"牛鼻子",将绩效管理纳入国家治理的基本机制[1]。

2003年8月底到9月初,胡锦涛在江西进行考察调研。在此期间,他结合对完善社会主义市场经济体制等问题的思考,提出要牢固树立协调发展、全面发展、可持续发展的科学发展观。在这里,探索中的发展新思路被明确表述为"科学发展观"[2]。2003年10月,党的十六届三中全会第一次正式提出"坚持以人为本,树立全面、协调、可持续的发展观"[3]。提出"要教育干部树立正确的政绩观,包括正确看待政绩、科学衡量政绩",提出"建立预算绩效评价体系"。党的十六届三中全会对政府绩效的论述标志着绩效评估已经上升成为国家治理的基本机制。

十一五期间(2006—2010年)"绩效""绩效评估"和"绩效管理"成为国家战略和政策层面经常使用的词汇。2006年通过的《中华人民共和国国民经济和社会发展第十一个五年规划(2006—2010年)》中提出"按照主体功能定位调整完善区域政策和绩效评价""建立财政预算绩效评价体系,提高财政资金使用效率"。2006年11月在《中共中央关于构建社会主义和谐社会若干重大问题的决定》(2006年10月11日中国共产党第十六届中央委员会第六次全体会议通过)中提出:"深化干部人事制度改革,认真实施体现科学发展观要求的综合考核评价办法,把领导社会建设的绩效列为考核内容,增强领导班子和领导干部统筹经济社会发展的能力。大兴求真务实之风,激励

---

[1] 以下内容参考了曹堂哲、罗海元、孙静:《政府绩效测量与评估方法:系统、过程与工具》,经济科学出版社2017年版。

[2] 新华社南昌9月2日电:《胡锦涛在江西考察工作时强调继承发扬党的优良革命传统加快全面建设小康社会步伐》,新华网2003年9月2日。

[3] 中共中央文献研究室编:《十六大以来重要文献选编》(上),中央文献出版社2005年版,第465页。

干部真抓实干，加强检查监督工作，确保中央的方针政策和工作部署落到实处。"

2008年党的十七届二中全会通过了《关于深化行政管理体制改革的意见》，该意见指出："推行政府绩效管理和行政问责制度。建立科学合理的政府绩效评估指标体系和评估机制。健全以行政首长为重点的行政问责制度，明确问责范围，规范问责程序，加大责任追究力度，提高政府执行力和公信力。"2008年《中共中央关于推进农村改革发展若干重大问题的决定》中提出"完善体现科学发展观和正确政绩观要求的干部考核评价体系，把粮食生产、农民增收、耕地保护、环境治理、和谐稳定作为考核地方特别是县（市）领导班子绩效的重要内容。支持人大、政协履行职能，发挥民主党派、人民团体和社会组织积极作用，共同推进农村改革发展。"2008年3月政府工作报告中指出："推行行政问责制度和政府绩效管理制度。"

2009年政府工作报告指出："对义务教育阶段教师实行绩效工资制度，提高1200万中小学教师待遇，中央财政为此将投入120亿元，地方财政也要增加投入。"

2010年3月政府工作报告指出："实行义务教育阶段教师绩效工资制度。""进一步完善支持村卫生室建设和乡村医生发展的政策措施。完善基层医疗卫生机构补偿机制，落实岗位绩效工资。"2010年7月，中央纪委监察部正式组建绩效管理监察室。2010年10月，党的十七届五中全会审议通过了《中共中央关于制定国民经济和社会发展第十二个五年规划的建议》提出"完善政府绩效评估制度"。

四、部际联席会议阶段（2011—2017年）

"十二五"规划（2011—2015年）提出以科学发展为主题，以加快转变经济发展方式为主线，中国综合国力和国际影响力大幅提升，经济总量稳居世界第二。这一阶段的绩效管理的基本特征是建立了绩效管理工作部际联席会议，形成了"效能监察"模式。

2011年国务院建立了政府绩效管理工作部际联席会议制度，原监察部作为牵头单位，在全国选择试点地区、试点部门开展地方政府及其部门绩效管理、行政机构绩效管理、专项工作绩效管理、财政预算资金绩效管理试点工作。推动了绩效管理"由点到面"的拓展。这一阶段总体上是一种"效能监察"模式，基本取向是提升政府执行力或者"办事"绩效。党的十八大以来，随着监察职能和机构的调整，推进和规范绩效管理的相关职责转移到了中央编制委员会办公室。新《监察法》不再将"效能监察"作为监察机构的职责，效能监察淡出，"效能监察"模式进入了调整阶段。

2011年1月中共中央政治局常委、中央纪委书记贺国强在十七届中央纪委第六次全会工作报告中强调，要"积极推行绩效管理，开展对行政机关及其公务员的绩效考核和绩效评估"。2011年3月的政府工作报告指出："义务教育阶段教师绩效工资制度全面实施。"2011年3月，中国政府绩效管理工作部际联席会议制度建立，联席会议由监察部、中组部、中编办、国家发改委、财政部、人力资源和社会保障部（公务员局）、审计署、统计局、法制办9个部门组成，监察部为牵头部门，监察部部长为召集人。联席会议办公室设在监察部，日常工作由绩效管理监察室承担。以此为标志，推进政府绩效管理工作的领导体制和工作机制正式建立起来。2011年6月10日，监察部印发了《关于开展政府绩效管理试点工作的意见》，2011年6月28日，政府绩效管理试点工作动员会在京召开，对试点工作进行了研究和部署，会议选择北京市、吉林省、福建省、广西壮族自治区、四川省、新疆维吾尔自治区、杭州市、深圳市等8个地区进行地方政府及其部门绩效管理试点，国土资源部、农业部、质检总局进行国务院机构绩效管理试点，国家发改委、环境保护部进行节能减排专项工作绩效管理试点，财政部进行财政预算资金绩效管理试点，为全面推行政府绩效管理制度探索积累经验。这一系列行动，标志着政府绩效管理工作开始从国家层面进行推广。截至2012年，全国共有24个省（区、市）和20多个国务院部门不同程度地探索开展了政府绩效管理工作[①]。中央纪委监察部绩效管理监察室子网站于2012年3月27日上线。2011年10月《中央关于深化文化体制改革若干重大问题的决定》（2011年10月18日中国共产党第十七届中央委员会第六次全体会议通过）提出"推进国家公共文化服务体系示范区创建。制定公共文化服务指标体系和绩效考核办法。"

2012年3月2日政府绩效管理工作部际联席会议日前在京召开第二次会议。中央纪委副书记、监察部部长、政府绩效管理工作部际联席会议召集人马馼在会上强调，要认真贯彻落实国务院关于开展政府绩效管理试点的要求，以改革创新精神扎实推进政府绩效管理各项工作。会议要求，要认真贯彻落实中央关于文化、教育、强农惠农、节能减排、医药卫生、水资源管理、质量安全与发展、扶贫等方面工作的考核要求，鼓励和支持各地区各部门探索开展对重大公共政策、政府重大投资项目、财政资金以及重大专项工作的绩效管理。在认真总结实践经验和深入调研论证的基础上，要研究提出推行政府绩效管理的指导性意见，明确政府绩效考评指标体系的基本框架。2012年3月5日第十一届全国人大五次会议关于预算审查结果报告明确提出，要进一步加强预算绩效管理，健全支出绩效考评机制，提高资金使用效益。2012年3月26日温家宝总理在国务院第五次廉政工作会议上强调，要"探索建立政府绩效管理制度"。2012年9月21日财政部印发了《预算绩效管理工作规划（2012—2015年）》。2012年11月党的十八大报告指出，"创新行政管理方式，提高政府公信力和执行力，推进政府绩效管理。"中共中央纪律检查委员会的工作报告指出，"积极开展政府绩效管理工作，在部分国务院部门和地方政府进行试点""深入开展执法监察、廉政监察和效能监察，推

---

① 新华社北京8月12日电（记者周英峰）：《中国今年将加大政府绩效管理试点工作力度》，新华网，2012年8月12日。

进政府绩效管理,建立健全问责制度和工作机制",从而将绩效管理与纪检检查的职能紧密起来。

2013年政府工作报告指出:"探索建立政府绩效管理制度,建立并切实执行以行政首长为重点的行政问责制度,努力提高行政效能。"2013年十八届三中全会《中共中央关于全面深化改革若干重大问题的决定》中多次提到政府绩效,比如:"转变政府职能必须深化机构改革。优化政府机构设置、职能配置、工作流程,完善决策权、执行权、监督权既相互制约又相互协调的行政运行机制。严格绩效管理,突出责任落实,确保权责一致""明确不同文化事业单位功能定位,建立法人治理结构,完善绩效考核机制""建立科学的医疗绩效评价机制和适应行业特点的人才培养、人事薪酬制度"。此次全会还首次提出了"财政是国家治理的基础和重要支柱"的观点。

2014年政府工作报告指出:"改革机关事业单位工资制度,在事业单位逐步推行绩效工资,健全医务人员等适应行业特点的薪酬制度,完善艰苦边远地区津贴增长机制。"从2014年5月30日召开的国务院常务会议上,国务院决定对《政府工作报告2014》中的重点工作和去年下半年以来的重要政策措施落实情况开展全面督查。各地方、各部门于6月份完成了自查,6月25日至7月5日,国务院派出8个督察组分赴各地各部门。同时国家行政学院、全国工商联、国务院发展研究中心和中国科学院开展了第三方评估。2014年8月27日,国务院总理李克强主持召开国务院常务会议,听取政策落实第三方评估汇报。这是国务院对政策落实情况进行督查的同时,首次引入第三方评估①。2014年8月31日新《预算法》通过,标志着中国预算绩效管理制度框架的确立。2014年9月29日国务院常务会议首次将重大政策措施落地等纳入审计范围。会议强调,进一步加强和创新审计工作,有利于保障公共资金安全、提高使用绩效,推动国家重大决策部署落实,更好服务改革发展、民生改善和社会进步。具体提出四方面的要求:一要围绕稳增长、促改革、调结构、惠民生、防风险,把审计范围扩大到国家重大政策措施落实、重大项目落地、简政放权推进等方面,推动解决财政资金沉淀问题,把宝贵的资金用在刀刃上。二要加强重点审计,及时发现财政金融、国有资产、能源资源、民生和环境保护等领域的薄弱环节、风险隐患,特别是重大违法违纪案件线索,维护财经纪律,完善防范机制,促进廉政建设。三要加大对依法行政情况的审计力度,纠正损害群众利益、妨害公平竞争等问题,维护市场秩序和公平正义。四要完善审计工作机制。各地区、各部门要积极协助审计工作,依法接受审计监督,提供完整准确真实的信息资料,狠抓审计发现问题的整改落实②。

2016年发布的"十三五"规划,在多处提及绩效评估:在"(19)实施主体功能区战略"中,指出"基本形成适应主体功能区要求的法律法规、政策和规划体系,完

---

① 《国务院督查政策落实首次引入第三方评估》,《人民日报》2014年9月2日。
② 李克强:重大工程、项目落实纳入审计重点,中国政府网 www.gov.cn,2014-09-30。

善绩效考核办法和利益补偿机制,引导各地区严格按照主体功能定位推进发展"。在"(41)推进行政体制改革"中提出"健全科学决策、民主决策、依法决策机制,推进政务公开,增强公共政策制定透明度和公众参与度,加强行政问责制,改进行政复议和行政诉讼,完善政府绩效评估制度,提高政府公信力"。

五、全面实施预算绩效管理阶段(2017年至今)

党的十八届三中全会提出"财政是国家治理的基础和重要支柱"这一论断后,财政在国家治理中的重要地位得到了确认。党的十九大提出"建立全面规范透明、标准科学、约束有力的预算制度,全面实施绩效管理",2018年《意见》要求建立全方位、全过程、全覆盖的预算绩效管理体系,实现预算与绩效管理一体化。这意味着中国进入了以"预算"绩效为牵引和抓手,以预算绩效反映"办事"绩效,并纳入"用人"绩效,推动全面实施绩效管理的新时代。

2017年10月,习近平总书记在党的十九大报告中指出:"要加快建立现代财政制度,建立权责清晰、财力协调、区域均衡的中央和地方财政关系。建立全面规范透明、标准科学、约束有力的预算制度,全面实施绩效管理。"作为改革和发展的纲领性文件,党的十九大报告精神为中国预算绩效管理的深化改革指明了方向。

为落实党的十九大精神,积极推进预算绩效管理的全面实施,2018年7月6日,中央全面深化改革委员会第三次会议审议通过《关于全面实施预算绩效管理的意见》。2018年9月25日,中共中央、国务院正式印发《关于全面实施预算绩效管理的意见》(以下简称《意见》)。《意见》提出,力争用3—5年时间基本建成全方位、全过程、全覆盖的预算绩效管理体系,提高财政资源配置效率和使用效益,推动政府效能提升,加快实现国家治理体系和治理能力现代化。这将绩效管理提升到一个前所未有的高度,阐明了绩效管理的基本要求,提出了具体的实施措施,为新时代深化财税体制改革指明了方向和途径。全面实施绩效管理成为新时代国家治理体系和治理能力现代化的重要内容,中国进入以"预算"(财政)的绩效为牵引和抓手,推动全面实施绩效管理的新时代。以《意见》为指导,财政部于2018年11月发布《关于贯彻落实〈中共中央 国务院关于全面实施预算绩效管理的意见〉的通知》(财预〔2018〕167号),提出全面实施预算绩效管理的路径与总体目标,即到2020年年底,中央部门和省级层面要基本建成全方位、全过程、全覆盖的预算绩效管理体系,既要提高本级财政资源配置效率和使用效益,又要加强对下转移支付的绩效管理,防止财政资金损失浪费;到2022年年底,市县层面要基本建成全方位、全过程、全覆盖的预算绩效管理体系,做到"花钱必问效、无效必问责",大幅提升预算管理水平和政策实施效果。

按照中央的部署和财政部的要求,在财政收支矛盾加剧和新冠肺炎疫情冲击的情况下，全面实施预算绩效管理的第一阶段目标，即"到2020年年底中央部门和省级层面要基本建成全方位、全过程、全覆盖的预算绩效管理体系"，已经达到。"到2022年年底市县层面要基本建成全方位、全过程、全覆盖的预算绩效管理体系"的攻坚战正在进行中。

一是"战线"全面展开。目前大多数中央部门、大部分省级党委政府已绘就了蓝图、建立了制度、出台了举措、采取了行动、见到了成效。市级和县级党委政府也迈出了预算绩效管理改革的步伐。预算绩效管理实现了从"点"（项目）到"线"（政策和转移支付）到"面"（部门）到"体"（政府）的拓展；从事后（评价）向中段（监控）、前端（绩效目标）和起点（事前绩效评估）的延伸；从目标管理向全成本预算绩效管理的深化。

二是制度体系基本定型。围绕预算管理的主要内容和环节，先后出台了系列预算绩效管理制度和实施细则。例如《中央部门预算绩效运行监控管理暂行办法》《中央财政预算执行动态监控管理办法》《项目支出绩效评价管理办法》《政府和社会资本合作（PPP）项目绩效管理操作指引》等。多地已经出台了事前绩效评估管理办法、部门预算绩效管理办法等，北京、浙江、山东等地已经开展了财政运行综合绩效评价工作。分行业、分领域、分层次的预算绩效管理制度相继出台，相应的核心绩效指标和标准体系初步形成，预算绩效管理制度体系日趋完备。

三是法律保障更加有力。新《预算法》明确立了预算绩效管理的法定要求，2020年发布的《中华人民共和国预算法实施条例》细化了《预算法》的要求，进一步明确和细化了转移支付定期评估制度、全口径部门预算绩效管理制度、预算编制阶段的支出标准制度、参照绩效评价结果编制预算制度、项目入库评审机制、债务风险防范与债务风险评估制度，明确了预算绩效管理的职责划分、监督和考核制度、报告制度等，这些制度为制定专门的预算绩效管理立法奠定了基础。

四是运行机制基本成熟。形成了财政部门和预算部门职责清晰、各有侧重、相互衔接的主体责任制度。形成了事前、事中、事后的闭环运行机制。形成了"全面论"和"重点论"相统一的工作方法，即绩效目标、监控和自评全覆盖与重点审核、监控和评价相结合的机制。形成了单位自评、部门评价和财政评价各有侧重，相互衔接的评价机制。初步形成了业财融合，预算与绩效管理一体化的发展形态。形成了预算绩效信息与预算安排、政策调整、管理改善挂钩，与工作考核、政府绩效考核、干部考评、人大审查监督、审计监督、问责公开衔接的协同治理机制。

五是重点领域实现突破。各级政府、各部门、各单位根据实际情况，积极推动了重点领域绩效管理的探索试点，实现了系列突破。例如，国家积极推动了扶贫项目资金全过程绩效管理，打造了预算绩效管理的标杆和样本。开展基于绩效、诚信和能力的科研管理改革试点。优化教育经费使用结构，加强教育经费绩效管理等。各地区也锐意改革，做出了特色，形成了亮点，例如，北京市推动了事前绩效评估和全成本预算绩效管理改革，打造了"北京模式"；广东省健全了绩效目标和指标标准体系，深化了全公开改革；山东省着力推动部门整体预算绩效管理改革；云南省打造了激励约束型绩效管理模式等。上述探索实践，为进一步总结预算绩效管理的经验，推动下一步改革提供了宝贵经验。

第二节　新中国绩效型政府管理的发展道路

改革开放以来的中国政府绩效管理实践是在全面深化经济行政体制改革和推进政府职能转变的时代背景下展开的。适逢计划经济向社会主义市场经济的转轨时期和全面建设小康社会的攻坚阶段，中央政府和地方政府面对日益繁重的改革发展任务不断革新政府治理手段，人民群众对依法行政、高效行政的高期待转化为日益高涨的民主参与热情，绩效管理制度化建设和科学化水平持续迈上新台阶。中国政府绩效管理在植根于本土文化惯性、道路实际和传统管理体制的基础上，吸收借鉴其他国家发展经验，形成了一条具有鲜明中国特色的"地方自主探索、中央统筹试点"新型发展道路。

一、从地方探索到中央统筹的道路

（一）地方自主探索

40多年的发展历程，中国政府绩效管理改革实践带有明显的地方自主探索特征。这一时期，中央政府未对绩效管理进行顶层设计和统一规划，绩效管理理念在实践中互有交叉且地方差异较大，各地推进机制呈现百花齐放的状态。特别是20世纪90年代中后期，在西方新公共管理运动和政府再造理论的深刻影响下，各地方政府借鉴西方国家社会服务评价、第三方评估、吸纳社会代表参与等经验，形成极富地方特色、多元探索的绩效管理样本。其中，具有代表性的是烟台市推行的"社会服务承诺制度"，以目标管理责任制为主的"青岛模式"、效能监察的"深圳模式"、效能建设的"福建模式"、公民评议的"杭州模式"和督查验收的"湖南模式"[①]。

在上述模式中，部分地方政府开展绩效管理时间较早，在全国范围内产生了广泛的影响和示范作用。1994年，烟台市针对广大市民反映强烈的城市社会服务质量差的问题，借鉴英国和中国香港地区社会管理部门的做法，率先在市建委试行"社会服务

---

①　冉敏：《中国地方政府绩效管理的五种典型模式比较研究》，载《三峡大学学报（人文社会科学版）》，2018年第4期。

承诺制"[①]。即按照行业要求，将政府服务内容、标准、程序、责任向社会公开做出承诺，政府行为和活动在社会民主监督下实施。到 1996 年，烟台市建委承诺的社会服务内容达到 81 项、服务标准 117 条，基本上包含了建委系统工作的主要内容，覆盖了从城市建设、管理维护到居民生活服务的方方面面。经过半年的实践，社会服务承诺制度在烟台成效显著，政府服务质量赢得了市民的充分肯定。1998 年，同隶属于山东省的青岛市为提高行政效率，进一步转变政府职能，开始探索新型目标责任制模式。该模式推进机制由青岛市委、市政府牵头，以"三个文明"建设为目标管理指标，成立了共计 11 个绩效目标为核心的专门考核组，对全市 12 个区市县行政区划、84 个市直属部门、市直属事业单位进行综合绩效考核，旨在建成科学民主的决策机制和廉洁高效的政府，以改进政府公共服务、提高行政效率。福建省作为中国较早实行改革开放的省份之一，从 2000 年开始提出并在全省范围内开展机关效能建设。最初的工作重心是基本制度建设和受理投诉，后逐步优化行政流程。2005 年，福建省在省政府部门和设区市政府全面推行绩效评估，成为全国范围内第一个实施绩效评估的省份，对创新行政管理体制，促进新型服务型政府的建设发挥了积极作用。其他地方政府，如哈尔滨和杭州尝试从地方立法的层面改变政府绩效管理机构和职能"碎片化"的问题。2009 年黑龙江省人大常委会审议通过了《哈尔滨市政府绩效管理条例》，但随着一把手的工作调动，条例未能真正开花结果，成了绩效管理的一个法规范本。2016 年，杭州开始实施《杭州市绩效管理条例》，对绩效管理机构和职能、绩效评估及其结果运用等做了详细规定，是目前正在实施的唯一副省级城市政府绩效管理立法。

这一时期是中国地方政府绩效管理模式探索发展和转型升级的重要阶段，绩效管理作为一种新的行政管理方式受到各级政府的重视。尽管各地推行的绩效评价方法和绩效管理活动多处于自发状态，在制度上缺乏统一的政策指导和法律法规的可参照性，但不断涌现的多元模式加速推进了政府绩效管理制度的完善和发展，实现了从"管理型政府"到"服务型政府"的逐步转型，提升了政府行政管理的科学化水平。

（二）中央统筹试点

进入 21 世纪新时期，科学发展观和正确的政绩观成为中国行政体制改革的指导思想，鉴于政府绩效管理在前期探索发展的基础上对政府建设产生的重要影响，中央开始加大对该领域的指导力度，不断创新和规范政府绩效管理工作。2005 年，温家宝在《政府工作报告》中提到"抓紧研究建立科学的政府绩效评估体系"，这是中央政府工作报告首次强调政府绩效评估在国家建设和社会发展中的重要作用。2006 年，为推进行政审批制度改革、转变政府职能，国务院成立了深化行政管理体制改革联席会议。

[①] 刘旭涛：《政府绩效管理》，机械工业出版社 2003 年版。

由人事部牵头开展绩效评估工作,确定了包括湖南、吉林、上海杨浦区、南通市等一批试点地区。2008年,政府绩效评估发展为政府绩效管理,并被写入党的十七届二中全会文化和政府工作报告中。2009年,政府绩效管理工作移交给监察部牵头开展。2010年7月,经中央编委批准,监察部增设绩效管理监察室,负责具体组织协调政府绩效管理和监督检查工作,并在全国范围内启动政府绩效管理试点工作。政府绩效管理逐步走上制度化、规范化轨道。2011年,经国务院批准,由监察部牵头、9个部门为成员单位的政府绩效管理工作部际联席会议(以下简称联席会议)制度成立。此后,监察部印发了《关于开展政府绩效管理试点工作的意见》,选择北京、吉林、福建、广西、四川、新疆、杭州、深圳等八个地区和国家发展改革委、财政部、国土资源部、环境保护部、农业部、质检总局等六个部门部署开展政府绩效管理试点。开创性地将绩效管理理念和方式引入中央政府机构。2012年,联席会议第二次会议通过了《2012政府绩效管理工作要点》,并在制度上对政府绩效管理工作做出部署。截至2012年年底,全国共有27个试点省(区、市)开展了政府绩效管理工作,成立领导机构和工作机制,并构建了相对科学合理、简便易行的考评指标体系,初步形成了各具特色的政府绩效管理工作试点样本。党的十八大以后,中央纪委监察部对机关内设机构及议事协调机构进行了调整,撤销执法监察室、绩效管理监察室,新设立执法和效能监督室。2014年3月,中央纪委监察部机关进行了机构改革,撤销了执法和效能监督室。2018年《国家监察法》亦取消了原监察法的效能监察职责。与此同时推进和规范绩效管理的相关职责转移到了中央编制委员会办公室。

二、典型的地方实践模式

经过多年探索积累,一些地方逐渐形成的较具特色并产生一定影响的实践模式,为丰富中国政府绩效管理理论提供了宝贵素材,也为改进政府绩效管理政策以及推动实际工作提供了参考借鉴。比较有代表性的地方模式主要如下。

(一)以行政效率为核心的实践模式

中国早期的政府绩效评价主要是围绕着提高行政效率而开展的,这一时期比较具有代表性的绩效评价方式主要是以青岛市为代表的目标责任制和福建省开展的效能建设。通过这些绩效评价方式的开展,不仅促进了政府部门行政效率的提升,而且增强了政府的绩效评价意识,为中国政府绩效评价与管理的发展起到了重要的推动作用。

1. 目标责任制——青岛模式

自1998年起,青岛市委、市政府将目标管理理念引进到全市各级机关和部门,逐步建立起以"科学民主的决策机制、责任制衡的执行机制、督查考核的监督机制、奖惩兑现的激励机制"为核心的目标绩效评价体系。2003年，青岛市将"三个文明"建设第一次纳入考核目标之中，围绕三大文明划分目标体系。从2003年到2004年2月，青岛市委、市政府共组织了11个目标考核组，对全市12个区市和84个市直部门、单位的2003年度三个文明建设情况进行了综合考核。

青岛实施的目标责任制的主要特点有以下几点。

第一，建立了严格的目标层次体系和责任体制。青岛市目标管理绩效考核委员会通过目标的层层分解，把各项重要决策、工作目标和部署转化为具体的、可量化的考核指标，通过政府各部门相互协调将责任、权力和利益也进行层层分解，明确责任领导，责任部门和责任人，自上而下地构筑起"一级抓一级，一级对一级负责"的责任体系。按照集体领导、分工负责的原则，市委、市政府对重要决策和工作部署提出明确的质量、时限要求，建立领导目标责任制。

第二，具有科学民主的目标制定、审议、考核程序。青岛市在绩效目标制定过程中，引入了服务对象、专家、人大代表等的审议程序，使绩效目标制定真正建立在科学、民主的基础之上。每年年初，青岛市委、市政府要求各机关部门、区县把该年度要完成的目标计划上报市委、市政府进行审核，然后再交给部门、区县进行修改，几经修改定论后由目标管理办公室汇总并输入计算机。年中，围绕目标的完成情况随时进行监控、检查和落实。各区、市、市直单位的主要领导定期向市委、市政府分管领导汇报所承担重点工作目标的进展和落实情况。汇报材料同时报市目标管理考核办公室，建档备查。

建立健全逐级报告重要工作进展落实情况的制度，市委常委和副市长每年两次向市委常委会，市政府常务会。年末，由市委、市政府派出专门考核组进对各部门和单位行评价，并将评价结果进行全市大排序。

第三，将考核结果与奖惩相挂钩。青岛市实行单位主要领导政绩评定与本单位考核结果直接挂钩的办法，使绩效考核与干部考核紧密挂钩，将考核结果量化到每一位市管领导干部。各级党政主要领导是抓落实的第一责任人，工作不落实或完成得不好，视情况追究其责任，直至降职、待岗和免职。

青岛实行目标责任制管理确实取得了较好的效果。实践证明，实施目标绩效管理，有助于地方党政领导机关和领导干部科学执政、民主执政、依法执政，以科学的思想、科学的制度、科学的方法领导地方改革发展及各项事业；有助于进一步转变政府职能，推进行政体制改革，提高行政效率，形成行为规范、运转协调、公正透明、廉洁高效的行政管理体制；有助于合理划分党委政府及其部门的权限和职责，做到权责一致，确保党的路线方针政策和地方党委重大决策、工作部署的贯彻落实[①]。但也存在一些问

---

① 杜世成：《提高执政能力的一条有效途径——青岛市实施目标绩效评估的实践与思考》，载《求是》2005年第24期。

题。如目标管理的最大缺陷是目标管理需要列举非常详细的目标集合,并以完成这些目标项的程度来衡量绩效,但也容易忽视了目标集合意外的因素和结果①。

需要注意的是,中国政府目标责任制来源于目标管理理念,但与目标管理也有不同之处,主要表现在政府目标责任制是通过制度设计来构建包括责任、合法性、效率和公正在内的综合目标体系,多采取"首长目标责任制"的形式,以提升公共服务质量和政府工作效率。

2. 效能建设——福建模式

福建省的效能建设源于漳州市的探索,是"在党委、政府的领导下,以提高机关的工作效率、管理效率和社会效果为目标,以制度建设、作风建设、业务建设、廉政建设为内容,科学设置机关的管理资源,优化机关的管理要素,改进机关的运作方式,建设廉洁、勤政、务实、高效的机关综合活动"②。

1999 年,漳州市开始实施效能建设。2000 年年初,福建开始在全省范围实施效能建设。初始阶段,工作的重点是基本制度建设与受理投诉。深化改革阶段以审批制度改革为突破口,建立行政服务中心,优化行政流程,提高机关效能。2004 年开始进入以绩效评价为主的阶段。总的来说,福建的效能建设主要有以下几个特点。

第一,自上而下设立效能建设领导小组和办事机构,绩效评价责任明确。福建省成立了以省长为组长的机关效能建设领导小组,并在纪检监察机关设立办公室,具体负责绩效评价的组织实施、协调指导和综合反馈;省直各部门和各设区市也都成立了工作小组,形成了绩效评价工作的组织体系。

第二,将绩效评价结果与奖惩机制相挂钩。福建省的绩效评价在开展绩效评价的基础上,福建探索建立奖惩机制,把绩效评价结果作为评价政府、部门及其领导人工作实绩的重要依据,与干部使用、评先评优、物质奖励挂钩。

第三,建立了较为系统的政府绩效评价指标体系。从通用指标到具体部门的指标,在指标设计上综合考虑了各方面情况,并在具体指标设计上,采取定性考核与定量测评相结合的指标模式。以 2005 年对设区市政府的绩效评价为例,主要设定了可持续发展水平、构建和谐社会进程、勤政廉政等 7 个方面的一级指标,以及经济增长率、恩格尔系数、社会保障覆盖率、环境质量指数、依法行政质量等 28 个二级指标。2006 年又增加了资源消耗指数、高新技术产业增加值比重、R&D 占 GDP 的比重等反映经济增长方式转变和自主创新能力的指标,把坚持以人为本、全面协调可持续发展的要求量化在具体指标上③。

---

① 蓝志勇,胡税根:《中国政府绩效评估:理论与实践》,载《政治学研究》2008 年第 3 期。
② 福州市效能办:《试论机关效能建设在构建和谐社会中的作用》,载福建省机关效能建设领导小组办公室编《全省机关效能建设工作研讨会理论研讨材料汇编(2005 年 9 月)》(内部资料)。
③ 黄小晶:探索开展政府绩效评估,努力推进政府管理创新——在国务院召开的"加强政府自身建设推进政府管理创新电视电话会议"上的发言,2006 – 09 – 04。

第四，采取了试点评价、逐步开展的办法。福建省坚持试点评价，以几个效能建设先进单位为第一轮试点，为绩效评价在全省的推广积累了经验；并鼓励各地因地制宜进行调试，处理好共性与个性的关系。

福建省的效能建设取得的成绩得到了中央高层领导的肯定。中纪委《纪检监察信息》曾用"四个转变"概括了漳州市效能建设的成效：机关作风向公仆型转变，群众满意度提高；办事节奏向效能型转变，行政部门办事效率提高；行政行为向公开化规范化、法制化转变；反腐纠风工作向有效治本方向转变①。福建省的绩效建设为下一步政府绩效评价的实践创造了条件，并以服务型政府为导向构建了新型的效率型政府，为中国政府管理体制改革提供了经验借鉴。

（二）以服务质量为核心的实践模式

进入20世纪90年代以后，一方面受西方公民宪章运动的影响，另一方面随着民众对政府服务质量的日益关注，中国这一时期的政府绩效评价由以行政效率为核心转变到服务质量的监督上来，评价的主体也由内部评价主体转向人民大众，进入了以服务质量为核心的政府绩效评价阶段。这一时期的绩效评价方式主要有社会承诺制和群众评议政府等，本部分分别以烟台、杭州、南京为典型案例，对这两种方式进行简单的介绍。

1. 社会承诺制——烟台模式

社会服务承诺制是一种将自我约束和社会监督相结合的具有契约性质的新型服务机制，通过公开承诺和社会监督，形成社会舆论要求履行契约的外部压力，进而把这种外部压力转化为提高服务水平的内部动力。

1994年6月，针对广大市民反映强烈的城市社会服务质量差的问题，烟台市借鉴英国和中国香港地区社会管理部门的做法，率先在市建委试行"社会服务承诺制"。这个制度的基本内容是，公开办事内容，办事标准和办事程序，确定办事时限，设立监督机构和举报电话，明确赔偿标准，未实现承诺的责任者，要按规定承担应负的责任和实行赔偿，是一种具有契约性质的服务机制。次年5月，市政府专门下发关于推行服务承诺制度的通知，把政府部门对社会的服务以一种契约合同的方式固定下来，接受社会各界监督。同时，在邮电、交通、工商等12个部门70多个单位推广建委经验推行承诺制，通过新闻媒体向社会公布了各自的社会服务承诺工作目标、服务内容、服务标准、投诉程序和投诉电话，并做出保证，达不到承诺将实行自罚并赔偿。1996年又增加了11个部门，涉及基层单位2304个。2005年2月1日，烟台市行政审批中心推出了《推行ISO9001质量管理体系认证工作实施方案》，将政府作为"服务提供者"，

---

① 《漳州市开展机关效能建设的做法》，纪检监察信息专刊第46期，1999年11月。

社会公众作为"顾客",通过质量体系管理,确保为社会公众提供规范、稳定质量的政府服务。"承诺服务,一诺千金",成为烟台市24个实行承诺服务部门的共识。

自烟台实行社会服务承诺制后,政府部门服务水平取得巨大的成绩。以烟台市建委为例,实施承诺制度一个月后,市长公开电话中针对建委系统的投诉占总投诉量的从实施前的80%下降到50%,人民群众对于建委系统的工作评价有了很大的改观。鉴于烟台市社会服务承诺制取得的成绩,国务院于1996年5月在烟台召开会议,正式向全国推广烟台的承诺制。同年7月,中宣部和国务院纠风办召开座谈会进一步推广烟台承诺制,自此标志着社会服务承诺制度在全国的全面推行。此后,全国各大中城市纷纷在供水、燃气、公共交通、航运、邮电、电力等各大部门和各大行业全面推行社会服务承诺制度,把推行社会服务承诺制作为纠正行业不正之风和提高"窗口"行业文明服务水平的重点。

2. 杭州市人民满意机关评选活动

针对杭州市机关长期存在的不良作风问题,同时扩大杭州市发展空间,2000年年初,杭州市委、市政府决定在全市54个市级单位全面展开满意不满意单位评选。衡量各单位的全局观念、服务宗旨、服务质量、办事效率、勤政廉洁、工作业绩共六个方面的指标。

杭州市专门成立了满意不满意评选活动领导小组办公室负责全面工作。活动的评价主体包括四大层面:一是市党代会代表、市人大代表和市政协委员层面,其中包括445名市党代会代表、469名市人大代表、427名市政协委员;二是企业层面,其中包括100家省部属企业和市属城建、旅游、商贸企业、100家市、区工业企业、100家外地来杭投资企业;三是市民层面,随机抽取了4000名杭州市民开展评选;四是市直机关互评。据统计,共发出选票5969张,回收5787张,回收率达到96%。2005年,杭州对考核评价体系进行了改革,成立了杭州市综合考评委员会,对各单位的工作情况通过目标考核、领导考评和社会评价等三个方面进行综合考核评价。2006年8月,杭州市委又组建成立了杭州市综合考评委员会办公室,作为杭州市综合考评委员会的常设办事机构,主要负责市直单位综合绩效考评、效能建设等工作。

杭州政府绩效评价模式以公民为主要导向,其主要特点有以下几点。

第一,设立"满意评选"领导机构,责任体系明确。杭州市委、市政府先后成立了综合考评委员会和办公室,负责具体指标的制定、商议、评价、反馈、修订工作,通过核心领导部门明确绩效评价目标,自上自下地促进绩效管理的实施。

第二,兼具了"自上而下"和"自下而上"两种评价模式评价主体。评价主体既包括了人民代表,又包括了企业和群众,从注重市直机关互评到取消互评,大幅度提高了市民参评比率。两种评价模式的整合,既保证了组织考核的有效度,又提高了公众的民主观念和参与意识,从而使政府评价工作的透明化程度提高,有助于确保政府管理的责任性和公正性。

第三，绩效导向明确，考核维度引入创新指标。通过"满意评议"来衡量和评价市机关的工作情况、绩效、服务态度等各项指标。并且每项指标以"满意/比较满意/基本满意/不太满意/不满意"来衡量，并通过设置100、75、50、25、0的相应分值来计算最终结果。并在综合考评指标体系中引入创新指标，进一步激励了市直单位创新创优，提高整体工作水平和绩效。

杭州市通过实施人民满意机关评选活动，不仅增强了政府机关各部门的目标意识和服务意识，提高了服务质量和办事效率，同时促进了廉政建设，加强了监督力度，取得了良好的社会效益。人民满意机关评选活动作为一种服务质量导向的政府绩效评价模式，创新了政府绩效评价模式的实践，具有一定的积极意义。

3. 南京市"万人评议政府"

1993年，南京市市级机关开展了"开门评议机关"活动。活动中，市级机关作风办和各部委办向基层发放评议表，听取意见和建议，但不打分也不排序。"开门评议"也成为后来"万人评议政府"的雏形。

2001年南京市一改以往"开门评议"的做法，把党政机关和执法部门等70个单位列入评议范围，由随机抽取的近万名群众代表无记名填写评议表，并把群众的评议结果作为衡量机关工作作风的主要依据和奖惩的直接依据，对于群众评议为最差单位的主要负责人实行末位淘汰。南京市实施的"万人评议活动"在全国引起强烈反响。2002年，南京市市级机关工委与江苏省社科院合作，联合组成《南京市市级机关作风评价体系》课题组，在深入调查研究、广泛征求意见的基础上，提出一个新的评议方案。评议主体从上年的6类扩大到10类。2004年年底，"万人评议政府"活动在江苏省82个省级机关中首次展开，各部门各单位将"万人评议政府"中基层群众提出的6948条意见和建议，归纳成1795条整改事项，结合先进性教育活动，进行了集中整改，促进了机关作风的明显改变。2005年，江苏省委、省政府下发了《关于建立省级机关作风建设长效机制的意见》，把基层群众评议机关作风作为一项制度确定下来。

南京市"万人评议政府"的主要特点有以下几点。

第一，评议主体的广泛性和代表性。南京市"万人评议政府"活动的评议主体涉及全市各个阶层、行业和人群。评议主体由初始的6类增加到10类。对机关各部门最了解的市级领导干部，市委、市人大、市政府、市政协四套班子成员全部为评议人；大中小学、医院、科研机构、文化团体和驻宁机构以及街道乡镇也都有代表参加评议。同时为更多地听取投资者和基层群众的意见，将企业评议人由去年的500人增加到3000人，基层社区人员由2000人增加到4500人。2004年，市级机关干部不再参加评议，而由市级机关作风监督员评议。除市级领导以外，其他评议人以随机抽取的方式，并建立了评议人信息库。党政机关以外的评议人占了绝大多数，达到85%，从而增强了评议主体的覆盖面和客观性。

第二，评议结果依据评议主体的分类进行加权处理。权重系数采用"主观赋值法"，通过领导人员、专家和专业工作人员综合评定的方式设定：被评议部门（单位）的评议得分满分为 100 分。按 10 个方面评议人分别计算初始得分，分别经加权处理后相加，得出被评议部门（单位）的评议最后得分。计算公式：被评议部门（单位）在某个方面评议人的得分 = [（满意票数×100 + 比较满意票数×80 + 不太满意票数×50）÷该部门（单位）的得票总数]×该方面评议人对该组被评议部门的权重系数。

第三，对评议客体进行科学的分类。2005 年，根据工作性质、职能、与群众接触的方式和程度等因素，南京市万人评议活动的评价客体由初始阶段的两组（一组为执法部门，包括司法执法和行政执法；另一组为综合部门和其他单位）改为三组：第一组为政府机构中与广大人民群众服务直接接触和执法（有办事窗口和执法队伍）的部门及部分专营性企事业单位；第二组为政府机构中除第一部以外的部门及直属单位；第三组为党群机关、人大机关、政协机关、法检机关和直属单位，从而保证了评议活动的结果更具科学性。

第四，将群众评议机关与机关工作作风考核相结合。考核内容主要涉及各机关单位领导干部的德、能、勤、绩、廉五个方面。从 2004 年开始，政府评议结果不仅依据"万人评议政府"的排名，更综合考虑机关作风建设工作考核结果，前者占 70%，后者占 30%，两者结合，成为最终评价，从而使各机关单位树立了"向人民学习、为人民办事、请人民监督、让人民满意"的意识。

第五，把群众监督评议与领导班子的考核和干部的使用相挂钩。根据评议结果，评比"先进单位"和"人民满意单位"。排序结果在一定范围内公布，并向被评议部门反馈。"万人评议政府"活动初始阶段，对排名靠后，群众意见较大的部门，其主要负责人要受到诫免谈话、降职、免职等惩戒。对排名靠前、群众满意度较高的部门，南京市委市政府给予表扬。2004 年，由过去的直接追究单位行政领导责任，改为进行组织考核，对连续两年列三个组排序末位的部门进行重点考核，视考核结果，对列最末一位的部门领导班子做出相应的处理，引起了广大干部的高度重视，从而提高了广大干部接受监督的自觉性和自律性。

第六，与媒体紧密合作，扩大评议范围和影响度。据有关部门的统计，仅 2002 年，到南京采访报道"万人评议机关"活动情况的境内外媒体就达 120 多家（次）。2004 年开始试行网上评议，在南京的龙虎网等 3 个新闻网站上开通评议热线，在《南京日报》《金陵晚报》等媒体上公开刊登"媒体版评议表"。新闻媒体的积极介入和有力报道促进了"万人评议机关"活动的推广和深化。

（三）第三方评价政府绩效实践模式

所谓第三方评价，是指由与政府无隶属关系和利益关系的第三方主持和组织实施、评价的标准或方式，主要由主持方拟定的评价政府及其部门绩效的活动。相对于其他的政府绩效评价办法，第三方评价有着一些无可比拟的优势：首先，第三方评价有利于确保政府绩效评价的独立性。第三方组织与政府无利益关系和隶属关系，评价过程不会受被评价对象的干预，可以独立开展政府绩效评价。其次，第三方评价有利于确保评价的科学性。第三方组织（特别是一些学术团体和科研机构）在绩效评价的理论研究上有着得天独厚的优势，它们通过帮助政府组织建立科学、规范、完善的政府绩效评价体系来确保绩效评价的科学性、准确性和公正性。最后，第三方评价能够促进各方的参与。第三方评价能够有效弥补内部评价的不足，将包括公民、企事业单位等多元评价主题引入绩效评价过程，有利于提高外部的参与度，加强对政府的监督，并藉此改善行政效率和效果。

中国在政府部门最早开展第三方评价的是甘肃省，也就是著名的"兰州试验"，这种方式开创了中国政府绩效外部评价的先河，是对中国政府绩效评价体系的补充和完善。随后，福建省厦门市、湖北省武汉市以及整个广东省都相继开展了第三方评价，并且都取得了不错的效果。下面对"兰州试验"和"广东试验"作一个简单的介绍。

1. 兰州试验

为进一步转变政府工作作风，为企业创业发展营造一个规范严明的法制环境、诚实守信的信用环境、优质高效的服务环境和宽松和谐的创业环境[①]，2004年，甘肃省政府决定将全省14个市、州政府及省政府39个职能部门的绩效评价工作，委托给兰州大学中国地方政府绩效评价中心具体负责组织实施。被外界称作"兰州试验"的第三方政府绩效评价活动开创了委托式外部评价的先河，使"外部评价"作为一项制度创新实践而备受瞩目。兰州的"第三方评价"模式不仅完善了评价方式，拓宽了评价主体范围，而且针对省级、市级职能部门的不同分别建立了科学的指标体系。

具体来说，兰州的"第三方评价"具有以下主要特点。

第一，评价过程完全由第三方学术机构独立完成。与其他政府绩效评价模式不同，第三方绩效评价的主要推行者从政府转向了第三方机构。受甘肃省政府的委托，开展了对甘肃省政府的绩效评价活动，它不仅是评价主体，更是绩效评价实施者和组织者，从方案的设计，专家的选择，调查问卷和调查表的印制、发放、回收和数据统计及最终评价结果的形成完全由兰州大学中国地方政府绩效评价中心独立完成[②]。

第二，评价主体范围扩大。甘肃实施的"第三方评价"活动的评价主体突破了普通公民的范畴，所涉及的评价主体以各地有代表性的非公有制企业为主，同时也邀请

[①] 兰州大学中国地方政府绩效评价中心课题组：《兰州试验：第三方政府绩效评价新探索》，载《城市管理》2005年第3期。

[②] 包国宪：《绩效评价：推动地方政府职能转变的科学工具——甘肃省政府绩效评价活动的实践与理论思考》，载《中国行政管理》2005年第7期。

企业界的代表和学术界的专家委员会委员以及由省政府工作人员组成政府评价组，从而拓宽了评价主体的范围，有助于政府绩效的意见收集和真实反映。

第三，建立了科学的指标体系。评价指标体系既有量性指标又有质性指标，既有反映政府阶段性重点工作指标又有推动政府体制改革的长效指标，按照市、州政府和省政府所属职能部门两类评价对象分别设置。每套评价指标体系按企业、上级政府、专家三类评议主体分别设计①。市州政府绩效评价指标体系由职能履行、依法行政、管理效率、廉政勤政、政府创新5个一级指标，经济运行等14个二级指标，40个三级指标构成。三级指标按非公有制企业，省政府评价组和评价工作专家委员会三类评价主体分别设置。省政府所属职能部门绩效评价指标体系由职能发挥与政策水平、依法行政、政风与公务员素质、服务质量等4个一级指标，职能发挥等9个二级指标，31个三级指标构成②。

第四，采取定性与定量相结合的评价方法。在评价方法上采取问卷调查、主要绩效指标考核、实地察看基础上的专家打分等，定性考察和定量分析相结合的方法去评价。其中非公有制企业评价市、州政府绩效采用调查问卷形式，省政府评价组和评价工作专家委员评议地方政府绩效采用绩效指标评分形式。在评价指标体系和调查问卷的设计上，企业评价采用主观性指标，政府评价采用客观性指标，专家评价采用主观性和客观性相结合的综合型指标③，并对调查数据利用SPSS统计工具进行综合分析评价。

2. 广东试验

继甘肃省实施"第三方评价"以来，广东省根据自身特点和优势，在全国率先采取由独立第三方对全省市、县两级政府整体绩效进行评价的探索性试验④。正如《南方周报》在"思想大解放，推动大发展"的专刊上所言："独立第三方民评官，广东开全国先河。"一定程度而言，"广东试验"是"兰州试验"的继承与发展，但是"广东试验"根据广东省的特点和优势有了一定的创新，与"兰州试验"又有很大的不同，具体如表9-2所示。

表9-2　　　　　"广东试验"与"兰州试验"的比较

比较内容	兰州试验	广东试验
评价主体	省政府委托，非公企业作为评价主体，有效问卷3168份。	高校学术团队自主选题，满意度调查覆盖全省23777位公众。

---

①③ 包国宪：《绩效评价：推动地方政府职能转变的科学工具——甘肃省政府绩效评价活动的实践与理论思考》，载《中国行政管理》2005年第7期。

② 兰州大学中国地方政府绩效评价中心课题组：《兰州试验：第三方政府绩效评价新探索》，载《城市管理》2005年第3期。

④ 郑方辉，张文方，李文彬：《中国地方政府整体绩效评价：理论方法与"广东试验"》，中国经济出版社2008年版。

续表

比较内容	兰州试验	广东试验
评价范围	甘肃省14个地级市（州）及39个省属职能部门。	广东全省21个地级以上市及121个县（市、区）政府。
评价方式	定量（问卷调查）与定性（内部座谈会）相结合。	定量研究，40个源自统计源的客观指标及10个满意度调查指标（2007）。
评价理念	体现政府治理自"行政成本"向"服务为本"转变。	基于满意度导向，建立服务型政府、节约型政府和环保型政府。
指标体系	针对市（州）政府，由职能履行、依法行政、管理效率、廉政勤政、政府创新5个一级指标，经济运行等14个二级指标，40个三级指标。	"促进经济发展、维护社会公正、保护生态环境、节约政府成本、实现公众满意"5个领域层，38个内涵层，50个具体指标。
评价结果	形成咨询建议报告。	形成年度整体绩效评价指数报告。
结果应用	部分成果公开发表，为省政府（委托方）提供咨询报告，服务于政府内部管理。	出版年度红皮书，全部成果由媒体公开，形成社会压力，作用于被评价对象。
技术路径	对非公有制企业抽样调查及体制内座谈会等。利用层次分析法建立评价体系及付诸行动。	作为层次分析法特例建立指数模型，实现主观与客观指标衔接与印证。针对增量，兼顾存量。以技术创新降低研究成本。
影响因素	委托方负责（领导）人的变化及态度直接影响研究进展。	不受政府官员变动的影响，直接对社会及公众负责。
主要困难	体制内评价。体现委托方意向，并受委托方支配。	体制外评价。受经费及统计数据的缺失或失真的影响较大。

资料来源：郑方辉，张文方，李文彬：《中国地方政府整体绩效评价：理论方法与"广东试验"》，中国经济出版社2008年版，第344页。

概括起来，"广东试验"主要具有如下特点。

第一，评价的主体为独立第三方。与甘肃省"第三方评价"不同的是，"广东试验"是由高校学术团队自主选题，独立操作，而前者属于委托式第三方。整个绩效评价方案的制定，包括评价主体、评价标准及指标体系、评价方式、评价过程及评价结果公布，没有任何政府因素的介入，体现了真正意义上的第三方评价。

第二，基于公众满意导向，重组评价指标体系。依据"民主政治、市场经济、法制社会、和谐发展、有限有效"的理念，整个指标体系包括经济发展、社会公正、生态环境、政府成本和实现公众满意5个领域层和50项具体指标，体现了党和政府"执政为民"的终极目标。"广东模式"将公众满意和保护生态环境纳入领域层，体现了公众是政府"产出"和"投入"评价者导向[①]。

第三，评价客体覆盖率高，形成地方政府整体绩效指数。整个评价涉及全省21个地级以上市和121个县（市、区），并将所有评价客体置于统一的标准之下，形成年度整体绩效指数。通过对随机抽取的全省2万多名成年公众进行问卷调查，形成对政府10项公共服务的公共满意度报告。

第四，定期向社会公开评价指数结果。每年度通过媒体公布结果，形成"公众参与动力——政府感受压力——产生改进绩效需求"的激励机制和驱动机制，与兰州试验的委托式评价形成差异[②]。2007年11月3日，羊城晚报集团《新快报》独家公布了由独立第三方完成的"2007年广东省市、县两级政府整体绩效评价指数研究红皮书"。2008年10月20日，华南理工大学政府政策评价中心又正式对外公布了《2008广东省市、县两级政府整体绩效评价指数研究红皮书》。

（四）政府平衡计分卡中国实践模式

2005年，为了完善领导人才绩效考核机制、提升领导人才绩效管理水平，中共中央组织部领导干部考试与测评中心发起和组织了中澳合作《中国领导人才绩效评价体系研究》项目，经过多方比较，最后决定采用平衡计分卡作为领导人才绩效评价体系的设计工具。同年，经黑龙江省委组织部推荐，海林市被确定为中澳合作《中国领导人才绩效评价体系研究》项目两个地方政府试点单位之一。2007年4月进一步提升试点层次，拓展试点范围，将试点工作确定为中澳合作《平衡计分卡"中国化"模式完善推广项目》。在各方几年多来的共同努力下，海林市平衡计分卡推广与完善项目试点工作取得了非常显著的成绩。

在各方的相互协作和共同努力下，海林市利用平衡计分卡这一工具，分别建立了海林市级战略地图、总卡、战略主题地图、分卡，制定了24个下级试点单位的战略地图和平衡计分卡、个人计分卡及绩效考核量表。

1. 海林市政府战略地图

战略地图是描述和沟通组织战略的动态可视化工具，是下一步开发平衡计分卡的桥梁。海林市委市政府战略地图如图9-2所示。

（1）使命。海林市委市政府确定的使命是："贯彻党的路线方针政策，全心全意造福海林人民。"这个使命反映了作为一级地方党委政府存在的核心目的，体现了对上负责与对下负责的职能所在。

[①②] 郑方辉，张文方，李文彬：《中国地方政府整体绩效评价：理论方法与"广东试验"》，中国经济出版社2008年版。

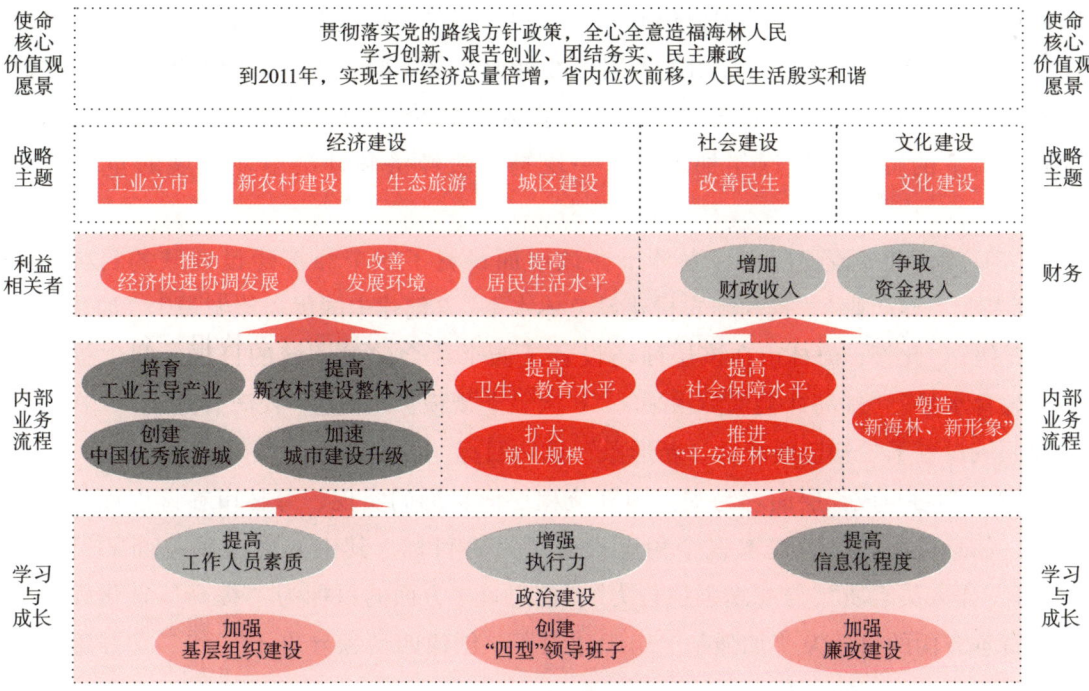

图9-2 海林市政府战略地图

(2) 核心价值观。团结出凝聚力、出战斗力;民主廉政是党中央及广大群众对党委政府的基本要求和希望。从海林目前的实际看,提高干部能力素质需要学习;改变传统观念,打破体制机制性弊端需要创新;在海林这样一个欠发达地区还要继续发扬艰苦创业的优良传统、"越是艰险越向前"的子荣精神。据此,确定海林市委市政府的核心价值观是:"学习创新、艰苦创业、团结务实、民主廉政。"

(3) 愿景。海林市将其愿景界定为"到2011年,实现全市经济总量倍增,省内位次前移,人民生活殷实和谐"。其依据是,在综合分析外部环境、自身潜力以及上级要求等诸多因素后,本届政府力图在任期内达到经济发展和人民生活水平有明显提高的目标。

(4) 战略主题。战略是平衡计分卡的核心。根据党的十七大精神和海林自身的发展现状,海林市在既有的政府发展战略的基础上,确立了六个战略主题,即"工业立市""新农村建设""生态旅游""城区建设""改善民生"和"文化建设",清晰地界定了海林市当前的工作重点。

(5) 利益相关者层面。作为县一级党委政府的利益相关者,向上为上一级党委政府,向下为本地的全体群众。依据他们的利益诉求,确定了"推动经济快速协调发展""改善发展环境"和"提高居民生活水平"三个目标。党政机关的根本目的在于满足人民群众的切身利益,因此,将利益相关者层面置于各层面的最上层。

(6) 财务层面。利润最大化是企业追求的根本目标,党政机关为了实现其职能,同样具有追求"利润"的动因,但并不是其根本目的,因此没有像企业那样将财务层面独自置于顶端,而是与利益相关者层面并列放在最上层。这个层面除确定"增加财政收入"这个目标外,还设置"争取资金投入"这个目标的原因是,目前中央和省级财政对下的资金支持逐年加大,这一块是县级经济和社会事业发展的重要资金来源。

(7)内部业务流程层面。海林市在该层面设置了四个经济建设领域的目标,即"培育工业主导产业""提高新农村建设整体水平""创建中国优秀旅游城""加快城市建设升级"。此外,海林市在该层面还设置了四个社会建设领域的目标,即"提高卫生、教育水平""提高社会保障水平""扩大就业规模""推进平安海林建设",在文化建设领域设置了"塑造新海林、新形象"这一目标。

(8)学习与成长层面。为支撑内部流程层面目标的实现,海林市在该层面从人力资本、信息资本、组织资本三个角度设置了六个目标,其中人力资本方面的目标为"提高工作人员素质"与"增强执行力";信息资本方面的目标为"提高信息化程度";组织资本方面的目标为"加强基层组织建设""创建四型领导班子"和"加强廉政建设"。

2. 海林市委、市政府平衡计分卡

战略地图的功能在于描述战略,而平衡计分卡的功能则在于衡量战略。海林市政府的平衡计分卡如表9-3所示,它由目标、指标、目标值和责任部门构成。目标来自于战略地图,指标是对绩效目标的具体衡量。目标值代表了每一个绩效指标所期望达成的结果。责任部门界定了对绩效指标的负责部门或主体。

表9-3 海林市政府平衡计分卡

层面	目标	指标
利益相关者	推动经济快速协调发展	地区生产总值增长率
		固定资产投资增长率
		外贸进出口总额增长率
		万元地区生产总值能耗降低率
		私营企业户数增长率
	改善发展环境	服务对象满意度
	提高居民生活水平	居民对生活质量满意度
		城镇居民人均可支配收入增长率
		农民人均纯收入增长率
财务	增加财政收入	全口径财政收入增长率
		地方财政收入增长率
	争取资金投入	向上争取资金总额

续表

层面		目标	指标
内部业务流程		培育工业主导产业	木材加工量
			清洁能源装机容量
		提高新农村建设整体水平	"牧菌菜"收入占农民人均纯收入比重
			农村基础设施建设投资额
		创建中国优秀旅游城	中国优秀旅游城创建
		加速城市建设升级	城市建设投资规模
		提高卫生、教育水平	卫生、教育支出增长率
			急诊急救绿色通道24小时通畅率
			高中阶段毛入学率
			普通本科以上上线人数
内部业务流程		提高社会保障水平	城镇企业基本养老保险覆盖率
			城镇基本医疗保险覆盖率
			城镇居民最低生活保障率
			农村居民最低生活保障率
			新型农村合作医疗参合率
		扩大就业规模	城镇登记失业率
			就业再就业人数
		推进"平安海林"建设	"八类"案件发案率
			生产事故死亡人数
			在省、市有影响的群体性事件发生件数
		塑造"新海林、新形象"	争创"省级文明城市建设先进市"
学习与成长	人力资本	提高工作人员素质	干部主体班次培训人数
			挂职培训干部人数
		增强执行力	"六项制度"违规案件当期查处率
	信息资本	提高信息化程度	党政机关工作人员拥有计算机比率
			海林公众信息网信息更新
	组织资本	加强基层组织建设	党政机关二类以上党支部比率
		创建"四型"领导班子	党政机关"四型"领导班子达标率
		加强廉政建设	党政机关违法违纪案件当期查处率

三、中央统筹的试点探索

（一）地方政府绩效管理试点

选择北京市、吉林省、福建省、广西壮族自治区、四川省、新疆维吾尔自治区、杭州市、深圳市等8个地区进行地方政府及其部门绩效管理试点。以下以北京模式为例进行介绍。

按照中国政府绩效管理试点要求，北京市先后出台了《关于开展政府绩效管理试点工作的意见》和试点工作动员会的要求，研究制定《关于做好政府绩效管理试点工作的意见》，进一步明确北京市开展政府绩效管理试点工作的目标任务、方法步骤、操作规程，提高试点工作的规范化、制度化水平。北京市将绩效评价结果利用与行政问责紧密结合，根据《北京市行政问责办法》，探索绩效管理与行政问责的有机衔接和制度建设[①]。

2009年7月15日北京市人民政府发布了《关于印发北京市市级国家行政机关绩效管理暂行办法的通知》（京政发〔2009〕23号）。该通知对市级国家行政计划绩效管理作出了制度上的规定和部署。市级国家行政机关，是指市政府办公厅、市政府组成部门、市政府直属特设机构、市政府直属机构、市政府部门管理机构、市政府派出机构及履行政府职能的有关机构。

1. 组织领导

在市政府党组统一领导下，建立市政府绩效管理联席会议制度，市政府秘书长任召集人。联席会议由市政府办公厅、市监察局、市人力社保局、市政府法制办、市编办等部门组成，其主要职责包括确定绩效管理指标体系和年度绩效计划；组织开展年度绩效管理工作；审定绩效管理专项考评细则；研究和协调解决绩效管理工作中的重大问题。

成立北京市人民政府绩效管理办公室（市政府督查室加挂北京市人民政府绩效管理办公室的牌子，以下简称市政府绩效办），以便做好市级国家行政机关绩效管理日常工作的组织协调和监督指导，其主要职责包括负责市级国家行政机关绩效管理日常工作，并对实施过程中存在的问题进行研究，提出相关意见和建议；组织汇总、评审绩效计划，加强日常监督检查，协调各专项考评部门做好绩效考评各项基础工作；指导市级国家行政机关开展本部门、本系统内部绩效管理工作；承担市政府及市政府绩效管理联席会议交办的其他工作。

2. 指标体系

市级国家行政机关绩效管理工作重点围绕履职效率、管理效能、服务效果和创新创优（以下简称"三效一创"）等4个方面8项指标进行管理和考评。

履职效率是对市级国家行政机关职责任务进行管理和考评，重点涉及履行本部门主要职责和承担市政府重点工作任务完成情况。

管理效能是对市级国家行政机关依法行政、行政审批、行政效能监察及公务员队

---

① 中国反腐倡廉网：《北京市采取有效措施扎实推进政府绩效管理试点工作》，2011年9月13日。

伍建设情况进行管理和考评,重点涉及依法行政和能力建设情况。

服务效果是对市级国家行政机关工作效果和服务对象满意度进行管理和考评,重点涉及服务中央、公众评价、领导评价、协调配合等情况。

创新创优是对市级国家行政机关开展工作创新和创优情况进行管理和考评,重点涉及重大工作创新成果、重要表彰奖励等情况。

3. 绩效管理实施

市级国家行政机关要根据本办法规定的绩效管理内容,重点结合本部门主要职责和承担的市政府年度重点工作,制定本部门年度绩效计划及落实措施。

市政府绩效办负责对绩效计划进行汇总和评审,经市政府绩效管理联席会议审议并报请市政府审定后,制定《市政府绩效管理任务书》并印发实施。绩效计划一经确定,原则上不予调整。确因特殊原因需要调整的,须提出书面请示,经市政府批准后实施。

市政府绩效办建立并依托绩效管理信息平台,加强日常考评管理,并落实月底自查、季度抽查、半年检查、年终考评等管理制度。市级国家行政机关应按要求及时、如实报送有关材料,并加强本部门、本系统绩效管理工作。

4. 考评办法

各专项考评部门围绕"三效一创"8项指标开展绩效考评工作,考评采取百分制计分。

(1)职责任务(40分)。由市政府办公厅、市编办负责对部门主要职责落实情况和承担的市政府重点工作任务完成情况进行考评。

(2)依法行政(8分)。由市政府法制办负责对制度建设、行政执法、行政复议、行政诉讼等工作情况进行考评;由市监察局负责对依法审批及推进行政审批制度改革情况进行考评。

(3)能力建设(7分)。由市监察局负责对日常行政工作的效率、质量进行行政效能监察考评;由市人力社保局负责对贯彻落实《中华人民共和国公务员法》情况,加强公务员队伍建设情况进行考评。

(4)服务中央在京单位(5分)。由市政府办公厅负责对承担服务中央单位和驻京部队专项任务完成情况、主动联络服务中央单位和驻京部队情况进行考评。

(5)公众评价(20分)。由市政府绩效办负责委托调查机构通过对居民、企事业单位等进行调查,测评公众对市级国家行政机关工作的感知和满意度情况。

(6)领导评价(10分)。由市领导对市级国家行政机关工作情况进行评价。

(7)协调配合(5分)。由市政府绩效办组织市级国家行政机关对工作协调配合情况进行互评;组织区县政府对服务基层情况进行评价。

(8)创新创优(5分)。由市政府绩效办负责对年度重大工作创新措施及成果进行考评；由市人力社保局负责对争创佳绩（受到市级以上表彰奖励）的情况进行考评。

5. 结果利用

年度绩效管理综合得分经市政府绩效管理联席会议审议，报市政府党组会审定后，进行通报。凡完成绩效管理任务的，发放年度绩效奖金；凡被行政问责或未完成市政府重大绩效管理任务的，由专项考评部门提出，经市政府绩效管理联席会议审议并报市政府党组审定，减发5%的年度绩效奖金。年度考评结果将提交市委组织部门，作为考核领导班子职责绩效的重要依据。根据年度考评情况，形成绩效改进建议予以反馈，督促进行整改，促进工作水平提升。

（二）国务院机构绩效管理试点

选择国土资源部、农业部、质检总局进行国务院机构绩效管理试点。

2011年国土资源部、农业部、质检总局被确定为国务院机构绩效管理试点单位。以国土资源部为例，部党组高度重视试点工作，2011年8月30日审定印发了《国土资源部绩效管理试点工作方案》，当年12月，国土资源部又印发了《国土资源部绩效管理试点办法》《国土资源部绩效管理试点实施细则》和《国土资源部干部年度考核办法》的通知。上述文件指出：绩效管理主要包括职责履行、依法行政（依法办事）、领导班子建设等三个方面主体内容，创优与创新、违规与违纪作为附加内容。职责履行一级指标由"重点工作任务"和"其他法定职责"两项构成，共50分。依法行政一级指标由"提高制度建设质量""规范行政行为"和"提升监督水平"等三项构成，适用于A类、B类单位，共20分。依法办事的一级指标由"提高制度建设质量""规范办事行为"和"提升监督水平"等三项构成，适用于C类单位，共20分。领导班子建设一级指标由"思想政治建设""能力建设""科学民主决策""干部队伍建设""作风建设"和"党风廉政建设"等六项构成，共30分。

（三）专项工作绩效管理试点

在发展和改革委、环境保护部进行节能减排专项工作绩效管理试点。

根据原监察部《关于开展政府绩效管理试点工作的意见》（以下简称《意见》）精神，环境保护部具体承担污染减排政策落实情况绩效管理试点工作。为有序推进试点工作的开展，环境保护部制定了《污染减排政策落实情况绩效管理试点工作实施方案》。

1. 试点目标

（1）总体目标。通过开展污染减排政策落实情况绩效管理试点工作，使绩效管理的理念和方法在污染减排管理工作中得到有效应用，探索建立污染减排绩效管理制度的基本框架，构建统筹兼顾、重点突出、导向明确的污染减排绩效考评指标体系和考评程序，制定完善一批污染减排绩效管理规章制度，力争到 2012 年年底形成比较规范的污染减排绩效管理模式，为国家重大专项绩效管理积累经验。

（2）阶段性目标。污染减排政策落实情况绩效管理分 2011 年和 2012 年两个阶段开展工作。2011 年的工作目标是：通过科学合理分解"十二五"减排目标任务，与各省（区、市）、新疆生产建设兵团以及国家电网、五大电力集团、两大石油集团签订减排目标责任书，明确工作责任，研究制定污染减排绩效考评体系，出台污染减排绩效管理办法，指导各地区、有关部门和中央企业建立相应工作机制，并按计划扎实推进，初步建立起绩效管理制度体系和工作机制。2012 年的工作目标是：在总结 2011 年绩效管理试点工作经验的基础上，进一步完善污染减排绩效管理考评制度设计，在实际工作中深入实践和运用，形成规范化的绩效管理操作程序和工作要求。

2. 考评对象

（1）签订了总量减排目标责任书的各省（区、市）、新疆生产建设兵团以及国家电网、五大电力集团、两大石油集团。

（2）在加强调研、广泛征求意见的基础上，商有关部门，探索开展部门减排工作绩效考评。

3. 考评内容

（1）对各地区和中央企业，重点考评内容为国务院《"十二五"节能减排综合性工作方案》中有关减排政策措施是否落实，与环境保护部签订的《"十二五"污染减排目标责任书》要求的内容是否落实，资金投入是否到位，污染减排目标是否完成，污染减排统计监测考核体系建设和执法监管能力是否提高，环境质量是否得到改善。

（2）对有关部门，按照相关职能分工和《"十二五"节能减排综合性工作方案》等有关要求，就保障减排目标实现的重大政策措施的出台和实施开展绩效考评。

4. 考评方法和方式

（1）考评方法。紧紧围绕考评内容，采用定性评估与定量评估相结合的办法，与现有污染减排考核工作有机结合，研究制定绩效考评指标体系和管理办法。

对各地区和中央企业，在前期科学合理分解减排任务目标的基础上，以化学需氧量、氨氮、二氧化硫、氮氧化物四项约束性指标削减比例为核心评估指标，进行量化评估，实行一票否决。同时对污染减排工作组织领导、"十二五"减排规划编制和目标分解、政策措施落实、重点减排项目进展、资金投入、能力建设等工作开展情况进行细化分解，建立评估指标体系，赋予不同的权重，并进行综合评价。

对有关部门，根据相关职能分工和《"十二五"节能减排综合性工作方案》部门分工的要求，以定性考核为主、量化考核为辅，对有关部门减排工作部署、政策措施落实等内容建立绩效考评体系，并进行综合评价。

（2）考评方式。采取日常专项检查和总体检查相结合的方式，对政府绩效管理情况进行检查评估。本着加强与现有减排考核工作整合和衔接的原则,绩效考评工作将与现有的减排日常核查督查和每半年一次的定期核查督查工作紧密结合,讲求工作质量,提高工作效率。

日常专项检查,包括年度减排计划审核及督促落实、减排进展季度调度及信息公布、减排工程项目日常督查抽查、环保专项检查等。

总体检查,结合半年一次的定期核查督查,每年组织开展 2 次对各地污染减排政策措施落实情况、减排目标完成情况和环境质量变化情况的核查评估,全面评价各地污染减排成效情况,并形成书面报告。有关情况向国务院报告,经批准后向社会公布。

5. 考评结果运用

考评结果运用是推进绩效考评工作深入开展的关键。在考评结果应用上,按照《意见》的要求,及时把考评结果报送组织人事部门,将减排绩效考评结果作为地方、中央企业领导班子和领导干部综合考核评价、干部选拔任用的重要依据,以激发各级领导干部推动科学发展的积极性和创造性,使减排绩效考评成为推动科学发展的动力。

同时,积极研究建立绩效考评的奖惩激励机制,对考评等级为好的地方和中央企业,优先加大对该地区和企业污染治理和环保能力建设的支持力度,同时结合全国污染减排表彰活动进行表彰奖励。对考评等级为不合格的地区和中央企业,撤销国家授予该地区和企业的环境保护或污染治理方面的荣誉称号,领导干部不得参加年度评奖、授予荣誉称号等。对在绩效考评工作中瞒报、谎报情况的地区,予以通报批评,对直接责任人员依法追究责任。

(四) 预算绩效管理试点

1. 建立部门预算绩效评价体系阶段(2003—2011 年)

2003 年 10 月,党的十六届三中全会就完善社会主义市场经济体制问题做出部署。会议提出,要"建立预算绩效评价体系"。2004 年财政部尝试开始对项目进行绩效评价,对 2003 年预算已安排的跨年度项目,选择一些项目附报已安排资金的绩效评价材料,作为 2004 年项目预算安排的重要依据。

2004 年 10 月财政部印发了《中央经济建设部门部门预算绩效考评管理办法(试行)》(财建〔2014〕354 号),该办法对纳入财政预算归口经建司管理的部门预算单位运用财政资金实现部门职能目标的程度、成本及效果情况进行科学、客观、公正的综合评价。部门绩效考评的内容包括预期提供的公共产品和服务内容的数量目标;预期提供的公共产品和服务的质量目标;提供公共产品和服务的及时性,提供公共产品和服务的方式,以及提供公共产品和服务所要达到的其他预期目标;提供预期公共产品和服务所耗费的目标成本和实际成本;提供预期公共产品的受益范围和群体①。

2005年5月财政部印发了《中央部门预算支出绩效考评管理办法(试行)》(财预〔2005〕86号),该办法所称部门预算支出绩效考评,是指运用一定的考核方法、量化指标及评价标准,对中央部门为实现其职能所确定绩效目标的实现程度,以及为实现这一目标安排预算的执行结果所进行的综合性考核与评价。绩效考评共性指标主要包括以下类型:绩效目标完成程度、预算执行情况、财务管理状况、经济和社会效益、资产的配置和使用情况等②。

2005年9月财政部印发了《中央级教科文部门项目绩效考评管理办法》(财教〔2005〕149号)对纳入中央部门预算管理的教科文部门专项资金项目情况进行综合性考核与评价。教科文部门项目考评根据项目执行阶段分为项目实施过程考评和项目完成结果考评。项目实施过程考评,是指对项目实施过程中阶段性执行情况的考核与评价;项目完成结果考评,是指对项目完成后总体执行情况的考核与评价。教科文部门项目考评的内容分为业务考评和财务考评。业务考评内容主要包括:立项目标完成程度、目标完成的可能性、立项目标的合理性、项目验收的有效性、项目组织管理水平、项目的经济效益、项目的社会效益、项目可持续性影响等。财务考评内容主要包括:资金落实情况、实际支出情况、财务信息质量、财务管理状况等③。

2009年,财政部发布《财政支出绩效评价管理暂行办法》和《关于进一步推进中央部门预算项目支出绩效评价试点工作的通知》。与此同时,各地也积极开展了关于绩效预算改革的试点工作,探索绩效预算发展的可能路径。

2011年4月,财政部发布《财政支出绩效评价管理暂行办法》,同时还发布一系列附属文件,包括《财政支出绩效目标申报表》《财政支出绩效评价指标框架(参考)》《财政支出绩效评价报告(参考提纲)》《财政支出绩效评价指标体系(参考样表)》《财政支出绩效评价指标评分表(参考样表)》《财政支出绩效评价工作流程图》等,为各地区、各部门评价财政支出绩效提供了基本的行为规范。

2. 预算绩效管理试点阶段(2012—2015年)

2008年党中央、国务院提出实行政府绩效管理制度,首次将绩效"考核、评估"拓展为绩效"管理"。2008年党的十七届二中全会通过了《关于深化行政管理体制改革的意见》(2008年2月27日中国共产党第十七届中央委员会第二次全体会议通过),该意见指出:"推行政府绩效管理和行政问责制度。建立科学合理的政府绩效评估指标体系和评估机制。健全以行政首长为重点的行政问责制度,明确问责范围,规范问责

---

① 财政部关于印发《中央经济建设部门部门预算绩效考评管理办法(试行)》的通知,新财建〔2004〕310号,2004年12月8日。
② 《中央部门预算支出绩效考评管理办法(试行)》(财预〔2005〕86号)。
③ 《中央级教科文部门项目绩效考评管理办法》(财教〔2005〕149号)。

程序，加大责任追究力度，提高政府执行力和公信力。"

2011年国务院建立了原监察部牵头的政府绩效管理工作部际联席会议制度，同年4月，国务院召开第一次政府绩效管理工作部际联席会议，联席会议由监察部、中组部、中编办、国家发改委、财政部、人力资源和社会保障部（公务员局）、审计署、统计局、法制办9个部门组成，监察部为牵头部门，监察部部长为召集人。联席会议办公室设在监察部，日常工作由绩效管理监察室承担。随后监察部牵头印发了《关于开展政府绩效管理试点工作的意见》，决定在北京、吉林、福建、广西、杭州、深圳等地开展地方政府绩效管理试点；国土资源部、农业部、质检总局进行国务院机构绩效管理试点；国家发改委、环境保护部进行节能减排专项工作绩效管理试点；财政部进行财政预算资金绩效管理试点，以为全面推行政府绩效管理积累经验。此后，预算绩效管理推进步伐明显加快。

2011年7月，财政部发布《关于推进预算绩效管理的指导意见》，明确了建立"覆盖所有财政性资金，贯穿预算编制、执行、监督全过程的具有中国特色的预算绩效管理体系"的工作目标。该《指导意见》还提出，要逐步建立起"预算编制有目标、预算执行有监控、预算完成有评价、预算结果有反馈、反馈结果有应用"的预算绩效管理新机制。在此基础上，财政部发布了《预算绩效管理工作规划（2012—2015年）》，明确了今后一段时间的工作重点。和预算绩效管理工作规划一道，财政部还发布了两份配套文件：《县级财政支出管理绩效综合评价方案》和《部门支出管理绩效综合评价方案》，从而为县级财政绩效评价和部门支出绩效评价提供了基本行为规范。

2013年4月，财政部又下发了《关于印发〈预算绩效评价共性指标体系框架〉的通知》，发布了《项目支出绩效评价共性指标体系框架》《部门整体支出绩效评价共性指标体系框架》和《财政预算绩效评价共性指标体系框架》，指导和引领各地区、各部门构建相对完善的绩效评价指标体系。

3. 全面实施阶段（2017年至今）

《国务院关于印发推进财政资金统筹使用方案的通知》（国发〔2015〕35号）要求加大预算资金统筹使用的力度，比如，加强转移支付项目和部门预算项目的统筹、加大政府性基金预算转列一般公共预算的力度、推进国有资本经营预算与一般公共预算的统筹协调等举措，这些都强化了部门预算和部门整体支出绩效管理的基础性地位。

2017年党的十九大提出了"建立全面规范透明、标准科学、约束有力的预算制度，全面实施绩效管理"，确立了全面实施绩效管理的战略部署。2018年9月《中共中央国务院关于全面实施预算绩效管理意见》印发，要求"力争用3—5年时间基本建成全方位、全过程、全覆盖的预算绩效管理体系"。明确要求"实施部门和单位预算绩效管理。将部门和单位预算收支全面纳入绩效管理，赋予部门和资金使用单位更多的管理自主权，围绕部门和单位职责、行业发展规划，以预算资金管理为主线，统筹考虑资产和业务活动，从运行成本、管理效率、履职效能、社会效应、可持续发展能力和服务对象满意度等方面，衡量部门和单位整体及核心业务实施效果，推动提高部门和单位整体绩效水平"。

随后《财政部关于贯彻落实〈中共中央 国务院关于全面实施预算绩效管理的意见〉的通知》（财预〔2018〕167号）要求："逐步推动预算部门和单位开展整体绩效自评，提高部门履职效能和公共服务供给质量。积极推动绩效管理实施对象从政策和项目预算向部门和单位预算、政府预算拓展；探索建立部门和单位预算整体绩效报告制度。"[①]

总体来看，中国政府绩效管理经历了多年的探索实践，取得了一定的成绩和发展，但在职能体系上仍然存在"碎片化"问题，主要表现为中央层面推动机构的多元化和地方层面机构模式的多样性两个方面。中央层面，中国推动政府绩效管理存在理念、价值、模式、对象、主体碎片化与全面实施绩效管理的要求不相适应的问题。主要是：理念碎片化。持财政绩效观、人力资源绩效观、公共价值绩效观、实证研究绩效观的学者在绩效管理对象、目的和方法论等方面存在分歧；价值碎片化。不同形式的政府绩效管理存在工具理性与价值理性、内部控制与外部责任、效率与公共价值等多重冲突，对"结果导向"的批判和辩护尚未达成共识；模式碎片化。改革开放以来，中国主要出现了十余种政府绩效评估和管理模式，尚未形成统一的规范；对象碎片化。政府绩效管理的对象涉及政策、预算、项目、政府整体、政府机关、行业、专项任务、领导班子、公务员等，尚未形成统一的规范和标准；主体碎片化。多部门分头推动针对不同对象的绩效管理，造成了"九龙治水"、多主体难以协同的困难。这种碎片化的局面反映在机构职能体系上，主要表现为分头推进，缺乏统筹规划和协同配合。中央组织部持续推行的"地方党政领导班子和领导干部综合考核评价体系"。人力资源和社会保障推动公务员绩效考核和地方政府绩效评估。财政部推行的预算绩效评价与管理。审计部门推行绩效审计，并在国务院的推动下将重大政策措施落地等纳入审计范围。人大主要从预算审查和监督的角度、原监察部主要从效能监察的角度（新《监察法》删掉了监察机构的效能监察职权）。各职能部门和各类行业主管部门开展职能和业务领域的专门绩效评价。地方层面，各省市绩效管理的推进机制呈现出典型的党政主导特色。各地绩效管理主管机构大致可分为两类：一类是委托现有的党政机构，包括人事局、组织部、政策研究室、市直机关工委、督查室（市委办公厅督查室如青岛，市府办公厅督查室如北京）；另一类是新设专门机构，如绩效办、效能办、综合考评办、软环境办等，分属办公厅或纪委监察局等。上述绩效推进系统既相近而又相对独立，内容上交叉重叠又存在不一致的地方，其根源在于没有厘清绩效管理的内在逻辑，以及

---

① 《财政部关于贯彻落实〈中共中央国务院关于全面实施预算绩效管理的意见〉的通知》（财预〔2018〕167号）。

建构在这一内在逻辑基础之上的机构职责分工。从对象、职责和流程的角度对政府绩效管理进行优化和整合成为亟待解决的现实问题。

第三节 新中国绩效型政府管理理论发展脉络

政府绩效管理作为在西方各国"新公共管理运动"背景下崛起的新兴研究领域,自20世纪80年代中后期传入中国,至今已走过近40年的发展历程。伴随新时代中国特色社会主义事业的全面发展和改革开放的深入推进,绩效管理的理念和方法在政府管理实践中得到了广泛的运用,成为公共管理领域令人瞩目的创新实践和"一种新的行政管理模式"[①]。

一、中国政府绩效管理理论研究起源

为了应对20世纪六七十年代出现的政府财政危机和信任危机,新公共管理运动兴起,世界各国掀起了一场"重塑政府"的浪潮,政府绩效评估研究和实践在80年代以后进入一个自觉性时期,得到迅速发展与推行,绩效管理的价值取向也因应时代特征和需求不断发生着更迭。

中国自20世纪80年代行政管理学恢复重建以来,行政效率和效能一直是学科研究的重要主题,提升行政效能的相关技术如目标管理、绩效考评等也受到普遍关注。但现代意义上的政府绩效管理研究,可以说起始于90年代中期[②]。

20世纪90年代初期,中国学者已经使用了"绩效评估"概念,但仅限于员工个人的绩效考评。1994年,中国行政管理学会左然编译了英国学者大卫·伯宁瀚的《英国地方政府中运用绩效评估尺度的观察》和约翰·鲍恩的《评估中央政府的工作绩效》两篇短文,标志着以组织为对象的政府绩效评估进入中国学者的视野。1995年,周志忍在《新视野》上发表《公共组织绩效评估:英国的实践及其对我们的启示》一文,指出"借鉴英国和其他国家的先进经验,探讨建立适合中国情况的组织绩效评估理论框架、方法论体系及操作程序,从而使绩效评估规范化、系统化、制度化、科学化,已经成为中国学者管理现代化的迫切要求",吹响了向政府绩效评估研究领域进军的号角。90年代中期以后,政府绩效评估研究的队伍不断扩大,范围由绩效评估研究扩展到绩效管理研究,并逐渐引起政府官员的重视。

---

① 高小平,盛明科,刘杰:《中国绩效管理的实践与理论》,载《中国社会科学》2011年第6期,第4—14页。
② 蓝志勇,胡税根:《中国政府绩效评价:理论与实践》,载《政治学研究》2008年第8期。

21世纪以来，政府绩效管理迅速走红，成为学界持续关注的热门话题，研究成果日趋增多，政府绩效管理学逐渐发展成为一门以管理学为主，融合政治学、行政学、社会学、心理学、法学等多学科知识的显学。由于不同学者的学源差异以及研究关注点和视角不同，政府绩效管理的学术研究呈现丛林化趋势，从理念到方法，从宏观到微观均有不同建树及其主张。尽管学者们观点不尽相同，但都始终紧扣时代主题，回应实践需要，反映现实情况，在研究的趋势上符合新时代潮流，形成了该研究领域的前沿阵地。

二、中国政府绩效管理理论发展进程

从研究论文数量的总体发展趋势来看（如图9-3所示），1998年之前，政府绩效管理的论文数量非常少，1998年之后，政府绩效管理的论文开始出现，并在较低数量水平上维持稳定。2003年之后，政府绩效管理的论文在数量上出现了明显的逐年增长的趋势，并在2008年和2009年达到了增长的峰值。

图9-3 中国知网收录期刊和CSSCI前中题名为政府绩效的文章

据此可将中国政府绩效管理的理论研究划分为三个阶段。

（一）初步探索阶段（1994—1999年）

这一阶段的有关研究是从绩效评估开始的。20世纪90年代初期，中国学界已经使用了"绩效评估"的概念，但对它的理解等同于雇员个人的绩效考评（卢文超、梁小秋，1993；周礼智，1991）。1994年，中国行政管理学会左然编译了英国学者大卫·伯宁翰的《英国地方政府中运用绩效评估尺度的观察》和约翰·鲍恩的《评估中央政府的工作绩效》两篇短文，标志着以组织为对象的政府绩效评估进入了中国学者的视野

(大卫·伯宁翰，1994；约翰·鲍恩，1994）。1995 年，周志忍在《新视野》上发表了《公共组织绩效评估：英国的实践及其对我们的启示》一文，对英国政府绩效评估的实施背景及其特征、绩效指标设计、评估的三大 E 内容框架、绩效评估在管理中的作用等做了概括性介绍，同时概括了中国评估活动存在的主要缺陷。

这一时期，国内的相关研究从绩效评估扩展到了绩效管理。1998 年，在《中国政府形象战略》一书中，周志忍依据国际相关研究文献，从三种意义上对政府"绩效管理"做了界定：作为一个系统工程、作为一个过程、作为人力资源开发的手段。但总体来看，这一时期研究者数量有限，其研究没有引起行政管理学界和政府官员的普遍重视。

（二）研究拓展阶段（2000—2003 年）

进入 21 世纪以后，政府绩效评估在国内逐渐引起关注，相关研究一定拓展。从 CNKI 论文数量看，这一时期政府绩效评估的学注度明显上升。这一时期的相关研究主要集中在四个方面：（1）绩效评估基础理论的研究。（2）西方国家政府绩效评估的系统介绍和研究。（3）中国政府绩效评估活动的评价研究。（4）中国政府绩效评估制度设计的初步探索。除了刘旭涛（2003）的《政府绩效管理：制度、战略与方法》少量成果之外，这一时期的研究重点是政府绩效评估。随着学术关注度和研究队伍的扩大，对绩效评估的研究涉及诸多方面，呈现出系统化的发展趋势。

（三）研究的系统化（2004 年至今）

国内对政府绩效评估的学术关注度 2003 年明显上升，绩效管理成为公共管理学的热门领域，研究队伍急剧壮大，研究成果特别是专著大量涌现。研究的系统化主要表现在三个方面：首先，研究重点从绩效评估扩展到绩效管理，关注绩效评估与战略规划、绩效计划、绩效监测、绩效信息利用的结合，从而形成系统的绩效管理过程；其次，绩效管理研究的分支领域相继出现。2006 年 9 月，全国绩效管理研究会成立，既是中国绩效管理研究的重大事件，又是领域研究的新起点。再次，绩效管理研究呈现出多重视角，如付亚和、许玉林（2004）从人力资源管理角度对绩效管理的研究，马国贤（2005）从公共财政角度对绩效管理的研究，邓国胜（2006）从群众评议角度对政府绩效评估的研究。最后，研究的细化即具体到专门主题进行较为深入的研究。绩效管理研究的创新，主要表现为立足中国国情，关注政府新目标模式（如服务型政府、责任政府、学习型政府）和发展战略与绩效管理关系的研究，构建具有中国特色的绩效管理体系的理论框架与操作工具的研究等，呈现出构建中国特色的绩效管理体系的发展势头。

三、中国政府绩效管理主要学术流派

在西方国家新公共管理运动和公共管理理论范式不断演进的背景下，政府绩效管理理论在传承管理学、组织管理等理论源的同时，承载了政府创新与行政体制改革等深层次的使命、价值、诉求和功能，在推进政府治理体系和治理能力现代化建设中发挥着日益重要的作用。作为一种政府管理创新，政府绩效管理理论在实践的日渐发展中走向多元化，国内外学者针对此也进行了多年探索，他们很早就认识到规范的概念界定和合理的内容体系对于政府绩效管理的重要意义，并致力于构建科学的政府绩效管理理论体系。总体而言，政府绩效管理理论在发展过程中既达成了一些共识，也存在需要弥合的差别，在漫长的历史中形成了组织绩效观、财政绩效观、公共价值绩效观、评估研究绩效观四大学术流派。

（一）组织绩效观

政府组织的活动领域和作用范围覆盖经济社会发展的方方面面。20 世纪 80 年代以后，随着绩效实践和理论的拓展，越来越多的学者开始关注催生绩效的组织要素。

Sanderson 指出绩效的生成必须是嵌入到组织结构、过程和文化中去，强调关注网络合作、公共组织与私人组织和非营利组织间的关系[1]。Sanger 认为绩效管理受组织战略目标的驱动，绩效管理的模式和类型取决于组织战略的内容和本质。此外，国内外学者对政府组织绩效的内涵进行了较为广泛的探索，具有典型代表性的观点主要有以下三种。

1. 从政府产出的角度界定政府组织绩效，将其定义为政府在管理过程中所取得的成绩

Richard C. Kearney 认为，政府绩效是为实现预期结果而管理公共项目所取得的成绩，它是由效益、效率和公正等多个同等重要的标准引导和评估的[2]。

2. 从政府管理能力的角度界定政府组织绩效

Patricia W. Ingralam 认为，政府绩效就是政府把资源或投入转化为产出或结果的管理能力[3]。中国学者陈振明则从目标导向的角度将政府绩效定义为政府在社会经济管理活动中的结果、效益、效能，是政府在行使其功能、实现其意志过程中体现出的管理

---

[1] Sanderson I. Performance Management, Evaluation and Learning in 'Modern' Local Government [J]. Public Administration, 2010, 79 (2): 297 – 313.

[2] Richard C. Kearney. Public Sector Performance: Management, Motivation, and Measurement, Colorado: Westview Press, 1999. 1.

[3] Campbell Public Affairs Institue. Government Performance Project, http://www.maxwell.syr.edu/compel/index.htm.

能力。

3. 从综合性的视角去定义政府组织绩效

持这种观点的学者主要强调政府绩效是政府管理社会公共事务的行政效率和行政效果的统一，不可偏废。如美国学者 Christopher Pollitt 和 Geert Bouckaert 指出政府绩效是"政府活动或项目的运行结果，是重塑政府过程中以使其具有更强的顾客导向、成本意识和结果导向，是政治和行政制度的整体能力，以及一种特定或理想制度的更多特征"。中国行政管理学会课题组的研究成果指出，政府组织绩效内容丰富，层次多样，既包括政府"产出"的绩效，即政府提供公共服务和进行社会管理的绩效表现；又包括政府"过程"的绩效，即政府在行使职能过程中的绩效表现。同时，从管理层次划分，政府绩效还可分为组织绩效和个人绩效，组织绩效包括一级政府的整体绩效、政府职能部门绩效和单位团队绩效。

综上，我们可以把组织绩效观的政府绩效评估划分为三个层面：（1）微观层面，绩效评估是对个人工作业绩、贡献的认定，中国政府部门传统上一般偏重的都是对个人绩效的衡量，即政府公务员考核，其历史源远流长；（2）中观层面，绩效评估便是衡量政府组织中的领导班子或各分支部门履行职责、执行政策或实施项目的情况，即政府组织内部各处（科）室考核，相对来说这方面的考核开展较少；（3）宏观层面，针对政府组织整体的绩效评估，即政府在承担使命和履行职责过程中完成目标任务的数量、质量、速度、效率和效果等。

（二）财政绩效观

绩效管理最初是西方国家考量企业经营管理的一种科学方法，随着它的不断成熟与发展，绩效管理越来越多地被应用到政府活动领域中，用以评价政府管理和公共资金支出的效率和效益。中国对政府绩效管理财政观的系统阐述最早可见诸于马国贤（2005）在《政府绩效管理》一书中提出的"政府理财论"。该书针对绩效管理做出以下定义：政府绩效管理或称为目标—效果导向管理，是公共资金支出绩效管理的简称，是指政府根据财政效率原则及其方法论，以绩效目标的建立、实施、评价反馈为基本环节的公共资金管理制度[①]。对政府绩效管理的上述认识可称之为政府绩效管理的财政观（简称财政观）。该理论围绕以下几点展开。

财政观认为政府绩效管理是以政府为主体的公共资金绩效管理的简称。这里的所提及的"公共资金"是包含财政性资金（预算资金）、社会资金（预算外资金）等其他制度外资金的广义概念。尽管公共资金管理包含公共资金收入管理和公共资金支出管理两大内容，但政府绩效管理重点聚焦公共资金的支出管理。公共资金支出可细分

---

① 马国贤：《政府绩效管理》，复旦大学出版社 2005 年版。

为行政事业单位经常性支出、财政专项支出、政策性支出。财政观强调政府部门采用绩效目标设定、绩效拨款、绩效评价全环节管理公共资金的支出，以实现科学合理配置公共资源。具体而言开展以下三方面工作：（1）全面合理地分配和使用现有公共资源，包括现金资源和非现金资源；（2）加强财政管理和调度，有效供给各政府职能的公共资金，实现财政收支平衡；（3）加强公共部门资金管理，提高政府工作效率。各级政府，特别是各级财政部门作为政府绩效管理的主体，其目的不仅在于实现社会效益和公共利益，更在于提高财政效率，即公共支出在多大程度上增进了公共利益。换言之，财政效率要求财政部门完成从"政府出纳"向"政府理财者"的角色转变。评价政府财政管理的标准也不应停留在简单的政府职能资金需求和保障程度上，而应当通过各种有效途径，加强对公共资金使用部门的监督和资金使用效果评价，促使公共资金使用部门提高效率。

（三）公共价值绩效观

以公共价值为基础的政府绩效管理作为一种新的理论流派，回应于传统公共行政的无效率，也回应于新公共管理运动中政府行为偏离公共利益和社会公平的价值诉求而导致的重效率、轻公平，重结果、轻过程等社会问题。在这一流派下，政府绩效管理超越了传统管理模式强调经济、效率、效果的原则内涵，转而强调更广泛和更本质的公共价值的实现。一方面，政府绩效管理要受到公共价值的约束，也就是说只有满足社会和公民实际需要的公共价值绩效才能获得合法性支持。另一方面，政府需要不断从社会系统中来获得公共价值信息，采取科学有效的措施以促进公共价值的表达和实现。其本质是对"政府合法性"和"公民满意"的绩效的治理①。

早在21世纪初期，以公共价值为基础开展政府绩效评估的理念已经出现。如2004年英国公布了"建构公共价值"宣言，界定了公共价值的概念内涵并制定专门的绩效评估制度。2013年，美国《行政与社会》刊文中首次提出以价值为基础的绩效治理（PV-GPG），并从理论基础、系统定位、绩效分析等方面回应了政府绩效管理全过程②。中国对公共价值研究起步较晚。国内最早研究公共价值绩效观的文献始于包国宪、王学军2012年撰写的《以公共价值为基础的政府绩效治理——源起、架构与研究问题》一文。该文章以价值管理和科学管理理论为基础，通过对制度变迁和公共行政学术史两个层面的质性研究，提出了以公共价值为基础的政府绩效治理理论体系框架，第一次将公共价值绩效观推向国内学者的研究视野。此后，包国宪等人在基于公共价

---

① Bao G, Wang X, Larsen G L, et al. Beyond New Public Governance A Value - Based Global Framework for Performance Management, Governance, and Leadership [J]. Administration & Society, 2013, 45 (4): 443 - 467.

② Bao G, Wang X, Larsen G L, et al. Beyond New Public Governance A Value - Based Global Framework for Performance Management, Governance, and Leadership [J]. Administration & Society, 2013, 45 (4): 443 - 467.

值的政府绩效管理理论基础上,研究并构建了政府绩效管理的学科体系,标志着政府绩效管理作为一门专门的学科地位确立。他认为就学科的基本属性而言,政府绩效管理是公共管理一级学科中以政府及部门组织绩效为专门研究对象,并侧重工具的应用性学科①。

公共价值绩效观这一理论流派的出现,在新的治理时代为政府理解和回应现实挑战提供了崭新的视角,即政府不仅通过制定政策制度及建构约束激励机制去驱动政府绩效管理改革和实践,而且注重公民集体偏好的政治协调表达,致力于实现责任与公平、效率与民主等多元价值维度的融合与发展。

(四) 评估研究绩效观

中国政府绩效评估研究是全球性绩效评估浪潮影响下的产物,从研究起步阶段引进和介绍西方国家政府绩效评估的理念与方法体系开始,到公共责任、顾客至上、合同外包、契约途径等技术手段不断被引入中国政府治理结构的体系中,基于绩效评估理论和实践的研究内容构成评估研究绩效观的重要组成部分。周志忍率先从历史背景、基本元素、功能内容等视角介绍了英国政府绩效评估的实践经验和有益启示,指出"建立适合中国情况的绩效评估理论框架、方法论体系及操作程序已经成为中国行政管理现代化的迫切要求"②。蔡立辉在借鉴西方发达国家实践经验的基础上结合中国的实际,对消除政府绩效评估实施的体制性障碍、构建中国特色的政府绩效评估体系和实施方法等问题提出了建设性意见③。20世纪90年代末到21世纪初期,伴随中国地方政府绩效评估实践的探索和学者对评估理论认识的加深,政府绩效评估研究逐步从初期通论式介绍过渡到本土化的专题研究。较为显著的变化是这一时期的研究成果不仅仅简单地着眼于西方国家政府绩效管理的理论和实践经验的介绍,而更加关注中国政府绩效评估的本土化建构,注重挖掘中国古代绩效思想和理论的精髓,力求寻找和创造有利于政府绩效评估在中国扎根、延续、发展的因素和条件。侯经川从绩效考核标准、绩效考核机构、绩效考核方法、绩效考核结果与奖惩的关系四个方面,对中国古代各朝代的政府绩效管理经验作了一个较为系统的总结梳理,对提高政府管理绩效具有重要的参考借鉴价值④。此后,随着科学技术的进步和学科融合的发展,政府绩效评估也不断走向评估指标体系、评估方法与模型等技术层面和学科反思总结阶段的研究。如

---

① 包国宪,文宏,王学军:《基于公共价值的政府绩效管理学科体系构建》,载《中国行政管理》2012年第5期,第98—104页。
② 周志忍:《公共组织绩效评估——英国的实践及其对我们的启示》,载《新视野》1995年第5期,第38—41页。
③ 蔡立辉:《政府绩效评估:现状与发展前景》,载《中山大学学报(社会科学版)》2007年第5期,第82—90页。
④ 侯经川,彭国甫,魏捷先:《中国古代政府绩效管理:发展与启示》,载《湖南社会科学》2006年第6期,第29—35页。

彭国甫、盛明科将企业的平衡计分卡引入公共部门并按照政府运转的战略逻辑进行修正和改造，旨在建构合理有效的评估指标体系来评估地方政府绩效[①]。林鸿潮从法学角度阐明政府绩效评估过程中所产生的各种社会关系不可能通过行政机关的内部工作规程得到解决，而必须由法律加以调整，强调出台有关政府绩效评估的若干重要法律制度的重要性[②]。

绩效评估研究不同于以往的理论流派，它将研究的视角转向绩效结果的可测量和可评估，是注重结果导向的目标管理模式。一方面，绩效评估研究观强调以问题为导向，通过赋值、评估、打分等具体方式来发现绩效问题，经历了从价值理念到技术操作层面的下沉；另一方面，它通过绩效指标的约束和绩效目标的实现来规范、提高政府科学管理水平和现代化治理能力。

第四节　新时代中国绩效型政府管理的改革展望

中国改革和国家治理进入新时代，党和政府的各项事业迈向新起点，踏上新征程。前进道路上的战略压力、环境威胁、发展挑战、治理困境等迫使政府治理必须顺应变化、主动作为，必须积极合理运用包括绩效管理在内的先进政策工具来推进政府治理体系和治理能力现代化，从而有效履行政府使命和职责。因此，必须通过不断改革和创新绩效型政府管理研究与实践，科学解答新时代政府管理的现实问题，提供富有时代气息、具有中国特色的解决方案。

一、对接政府管理的时代要求

党的十八大以来，党和国家围绕新时代中国特色社会主义建设主题，对国家整体发展以及经济、政治、社会、文化、生态和党的建设等各项事业进行了前瞻性的战略部署。由管理常识可知，战略从来不是一个封闭的个体，而是管理连续统一体中的一环，战略目标的达成依赖于具体行动和资源的有效支撑。也就是说，以习近平总书记为核心的党中央所绘制的这些前景美好的宏伟目标能否变为生动现实，取决于以绩效为主要抓手的政府整体管理系统的鼎力支撑。同样，"十四五"规划所确立的各项战略目标任务也要跳出规划编制文本，实现顶层战略设计向基层绩效任务的转化。这就需要在真实揭示政府战略、政府绩效各自本来面貌的基础上，进一步洞察政府战略与政

---

① 彭国甫，盛明科，刘期达：《基于平衡计分卡的地方政府绩效评估》，载《湖南社会科学》2004年第5期，第23—26页。
② 林鸿潮：《政府绩效评估法律制度研究》，中国人民大学博士论文，2007年。

府绩效之间的关系，分析二者之间的联系机理、互动方式和管控机制。

二、强化政府管理的战略导向

从 1993 年开启公务员考核开始，中国从仅关注公务人员的个人业绩考评到以组织为对象的绩效评估，从经验式的主观评判到客观评价体系的建立，中国公共部门绩效评估从无到有，在内容和重点选择、绩效指标体系设计、绩效评估程序和方法、绩效评估结果利用等方面取得了明显的进展。但是，与发达国家相比，中国的公共部门绩效评估的规范化程度明显不足，缺乏统一规划和指导，分散在多种管理机制中并由多元主体实施，由此带来了评估内容和侧重点上差别大、评估标准不统一、评估程序和方法不一致等特点，构成了公共组织绩效评估科学化的障碍，影响了评估在实践中的效果。这就需要深入分析政府战略规划与绩效管理相脱节的具体表现、原因及其根源，建立以使命和战略为统领的政府整体绩效管理机制，消除战略与绩效之间的割裂状态，把握共性与个性的平衡点，创造跨区域、跨行业、跨部门、跨业务、跨岗位的协同机制，实现战略与绩效管理的"统中有分，分中有合"，使政府战略与绩效成为一个浑然一体的有机体。

战略和绩效是现代组织系统的重要组成部分，战略管理和绩效管理是密切相关的，绩效管理是化战略为行动的主要手段，战略管理是引领组织创造正确绩效的基本前提。将绩效管理与战略相联系，进而融合衍生出战略性绩效管理模式是近年来管理科学发展和管理实践演进的明显趋势。

党的十九大开启了全面建设社会主义现代化国家新征程，提出了中国从全面建成小康社会到基本实现现代化、再到全面建成社会主义现代化强国的新时代中国特色社会主义发展的战略安排，指明了新时代坚持和发展中国特色社会主义的总目标、总任务、总体布局、战略布局、发展方式、战略步骤等基本问题，明确了建设现代化经济体系、发展社会主义民主政治、推动社会主义文化繁荣兴盛、加强和创新社会治理、建设美丽中国、全面推进国防和军队现代化、推进祖国统一大业、构建人类命运共同体、提高党的执政能力和领导水平等各项事业的战略任务。这些宏伟战略目标任务既为政府工作指明了方向，也提出了明确要求，带来了不小的战略压力。党的十八大以来，以习近平总书记为核心的党中央殚精竭虑、雷厉风行地推进全面深化改革的顶层战略设计，其范围之广、程度之深、力度之大、速度之快颇为罕见。这就要求政府工作必须能够迅速适应和紧跟党中央的战略节奏，沿着既定的战略轨迹妥善推进经济社会各项事业，完成各方面工作目标任务。这就要求深入研究如何充分运用和发挥政府绩效管理的战略支撑作用，使其真正成为政府战略规划、执行、评估的有效工具。

2020 年 8 月中共中央总书记、国家主席、中央军委主席习近平对"十四五"规划编制工作作出重要指示，强调把加强顶层设计和坚持问计于民统一起来，齐心协力把"十四五"规划编制好。2021年3月《中华人民共和国国民经济和社会发展第十四个五年规划和2035年远景目标纲要》印发，提出"坚持党的全面领导，健全规划实施保障机制，更好履行政府职责，最大程度激发各类主体的活力和创造力，形成全面建设社会主义现代化国家的强大合力""更好发挥国家发展规划战略导向作用，强化空间规划、专项规划、区域规划对本规划实施的支撑""坚持规划定方向、财政作保障、金融为支撑、其他政策相协调，着力构建规划与宏观政策协调联动机制"。

因此，未来的政府绩效管理研究和实践必须通过持续的理论创新、技术创新和制度创新，科学把握政府战略与绩效之间的互动关系，破除当前中国政府管理领域存在着的"绩效管理流于形式、战略管理停留在理论"这一突出问题，从行为、管理和机制的视角，研究战略与绩效的相关性、设计战略与绩效之间最佳的连接机制，建立健全具有中国特色的战略性政府绩效管理理论体系和实践模式。

三、夯实政府管理的预算基础

党的十九大报告提出，"建立全面规范透明、标准科学、约束有力的预算制度，全面实施绩效管理"。中国已经进入全面实施绩效管理新时代，亟须站在新时代的历史方位上，在"系统性、整体性和协同性"改革的要求下，重新认识全面实施绩效管理的内涵和运行逻辑，探寻全面实施绩效管理的战略路径。中国全面实施绩效管理实践中的主要矛盾已经转化为绩效管理"碎片化"现状与绩效管理全面实施要求之间的矛盾。以预算绩效管理为抓手，推动全面实施绩效管理，不失是一个合理的选择。第一，符合新预算法的要求。第二，符合现代预算与现代国家治理的逻辑。第三，符合政府治理现代化的本质诉求。第四，符合国家权力运行的要求。因此，深入研究中国预算绩效管理模式的演变、特征、逻辑和未来发展趋势，以战略为引领，以全面实施预算绩效管理为抓手，推动建立政府绩效管理新形态，是当前中国理论界的重要任务，是回应政府治理战略和管理实践需求的必然要求。从政府绩效管理的整体性逻辑出发，中国全面实施绩效管理的战略路径应该是以"预算绩效"为基础，扭住预算绩效管理这一"牛鼻子"，建构基于预算绩效的政府战略性绩效管理新形态，以全面实施预算绩效管理为关键点和突破口，实现花钱、办事、用人绩效的有机统一，推动财政资金聚力增效，提高公共服务供给质量。

未来，在完善和发展中国特色社会主义制度，推进国家治理体系和治理能力现代化的全面深化改革的总目标之下，中国政府治理将迈向民主法治、廉洁高效、责任透明的"以人民为中心"的现代政府治理。这对绩效型政府管理提出了更高的要求。以"预算绩效"管理为抓手，加快推进全面实施绩效管理的科学化、制度化和规范化，将是建成优质高效的服务型政府和实现国家治理体系和治理能力现代化的必由之路。

思考与讨论题

1. 我国政府绩效管理经历了那几个阶段的发展演变?
2. 我国政府绩效管理的主要学术流派有哪些?
3. 我国政府绩效管理有哪些试点探索?
4. 如何看待政府战略、预算和绩效之间的关系?
5. 结合实际工作思考绩效管理在政府治理中的作用

推荐阅读文献

[1]【美】罗伯特·卡普兰,大卫·诺顿:《战略地图:化无形资产为有形成果》,广东经济出版社 2005 年版。

[2]【美】罗伯特·卡普兰,戴维·诺顿:《战略中心型组织》,人民邮电出版社 2004 年版。

[3]【美】保罗·尼文:《政府及非营利组织平衡计分卡》,中国财政经济出版社 2004 年版。

[4]【美】马克·波波维奇:《创建高绩效政府组织》,中国人民大学出版社 2006 年版。

[5]【美】凯思·麦基:《建设更好的政府:建立监控与评估系统》,中国人民大学出版社 2009 年版。

[6] 方振邦,罗海元:《战略性绩效管理》(第三版),中国人民大学出版社 2010 年版。

[7] 曹堂哲,罗海元,孙静:《政府绩效测量与评估方法:系统、过程与工具》,经济科学出版社 2017 年版。

[8] 马海涛等:《预算绩效管理:理论与实践》,中国财政经济出版社 2020 年版。

[9] 曹堂哲:《部门预算绩效管理:战略、预算与绩效的系统集成》,中国财政经济出版社 2020 年版。

主要参考文献

[1] 高小平,盛明科,刘杰:《中国绩效管理的实践与理论》,载《中国社会科学》2011 年第 6 期,第 4—14 页。

[2] 左然：《英国地方政府中运用绩效评估尺度的观察》，载《行政人事管理》1994年第1期，第32—33页。

[3] 周志忍：《公共组织绩效评估——英国的实践及其对我们的启示》，载《新视野》1995年第5期，第38—41页。

[4] 王艳艳：《政府绩效管理：财政观与人力资源观的比较》，载《人力资源管理》2017年第11期，第21—22页。

[5] Sanderson I. Performance Management, Evaluation and Learning in 'Modern' Local Government [J]. Public Administration, 2010, 79 (2): 297 – 313.

[6] Richard C. Kearney. Public Sector Performance: Management, Motivation, and Measurement, Colorado: Westview Press, 1999. 1.

[7] Campbell Public Affairs Institue. Government Performance Project, http://www.maxwell.syr.edu/compel/index.htm.

[8] 马国贤：《政府绩效管理》，复旦大学出版社2005年版。

[9] Bao G, Wang X, Larsen G L, et al. Beyond New Public Governance A Value – Based Global Framework for Performance Management, Governance and Leadership [J]. Administration & Society, 2013, 45 (4): 443 – 467.

[10] Bao G, Wang X, Larsen G L, et al. Beyond New Public Governance A Value – Based Global Framework for Performance Management, Governance, and Leadership [J]. Administration & Society, 2013, 45 (4): 443 – 467.

[11] 包国宪，文宏，王学军：《基于公共价值的政府绩效管理学科体系构建》，载《中国行政管理》2012年第5期，第98—104页。

[12] 蔡立辉：《政府绩效评估：现状与发展前景》，载《中山大学学报（社会科学版）》2007年第5期，第82—90页。

[13] 侯经川，彭国甫，魏捷先：《中国古代政府绩效管理：发展与启示》，载《湖南社会科学》2006年第6期，第29—35页。

[14] 彭国甫，盛明科，刘期达：《基于平衡计分卡的地方政府绩效评估》，载《湖南社会科学》2004年第5期，第23—26页。

[15] 林鸿潮：《政府绩效评估法律制度研究》中国人民大学博士论文，2007年。

[16] 冉敏：《中国地方政府绩效管理的五种典型模式比较研究》，载《三峡大学学报（人文社会科学版）》2018年第4期。

[17] 刘旭涛：《政府绩效管理》，机械工业出版社2003年版。

[18] 曹堂哲：《以预算绩效管理为抓手推动全面实施绩效管理》，载《中国财经报》2017年12月19日，第7版。